기억의 기록으로 쓰는 구술사

이화학술총서

기억의 기록으로 쓰는 구술사

정연경 지음

이화여자대학교출판문화원

서문

요즘 급격한 도시화 과정에서 사라져가는 것들을 기억하기 위해, 공적 기록에 포함되지 못했던 사람들의 삶을 기록하는 것에 많은 관심이 쏠리고 있다. 사람들은 무엇을 기억하고 무엇을 망각하며 어떻게 이러한 기억들을 표현하는가? 이러한 기억의 의미를 끌어내고 경험을 기록하여 역사의 한 부분으로 남기는 것이 구술사의 핵심이다. 그래서 구술사는 기록된 면담을 통해 역사적 중요성을 부여할 수 있는 개인적인 경험의 해석과 기억을 수집한다.

전쟁으로 얼룩지고 갈라진 땅에서 이루어내야 했던 경제 개발, 그 뒤에 닥친 외환위기까지 어렵게 견뎌내야 했던 세월을 지나 이제는 팬데믹 속에서 또 다른 방식으로 함께 극복해나가야 하는 이웃과 가족이 있고 그들에 대한 기록이 더욱 소중해지는 시점이다. 과거를 기억하고 기록하는 과정은 한 나라와 지역의 역사가 나의 조상들의 삶에서 나의 삶으로, 그리고 다음 세대로 어떻게 연결되는지를 배우는 과정이다. 그러므로 기록되지 않아서 사라질 뻔했던 사람들의 목소리를 남기고 들려주는 것은 공동체의 기억을 복원하고 공유·확산시키기 위해서 마땅히 해야 할 일이다.

일반적으로 구술사 면담은 오디오나 비디오 형식으로 잘 준비된 면담자가 피면담자에게 질문을 하고 그들의 대화를 녹음이나 녹화하는 것으로 구성된다. 면담의 녹음이나 녹화는 기록되고 녹취 과정을 거쳐 녹취록이 나오고, 요약되거나 색인되어 원자료와 함께 보존된다. 이렇게 생산된 구술 자료는 연구자들을 위해서 사용되거나 출판물, 방송 다큐멘터리, 전시, 드라마, 또는 공적인 표현의 다른 형태 안에서 발췌되어 사용된다.

이 책은 이러한 전 과정에 도움이 될 수 있는 내용을 주로 다루었다. 이를 위해 각 장은 구술사와 관련된 각각의 다른 역할을 담았다. 1장에서는 구술의 의미와 의의, 구술사의 역사를 살펴보고 구술사의 특성을 짚어보면서 구술사와 기억에 대한 글로 전반적인 내용을 구성했다. 특히 기억과 구술사의 관계, 기억을 일깨워주거나 희미하게 만드는 요인들을 살펴보고 구술사에 끼친 영향을 짚어보았다. 2장에서는 구술 기록과 구술 자료의 범주 및 특성과 함께 구술사의 국내 연구 동향을 정리해보았다. 3장에서는 구술 자료의 수집 과정인 면담에 대해 설명하고 면담 전략과 기술, 면담 방식, 그리고 녹취록의 다양한 측면을 다루었다. 특히 코로나19가 가져온 대면 면담과 원격 면담의 진행 방식에 관해 상세히 짚어보았다. 4장에서는 구술사로 진행된 다양한 분야의 적용을 찾아 그 의의를 들여다보고 구술사가 면담과 구술 자료의 수집을 넘어서 새롭게 확장되고 있는 사례를 살펴보았다. 5장에서는 구술 자료 수집 기관을 국내의 중앙정부 및 산하기관, 지방정부 및 산하기관, 도서관, 문화원을 중심으로 먼저 찾아보고 각 기관의 특징과 구술 채록을 짚어보았다. 그리고 국외 사례로 미국과 영국, 호주의 국가 대표 도서관들의 구술사 컬렉션과 프로그램에 관해 비교했다. 6장에서는 구술사와 연구윤리에 관한 쟁점과 법적 문제에 대해 논했다. 7장에서는 디지털 환경에서의 구술사에 대해 살펴보고 구술사의 한계, 그리고 구술 기록의 국가자원화를 통한 구술사의 지향점을 제시해보았다.

각 장에서 적용 가능한 많은 사례를 언급하고자 노력했으나 구술사의 복잡성을 염두에 두고 이러한 내용을 검토하길 바란다. 무엇보다도 구술면담자나 연구자는 면담 과정으로부터 무엇을 얻고자 할 것이며 어떻게 활용할 것인지에 대해서 충분히 이해할 필요가 있다. 또한 이 책에서 구술사에 대한 소개를 하면서 구술사의 다양한 관점을 제시하는 많은 논문과 책을 인용하고 현재의 쟁점까지 요약하는 새로운 시도를 해보았다. 하지만 분명한 것은 구술사의 과정과 해석이 지속적으로 진화하고 있기 때문에 구술사 연구를 수행하는 것이 단 한 가지의 방식으로 이루어질 수 없다는 것이다.

이 책이 나올 수 있도록 구술사의 세계로 이끌어준 많은 선배 선생님들이 계신다. 그리고 구술사의 시·공간으로 빠져들고 있는 제자들과 시민활동가들이 점점 더 늘어나고 있다. 존경하는 은사님, 선배, 후배, 제자, 동료, 친구 그리고 무엇보다도 든든한 가족이 있었기에 이 작업이 완성될 수 있었다. 책을 쓸 때마다 항상 느끼는 것은 끝없는 수정과 보완으로 인해 마침표를 찍기가 참 어렵다는 점이다. 하지만 이제 모두에게 감사드리고 이 책이 잠시나마 힘과 용기가 되었으면 하는 마음을 전하면서 마무리하고자 한다. 2년 넘게 코로나 바이러스 감염병과의 공존으로 몸과 마음이 지쳐가고 있지만, 이런 시간이 우리에게 과연 소중한 것이 무엇인지를 깨닫게 해줄 것이란 믿음이 있다. 그리고 이 시대의 경험과 기억 역시 우리들의 목소리로 남아 기록이 되고 역사의 한 부분이 될 것이다.

2022년 1월

이화의 겨울 숲에서 저자 씀

차례

1장

구술과 구술사

구술사(口述史, oral history)는 사람의 기억과 경험의 전승을 통해서 역사를 연구하는 도구이자 사료를 생산하는 방법이다. 구술은 부족하거나 결락된 문헌 자료의 공백을 메울 수 있으며, 구술 자료는 시간이 지나면서 자료원이 소멸되는 한계가 있으므로 구술 자료의 수집은 시급성을 요한다. 구술사는 역사적 재구성을 목적으로 과거 사건의 목격자나 참가했던 사람을 인터뷰하면서 많은 국가의 현대사에 실제로 변형을 가져왔다. 사회적으로, 정치적으로 엘리트 집단의 인터뷰는 현존하는 기록 정보원을 보충해왔다. 그러므로 구술사의 가장 분명한 기여는 공식적인 문서나 사회적인 관찰자가 쓴 글이나 자서전, 개인적인 글 안에 거의 남겨지지 않은, 역사로부터 숨겨져 있던 집단의 경험과 관점을 역사적 기록 안에 다루고 있다는 것이다. 구술사는 면담을 통해서 노동자, 원주민, 또는 문화적 소수자 등 그들만의 역사적 해석을 제공하고 역사적 기록 위에 그들의 경험을 새겨왔다. 또한 가족사나 지역사처럼 다른 정보원이 놓친 역사적 경험의 관점을 기록함으로써 살아온 경험의 주관적이거나 개인적인 의미를 다시 소환해오고 있다. 그래서 구술사는 역사학, 사회학, 인류학, 기록관리학뿐만 아니라 폭넓은 학문 분야에서 연구되고 계속해서 증가하는 학제적인 특성과 다양성을 가져오고 있다.

1. 구술의 의미

영국의 사회학자이면서 구술사가인 폴 톰슨(Paul Thompson)은 모든 역사가 처음에는 구술이었다고 주장했다(Thompson, 2000). 이렇게 구술은 입으로 말한다는 것으로 여러 가지 의미를 갖는다. 인간은 언어를 이해하고 배우면서 인간으로서의 의식을 획득하게 되고 다른 사람과 의사소통을 할 수 있게 된다. 인간은 언어를 통해 의식을 형성해가면서 사고력과 표현력을 가지게 되고 의식을 지배하거나 구속해서 행동이나 태도를 지시하고 촉진시키거나 제약한다. 그래서 구술은 구술자의 사회문화적 위치에 관한 많은 정보를 주고 언어적 행위는 구술자의 사회성, 역사성, 민족성, 계급성을 체험하게 만든다.

구술은 비언어적인 행위도 포함하는데 구술자는 구술을 하면서 특정한 표정이나 몸짓을 동반하게 된다. 그리고 음정의 고저나 떨림, 목소리의 강약, 침묵 등이 여기에 포함된다. 그래서 구술사 연구의 선구자인 알레산드로 포르텔리(Alessandro Portelli)는 구술이 문헌에 기록되기 어려운 구술 상황의 모습을 모두 포함하기 때문에 구술 채록문이 완벽하게 그 상황을 재현할 수 없다고 주장했다(Portelli, 2004). 또한 구술은 단순한 독백이 아니고 청자가 있으며 청자와의 상호작용이 구술의 맥락을 구성하기 때문에 연행적인 성격을 띠게 된다. 그래서 인간의 생애사적 기억을 말하는 것을 구술 연행(oral performance), 즉 구술자의 기억이 언어적으로 말을 통해 연행되는 것이라고 이야기한다. 이 과정에서 구술이 이루어지고 있는 상황, 면담자와 구술자 사이의 관계, 라포 형성 등이 구술에 영향을 주게 된다. 그러므로 구술은 언제, 누가, 무엇을, 어디에서, 왜, 어떻게(5W 1H: When, Who, What, Where, Why, How)에 많은 영향을 받는다. 이러한 구술이 없었다면, 우리는 과거에 일어났던 일에 대해 알 수 없는 것이 너무 많았을 것이다. 하지만 인간은 자신이 가지고 있는 시각으로 해석하고 그 해석은 자신이 속한 시대와 집단의 삶과 깊이 연관되기 때문에 구술 자료는 문헌 자료와 함께 역사 서술에 사용될 수밖에 없다.

2. 구술사의 의의

'구술사란 무엇인가?'라는 개념 정의는 학자마다 다양하게 제시되어 왔다. 폴 톰슨은 구술사가 역사만큼 오래되었고 최초의 역사라고 했다(Thompson, 2000). 그리고 구술사가 피지배층의 구술 자료를 통해 밑으로부터 역사를 쓰는 작업이라고 정의 내렸다. 이는 구술의 기록과 수집보다는 구술사의 대안적 역사 쓰기에 의미를 부여하는 것이다. 그는 구술사가 무시당했던 사람들을 인정함과 동시에 역사가의 일부 가정과 판단에 도전함으로써 역사의 초점을 이동하고 새로운 탐구 영역을 열어준다고 보았다. 그는 구술사가 반드시 변화를 위한 도구는 아니지만 구술사는 역사의 내용과 목적을 모두 변화시키는 수단이 될 수 있다고 했다. 왜냐하면 그것은 역사 자체의 초점을 바꾸고 새로운 탐구 영역을 여는 데 사용될 수 있으며 교사와 학생, 세대 간, 교육 기관 및 외부 세계 간의 장벽을 무너뜨리고 역사를 만들고 경험한 사람들의 말을 통해 중심이 된 장소를 상기시켜 줄 수 있다고 보았기 때문이다.

현재까지 역사의 초점은 본질적으로 정치적인 것으로, 다른 종류의 역사를 쓰고 싶었다 하더라도, 역사의 원재료인 문서는 권력을 가진 사람들에 의해 보관되거나 파괴되었기 때문에 쉽지 않았다. 좀 더 개인적이고 지역적이며 비공식적인 문서일수록 생존 가능성이 낮아졌는데, 바로 그 힘의 구조는 그 자체의 이미지로 과거를 형성하는 위대한 녹음기 역할을 했다.

구술사의 주요 장점은 현실의 복잡하고 다면적이고 다양한 관점을 재현할 수 있다는 것이다. 구술사는 증인으로 하위 계층, 비특권자, 패배자를 부를 수 있기 때문에 과거에 대해 보다 현실적이고 공정한 재구성을 제공하며 기존 설명에 대한 도전을 할 수 있다. 모든 역사 분야에서 밑바닥으로부터 새로운 증거를 도입하고, 초점을 이동하고 새로운 탐구 영역을 열며, 역사가의 일부 가정과 수용된 판단에 도전하고, 무시당했던 집단의 사람들을 인정함으로써 변형의 누적 과정이 시작된다. 역사적 저작 자체의 범위가 확대되고 풍부해지고 동시에 사회적 메시지가 변경되면서 역사는 더 민주적이 되는 것이다. 역사를 쓰는 과정은 내용과 함께 바뀌고 구술 증거의 사용은 교육 기관과 외부 세계 사이에서 연대기와 청중 사이의 장벽을 허물고 있다.

그래서 톰슨은 구술사가 사람을 중심으로 세워진 역사로 지도자뿐만 아니라 알려지지 않은 대다수의 사람들이 영웅이 되는 것을 허용하며 역사를 공동체 안팎으로 가져오고 특권이 덜한 사람들, 특히 노인들이 존엄성과 자신감을 갖도록 도와주면서 그에 따른 이해, 그리고 세대 간 접촉을 하게 한다고 했다. 그리고 구술사는 사람들에게 공유된 의미로, 한 시대나 한 장소에 속한다는 느낌을 주면서 인간을 좀 더 충만하게 만들어주고 받아들여진 역사 신화, 전통에 내재된 권위주의적 판단에 도전을 함으로써 역사의 사회적 의미를 급진적으로 변화시키는 수단을 제공할 수 있다고 했다(Thompson, 2000).

그러나 구술사가 가장 발달한 미국에서는 구술사와 구술 자료가 거의 동의어로 사용되는 경향이 있다. 왜냐하면 구술사 면담으로 수집된 구술 자료를 구술사로 보는 전통이 강하기 때문이다. 이는 구술 자료의 수집 자체를 구술사 연구로 보는 미국의 구술사 연구의 특징이기도 하다. 반면에 이탈리아의 구술사가인 포르텔리는 구술사가 특정한 형태의 담론으로 구술을 표현의 매개로 하는 과거에 대한 서술이라고 했다. 그는 구술 자료가 아니라 구술 자료를 다루는 역사가의 존재를 강조하면서 구술사를 대화적 담론으로 정의했다(Portelli, 1997). 이와는 달리 한국에서는 구술사와 구술 자료를 별개의 것으로 보는 경향이 있다. 구술사는 '구술 자료를 통한 역사 쓰기'라고 이해하는 반면 구술 자료는 '구술사 인터뷰를 통해서 수집된 구술 기록'으로 보는 것이다. 이는 구술사가 역사 쓰기와 기록 연구라는 두 가지 측면을 가지고 있기 때문이다(윤택림, 2019).

3. 구술사의 발달

1) 국외

구술사를 위한 발전의 형태와 기원의 요소가 국가마다 다양함에도 불구하고 일종의 공유하는 사회적, 지적인 힘이 구술사로의 현대적 접근의 틀을 만들어주고 전 세계의 구술사가에게 영향을 주었다. 첫 번째로 시작한 구술사 프로젝트 중의 하나는 1948년 미국 컬럼비아대학교의 앨런 네빈스(Allan Nevins)가 처음으로 시도한 백인 남성 엘리트와 함께 한 녹음 기록으로[1] 미국 초기 구술사의 대표적인 것이었다. 영국에서 1950년대와 1960년대의 구술사를 개척한 선구자들은 '평범한' 노동자들의 경험을 기록화하는 데 더 많은 관심이 있었고 민속학에 연결되어 있었다. 노동자 계층, 여성이나 흑인의 생생한 역사에 대한 살아 있는 경험이 제대로 기록으로 남지 않아서, 구술사는 1960년 이후 전 세계와 영국의 정치적으로 행동하는 사회역사학자들에 의해 커진 '밑바닥으로부터의 역사'를 위한 필수적인 정보원이 되었다.

알렉스 헤일리(Alex Haley)의 베스트셀러 도서인 『Autobiography of Malcom X』(1965)와 『Roots: The Sage of an American Family』(1976)는 미국의 흑인들이 그들의 과거를 찾아보게 촉진시키고 미국에서 구술사와 가족사를 대중화하는 데 도움을 주었다.[2] 헤일리는 역사적 정보원으로서 기억의 비평, 사실과 소설, 개인적 기억과 구술 전통과 구술사와 저널리즘 사이의 불분명한 영역을 실례로 보여주었다. 그는 잊혀진 역사를 기록하고 파헤치려는 초기 구술사가의 열정과 수행을 보여주고 구술사를 새롭게 시작하려는 사람들에게 의욕을 불어넣어주었다.

폴 톰슨은 영국 에섹스대학교(University of Essex)의 사회역사학자로 1970년대 영국구술사학회(Oral History Society, OHS)를 만들고 1970년대 말부터 국제적인 구술사운동의 중대한 발전을 이끌었다. 그의 저서인 『The Voice of the Past: Oral History』는 1978년에 처음 발행되자마자 전 세계 구술사가의 표준 교재가 되었다. 사회운동가로서 톰슨은 노동자 계급의 구술과 경험을 그리는 역사에 참여했고 변두리의 억압받는 사회 집단에 참여하여 새롭게 끌어올린 사고에 폭넓게 영향을 받았다. 그래서 구술사는 학교, 지역사회 프로젝트, 회상 작업, 프로젝트

---

1 Oral History Archives. https://library.columbia.edu/libraries/ccoh.html, Columbia Center for Oral History Research. https://www.ccohr.incite.columbia.edu/history

2 Albert Broussard(2011). Race and oral history, in Don Richie ed., *The Oxford Handbook of Oral History*. Oxford and New York: Oxford University Press, pp. 186-201.

의 확장과 지역사회 개발과 같은 고등교육 밖에 강력한 뿌리를 두고 발전해왔다(Thompson, 2017).

톰슨에 따르면, 구술사는 1945년 종전 이후부터 연구방법으로 출현하게 되었는데 세 시기로 구분할 수 있다(Thompson, 2000). 첫 번째는 세계대전 피해자 구술 증언을 바탕으로 하는 민중사의 성격이 나타난 시기이다. 두 번째는 1970년대 후반 이후 실증주의를 거부하는 역사의 주관성을 강조하는 흐름이 대두된 시간이다. 세 번째는 1990년대 이후로 디지털 기술 및 매체의 발전 덕분에 구술 채록에 도움을 받아 나타난 양적 성장기이다. 미국에서 충격적이었던 사례는 1930년대의 뉴딜 정책 안에서 실업과 투쟁하면서 정부의 지원 아래 수행되었던 연방 작가들의 프로젝트였다. 생애사 면담 시리즈로 이전의 흑인 노예들, 노동자들, 농장주들을 중심으로 진행이 되었는데, 이 자료는 오랫동안 간행되지 않다가 카우치(W. T. Couch)의 『These Are Our Lives』(1939)라는 책으로 일부가 엮어져 나오게 되었으며 이것이 구술사의 잠재력을 보여준 것으로 손꼽힌다. 그 후, 근대화 물결과 함께 정치사가 핵심이 되는 방향으로 가기 시작했고 1948년에 컬럼비아대학교의 역사학자인 앨런 네빈스가 미국에서 중요한 역할을 했던 사람들, 주로 퇴임한 정치인들의 기억을 녹음하기 시작하면서 구술사가 시작되었다. 1998년에는 컬럼비아대학교 구술사 아카이브센터(Columbia Center for Oral History Archive)의 50주년 기념으로 CD 발췌본을 만들게 되었는데 8천 개 이상의 구술 증언으로 이루어진 아마도 전 세계에서 가장 큰 국가적인 구술사 컬렉션일 것이다. 이 컬렉션은 미국의 자선사업가, 정부 공직자, 언론, 건강, 과학, 뉴딜 정책 컬렉션, 시민권운동과 여성운동에 있어서 지도자들과의 면담을 포함하고 있으며 1950년대와 1960년대의 구술사를 보여준다. 1970년대에 들어서 구술사 방법론은 노동사, 인디언 역사, 시민권운동, 흑인역사, 민속학에서 엄청나게 사용되기 시작했으며 1980년대에는 여성사와 같은 새로운 분야로 확장되었다. 오늘날 미국에서 최대 규모인 13,000개 면담의 국제적인 컬렉션을 소장하고 있는 곳은 워싱턴 D.C.에 있는 홀로코스트 메모리얼 뮤지엄(Holocaust Memorial Museum)이다.[3]

미국의 역사가이면서 방송인인 스터즈 터클(Studs Terkel)의 『Hard Times: An Oral History of the Great Depression』(1970)은 1930년대를 경험한 150명 이상의 미국인의 자화상을 담은 모음집이다. 시카고 라디오 방송 'Division Street: America'에서 인터뷰가 진행된 후, 터클이 정리한 것이다. 이 책에 나오는 사람들은 아주 폭넓은 범주로 뉴딜 공직자들과 유명한 사업가, 예술가에서부터 이름을 알 수 없는 농부, 노동자, 보통사람들에 이른다. 터클은 젊은이들과 면담도 포함했는데 이것은 그들이 읽거나 듣게 된 측면에서의 대공황에 대해 얘기할 수 있게 해주었고 수용된 기억과 주어진 기억이란 측면에서 대공황을 바라볼 수 있게 해주었다. 또한 1930년대 미국인들의 목소리를 통해 연대감, 다른 사람들에게 기꺼이 다가가려는 마음, 벌거벗은 인간들로 타인을 바라보는 데 중심을 두었다. 과거에 그들 자신만의 경험을 가져야만 했던 사람들의 다양한 관계에 초점을 두고 무슨 일이 생겼었는지 알아챈 사람과 그렇지 않은 사람, 그리고 시간이 지나 이러한 감각에 무슨 일이 생겼는지에 대한 경험을 공유했다. 면담에서 무엇을 느꼈는지와 무엇을 말했는지 사이의 차이를 탐색하면서 그 안에 많은 단계가 지속적으로 존재하고 선택적으로 기억되는 경험의 통제 수준이 위치하는 것을 찾았다. 그래서 대공황에 대한 그들의 회상의 내용보다는 오히려 화자 자신들을 좀 더 가깝게 바라보게 했다. 터클은 그 책의 첫 번째 문장에서 이것은 힘든 사실과

---

3 Paul Thompson(2017). *The Voice of the Past: Oral History*. Oxford: Oxford University Press, pp. 55-56.

정확한 통계라기보다는 오히려 기억에 관한 책이라고 쓰고 있다. 그리고 그는 이 책에 나오는 사람들이 그들의 기억 안의 진실을 말하고 아무것도 만들어내지를 않았기에 문제가 없다고 언급했다. 그는 오히려 이러한 요소들이 이 책의 강점이고 독특함이라고 제시하면서 면담에서 실제로 표현하고자 하는 것이 무엇인지를 강조했다. 즉, 개인적이고 역사적이고, 개별적이고 일반적인 기억의 질문들은 그 과정과 변화에 초점을 맞춘 것이었다.

1970년대 초에 구술사의 핵심 비평은 기억이 면담자와 피면담자 사이의 개인적인 편견과 과거가 합쳐지면서 과거 소급적인 관점으로 왜곡되었다는 것이었다. 그래서 호주 역사학자인 패트릭 오파렐(Patrick O'Farrell)은 구술사가 이미지, 선택된 기억, 절대적인 주관성의 세계로 이동했다고 하면서 구술사가 우리를 역사가 아니라 신화로 이끌어가는 것으로 보았다(O'Farrell, 1982). 결국 초기의 구술사가들은 구술 기억의 신뢰성을 평가할 수 있는 핸드북 지침서를 개발했고 이야기된 사건의 기록으로 생산된 정보원이 편견이나 믿기 어려운 것이 아니란 사실을 전통주의 역사학자들에게 재확인시켜주었다. 1970년대 말까지 구술사학자들은 기억의 '비신뢰성'이라고 불리는 것이 강점이고 개인과 집단간 기억, 기억과 개인의 정체성, 과거와 현재 사이의 관계뿐만 아니라 역사적 경험의 의미에 대한 단서를 기억의 주관성이 제공한다고 주장했다. 즉 사람들의 기억에 대한 연구는 역사 속에서 살아가고 기억하는 것으로서 주관성의 역할을 강조했고 침묵과 개인적인 증언의 특이성과 어긋남 안에 공공 문화의 영향이 개인적인 기억에 어떻게 나타날 수 있는지를 보여주었다.

북미 구술사가인 마이클 프리슈(Michael Frisch)는 구술사가 역사적인 기억의 과정에서 본성을 발견하고 탐색하고 평가하는 강력한 도구로 사람들이 과거를 느끼는 방법, 개인적 경험과 사회적 맥락을 연결하는 법,

그들을 둘러싼 세계와 그들의 삶을 해석하는 데 구술사를 사용하는 법을 알게 된다고 보았다(Frisch, 1979). 이러한 관점을 통해 기억은 주제이면서 동시에 구술사 정보원으로 구술사가는 구술사 인터뷰의 사용과 분석 안에서 언어학적, 서사적, 문화적, 심리 분석적이고 민족학적인 접근을 사용하기 시작했다.

1970년대 말과 1980년대 초반에 일부 사회주의 역사학자들은 구술사 방법론이 급진적이고 민주적이라는 사실에 비판적이었다. 영국에서는 버밍엄대학교의 대중기억연구회(Popular Memory Group)가 1982년에 지역사회와 여성사 운동의 좀 더 민주적이고 변형된 역사를 만들기 위한 정보원으로 구술사를 사용했다. 대중기억연구회의 이러한 영향력 있는 작업은 1980년대 이후 학제적 분야로서 기억 연구의 가치를 끌어올리는 데 선구자 역할을 했다. 이러한 기억 연구의 흐름은 분명히 이 시대의 끝에 연대기적 사실과 급속한 사회경제적 변동의 회상으로 스며든 문화적 감성과 관련되었다. 집합기억에 대한 재발견, 역사와 기억, 문서와 증언 간의 연결에 대한 학문적 관심, 기억에 관한 소설과 영화 작품의 대중성, 억압된 기억에 대한 논쟁, 그리고 공식적인 기억의 형태와 영향에 관한 공적인 논쟁과 같은 것이 기억을 역사 분야의 중심으로 확고히 설정하고 있음을 보여주었다(윤택림, 2019).

구술사는 항상 면담자와 피면담자 간, 기억 정보원과 역사를 만드는 사람들 간의 관계 안에서 창조되어왔다. 1970년대의 구술사가는 면담자의 영향을 최소화하는 것을 추구했다. 1970년대 말까지 객관성의 가능성에 대한 질문을 시작했고 인터뷰 관계의 상호주체성을 확인하기 시작했다. 이후 구술사에 있어서 변화는 기억에 대한 후기 실증주의자와 밀접하게 연결된 것으로 면담자와 분석자로서 구술사가의 객관성을 중심으로 이동하는 데 관여한 것이다. 1980년대를 통해 연구자의 객관성에 대한 생각은 여성주의 이론자들, 질적 사회학자들과 인류학자들, 면담자들이 그들의 구술자들과 형성한 관계를 깊이 반영하게 되면서 증가했다. 구술사가는 면담자와 피면담자 양쪽 부분을 위한 교류의 가치를 생각하는 면담자들을 다시 생각하고 좀 더 나이든 사람들의 기억을 강조하는 회상 작업 안에서의 발전으로 영향을 받았다.

미국의 구술사가인 발레리에 요(Valerie Yow)는 1980년대 말엽부터 새로운 구술사 패러다임이 면담자와 구술자, 면담자와 상호작용 과정의 사용과 인식을 허용했다고 논했다. 구술사가는 그들의 면담에 의해 영향을 받는 방식과 면담자와의 관계, 면담에서 생성된 데이터를 해석하는 과정과 결과물에 어떻게 영향을 받는지 경계하게 되었다. 발레리에 요는 우리 자신의 주체성과 객관적 관계를 논하고 구술사가가 면담과 그들의 해석에 접근하기 위해 상호주체성을 어떻게 잘 운영해야 하는지가 중요하다고 했다(Yow, 2015).

1980년대 이후부터 구술사의 대단히 중요한 특성 중의 하나는 학제성이다. 비록 기억이 지금은 의미 있는 역사적 정보원이지만 역사는 많은 학문 분야와 기억을 갖고 출현한 지적 분야들 중의 하나일 뿐이다. 구술사는 문화학, 언어학, 커뮤니케이션과 서사학, 민속학과 기억, 서술, 정체성 사이의 관계를 연구하는 학제적 연구를 추가할 수 있다. 이러한 각 분야에서 이론적이고 방법론적인 발달이 구술사 실무를 풍부하게 해주는 동안 기록된 기억의 사용과 해석, 면담 관계에 있어서 그들의 학제적 투영을 통해 질적 연구와 기억 연구의 이론, 방법, 정치학에 공헌을 해왔다. 기억에 대한 비판적이고 학제적인 접근은 좀 더 나은 구술사를 만들고 있는데, 구술사가는 피면담자와 대화를 하면서 좀 더 폭넓은 대중이 동감할 수 있도록 글을 쓰고 이야기할 수 있어야 한다. 구술 증언이 개인과 대중 기억 사이, 그리고 구술자와 면담자 간의 동적이고 지속적인 관계로 만들어지며 이것은 정리가 되지 않고, 역설적이며 모순되게 되는데 이는 삶과 기억의 복잡성으로 인한 것이다.

1979년에 소수의 북미 구술사가는 영국 에섹스에서 열린 국제구술사학술대회에서 유럽의 구술사가들과 만났다. 이 모임은 1980년부터 1990년까지 『International Journal of Oral History』의 발행과 협업을 하는 국제적인 구술사 선집 시리즈의 기폭제가 되었다. 1996년에 국제구술사학술대회는 새롭게 구성된 국제구술사협회(International Oral History Association, 이하 IOHA)를 공식화하고 각 대륙의 대표자가 스페인어와 영어로 된 뉴스레터와 잡지인 『Words and Silences/Palabras y Silencios』 발행과 격년으로 학술대회를 개최하는 책임을 지는 위원으로 선출되었다. 학술대회와 간행물은 구술사의 서로 다른 국가적인 맥락을 오가는 생각과 실무의 상호 수정을 가속화하면서 지속시켰고 유럽과 북미로 구술사의 중심을 가져왔다. 터키, 브라질, 남아프리카, 호주, 아르헨티나가 참가한 2016년 인도에서의 학술대회는 구술사의 엄청난 성장과 풍부한 역사를 공개적으로 보여준 행사로 남미 구술사가들은 유럽과 북미 구술사 패권에 도전했다. 『Words and Silences』의 2003년호에 편집자 서문 'Oral history and the experience of politics' 안에서 IOHA 부회장인 멕시코의 헤라르도 네코에차(Gerardo Necoechea)는 북미의 구술사는 민주주의의 체제 안에서 정체성의 문제와 문화적 인식을 지향하는데, 남미의 구술사는 균열을 두려워하고 공정한 사회에서 멀어진 것을 생각하고 상대적으로 이상향을 위한 공간이 되어 거기에 정치적인 목적과 맥락이 근본적으로 얽혀 있다고 했다.[4]

국가적이고 지역적인 맥락은 분명히 구술사의 다른 유형을 만들고 있다. 교도소 수감자, 노년층과 젊은이가 함께 하는 세대 간 구술사 프로젝트, 건강, 사회복지와 개발 사업, 노숙자나 난민과 같은 소외된 집단과의 지역사회 기반 프로젝트, 그리고 원주민의 권리와 보상과 관련한 법적,

4 International Oral History Association, https://www.ioha2021.gov.sg/

정치적인 처리 과정, 분쟁 이후의 결의, 국가적인 진실과 화해에 이르는 지지와 권한을 위해 사용되는 다양한 범주의 맥락을 구술사는 공개적으로 보여주고 있다. 구술사가 그러한 프로젝트에서 중요한 역할을 함에도 불구하고 기억과 증언은 20세기 후반과 21세기 초반에 들어와 이념과 정치가 섞인 신조의 형태가 되고 있다. 그리고 공적인 이야기의 엄청난 성장, 예를 들면, 디지털 스토리텔링 운동이나 스토리콥스(StoryCorps)와 같은 비영리 단체가 미국인의 이야기를 기록, 보존, 공유하면서 구술사와 자서전 사이의 경계가 희미해지고 있다.

최근에 구술사가들은 인간이나 자연의 재해로부터 갖게 된 계속되는 트라우마의 영향을 다루는 구술자의 맥락을 포함하여 정치적인 상황 안에서 인터뷰를 사용하고 기록하는 데 특별한 관심을 기울여왔다. 일부 연구자들이 구술사를 통해 트라우마의 경험을 이야기하면서 치유하는 혜택을 고려하는 동안 다른 사람들은 치유를 조성하려는 의도적인 작업 안에서 구술사가의 역할에 의문을 갖고 트라우마에 대한 이해를 문제시해왔다. 이런 과정 중의 놀라운 발전은 위기의 즉각적인 후유증 안에서 구술사 작업의 성장이다. 이러한 재난 구술사는 21세기 구술사 실제의 두드러진 특징이 되어왔는데, 미국구술사협회의 '신흥 위기 상황에 관한 구술사연구기금(Emerging Crisis Oral History Research Fund)', 그리고 9·11 테러, 마약 전쟁, 학교 대학살극, 태풍, 홍수, 산불, 감염병에 관한 프로젝트로 나타났다. 위기의 즉각적인 후유증 안에서 인터뷰를 수행하는 면담자와 피면담자를 위한 도전, 재난을 통해 즉각적으로 느끼는 개인적이고 사회적인 혜택이나 위험 요소, 구술사와 저널리즘 사이의 겹치는 부분과 차이, 상세한 감정이 잊혀지거나 다시 자리 잡기 전에 확정되어온 것 같은 장기간의 기록된 기억과 한 사건이 일어난 시기 근처에 기록된 기억 사이의 대조와 같은 것을 구술사를 통해 파악할 수 있다.

또 다른 흥미로운 최근의 구술사 발전은 인문학에서 '감각으로 돌아가기' 안에 증가된 관심이다. 이러한 관심은 인간 경험의 감각적인 본성을 강조하고 구술사 안에서 그다음의 커다란 해석을 제공하여 이동할 수 있게 하는데, 특히 장소의 기억과 감각적인 경험에 특별한 강조를 한다. 예를 들면 공장의 작업 마감 소리, 지역 가스 작업에서 나는 냄새와 소리, 부두 근처 생선 공장에서 나는 냄새와 같은 것이다. 이외에도 악기나 노랫소리, 사진을 통해 기억 서사가 어떻게 감각적인 회상으로 꽉 차게 되고 어떻게 각각의 감각이 기억 속에서 서로 다르게 작동하는지를 결합시킴으로써 좀 더 깊게 묻힌 기억의 냄새를 맡고 음미하며 만질 수 있게 되는 것이다. 이러한 감각으로 돌아가기는 구술사 면담의 청각과 시각 요소에 대한 논란에 영향을 주었고 오디오와 비디오에 녹음을 할 것인지, 말 것인지에 대해서도 영향을 주었다. 그래서 오늘날의 구술사가 면담의 단어뿐만 아니라 얼굴이나 몸짓의 시각적인 단서, 말과 침묵의 의미 있는 소리까지 해석하는 데 점점 더 적절히 대응하고 있다고 말하기에 충분하다.

인터넷 상에서 동영상 이미지는 비디오 녹화를 위한 사례를 신장시켰고 구술사에 영향을 다시 준 새로운 기술의 한 사례이다. 우리는 예측이 불가능한 디지털 혁명의 한가운데에 서 있고 이메일, 소셜 미디어와 인터넷은 확실히 구술사의 국제적인 대화를 발전시켜왔다. 그러나 1990년대 후반 이후로 이것보다 더 중요한 것은 새로운 디지털 기술들로 구술사를 발표하고 공유하고 해석하고 목록하고 보존하고 기록하는 방식을 변환시켜왔다는 것이다. 시청각 디지털 녹음은 점점 더 인터넷을 통해 그들의 전부로 접근할 수 있고 좀 오래된 아날로그 인터뷰는 디지털화를 통해서 재발견될 수 있으며 정교한 디지털 색인과 목록 도구는 문자는 물론 사운드나 이미지를 갖고 검색을 통해 구술사 컬렉션을 오가면서 놀랍고 기대하지 않았던 창조적인 연결을 누구나 어디에서나 가능하게 하고 있다. 그리고 시간이 많이 지난 후에도 구술에 대한 재해석을 새롭게 할 수 있게 해주고 있다. 그 결과, 급속하게 변화하는 기술 표준과 자원으로 인해 구술사의 미래와 구술사가의 역할은 점점 더 불확실해지고 있다.

21세기의 구술사 연구는 디지털 혁명의 기술적인, 윤리적인, 인식론적인 적용을 고민해야 한다. 음성 인식 소프트웨어의 잠재력과 함께 구식의 녹취록이 아직도 해석적인 유용성이 있다. 때로는 디지털 녹음의 재생이 반가울 수도 있지만, 디지털로 제거한 오래된 카세트테이프 안의 소리가 실제로 중요한 주변 소리일 수도 있다. 그러나 이제는 면담을 하기 위해 디지털과 온라인 접근을 생성하는 노력을 시도해야 하고 디지털 색인 시스템이 제공하는 기회를 적극적으로 활용해야 한다. 이러한 디지털 시대가 구술사의 전형적인 변이를 표현하는 것인지 아직까지 완전히 명확하지는 않다. 스마트폰의 녹음 기능이나 디지털 녹음기는 구술 인터뷰의 과정을 변형시켜오지 않았다. 구술사에서 진정한 혁명적인 변화는 구술사 녹음을 조직화하고 접근하고 사용하며 보존하는 데 있어서 새로운 디지털 접근 방식으로 구축하게 되었다는 것이고 디지털화를 통해 오랫동안 잊어버리고 있었던, 접근이 불가능했던 아날로그 컬렉션을 재발견하게 되었다는 것이다. 이렇게 구술사 컬렉션을 해석하는 우리의 능력이 변화하고 있고 모바일 장치를 통해 구술사를 공적인 공간과 장소로 데리고 나가고 있으며 우리를 둘러싼 환경과 개인적인 상호작용의 새로운 형태를 가능하게 하고 있다.[5]

2) 국내

한국에서 구술사는 단순히 구술 자료를 채록하는 것이 아니라 역사의 지평을 넓히는 밑으로부터의 역사로 받아들이는 경향이 있다. 그래서 윤

---

5 Robert Perks and Alistair Thomson(2016). Critical developments: Introduction, in Robert Perks and Alistair Thomson eds., *The Oral History Reader*. 3rd ed., London and New York: Routledge, pp. 1-21.

택림(2019)은 구술사가 과거의 경험을 기억을 통해서 현재로 불러와서 구술자와 역사가의 대화를 통해서 쓰인 역사라고 정의했다. 또한 역사인류학자인 함한희(2000)는 구술사를 기억을 통한 과거의 서술로 정의하면서 구술이 가지고 있는 과거와 현재의 문화적 배경을 강조했다. 즉 구술자가 단순히 자신의 과거를 회상하면서 과거의 사실을 나열하는 것만으로는 구술사의 역할로 볼 수 없다는 것이다. 김기석(1998)은 구술사를 구술 기록에 근거한 역사 기술이라고 정의하면서 구술사가 단순히 구술 채록이 아니라 그것에 근거한 역사 쓰기라고 했고 역사학자 허영란(2013)은 구술사를 개인의 기억 또는 경험을 역사화하기 위한 기획이라고 정의했다. 그래서 한국의 구술사는 구술에 기반을 둔 역사 서술과 구술 연구 방법에 따라 생산된 자료라는 두 가지 의미를 모두 포함하고 있다. 이렇게 역사학자들은 구술사를 구술 채록보다는 구술을 통한 역사 쓰기로 이해하고 있다. 김귀옥(2014)은 구술사가 구술자의 기억이 연구자와의 구술 과정을 통해 이야기되고 문자화되면서 역사적 자료로 쓰일 수 있는 것으로 정의하면서 광의적으로는 모든 종류의 구술 연구이고 협의적으로는 구술 생애사라고 했다.

한국의 구술사는 구술자를 역사의 주체로 보고 구술자의 시각으로 사회와 구조, 역사를 이해하려는 밑으로부터의 역사의 일환이며 대안적인 역사 쓰기라는 개념에서 논의되고 있다. 그러나 역사학계에서는 구술사가 아직도 부분적으로 받아들여지고 있는 상황이다. 이는 과거 경험의 사실성과 재구성에 대한 역사학자들의 고정 관념과 구술이 제기하는 기억과 서술의 주관성 사이의 불협화음 때문이다. 그리고 실제 구술사 연구에서는 역사 쓰기보다는 구술 채록이 더 많이 이루어지고 있는 상황이다. 결국 구술 자료는 역사적 사건의 사실적 증거도 제공하지만, 개인들의 주관적 경험과 해석, 그리고 개인들을 둘러싼 일상 세계와 세계관을 보여주는 것으로 받아들여지고 있다. 그러므로 구술사란 구술에 기반을 둔 역사 서술뿐만 아니라 구술 채록을 모두 말한다고 할 수 있다. 이제는 구술사가 실증주의 역사학에 대한 구술사의 도전이라기보다는 구술사가 주는 많은 가능성과 구술 자료가 갖는 특성을 어떻게 분석하고 그것을 역사 서술 안에서 어떻게 드러내어 새로운 역사 쓰기를 할 수 있을지를 고민해야 한다.

김귀옥(2014)은 구술사의 장점을 다음과 같이 제시했다. 무엇보다도 기록이 없는 사람들, 즉 국가폭력 피해자, 전쟁 피해자, 사건 사고 피해자, 사회적 피억압자 등 자신의 경험과 목소리를 기록으로 남기지 못하고 스러져가는 사람들의 역사를 연구의 형태로 담아낼 수 있다는 것이다. 또한 엘리트 구술이라 하여 피억압 엘리트들, 예컨대 반체제 운동가나 민주화 운동가, 재야 정치인, 혁명가 등의 경험을 남기는 것도 가능하며, 국내에서는 전직 대통령 참모진이나 외교관 등의 엘리트들도 많이 연구될 수 있으며 구술자의 연구 참여를 통해 권력이 평등한 연구를 가능하게 한다는 점에서 질적 연구자들에게 매력적이라고 했다.

그러므로 구술사는 독재나 정치 이념의 격랑 속에서 희생된 사람들의 목소리를 표출하는 사회운동이 될 수 있고, 단순한 채록을 넘어서 역사의 주체로서 역사 쓰기를 시도하기 위한 대항담론이 된다. 그리고 구술자의 과거 구술이 반영하는 현재를 파악하기 위한 기억방식이 되기도 하고 디지털 사회 속에서 개인의 경험과 기억이 상호주관성을 획득하는 네트워크로서 기능하는 시대로 가고 있다. 그래서 한국에서도 구술사가 역사인류학, 문화인류학, 역사학, 사회학, 국어국문학, 여성학, 민속학, 문헌정보학, 기록관리학, 예체능 분야 등 보다 폭넓게 받아들여지고 있는 연구방법이 되고 있다. 민주화운동이나 저널리즘 분야에서 활용되어 5·18 광주민주화운동 증언록인 『죽음을 넘어 시대의 어둠을 넘어』와 같이 구술사를 접목시킨다거나 문예창작 분야에서도 소설의 소재를 찾아서 먼저 구술 채록을 실시하거나 혹은 구술 채록 그 자체를 소설화하기도 하는 것이다.

한국에서 구술 기록의 필요성이 인식되기 시작한 것은 1980년대부터이다. 1980년대까지 한국의 정치적 상황은 분단, 냉전, 독재, 반공으로 얽힌 사회에서 국가 기록에 배제된 민중이나 여성, 사회적 소수자, 지방의 기억은 기록되기 어려웠다. 권위주의적인 군사정권 속에서 국가, 민족, 정부가 주체가 되는 집단주의적이고 획일적인 사회적 담론이 지배하던 시기였다. 1986년 아시안게임, 1987년 6월 항쟁, 1988년 서울 올림픽으로 민주화가 진전되고 경제적인 풍요로움 속에서 기존의 사회적 담론이 변화하기 시작했다. 군사 독재와 급격한 경제 개발이 가져온 사회적 모순이 표출되고, 억압된 과거사에 대한 규명 요구가 반정부 운동으로 시작되면서 문헌 기록의 부재에 따른 구술 증언이 필요하게 되었다. 이로써 구술사는 민중을 발견하고 과거사 진상 규명을 위한 사회적 운동이 되었다. 그래서 1980년대는 군사정권에 대한 반정부 운동이 절정을 이루고 민주화의 길이 시작된 시기였다(윤택림, 2012a). 이 시기에 출판사 '뿌리 깊은 나무'는 역사학에서 배제되었던 민중들이 살아온 이야기를 인터뷰하여 처음 민중 자서전을 출간했다. 시민들의 문화적 전통을 찾는 작업으로 문헌 기록을 남기지 못한 민중들의 삶의 기록을 구술에서 찾은 것이었다. 그런데 이것은 저널리스트들이 종래의 역사학에서 배제되었던 민중들의 구술을 채록한 것이었다. 이 민중 자서전은 목수, 보부상, 옹기장이, 반가의 며느리, 농부와 같이 다양한 민중들의 삶을 채록했는데, 다수의 여성이 포함되었고, 구술의 텍스트화에서 구술, 방언의 재현에 특별히 관심을 두었다(윤택림, 2019).

1980년대 중반 이후 현대사의 진실을 규명하고 기억을 회복하기 위한 구술 사업이 지식인들과 사회단체에서 국가기관으로 확대되었고, 이 과정에서 일제 강점기 강제동원, 제주4·3항쟁, 5·18광주민주화운동, 노동운동 등 한국의 근·현대 주요 사건에 대한 구술 기록물들이 다수 생산되었다(손동유·권용찬, 2013). 광주의 민주화운동가들은 현대문화연구소와 전남민주청년운동협의회를 통해서 5·18의 경험을 기록하기 위하여 구술 증언을 조사하여 구술 증언집을 발간했다. 또한 한국정신대문제대책협의회가 발족되면서 한국정신대연구회와 함께 일본군 위안부 생존자들에 대한 구술 증언 조사가 시작되었다. 제주에서도 4·3사건에 대한 조사가 시작되어 1989년 제주4·3연구소가 설립되면서 진실 규명 작업이 본격적으로 이루어졌다. 친미정권, 반공이데올로기 아래에서 발성될 수 없었던 제주도민들의 4·3경험을 구술로 드러내 역사를 다시 쓰고자 한 것이었다. 이 시기는 민중에 대한 관심과 억압되고 감춰진 과거 사건에 대한 규명을 하고자 학계 밖에서 구술 자료의 수집과 조사가 이루어졌다. 이렇게 1980년대 말부터 구술에 대한 관심이 커지고 있기는 했지만, 1990년대 초까지 구술은 사료로서 인식되지 않았고 기억은 역사와 사회과학의 연구 대상으로 인식되지 않았다. 1980년대 말부터 1990년대 초까지 출간된 『역사비평』의 현대사 증언시리즈는 일제 강점기 및 해방 이후 좌익 활동에 대한 구술 증언을 수집하여 현대사의 이면을 복원하고자 했다(윤택림, 2012a). 이 분야는 반공이데올로기로 인해 연구의 대상이 되기 힘든 금기의 영역이어서 사료 발굴이 어려웠기 때문에, 구술 증언들을 통해 침묵되었던 현대사의 이면을 복원하고자 한 것이었다. 따라서 좌익과 관련된 현대사의 주요 사건들을 중심으로 한 구술은 기록이 없는 상황에서 취할 수밖에 없는 보조적인 자료였다.

1990년대는 문민정부, 지방자치시대가 열리면서 개인과 지방에 대한 관심이 커졌고, 민주화, 개방화, 다양화라는 변화는 다양한 기관에서 다양한 주제의 구술 채록을 필요로 하게 되었다. 세계화, 지방화, 정보화로 인해 지방자치단체에서는 지방의 역사와 문화의 재생이 활발해지고 정보화 사회 안에서 개인과 지방에 대한 관심이 증가했다. 특히 사회 전반에 걸쳐서 반공이데올로기와 권위주의적 군사정권이 남긴 사회적 유제로부터 탈피하기 시작했다. 그러나 1980년대와 1990년대 민주화와 과거사 진상 규명이라는 사회적, 정치적 운동과 관련하여 문헌 기록이 부재했기에 과거의 경험을 드러낼 수 있는 유일한 방법은 구술사 면담이었다. 그래서 민주항쟁과 사건의 희생자들, 생존자들이 30년간의 군사정권하에서 침묵해왔던 목소리들을 내기 시작했다. 문민정부의 출현과 민주화 진전으로 과거사 진상 규명 차원에서 시민단체에서 진행되었던 구술증언 조사가 좀 더 체계화되었다. 이와 같이 1990년대 한국사회의 변화 속에서 지방과 개인의 목소리에 대한 욕구와 필요성에 의해 민주화된 사회 구현을 위한 하나의 수단이 된 것이다(윤택림, 2019).

1990년대 들어와서는 인류학자, 사회학자들이 구술사 연구를 주도하면서 학문적으로 자리매김하기 시작했다. 이들은 구술 기록에 대한 사회적 요구에 부응하기 위해 1990년대 중반부터 서구 구술사 이론 소개, 역사인류학자들의 구술사 사례 연구, 구술사와 생애사에 대한 이론적, 방법론적 논의를 정리해서 발표하기 시작했다. 1990년대만 해도 구술사 연구방법론을 이용한 학위논문은 매우 드물었으며 대표적인 업적으로는 김성례(1989), 윤택림(1992), 유철인(1993), 최경숙(1995), 김귀옥(1998) 등의 박사학위논문을 들 수 있다. 한국 최초로 학계에 구술사를 소개한 학자는 서울대학교 사범대학의 김기석 교수이다. 그는 대학원 과정에서 구술사를 가르치고 1991년부터 구술 채록을 시작했으며 그 결과물로 한국교육사고를 만들었는데 주로 서울대학교 사범대학 원로교수 인터뷰, 남북 교육, 가나안농군학교, 노동자대학, 비전향 장기수 생애사에 관한 구술 채록으로 이루어졌다(윤택림, 2019).

1990년대 중후반부터 현대사 진실 규명을 위한 구술사 연구가 확대되고 근·현대 주요 사건에 대한 구술 기록이 다수 생산되기 시작했다. 한국정신대문제대책협의회는 일본군 위안부들에 대한 성적 폭력과 착취에 대한 문헌 기록의 부재로 군위안부들의 구술 증언을 계속 수집했고, 제

주 4·3사건 구술 증언도 계속 수집하여 문헌 기록으로 복원될 수 없었던 역사적 경험을 복원하여 과거사 진상을 규명했다. 그래서 시민단체나 일부 연구자들이 왜곡되었거나 망각된 사실이나 피해의 기억을 복원하기 위한 도구로 구술사 조사 방법을 활용했다(김귀옥, 2014). 이렇게 사회적 관심은 민족, 국가, 사회라는 거시적 주제에서 개인이라는 미시적 주제로 이동하게 되었다. 그리고 이러한 시민단체들의 진실 규명 운동의 결실로 1995년에 「5·18민주화운동특별법」이 제정되어 국가권력의 무오류성을 제도적으로 극복하고 국가폭력의 불법성을 인정했다. 그리고 1996년에는 「거창사건 등 관련자의 명예회복에 관한 특별조치법」이 제정되어 국가형성기의 국가폭력을 인정한 최초의 사례가 되었다. 또한 1999년에는 「제주 4·3사건 진상규명 및 희생자명예회복에 관한 특별법」이 제정되었다.

2000년대로 들어오면서 다양한 분야에서 구술에 대한 관심을 갖게 되고 구술사는 하나의 학문분야이며 연구방법으로 학계에서 받아들여져 크게 도약하게 되었다. 이는 구술 채록 기관이 늘어나고 구술 증언 자료집이 출간되기 시작한 것과 구술사 연구방법을 활용하는 연구 프로젝트의 증가, 그리고 과거사 진상 규명을 위한 국가의 적극적인 지원 때문이었다. 이렇게 구술사 연구가 발전되는 배경에는 국가주의적 역할이 컸으며 구술 기록 수집은 개인 연구자나 지방 단체에서 정부 기관으로 확대되었고 기관 중심의 대규모 구술채록사업이 진행되었다. 국사편찬위원회와 한국문화예술위원회에서 구술채록사업을 시작했고, 한국연구재단이나 한국학중앙연구원 등은 기초학문 육성을 위하여 구술사 방법론을 활용하여 기억을 기록화하는 연구 프로젝트를 지원하게 되었다. 정부에서 구술 증언 수집을 통해 대대적으로 과거사 진상 규명을 정책적으로 지원하면서 그 결과, 진실과 화해를 위한 과거사진상규명위원회의 좌우익 학살에 관한 진실 규명, 일제강점하강제노동진상규명위원회의 강제동원에 대한 진상 규명과 보상, 성공회대학교의 노동사 연구소의 노동자들의 역사적 경험에 대한 구술 채록, 5·18기념재단의 5·18 관련 구술 채록, 국사편찬위원회의 현대사 구술 채록 연구, 국립예술자료원의 원로 예술인들의 구술 채록이 이루어졌다. 이와 관련한 증언집들이 여러 해를 거치면서 구술사에 대한 이론과 방법에 관심을 증대시켰고 구술사 관련 학위논문으로 구술 기록 수집이나 관리 방법에 관한 논문이 주로 나왔다는 점이 특징이다(김귀옥, 2012).

2000년대 중반부터 기록의 관점에서 구술 기록의 의미와 관리 방법, 지역 구술 기록에 대한 연구가 꾸준히 진행되고 주변에 대한 관심이 확대되면서 구술 기록의 중요성이 증대되었다. 구술사가 학계에서 받아들여지면서 구술사 연구의 범위도 확장되었다. 구술사 연구가 한국전쟁을 중심으로 많이 이루어졌는데, 점차 지방사, 생활사, 노동사, 여성사 등으로 구술사 연구가 확대되기 시작했다. 2000년대 중후반까지 진행되었던 국내 구술 기록은 주로 근·현대사의 주요한 사건과 인물이 중심이었다. 그러나 2000년대 후반부터는 지역민의 기억을 통해 그 지역의 정체성을 찾고 사라져가는 마을을 기록하는 지역 및 마을 구술채록사업이 증가하면서 지역사로서의 구술사가 생산되기 시작했다. 지역민을 역사의 주체로 보고 그들의 관점에서 한국전쟁의 경험을 드러낸 것으로 전쟁과 사람들, 전쟁과 기억, 분단, 이산가족, 반공전사, 빨갱이 등에 관한 구술 채록과 연구가 진행되었다. 이 시기의 대표적인 연구는 2002년부터 2007년까지 진행된 '20세기민중생활사연구'이다. 이 연구는 평범한 사람들의 구술 생애사를 수집했는데 기록을 남길 수 없었던 소외계층의 구술 생애사 채록을 통해 20세기를 살아온 민중들의 역사를 수집하는 작업이었다. 김주관(2012)은 20세기민중생활사연구단이 생활사와 관련된 디지털 아카이브의 구축에 큰 영향을 미쳤으며 아카이브 구축의 과정에서 시민들의 참여를 유도하고, 그 결과물을 시민들에게 공개하고 공유한다는 원칙을 제시함으로써 국내에서는 최초로 개방적인 아카이브의 모델을 제시했다고 보았다. 또한 구술 자료를 바탕으로 2006년부터 2011년까지 47권의 <한국민중구술열전시리즈>를 출간했으며 아카이빙된 자료를 바탕으로 6번에 걸쳐 사진전시회 개최와 5권의 사진집을 출간함으로써 다양한 방식으로 아카이빙된 자료의 활용을 보여주었다고 평가했다.

특히 구술 자료를 구술 기록으로 남겨야 한다는 의식이 확산되면서 구술 채록과 구술 아카이브 구축이 함께 진행되어야 한다는 인식이 만들어졌다. 실제로 원사료가 되는 구술 자료는 거의 방치되고 있는 상황이었기에 구술 증언이 사료로서 후대에 전해지기 위해서는 구술 아카이브 구축이 필요하다는 인식이 강화되기 시작했다. 그래서 국사편찬위원회는 전자사료관에서 구술 자료목록 서비스를 해오고 있으며 민주화운동기념사업회는 2002년부터 지금까지 민주화운동 관련 구술조사 사업을 해왔고 오픈 아카이브 안에 구술 아카이브를 구축했다. 한국문화예술위원회에서도 2004년부터 원로 예술인들의 구술 생애사를 수집하는 예술사 구술채록사업을 진행하여 그 결과물을 한국예술디지털아카이브로 구축하고 있다. 한국영상자료원은 2004년부터 원로 영화인들의 구술 생애사를 수집하는 한국영화사 구술채록사업을 하여 영화사구술아카이브를 구축했으며 한국학중앙연구원에서는 2010년부터 한국현대사에 대한 구술 채록을 시작하여 현대한국구술자료관이라는 디지털 구술 아카이브를 구축하고 서비스하고 있다(윤택림, 2019).

그런데 문제는 이렇게 수많은 구술 채록 기관들이 각각의 구술 아카이브를 구축하고 서비스하고 있어서 국내에서 생산된 구술 자료 전체를 한꺼번에 볼 수 있는 종합 관리 체계가 이루어지지 못하고 있다는 것이다. 그리고 사료관에서 열람이 가능하거나 디지털 아카이브를 통해 구술 자료가 서비스되는 것도 시작한 지 오래되지 않았으며 사료관에서 열람 가능 여부도 확실하지 않은 기관도 많고 디지털 서비스를 하는 곳도 드물다. 그러므로 구술 채록의 양적 성장에 비해 구술 자료의 활용을 위한 서비스는 빈약한 상황이다. 이는 그동안 기관구술채록사업이 수집에만 신경을 써서 자료의 정리와 활용까지 생각을 하지 않은 결과이다. 구술 자료가 정리되어 있지 않다는 것은 구술 자료의 활용 가능성이 적은 것이므로 이제 구술 채록 기관들이 구술사 연구 기획 단계부터 정리, 분류, 기술, 활용까지 염두에 두고 시작할 필요가 있다.

2008년에는 한국구술사연구소가 개소했고 2009년에는 한국구술사학회(Korean Oral History Association)가 113명의 발기인이 중심이 되어 궁극적으로 구술사 연구와 관련된 학제 간 학술 연구를 지원하고 회원 상호간의 지적 교류를 촉진하며, 구술사의 사회적 효용성을 높여 학문적 발전과 역사의 민주화에 기여하는 것을 목적으로 창립되었다. 그리고 2010년부터 『구술사연구』라는 학술지를 발간하기 시작했다. 그리고 구술 채록 기관들은 거의 다 구술 아카이브 구축을 동반한 구술 채록을 하게 되었고, 그 결과 구술 자료는 양적으로 크게 증가하게 되었다. 그러나 구술사 연구의 양적 성장만큼 구술사 논저의 출간은 뒤따라오지를 못해서 구술사 연구는 양적 성장과 함께 질적 성장이 필요하게 되었다(윤택림, 2019).

2010년대로 가면서 역사학자들의 구술사 연구가 증가하게 되었는데 특히 한국전쟁에 대한 새로운 증거, 즉 구술 증언을 수집하여 새로운 역사 해석을 가져왔다는 점이 주목할 만하다. 문헌을 기초한 한국전쟁에 대한 공식적인 역사에서 탈피하여 지역에서부터 평범한 사람들의 경험과 기억으로 해석되는 한국전쟁에 대한 아래로부터의 역사 쓰기가 이루어졌다. 즉 국가, 사회, 민족이 주체가 아니라 마을사람들의 역사적 경험을 주체로 하여 한국전쟁에 대한 다른 관점을 제공했다. 전쟁 경험에 있어서 국가나 이념보다는 집안과 가문, 신분, 친족관계, 종교, 인간관계가 더 중요한 것으로 드러났다. 그리고 여성의 한국전쟁 경험, 전쟁 미망인 연구를 통해 전쟁이 여성의 성역할에 준 영향과 균열을 살펴볼 수 있었고 여성이 가장으로서 전후 경제활동의 중요한 주체로 부상되었음을 보여주었다.

한국 구술사 연구의 특징은 학과나 교육 과정이 없으나 구술사 연구 프로젝트가 많고 기관구술채록사업이 많다는 것이다. 결국 각 기관에서는 구술사에 대한 전문적인 지식이 없이 구술채록사업을 진행해야 하는 상황인데 기관들이 가지고 있는 고충이나 문제를 함께 논의하고 해결할 장이 없었다. 그래서 2010년에는 구술 채록 기관들과 연구 수행 기관들이 한국구술사학회와 함께 한국구술사네트워크를 조직했다. 이 네트워크를 바탕으로 기관 구술 채록이 더욱 증대되고 구술 아카이브의 구축이 본격적으로 이루어지면서 구술 자료 서비스도 함께 이루어지기 시작했다.

이명박 정부부터는 구술 채록이 기존의 피해자 중심에서 엘리트 중심으로 이동하기 시작하여 한국학중앙연구원, 국가기록원 대통령기록관에서 한국 근대화와 경제 발전에 기여한 정치인과 관료 중심의 구술 채록을 시작했다. 이러한 엘리트 구술은 수많은 야사가 있기 마련이므로 한국의 특수한 상황에서 한국 현대사를 보완하는 중요한 내용을 포함할 수 있다. 이외에도 전남대 호남문화연구소에서 수행한 6·25전쟁 경험에 대한 구술 채록 연구, 서울시사편찬위원회의 서울토박이 구술 채록이나 여성들의 시집살이 이야기가 이 시기에 진행되었다(윤택림, 2012a).

엘리트 중심의 구술 채록의 확대로 인해 상대적으로 평범한 지역민의 역사적 경험에 대한 구술사료 수집의 비중이 줄어들게 되었다. 그래서 지역민들이 자신들의 역사를 기록하는 주체가 되기 위해서는 공동체 아카이브 구축이 필요하다는 생각을 하게 만들었다. 특히 지방 분권과 지역 균형 발전이 강조되면서 지역의 역사와 문화를 복원하려는 노력과 함께 지역민의 경험과 기억을 통해 지역의 정체성을 찾으려는 시도가 점점 더 늘어나게 되었다. 그 결과, 이제는 구술 채록이 지역 문화 자원이 되고 있으며, 지역마을 구술 사업은 지역 분권과 지역 연구 활성화로 확장되어 도시 개발과 재생 사업과 연관되고 있다(배은희, 2018). 최근에는 구술사 주제로 치유가 뜨고 있다. 한국 사회와 같이 파행과 질곡의 근현대사는 많은 이들에게 역사적 상흔, 트라우마를 주었고 구술사 인터뷰가 치유의 한 방법으로 인식되고 있다. 또한 지역토박이와 이주민의 삶에 대한 구술 기록이 늘어나고 있으며, 이외에도 다양한 한국 여성들의 역사적 경험에 대한 구술 생애사 채록이 진행되고 민속학이나 구비문학과도 연계되어 연구되고 있다.

이러한 학계, 기관, 사회적 담론의 변화 속에서 구술사는 지방과 개인으로의 관심 이동과 탈근대적, 탈시민적 역사 연구를 향한 하나의 대안이 되고 있다. 민족, 국가, 사회라는 거시적인 주체에서 드러날 수 없었고 권위주의적인 정치체제 내에서 소리 내지 못했던 개인적, 집단적 경험과 기억들이 이제는 한국 사회의 보다 나은 민주화와 역사적 진실의 규명을 위해 귀중한 자료로 인식되기 시작했다. 이러한 개인적, 집단적 경험과 기억들은 지배층이 전유하는 기록에서는 찾기가 힘들기 때문에 구술로 나올 수밖에 없기 때문이다. 이제는 구술 기록이 중요한 사료라는 것이 인정되고 있으며 사회적으로도 구술 기록 수집의 중요성에 대한 인식이 공유되고 있다. 그러나 그동안 구술 기록 수집의 양적 증가가 이루어졌다면 이제는 수집된 구술 기록의 관리와 활용에 관심을 가져야 할 시점이다. 구술사의 양적 성장이 반드시 질적 성장을 동반하는 것은 아니기 때문이다. 기관의 구술 아카이브가 증가하고 구술 채록 자료집이 출판된 것에 비하여 이에 관한 연구 논저의 출판은 상당히 미진하다. 그 이유는 구술사를 제대로 배울 수 있는 여건이 제한되어 있고 구술 자료의 국가적인 종합 관리가 이루어지지 않아 연구를 진행하는 데 어려움이 많기 때문이다.

오늘날과 같이 정보 기술 사회에서도 구술사는 중요한 의미를 갖는다. 첫째, 문명이 덜 발전된 시대보다 현대는 오히려 정치가이건 평범한 시민이건 간에 사적 종류의 기록을 덜 남기는 경향이 있다. 정보 통신의 발달은 편지나 일기 등의 필요성을 약화시키기 때문이다. 둘째, 어느 사회에서나 불법적이고 일탈적인 행위는 좀처럼 기록되지 않으며, 은밀하고 법률 밖에서 행해졌던 정치적 억압은 기록을 더욱 어렵게 만든다. 특히 문헌적 사료를 위주로 하는 역사 기술이 엘리트 중심의 것이라면, 구술을 통한 역사 기술은 민초들의 역사적 삶에 더욱 가까이 다가서려는 시도다. 그만큼 민초들의 이야기와 저항은 문헌으로 남기 힘들며, 남아 있다고 하더라도 윤색, 왜곡돼 있는 경우가 많기 때문이다. 그러므로 구술사는 지역민의 역사, 지역민의 정체성을 찾는 데 적합한 도구이며 이를 통해 세대 간의 소통을 가능하게 한다. 나도은(2012)은 지역의 역사와 문화를 복원하고 지역의 일상과 주민들의 삶의 궤적에 대해 집중 조명하여 당해 지역 주민들의 진솔한 기억과 경험에 대한 기억을 구술의 기록으로 담아내는 것은, 공식기록이 망실되고 지역을 서울의 변방으로 취급하여 지방사를 기록하지 않은 기록 부재의 사회에서 왜곡되고 조각나버린 공식 기록을 복원시키는 중요한 열쇠가 된다고 했다. 그러므로 지역에서의 구술사 연구는 지역 사료 수집과 공동체 아카이브 구축에 필수적이다. 그래서 구술사는 지배층이나 연구자들의 전유물이 아니라 지역민들이 구술사를 통해서 자신들의 역사와 문화, 정체성을 찾고 만들어갈 때 구술사가 가지고 있는 대안적 역사 쓰기로서의 가능성을 구현하게 되는 것이다.

4. 구술사의 특성

포르텔리는 구술사를 다르게 만드는 특성으로 구술성, 서사 형식, 주관성, 기억의 신뢰도, 비객관성이 있다고 보았다(Portelli, 1997). 구술사가 다른 역사와 다르다는 것이 약점이라기보다는 강점, 문제라기보다는 자원으로 간주했다. 그리고 정확한 사실이 무엇인지, 왜 일어났는지, 무엇이 원인인지 알지 못하더라도 사람들의 기억에 남아 있는 특정 사실을 아는 것이 중요하다고 보았다. 윤택림과 함한희(2006)는 이러한 특성을 다음과 같은 요소로 정리했다.

1) 구술성

첫 번째 특성은 구술사가 다른 분야와 구분되는 가장 큰 특성이 구술(orality)이라는 것이다. 즉 문어가 아니라 구어라는 것이고 그렇기 때문에 별도의 녹취록을 필요로 한다. 그러므로 구술 정보원은 구술의 원천으로 구술을 전사한 녹취록은 들은 것을 보이게 바꾸어 필연적인 변화와 해석을 의미한다. 녹취록이 과학적 목적으로 녹음 파일을 대체할 것으로 기대하는 것은 번역에 대한 문학 비평을 하는 것과 같다. 즉 문자 그대로의 번역은 최고가 아니며 충실한 번역은 항상 일정한 양의 창조를 가져오듯이 구술 정보원의 전사도 마찬가지이다. 음과 음량 범위, 목소리의 리듬은 쓰기에서 재현할 수 없는 암묵적인 의미와 사회적 의미를 담고 있다. 화자의 억양에 따라 동일한 문장이 녹취록에서 객관적으로 표현할 수 없고 필사자 자신의 말로 대략적으로만 설명되는 매우 모순적인 의미를 가질 수 있다.

그러므로 녹취록을 올바로 읽을 수 있게 하려면 일반적으로 녹취하는 사람이 구두점을 임의로 넣을 수 있다. 구두점은 문법 규칙에 따라 배포된 일시 중지를 나타내며 각 표시에는 일반적인 위치, 의미 및 길이가 있다. 멈춤의 정확한 길이와 위치는 말의 의미를 이해하는 데 중요한 기능을 한다. 규칙적인 문법적 일시 중지는 기본적으로 설명과 참조 패턴을 중심으로 말한 내용을 구성하는 경향이 있는 반면, 불규칙한 길이와 위치의 일시 중지는 정서적 내용을 강조하고 매우 무거운 리듬이 있는 한 일시 중지는 서사적 구술 형식을 상기시킨다. 많은 구술자들이 이야기를 하다가 해당 주제에 대한 태도가 바뀌는 것처럼 동일한 인터뷰에서도 하나의 리듬에서 다른 리듬으로 전환하게 되는데, 이것은 읽기가 아닌 듣기로만 인식할 수 있다.

인터뷰 중에 말하는 속도와 그 변화에 대해서도 비슷한 점을 찾을 수 있다. 정해진 규칙은 없지만, 말하는 속도가 줄어들면 이야기 전개의 어려움과 강조를 의미할 수 있으며, 말하는 속도가 빨라지면 친숙하고 용이해지면서 특정 지점으로 들어가려는 소망을 나타낼 수 있다. 이렇게 말하는 속도의 변화에 대한 분석은 리듬 분석과 결합되어야 한다. 결국 구술성은 구술자의 언어적 행위와 비언어적 행위가 이루어지는 상황을 재현하는 것이다.

2) 서사성

두 번째 특성은 서사성(narrativity)이다. 구술 자료는 구술자가 말하는 이야기라서 구술자가 어떻게 자신의 경험을 서술하는지, 어떤 이야기를 하고 플롯을 사용하는지, 어떻게 시간을 나누고 얼마나 많이, 적게 언급하는지, 어떤 말씨로 이야기하는지가 중요하다. 이러한 서술성은 구술의 내용과 함께 구술의 형식으로 그 내용을 어떤 방식으로 어떤 틀에 담아주는지를 알려주는 것으로 내용만큼 중요하다. 즉, 구술을 올바로 해석하기 위해서 그 내용을 담고 있는 서술의 형식에 대한 분석이 필요하다.

일반적으로 구술의 이야기는 크게 연대기적 서술과 사건 중심적 서술로 나눌 수 있다. 연대기적 서술은 유아기, 아동기, 청년기, 장년기, 중년기, 노년기와 같은 생애단계나 일제시기, 해방, 한국전쟁, 1960년대,

1970년대, 1980년대, 1990년대, 2000년대 이후와 같이 공식적인 시대 구분에 따라서 서술하는 방식이다. 이에 비해 사건 중심적 서술은 특정한 사건을 중심으로 시·공간을 자유롭게 움직이면서 서술하는 방식이다. 여기서 선정되는 사건은 구술자에게 중요하며 사건에 대한 순서와 조합은 구술자가 자신의 삶에서 그 사건을 중심으로 이해하고 구성하는 방식을 보여준다.

구술 자료의 서술성은 개인적인 능력도 중요하지만, 문화적 차원이 영향을 미친다. 역사적 차별성을 생산하는 변수들이나 개인들이 전유하는 서술 방식에서 자유로울 수 없기 때문이다. 예를 들면, 한국 사람들의 한 많은 인생이나 신세타령은 자신의 의지와는 달리 현재에 이르렀음을 청자에게 공감해달라고 요구하는 서술의 방식이다. 그래서 이러한 서술이 갖고 있는 구술의 특성을 이해할 수 있어야 한다.

구술자는 오랜 시간 동안 지속된 경험을 몇 마디로 이야기하거나 짧은 일화에 대해 오랫동안 이야기할 수 있다. 일화에 대해서 계속해서 얘기하는 것은 그 중요성을 강조하는 방법일 수 있지만 주의를 분산시키는 전략이기도 하다. 구술이 '진실'로 인식되는 것은 개인의 경험과 역사적 기억만큼 전설과 관련이 있고 역사적, 시적, 전설적인 서사는 결국 뒤섞이게 된다. 그 결과 구술자 외부에서 일어나는 일과 내부에서 일어나는 일, 개인과 집단에 관한 것 사이의 경계가 애매해져서 공유한 상상력이 개인적 진실에 더 일치할 수 있는 이야기가 된다.

3) 주관성

세 번째 특성은 주관성(subjectivity)이다. 구술 자료는 개인의 주관적 경험을 기억을 통해 현재로 불러내는 작업이기 때문에 지극히 주관적이고 개인적일 수밖에 없다. 이러한 특성 때문에 대표성과 신뢰성을 필요로 하는 역사 연구나 사회과학 연구에서 역사적 자료로서의 가치를 제대로 인정받지 못했다. 그러나 그 누구도 자신의 경험을 완벽하게 이야기하지 못하고, 기억하는 행위는 현재 이루어지기 때문에 현재의 상황에 영향을 받을 수밖에 없어서 면담자와 구술자 사이의 라포나 구술자의 상태에 따라 구술자의 서술이 달라질 수 있는 것은 당연하다. 하지만 이러한 것이 구술 자료만이 갖는 가치가 될 수 있으며 부분적 진실에 대해 인간이 어떻게 경험하고 인식했는지를 보여줄 수 있다. 그러므로 구술의 주관성은 개인의 삶이 단순히 개인적인 것이 아니고 역사적인 것이 될 수 있다. 이러한 특성은 민족과 국가가 중심인 역사 연구에 가려진 개인의 경험을 드러내는 구술사의 강점이 된다. 그러므로 연구자는 주관적 경험과 객관적 구조 사이의 관계를 파악하는 것이 중요하다.

구술사는 사건보다 의미에 대해 더 알려준다. 이것은 구술사가 사실적 타당성이 없다는 것을 의미하지는 않으며 면담은 종종 알려지지 않은 사건이나 알려진 사건의 알려지지 않은 측면을 드러내게 된다. 특히 피지배계급의 일상생활의 미개척 영역에 새로운 빛을 비추게 되는데, 여기서 구술 정보원이 제기하는 유일한 문제는 검증 문제이다. 그러나 구술 정보원이 다른 정보원과 다른 독특하고 귀중한 요소는 화자의 주관성이다. 연구에 대한 접근 방식이 광범위하고 충분히 명확하다면 집단이나 계층의 주관성이 나타날 수 있다.

구술 정보원은 사람들이 무엇을 했는지, 그들이 하고 싶었던 일, 하고 있다고 믿었던 일, 지금은 했다고 생각하는 일이 무엇인지를 알려준다. 특히 피지배계층 집단에서 나온 구술 정보원은 이야기의 논리적이고 인과적인 순서가 되면 다른 정보원과 매우 유용한 통합이 가능하다. 그러나 이야기를 전달하기 위해 구술자가 이야기 자료를 배열하는 방식이 필요하게 되고 이 구성은 화자의 역사에 대한 많은 관계를 보여준다. 구술자의 주관성은 그가 보는 과거 조각의 사실만큼 역사를 재구성할 때 더 많은 진실성을 담보할 수 있으며 구술자가 믿는 것은 실제로 일어난 일 또는 실질적으로 있는 역사적 사실, 즉 그들이 믿는 사실이다.

4) 신뢰성

네 번째 특성은 신뢰성(reliability)이다. 구술 자료는 앞에서 언급한 특성으로 인해 객관적이지 않다. 이러한 구술 자료의 비객관성은 인공적이고 가변적이고 부분적일 수밖에 없는 구술에 기인한다. 구술자의 과거 경험이 부분적이고 파편적이기 때문에 완벽한 과거의 재현은 불가능하다. 따라서 구술 자료에 의한 과거의 재구성은 언제나 미완성이고 부분적일 수밖에 없다. 정말 그때 그런 것인지에 대한 문제에 봉착할 수밖에 없는데, 그렇다고 구술 자료가 신뢰할 수 없다고 할 수는 없다. 구술 속에 드러나는 상징성과 다양성은 심리적인 진실을 제공하고 이러한 진실은 믿을 수 있는 설명만큼 중요하기 때문이다. 예를 들면, 일본군 위안부 생존자들의 진술은 일본의 문헌 기록에는 없는 틀린 진술이지만, 생존자들과 한국인들에게는 진실이 된다. 그래서 구술 자료는 과거의 사건에 대한 사실적 진실뿐만 아니라 서사적 진실을 보여준다. 서사적 진실은 사실적 진실만큼 중요한데 구술자들은 서사적 진실을 믿고 있으며 그 믿는다는 사실은 역사적 사실이 될 수 있기 때문이다. 결국 연구자는 구술 자료의 사실적 진실을 쫓는다기보다는 서사적 진실로 받아들이고 신뢰를 하는 것이다.

구술을 완전히 믿을 수 없다는 것이 약점이라기보다는 잘못된 발명과 신화가 사실 이상의 의미를 갖고 그들의 의미로 이끌고 간다는 것이다. 특히 구술 증언은 우리가 역사에서 기관과 주관성의 문제로 접근하는 것을 가능하게 하고 있다. 그렇지만 구술 증언이 역사 안에서 주관적인 창(窓)이고 그들이 정말 그렇게 느꼈고 지금 느끼는 생각과 감정을 단순하게 반영하는 투명한 것이 아니라는 것도 반드시 얘기되어야만 한다. 우리가 구술 안에서 더 깊은 의미와 그것들을 다시 보는 사람들의 역사적 경험과 삶 안에서 발견하는 복잡성에 주의를 기울인다면 그 안의 이야기와 상징, 그 안에 들어가 있는 논리를 읽을 수 있다.

그러므로 구술사는 다른 차원의 신뢰도를 가지고 있다. 구술 증언의 중요성은 사실을 고수하는 것이 아니라 상상력, 상징주의 및 욕망이 등장함에 따라 사실로부터 벗어나는 데 있다. 구술사의 다양성은 잘못된 진술이 여전히 심리적으로 진실이고 이 진실은 사실적으로 신뢰할 수 있는 설명만큼이나 중요할 수 있다. 그리고 글로 남겨진 문서는 확인되지 않은 구술 정보원의 통제되지 않은 전송일 수 있다. 구술 정보원을 하찮게 생각하는 많은 역사가들은 의문 없이 쓰여진 기록을 받아들이고 의회기록, 회의록, 언론 인터뷰에 적용한다. 이러한 편견은 구술 정보원이 잘못된 기억의 왜곡을 가져온다는 주장이다. 그런데 실제로 이 문제는 수많은 문서에 존재하며, 일반적으로 사건 얼마 후에, 그리고 종종 목격자가 아닌 사람이 작성할 때 문제가 발생한다. 이에 비해 구술 정보원은 훨씬 더 가까운 목격자들의 목소리로 시간적 거리를 줄일 수 있다.

그러나 정말로 중요한 것은 포르텔리가 언급했듯이 기억이 사실의 수동적 보관소가 아니라 의미를 창조하는 능동적인 과정이라는 것이다(Portelli, 1991). 따라서 역사가를 위한 구전 자료의 유용성은 기억에 의해 야기되는 변화, 즉 과거를 이해하고 삶에 형식을 부여하고 역사적 맥락에서 인터뷰와 서사를 설정하려는 구술자들의 노력이다. 구술자들의 개인적인 주관적 의식이나 사회·경제적 지위에서 나중에 일어날 수 있는 변화는 이전 사건에 대한 실제적인 설명은 아니더라도 적어도 이야기의 가치와 의미에 영향을 미칠 수 있다. 예를 들어, 방해 행위와 같은 불법적인 형태의 투쟁을 묘사할 때 몇몇 사람들은 과묵한데, 이것은 그들이 그것을 명확하게 기억하지 못한다는 것을 의미하는 것이 아니라 그들의 정치적 견해, 개인적인 상황에 변화가 있었다는 것을 의미한다. 따라서 과거에 합법적이고 심지어 정상적이거나 필요하다고 여겨지는 행위들이 이제는 받아들일 수 없는 것으로 간주될 수 있다. 이러한 경우 가장 귀중한 정보는 구술자가 말하는 것이 아니라 숨기는 사실과 숨기는 것이 무엇이냐에 있다.

5) 개별성

다섯 번째 특성은 개별성(individuality)이다. 이것은 구술사의 고유한 내재적 특성에 있으며, 가장 중요한 것은 그것이 인공적이고 가변적이며 부분적인 개인의 이야기라는 것이다. 그래서 구술 정보원의 내용은 면담자가 질문, 대화 및 개인적 관계 측면에서 무엇을 집어넣느냐에 따라 크게 달라진다. 따라서 연구자가 연구 주제에 적합한 구술자를 선정하고 연구자가 듣고 싶어 하는 내용보다 구술자 자신이 말하고 싶은 내용에 우선순위를 부여하여 나중에 또는 다른 면담을 위해 대답하지 않은 질문을 저장하는 것이 필요하다. 이러한 특성은 우리가 알고 있든 없든 존재하며, 발견되지 않으면 변하지 않는다. 구술 증언은 그것이 존재한다고 말하기 전까지는 잠재적인 자원일 뿐이며 그 정보원의 존재를 위한 조건은 그 자료들이 밖으로 방출되어야 한다는 것이다.

6) 공동작업

여섯 번째 특성은 공동작업(collaboration)으로 수행된다는 것이다. 구술은 단순히 면담자의 질문에 따라 수동적으로 만들어지는 게 아니라 구술자가 자기 해석을 해 내는 작업이다. 구술자는 구술의 주체이면서 해석자이기도 하다. 구술사는 연구자와 구술자가 함께 만드는 역사인 셈이다. 그래서 다른 연구방법에 비해서 구술자를 단순히 피면접자나 정보를 제공해주는 사람으로만 보지 않고 연구 과정에 참여하는 권력을 부여한다는 장점이 있다. 그래서 구술사는 연구자 또는 면담자와 구술자의 상호작용 속에서 자료가 만들어지게 되고 공동작업의 성격을 띤다. 연구자가 철저히 그 과정에서 중립적일 수는 없으며 구술자와 연구자는 서로 대화를 하면서 소통을 하게 되고 이것이 구술 채록을 통해 텍스트화되는 것이다.

종종 그렇듯이 면담이 구술자의 목소리를 완전히 생략한 채, 출판을 위해 나열될 때, 미묘한 왜곡이 발생한다. 면담자의 질문 없이 답변만 제공하면 구술자가 항상 같은 말을 반복한다는 인상을 주게 되어서 면담자의 음성이 잘리면 구술자의 음성도 왜곡될 수 있다. 또한 구술 증언은 항상 같은 결과를 내지 않는다. 이것은 모든 구술 의사소통의 특징이지만 동일한 면담자라도 똑같은 구술자로부터 다른 시간에 다른 방식의 질문을 하면 두 주체가 서로를 더 잘 알게 됨에 따라 구술자의 경계가 약해질 수 있다. 구술자가 면담자의 관심사라고 생각하는 것과 동일시하려는 의도보다 독립적이거나 면담 목적에 대한 더 나은 이해로 대체될 수도 있고 이전 면담이 나중에 말할 수 있는 기억을 단순히 깨울 수도 있다.

그래서 연구자와 구술자의 상호 관계와 상황에 따라서 다양한 이야기들과 해석이 가능해진다. 구술자만이 그 구술의 주체이고 해석자라기보다는 연구자와 구술자가 함께 만들어내는 것이다. 하지만 구술자와 연구자가 같은 목소리나 동일한 관점을 갖는 것은 아니다. 서로 다른 목소리를 낼 수 있고 그래서 구술자와 연구자의 목소리를 구분하는 것이 중요하다. 그래서 구술자가 연구자와 함께 공동 저자로서 구술자가 구술자료의 편집과 글쓰기에도 함께 참여하는 것이 바람직하다.

이러한 특성과 함께 구술과정에서 구술자의 전체 기억을 소진하는 것은 불가능하다. 각각의 면담에서 추출된 데이터는 항상 상호 관계에 의해 생성된 선택의 결과이므로 구술 정보원을 사용한 역사 연구는 항상 진행 중인 작업의 미완성이라는 특성을 가지고 있다. 그러므로 구술 정보원의 미완성은 다른 모든 정보원에 영향을 미친다. 살아 있는 기억의 사용이 완료되지 않았기 때문에 사용 가능한 구술 정보원을 제외한 역사적 작업은 여전히 불완전하다. 구술 정보원은 피지배층의 역사에 필요하고 글쓰기를 통제하고 훨씬 더 풍부한 글쓰기 기록을 남긴 지배 계급의 역사에서는 덜 필요할 수 있다. 그럼에도 불구하고 역사적 담론의 통제는 역사가들의 손에 남아서 이들은 최종적으로 출판된 형태와 맥락을 제공해준다. 그리고 구술사가는 대화의 상대자로서, 면담의 무대 감독 또는 증언의 주최자로서 여전히 중요하고 전체적인 담론에 대한 책임이 있다. 구술사에 통일된 주제는 없으며 그것은 다양한 관점에서 말하고, 전통적으로 역사가들이 주장하는 공평성은 구술자의 편파성으로 대체된다. 여기서 부분성은 미완성과 편견을 의미한다. 구술사는 편견 없이 말할 수 없고 그들의 개인사와 신념이 무엇이든, 서로 다른 편파성의 대립, 즉 갈등으로 대결하면서 통합을 찾아나서는 것으로 구술사를 흥미롭게 만든다.

5. 구술사와 기억

벨기에의 역사가이자 인류학자인 얀 반시나(Jan Vansina)는 기억이 내면화된 행위, 즉 '회상 이미지(remembrance-image)'로 사건이나 상황을 재현하는 것이라고 했다. 즉, 기억은 과거로부터의 인상에 기초한 하나의 재창조이며 기억은 도서관과 같아서 코드 체계에 따라서 라벨이 붙여지고 저장되며 기억 코드는 정신의 전체적인 작동을 지시한다고 했다. 기억 코드를 이루는 주요한 3개의 차원은 구두적 코드(verbal code, 말),

어의적 코드(semantic memory, 인식), 시각적 코드(visual code, 글)로 이루어지는데, 어의적 코드가 전체 기억의 작동을 쥔 열쇠라고 했다. 어의적 코드는 사람들이 획득하는 체계이고 배우는 것이기 때문에 공유된 집합적 코드로서 문화가 다르면 상이할 수밖에 없어서 보편적인 '인간 기억'이라는 것은 존재하지 않는다고 했다(Vansina, 1980).

구술사에서 자주 제기되는 문제 중의 하나가 기억의 불안정성과 신뢰성의 문제이다. 구술자들이 얼마나 정확하고 믿을 만한 기억을 구술할 수 있느냐의 문제이다. 과연 인간이 자신에게 불리한 내용을 정직하게 말할 수 있는지? 또는 망각의 작용으로 인해 지나간 일들을 얼마나 정확하게 재현할 수 있는지? 그리고 자신이 처한 상황에 따라서 기억의 내용이 바뀌는 것은 아닌지? 이러한 질문을 하지 않을 수 없다. 인간이 과연 완벽하게 객관적일 수 있는지, 진실이 무엇인지를 정확하게 끄집어낼 수 있는 것인지에 대해서 명쾌한 결론을 내리기는 힘들다. 이는 인간의 기억 자체가 불완전하다는 것은 부인할 수 없기 때문이다. 그러나 각자가 동일한 사건을 경험하게 되어도 결국 그 사건을 동일하게 기억할 가능성은 매우 낮다. 왜냐하면 자신이 그 사건을 어떻게 받아들이느냐는 자신이 처한 사회적, 경제적, 정치적 환경과 교육 수준, 타인과의 관계, 시대적 맥락에 따라서 기억의 내용이 바뀔 수 있기 때문이다.

프랑스의 철학자인 미셸 푸코(Mitchel Foucault)는 과거를 현재로 끌어와서 이야기할 때 의미화의 왜곡이 있으며 자기를 아름답게 꾸미려는 인간의 기본 속성이 있다고 했다. 그는 이것을 '자아에 대한 기술(technologies of the self)'이라고 자기 삶을 아름답게 만드는 기술로 설명했다. 즉, 다른 사람들에게 인정받는 자신의 존재를 만들고자 노력하는 과정으로 자기 경험의 의미화를 하게 된다는 것이다(Foucault, 1988). 그러다 보니 자신이 직접 경험하지 않았던 것도 중심에 있었던 사건으로 이야기하게 되기도 한다. 그렇기 때문에 기억은 불안전하고 불완전할 수 있고 이를 토대로 진행하는 구술사 연구가 신뢰할 만한 것인지에 대한 의문은 당연한 것이다. 하지만 문헌 자료 역시 인간이 생산하는 결과물로서 인간의 인식과 의식이 사회의 역사성으로부터 나오며 중요한 것은 인간이 자신의 행동을 기억하는 것보다는 그 행동이 갖는 그 시대의 의미와 평가이다. 그래서 구술사에서는 구술자의 상세한 기억도 있지만, 지워진 기억도 있을 수 있고, 여기서 중요한 것은 구술자가 그때, 어떤 맥락에 있었는지를 회고하는 것 자체가 연구의 주제가 된다. 그리고 이를 통해 역사 속에서 드러나지 못한 빈 공간을 채우는 것이 구술사만이 갖는 특별한 의미이다.

구술은 말을 통해 기억을 만나고 그 기억을 통해 세상을 다시 만나고, 다시 그 기억 속에서 사람의 의식과 무의식, 트라우마, 치유와 같은 것을 경험하게 된다. 특히 역사를 재구성하거나 역사 자료가 없는 상황에서 우리는 구술을 통해 거시적인 사회와 미시적인 인간을 만날 수 있게 된다. 그리고 그 연구 과정에서 끊임없는 새로운 만남과 방향 전환이 이루어질 수 있다. 다만 인간은 거짓말을 할 수 있기에 특정 사건이나 주제에 대한 구술 내용이 구술자에 따라 불일치하는 경우가 생길 수 있다. 이러한 불일치는 순간적 망각, 지워진 기억, 자기 검열 등과 같은 원인으로 인한 것이며 관련 상황을 반복 진술하는 과정에서 일치와 불일치를 식별해낼 수 있다. 결국 말은 경험과 의식의 지배를 받으며 전체가 거짓으로 꾸며질 수는 없다는 것, 구술의 힘은 바로 여기에 있다.

구술은 기억의 부정확성, 주관성이 개입되기 마련이다. 이 때문에 역사학에서는 구술 자료를 불신해왔다. 그러나 구술의 잘못과 부정확성을 바로잡는 것은 연구자의 몫이며 구술사를 역사기록의 대체물이라기보다는 보완물로 이해하는 시각이 필요하다. 증언 자료와 문헌 사이에 차이점이 생길 때는 흔히 문헌을 신뢰하지만, 구술 자료를 믿을 수 없는 것은 아니다. 때때로 구술사는 글로 쓰여진 기록에 새로운 관점을 부여해서 그것들이 거짓임을, 최소한 그것들이 새로운 방식으로 해석돼야 한다는 점을 보여주기도 한다(Hoopes, 1979). 구술 증언이 실증적 정보의 풍부한 잠재적 정보원임에도 불구하고 그 한계는 부분적으로 기억의 문제, 실패와 왜곡에 있다. 구술에 포함되는 그 '무언가'의 무엇은 무엇인가? 그 문제의 원인, 실증적 지식의 정보원으로서 기본적으로 이러한 구술을 사용하면서 직면하게 되는 한계들은 구술자가 관여하게 된다. 가장 사실적인 정보를 찾는 면담자의 질문에 대한 응답에 있어서조차 구술자는 선택적인 방식 안에서 구술자 자신의 과거를 다시 구축하고 생애 이야기를 한다.

1) 집합 기억

1980년대 이후로 문화적, 사회적 또는 집합 기억이 많은 학문 분야는 기억 연구의 일차적인 핵심이 되어왔다. 문화적 기억 연구는 개인 기억을 무시하는 경향이 있어왔고 개인 기억을 형성하는 집합 기억의 정도를 과장하고 있다. 구술사가는 개인과 문화적 기억 사이의 관계에 대한 면담 증거를 해석하고 기억이 얼마나 자주 가족처럼 좀 더 친숙한 관계에서 소통하거나 분산하는 만남을 구축하는지를 보여줌으로써 기억 연구에 중요한 공헌을 해왔다.

기억하는 것의 심리적이고 사회적인 과정을 이해하기 위한 하나의 모델로서 '마음의 평정' 개념과 기억의 복잡한 가닥들을 풀기 시작할 수 있는 면담으로 '대중적 기억' 접근을 제시하고 있다. 호주의 저명한 구술사가인 알리스테어 톰슨(Alistair Thomson)은 기억이 우리가 함께 살 수 있는 과거를 구성하기 위한 심리적 투쟁을 포함하는 것이라고 논하고 그는 기억과 정체성 사이 공생하는 관계를 강조하고 있다. 그는 기억이 어떻게 사회적이면서 심리적인 과정이 되는지를 보여주고 가족, 동료, 지역사회, 국가로부터 기억에 바탕을 둔 이야기의 확인과 사회적 인식을 찾는데 그 경험을 분명히 표현하기 위해서 문화의 언어와 의미를 이용하고 있다. 문화적 기억 안에서 전쟁 기억이 어떻게 변화되는지, 인생 경험이 전쟁 경험을 어떻게 기억할 수 있게 영향을 주는지, 전쟁 기억과 병사로서 공적으로 정의내린 국가적인 근거 없는 믿음 사이의 관계, 개인의 기억과 집합적 신화 사이에 일반적인 관계에 관한 것이다(Thomson, 1994). 결국 삶을 돌아보면서 강력한 국가적 집합 기억과 그 자신의 기억을 연관시키는 데 투쟁하게 되며 마음의 평정은 결코 완전하게 성취되지 않고 구술사는 유용하고 위안을 줄 수 있지만 그 자체로 삶의 병을 완전히 치유할 수는 없다고 보는 것이다.

이러한 기억 이론과 국가적 신화는 대중기억연구회(Popular Memory Group)가 '사적인' 것과 '공적인' 기억 사이의 상호작용에 집중하기 위해 개인의 기억 다음의 접근방식으로 사용했다. 우리는 우리의 기억을 과거와 현재 삶을 이해하기 위해 구성한다. '평정'은 기억을 만드는 과정을 기술하기 위해 대중기억연구회가 사용한 애매모호한 용어이다. 어떤 의미에서 우리는 우리 문화의 의미와 공적 언어를 사용해서 기억을 구성하고 구축한다. 우리는 우리의 삶을 상대적으로 편안하게 느끼게 도와주는 기억을 구성하고 평안한 감정을 갖는다. 우리는 고통스럽고 불안한 경험의 기억을 새로 만들고 억압하는데 왜냐하면 그 기억들은 현재 우리의 정체성에 쉽게 따르지 않거나 기억의 유산으로 갖게 된 트라우마나 긴장이 결코 해결되지 않기 때문이다. 우리는 평정을 찾고 과거, 현재와 미래의 삶의 지지를 찾는다. 이론적 연결의 핵심과 평정의 두 가지 감각 사이의 연결은 안전한 기억을 구성하는 분명히 사적인 과정이 사실상 매우 대중적이라는 것이다. 우리의 기억이 만약 과거의 버전이나 대중의 규범에 사실임을 보여주지 않는다면 위태롭고 고통스럽다. 그렇게 되면 우리는 바로 기억을 다시 구성해서 기억이 대중적으로 수용할 수 있게 해야 하고 우리가 일반적인 대중의 수용으로부터 벗어난다면 우리의 삶을 기억하기를 원하는 방식과 우리의 정체성을 확인해주는 특별한 대중을 찾게 된다.[6]

구술사의 일부 비평은 역사가들의 기억의 사용이 틀렸다는 주장을 해왔다. 그것은 과거에 일어난 사건의 문헌적 정보원으로서 기억을 사용하려고 했던 구술사가들에게는 사실일 수 있다. 그러나 구술 증언은 과거와 현재 사이, 기억과 신화 사이의 상호작용 분석을 위한 필수적인 증거이다. 이러한 기억으로의 접근은 면담 기술의 검토를 필요로 한다. 질문을 위한 기초로서 연대기적 인생 이야기를 사용하고 그들의 삶과 전설 사이의 차이와 신화로 꼼짝 못하게 된 기억의 정도를 공적인 것과 사적인 것, 과거와 현재, 기억과 정체, 면담자와 피면담자 사이의 상호작용을 통해 알 수 있다.

먼저 공적 기억과 사적 기억 사이의 관계를 연구하기 위해 질문의 시작점으로 공적 신화를 만든다. 다양한 전쟁 관련 책과 영화, 과거와 현재 그리고 전쟁 기념일에 대한 당신의 생각은 무엇입니까? 그러한 것들이 당신의 경험을 얼마나 잘 표현하고 있나요? 그것들을 보면서 당신은 어떻게 느끼게 되나요? 거기에는 고유한 특징이 있나요? 그게 진실인가요? 다른 군대의 병사들과 정말 달랐나요? 자신의 단어로 전쟁 경험을 정의하자면? 결정적인 순간인 입대, 전쟁, 귀환에서 당신의 행동과 당신 자신에 대해 어떻게 느꼈나요? 당신의 분노와 불확실성은 무엇이었나요? 당신의 경험을 어떻게 이해하고 다른 사람들은 당신을 어떻게 생각하나요? 당신은 그 사회에 포함되었나요? 제외되었나요? 무엇이 받아들일 수 있는 행동이고 받아들일 수 없는 행동이고 무엇이 '남자다운' 것이

---

6 Popular Memory Group(1982). Popular memory: Theory, Politics and Method, in Richard Johnson ed., *Making Histories: Studies in History Writing and Politics*. London: Routledge, pp. 205-252.

아니었나요? 물론 이러한 기억들과 상대적인 기억의 평정은 시간을 따라 과거와 현재의 상호작용 속에서 이동하고 그래서 우리는 어떻게 전후 사건들이 정체성과 기억에 영향을 주었는지를 살펴볼 수 있다. 이는 기억하고 표현하는 방식이 시간이 지나면서 대중의 인식 안에서 이동하고 변화하는 것을 보여준다(Thomson, 1994).

전쟁에서 최고의 전사는 그들의 감정을 억누른 용사라는 것을 만들고 이러한 것들은 전쟁의 심리적 트라우마를 악화시킨다. 전쟁에서의 용맹함이 개인적으로 부적합하다고 느꼈던 사람들의 트라우마는 더 깊어진다. 전쟁기념일과 같은 공적인 기억과 확인은 참전 용사들이 그들의 과거, 전설에 모순되거나 개인적으로 고통스러운 우리의 기억을 걸러내는데 대처할 수 있도록 돕고 있다. 전후 초기의 전쟁과 관련된 전설은 많은 참전용사들이 그렇게 인식되기를 원했고 필요했기 때문이다. 그러나 나이가 들면 한참 전에 일어났던 일에 대해 새로운 관점과 감정을 갖는다. 개별 참전용사의 상세하고 자주 모순된 경험들은 희미해지고 전쟁 경험의 전설적 관점인 현대의 네트워킹은 대중적으로 받아들여진다. 반전 운동은 전쟁의 대중적 인식을 바꾸어놓았고 희생자로서 병사는 좀 더 받아들여지고 있다. 지옥 같은 전쟁 경험, 병사로서의 부적합, 그 자신의 감정에 대해 좀 더 쉽게 말할 수 있는데 전쟁에 대한 그러한 관점이 역사책과 영화에서 그려지고 있기 때문이다(Thomson, 1994).

기억은 선택적으로 기억의 의미와 대중적 의식에 의해 확인되고 그러한 확인은 개인적인 평화의 마음을 위해 필수적일 수 있지만 그 과정에서 모순되고 도전하는 기억은 추방되거나 억압받는다. 구술사가 개인적인 기억과 국가의 신화 사이의 역동적인 관계를 강조하고 과거의 목소리보다 더한 것이 될 수 있다. 구술사는 우리가 어떻게 그리고 왜 국가적 신화를 우리 사회 안에서 일반적으로 개인에게 작동시키거나 작동하지 않게 하는지 이해를 도울 수 있다. 또한 반대가 되는 기억을 지속하고 개발하는 데 어려움과 가능성도 나타낼 수 있다.

기억은 심리적인 필요성과 문화적 맥락에 의해 형성된 경험의 산물일 뿐만 아니라 경험하는 사회적 과정의 결과이다. 그리고 기억하는 방식은 개인에 따라 다르다. 집단 안에서 기억하는 것은 일대일 면담과는 반대로 기억을 위해 훨씬 더 친숙하게 맞춰진다. 그래서 우리가 기억할 때 내적인 대화가 있고 다른 사람들과 담론을 재구축하고 그들이 어떻게 사건과 경험을 기억할 지 상상하는 것이다. 영국의 구술사가인 그레함 스미스(Graham Smith)는 우리가 개인과 집단 기억 사이의 관계를 연구하는 수단으로서 집단 기억의 가치를 재평가할 필요가 있다고 논하고 개인적인 기억이 문화적 맥락뿐만 아니라 경험한 사회적 처리 과정으로 형성된다고 했다. 그는 '분산기억(transactive memory)'의 개념을 소개하고 구술사가들이 자주 논쟁하게 된 개인과 집단 기억의 분기점 사이 어디인가에 이것이 놓여 있다고 보았다. 분산기억이론은 기억이 발생하는 과정으로 개인과 집단 기억간의 교차점에서 작동하는 과정을 제시한다. 분산기억은 특히 의사소통의 중요성이 이해될 때 공통의 정체성을 구성원들이 구축한다는 집단 기억 안에서 개발되었다는 관점과 많은 공통점을 가진다. '다시 구성원이 되는 것'으로 그들이 기술하는 이것은 그들 자신의 이익에 관심이 있는 나이든 사람들이 살면서 들은 경험의 결과를 목소리 내는 것으로 작동할 수 있다(Smith, 2007).

기억은 매우 자주 개인들 간 기억의 비교와 교환을 포함하는 공유 프로젝트이다. 그러므로 기억을 만드는 과정과 사회적·심리적 맥락의 중요성을 놓치지 않아야 한다. 분산기억은 개인 기억, 집단 기억, 담론과 침묵 사이의 관계에 대해 생각하는 방법을 제공한다. 그것은 사람들이 기억을 어떻게 사용하는지를 보여주는 렌즈이고 기억하기의 경험이 어떻게 기억을 만드는 데 공헌하는지를 검토하는 방법을 제공한다. 집단 안에서 기억하기를 관찰하는 것은 그들이 기억하고 있는 사회적 집단 안에서 개인의 정체성을 갖고 비판적으로 종사하는 방법을 제공한다. 그래서 과거에 대해 현재의 추정에 도전하는 반대 설명은 물론 집단 연대를 구축하고 공통된 설명의 생성을 좀 더 수용하게 될 수 있다. 구성원이 되는 것은 기억하는 데 중요한 부분이므로 사람들은 어딘가에 속한 것으로 식별될 수 있는 기회를 증가시키는 방식으로 과거를 회상할 것이다. 그러나 개인이 '분할하기, 해체'라고 부를 수 있는 실제에서의 차이를 개인이 어떻게 주장하는지를 아는 것은 중요하다. 왜냐하면 이것이 집단 안에서 기억 작업이 문제가 되고 말썽이 될 수 있는 하나의 원인이 되기 때문이다. 쓰여진 기록, 구술 텍스트를 녹취한 것과 시각적인 이미지는 궁극적으로 다른 사람들에 의해 통제되고 지역사회 해석의 통제에서 벗어나겠지만 이것을 넘어서 집합 기억의 전달이란 좀 더 넓은 이슈가 놓여 있다. 현대사회는 기억을 돕기도 하지만 기억을 상실하는 문화도 있다. 기억상실 문화의 일부분은 정확하게 사회적 기억의 집합적 전달의 위기이다. 우리는 구술사가 기억의 사회적 실체와 장소가 무엇이냐는 질문을 함으로써 표현할 수 있다. 개인과 집합 기억은 사회에서 만든 의식, 기념, 행사 등을 통해 촉발될 수 있다. 그러므로 다시 기억하는 능력은 깊은 기억으로 접근할 수 있는 개인들 안에서 사회적 공간을 제공함으로써 길러질 수 있다.

2) 생존 기억

기록과 증언의 차이는 수많은 다른 형태를 가졌다. 목격자들의 증언은 현재의 기록들이 잘못되었다는 것을 보여주는데 그러한 기록들이 잘못 이끌도록 의도적으로 설계되어 있기 때문이다. 그러나 생존자들의 기억이 부정확하고 시간이 흐르면서 변화한다는 것을 나타내는 기록도 있다. 때로는 생존자들의 기억이 다른 정보원에서 나오기도 해서 기억의 신뢰성을 언급하면서 구술의 적합성에 의심을 갖게 되는 것이다.

학자들은 홀로코스트 생존자 증언을 트라우마, 구술 구축과 집합 기억 같은 다양한 주제를 검토하면서 연구해왔다. 대부분의 강조는 생존자의 설명의 진정성에 두고 있다. 대조적으로 생존자의 설명에서 사실적 정확성의 문제는 일반적으로 경시하고 있다. 즉, 시시하고 재미없는 관심을 갖고 생존자들의 기억을 방해하는 것은 부적합하고 부적절하거나 무감각하고 무시하는 것처럼 여겨진다. 그러나 많은 경우에 동일한 사건에 대한 다양한 관점은 매우 빛을 발하고 그들은 한사람의 증인으로부터 얻을 수 있는 것보다 좀 더 충만하고 좀 더 다양한 측면의 이해를 제공한다. 물론 기억과 증언에서 충돌과 모순을 직면하게 되므로 다른 기억과 증언을 단순히 받아들여서는 안 되고, 받아들일 수도 없고, 비판적인 판단은 반드시 이루어져야만 한다.

그런데 우리가 홀로코스트의 증언을 읽거나 경청할 때마다 증언의 정확성이나 진실성에 도전하는 데 주저하게 된다. 너무 많은 고통을 받은 사람들에게 질문을 해서 그들의 기억을 끌어내는 것이 너무 부당한 것 같기 때문이다. 친구들과 친척들이 살해되었고 가족의 재산, 서신, 생존자의 과거 삶에 속했던 모든 것이 파괴되었는데, 이를 비교하거나 상호 확인할 수 있도록 남은 것이 거의 없기 때문에 있는 그대로 증언을 수용하게 된다. 목격자 증언의 비판적 판단은 역사가들에게 자명하고 아주 흔한 일이지만 그것은 생존자들이 혼자였던 또 다른 세계로부터 전달자로 변화했던 홀로코스트 연구에 담겨져 있다. 그것은 형언할 수 없는 경험에 대해 소통할 수 없는 것을 소통할 수 있다고 주장하고 있다. 역사가는 정직함보다는 정확성을 필요로 한다. 생존자들의 증언이 다른 정보원처럼 증거의 규칙과 동일한 비평적 분석을 조건으로 특권적 위치를 부여받아야만 한다고 주장하는 것은 단순히 홀로코스트의 명성과 진실성을 믿을 수 없게 하고 기반을 약화시키는 것이 될 것이다.

기억의 초기 증언이 나중의 증언보다 본질적으로 좀 더 믿을만하고 가치가 있다고 선호하는 추정은 항상 유효한 것이 아니다. 생존자들의 지리적 분산과 시간의 흐름에도 불구하고 기본적으로 안정적으로 남아 있는 핵심 기억이 있다. 그러한 핵심 기억을 갖고 타당성에 대한 이성적인 판단은 생존자 증언의 전반적인 신뢰성을 기반으로 하는 다양한 개인의 기억, 기억나는 특별한 사건들의 생생함과 상세함, 다른 구술과 함께하는 모순의 부재, 그리고 정직하게, 그 안에서 점차적으로 개발되는 주관적인 직관이 있다. 많은 홀로코스트 생존자들이 억압받았고 결코 치유되지 못할 트라우마와 잠재적으로 쇠약해지는 기억을 억압해야만 했을 것이다. 그리고 거기에는 개인들이 여전히 갖고 있는 비밀 기억이 있다. 이것은 선택할 수 없는 결정을 한 희생자들이 끊임없이 직면하게 되는 전체에 영향을 주는 것으로 너무 혹독하고 고통스러워서 그들이 결코 다른 사람들과는 공유할 수 없는 것이다. 일부 회고록 안에서 고백하는 요소들은 이러한 비밀을 고통스럽게 드러나고 있다. 동료들의 빵을 훔치고, 가족구성원이나 친구를 배반하고, 누군가를 대신 데려가게 하는 것 같은 고백은 대부분 숨겨진 채로 남겨져 있는 빙산의 일각이다.[7]

또한 거기에는 공동 기억이 있는데, 동일한 도시와 캠프로부터 살아남은 사람들에 의해 공유하고 논의된 것이다. 그러나 이러한 것들은 사건의 기억으로 외부인은 이해할 수 없는 행동의 한 유형이고 그래서 그 기억의 배포는 공동체 구성원들을 잠재적으로 부끄럽게 만들거나 해가 될 수 있다. 즉, 이러한 공동 기억을 드러내는 것이 부적합하고 반사회적인 행동이 되는 것이다. 그리고 목격자의 설명과 생존자 증언의 많은 부분을 구성하는 공적인 기억은 공개적으로 공유하는 것으로 고정되어 있

---

7 Yehudi Lindeman(2007). *Shards of Memory: Narratives of Holocaust Survival*. Westport. CT: Praeger.

는 것이 아니라 시간과 함께 이동할 수 있다. 예를 들면, 강간과 보복살인 사건은 명백하게 모든 생존자들에게 알려진 것이지만 다른 사람들에 의해 거절되거나 일부 사람들에게만 공개적으로 암시를 주었던 것으로 사건 이후 오랜 시간이 지나서 공적인 기억이 되기 시작했고 희생자와 가해자의 정체는 여전히 비밀이고 공동 기억 안에 남아 있다.

많은 홀로코스트 생존자들의 기록의 비교 유형을 만드는 것은 간단하지 않다. 나치 독일에 남아 있는 문서는 거의 드물고 우리는 항상 질문을 부여하고 생존자의 외로운 증언에 만족해야만 한다. 그리고 다른 정보원과 함께 생존자의 증언을 비교할 수 있다면 그렇게 하는 것이 증언의 진실성에 도전하는 것이 아니라 우리가 이해하고자 하는 기억의 상세한 과정을 짚어나가는 것이다. 만약 역사학자가 그 사람들이 완벽한 증거를 가질 때까지 기다려야만 한다면 역사에 거의 다 쓰여지지 않았을 것이다. 중요한 점은 증거의 문제가 인식되고 고려되어졌느냐이지 문제가 있는 증거가 사용되지 않고 남아 있느냐가 아니다. 사건의 목격자가 대부분 거짓말을 하는 정보원으로부터 역사를 쓰려고 시도할 수 있다면 이는 반대로 목격자들 대부분이 진실을 말하려고 노력한 정보원으로부터 역사를 쓸 수 있다는 것이다.

3) 감각과 시간

감각은 기억을 촉발하거나 기억을 돕는 장치로서 작동할 수 있다. 오감, 즉 듣고, 보고 만지고, 맛보고 냄새를 맡는 것은 모든 인간의 경험에 필수적이다. 그렇지만 경험의 기억에 관심을 갖는 구술사가는 생산과 의사소통 과정에서 소리와 경청에 집착해서 다른 감각들은 크게 신경 쓰지 못해왔다. 오감은 오랫동안 시와 산문, 문학적인 상상력에 있어서 중심이 되어왔지만, 경험의 특성을 해석하는 데 있어서 처음에는 문화인류학자들에 의해서, 그다음에는 문화사학자들에게 의해서 사용되었다. 이제는 구술사학자들이 인문학에서 감각적 혁명을 일으키며 오감을 활용해 연구할 시점이다. 오감은 과거에서 현재로 언제라도 가져올 수 있는 능력이지만 그것들은 구술사 면담의 좀 더 공식적인 틀 안에서 의식적으로 중요하게 다룰 필요가 있다.

경험과 연결된 냄새가 기억을 부를 수 있는 것을 '프루스트 현상(Proust effect)'[8]이라고 하는데 그것은 누군가와 소통할 때, 사회적으로 의미 있을 때만 해당된다. 예를 들면, 냄새가 가져온 기억과 감각적인 경험은 분석과 추상적인 사고의 영역이 아니라 개인의 역사와 심리학에 의해 형성된 생리적 감각으로 여겨지고 있다. 그래서 최근 들어 학자들은 인간의 상호간 필수불가결한 관계를 강조하면서 개별적인 감각의 역사에 관해 연구영역을 만들어오고 있다. 특히 시각의 지배가 우리의 상상력을 제한하고 우리의 경험 안에서 세상을 이해하게 하는 다른 감각이 작동하는 데 있어서 동등한 역할을 하지 못하게 하는 경향이 있다. 그래서 학자들은 오감을 인식하는 것이 근본적으로 다른 방식으로 세상을 보는 것이라고 논하고 있다. 이것은 사회적 경험의 본성과 지역 사회와의 관계와 대인관계, 심지어는 우리가 어떻게 살고 공간을 통해 움직이는지에 대한 생각까지 재고하도록 만든다. 그래서 우리가 감각에 대해 생각할 때, 우리는 알지 못하는 사이에 영향을 미치는 역사에 노출되고 이는 우리가 새롭게 떠오르는 생각과 과정을 재고하는 것은 물론 새로운 관점에서 면담의 의미를 해석하는 것을 가능하게 해준다.

---

8 Cretien van Campen(2014). *The Proust Effect: The Senses as Doorways to Lost Memories*. Oxford: Oxford University Press.

(1) 기억을 부르는 감각

가장 중요한 것은 어떻게 감각들이 기억되고 기억으로 분명히 표현되고 사회적·문화적·생리적 현상과 연결되느냐이다. 예를 들면, 시각적 자극들이 생리적인 기반에서 기억에 더 오래 남았다면 우리는 그것이 사회적으로 어떻게 작동했는지 그 안에서 이것을 설명할 필요가 있다. 감각들이 어떻게 기억과 관련하여 정확하게 작동하는지는 아직도 불명확하게 이해되는 분야이다. 신경과학자들은 사건과 관련한 기억들이 뇌의 감각 센터를 오가면 흩어져 있지만 해마(힙포캠퍼스, hippocampus)라고 불리는 영역에 의해 모이고 하나의 감각이 기억을 불러일으키게 자극되면 또 다른 감각에 특정 지워진 다른 기억들까지 촉발된다고 말했다.[9]

냄새는 기억 감각으로서 오랫동안 추억을 유발하는 것이다. 미국의 신경과학자인 제이 거트프라이드(Jay Gottfried)와 영국의 뇌과학자 레이 돌란(Ray Dolan)은 이미지를 보고 난 다음에 그 기억이 며칠 또는 몇 시간 이후에 사라지기 시작하지만 냄새의 기억은 길면 1년까지 약화되지 않고 잊혀지지 않기 위해 끝까지 저항한다고 했다(Gottfried & Dolan, 2003). 비록 감각의 모든 것이 나이와 함께 쇠퇴하지만, 사실상 인간은 오감 중에 눈으로부터 정보를 가장 많이 가져온다. 이것은 라디오와 텔레파시와 같은 소리를 가져오는 기술에 의해 보충되지만 아직도 우리는 기억의 변형과 우리 감각에 이러한 새로운 기술의 민감한 중요성에 대해 거의 모르고 있다. 캐나다의 건축가이며 큐레이터인 미르코 자르디니(Mirko Zardini)는 이러한 감각적인 영역은 새로운 디지털 기술과 밀접하게 연결되고 폭넓은 청중에 도달하는 모바일 커뮤니케이션을 사용함으로써 가능성이 커지고 있다고 했다(Zardini, 2005). 즉, 더 이상 그들을 증

---

9 BioEd Online, "Biology teacher resources from Baylor College of Medicine." May 31, 2004, www.bioedonline.org/news

폭시키는 기술로부터 우리의 시각이나 음성의 감각을 더 이상 떼어놓을 수 없다는 것이다.

심리학자들도 기억과 인식의 이해에 중요한 진전을 가져왔다. 독일의 심리역사학자인 커트 댄지거(Kurt Danziger)는 감각과 관련되는 심리학의 역사적 맥락에 대해 논했고 기억하는 경험 자체는 과거를 소환하는 것뿐만 아니라 현재 안에 과거에 대한 감각을 포함한다고 썼다. 그는 기억과 인식 사이의 경계들은 흐릿하다고 논했지만 결정적으로 감각적 기억은 우리의 개인적 과거에 의해 형성되는 방식이라고 강조했다. 감각들이 필수적으로 상호 연결되어 있고 감정에 의해 통제되고 있기 때문에 이러한 문제는 대단히 복잡하다고 보았다(Danziger, 2008).

구술사는 그 특성상 말, 언어와 몸짓 안에서 경험을 분명하게 표현해 준다. 우리는 우리의 경험을 적극적으로 구축하는 데 관여하지만 만약 우리가 과거에 들었고, 보았고 냄새를 맡았고 만졌거나 맛을 보았고 그런 것들이 기억으로 분명히 나타난다면 우리는 현재 재생산 할 수 없는 맥락을 논할 수 있다. 사람들이 어떻게 과거에 들었거나 냄새를 맡았는지는 지금 듣거나 냄새를 맡은 것과 동일하지 않으므로 그 감각을 역사화하는 것은 엄청나게 중요하다.

우리는 기억의 행위로서, 의사소통 과정의 한 부분으로서 면담 안에서 여러 가지 감각을 살펴봐야 한다. 촉각이 좀 더 친밀하고 안심을 시키는 몸 중심적인 것으로 보이는 이유는 비언어 의사소통의 중심에 있기 때문이다. 그래서 사람들은 자주 특별한 사람들의 기억과 함께 만질 수 있는 것들과 연계하는데, 어렸을 때 손에 들고 다니던 곰 인형이나 엄마 품에서 느꼈던 옷감의 부드러운 느낌과 같은 것이다.

구술사에서 감각의 역할로 첫 번째는 지난 기억 중 당연하다고 여겨진 시각적 감각의 특성을 다시 생각하는 것이다. 예를 들면, 사진같이 찍혀진 마음의 눈으로 시간이 지나도 잊혀지지 않는 이미지이다. 대부분

자신이 살아오면서 본 것 중 이루지 못한 것을 오랫동안 애석해하는 것으로 퍼져 있는 경우이다. 둘째로, 감각은 피면담자가 말한 이야기의 중심 주제가 될 수 있거나 그러한 행동의 원인을 설명해주는 요소가 될 수 있다. 이것은 약간의 생리적인 요소를 갖고 있는데, 예를 들면, 불에 탄 사람의 몸과 뼈와 머리카락 냄새 때문에 공기가 역해서 음식조차 먹을 수가 없었던 홀로코스트의 기억으로 인해 아예 후각을 잃어버린 경우이다. 그런데 그 사실조차 깨닫지 못하고 지내다가 다시 그 지역을 방문하게 되면서 잃어버린 후각을 찾게 된 사례이다.[10] 이것은 특별한 장소와 시간에 관련된 감각적인 이해로 냄새에 대한 감각을 찾기 위해서는 트라우마가 생긴 장소로 돌아가서 그 기억을 꺼내야만 찾을 수 있다는 것을 보여준다.

일부 구술사가는 소리가 기억을 소통하는 중심 매개로서 훨씬 더 심각하게 가져가야 한다고 느끼고 여전히 녹취록을 우선적으로 분석하려고 한다. 즉 녹음 당시의 분위기, 면담의 연출법, 증거적 가치에 영향을 주는 모든 것을 무시하고 현장의 녹음과 소리를 생산하는 것은 구술사 자체의 과정으로서 중요한 요소라는 것을 놓치는 경향이 있다. 감각을 통한 노동이나 일의 의미에 대해 수많은 연구가 있음에도 불구하고 사람들이 오랫동안 갖게 된 특별한 냄새와 소리에 익숙하게 된 것을 이야기하는 것은 아주 흔하다. 부인이나 아이들은 남편이나 아버지의 겉옷이나 몸에서 나는 냄새를 기억하고 이것은 알지 못하는 외부 세계를 가져다준다. 이러한 것들이 편안하게 해주는 것은 아니지만 바깥에 대한 감각을 이동시켜주는 색다른 경험이 될 수 있다. 감각은 역사를 쓰고 만들거나 기록하는 데 관여한 모든 것들 안에 존재하고 해석적인 뼈대의 관점에서

10 Paula Hamilton(2011). The Proust effect: oral history and the senses, in Donald Ritchie ed., *The Oxford Handbook of Oral History*. Oxford and New York: Oxford University Press, pp. 219-232.

살펴볼 게 너무 많은 분야이다. 감각이 기억 연구의 가능성을 제공하고 면담 과정과 산물에 새로운 관점을 가져다주는 개념적인 이동을 포함하고 있기 때문에 구술자의 사고방식이나 마음의 습관까지도 해석할 수 있으므로 다양한 감각을 기억과 함께 살펴볼 필요가 있다.

(2) 시간에 따른 기억의 이동

기억은 시간이 지나면서 맥락, 관점, 청중에 의해서 형성되고 구술은 일관성 있는 의미의 감각을 만드는 데 사용된다. 하나의 예로 동일한 전쟁 일화에 대한 면담이 놀라운 차이가 있을 수 있다. 즉 전쟁 중에 진행된 면담은 사건에 대한 기술이 맞아떨어지지 않고, 총격에 둘러싼 혼돈과 안개의 기억인 반면에 상당한 시간이 흐른 뒤의 면담에서는 처음, 중간, 끝을 갖고 이해가 되는 이야기로 이루어진다. 상세한 진술은 더 분명하고 더 광범위한 그림에 색칠을 하는 증언으로 대체된다. 말하는 것뿐만 아니라 청자에게 흥미롭게 들리는 생동하는 문장까지 만든다. 대체로 나중 면담에는 모든 색깔, 드라마, 피, 유머, 그리고 정당화가 추가된다. 외부인에게 그 해석을 제공하기 위해서 그 자신에게도 이해될 수 있는 사건을 만들고 그 안에 논리적인 이야기를 만들어서 맥락 안에 그것들을 넣고 이해할 수 있는 사건으로 만드는 것이다.

이렇게 회상하는 사건의 특성은 일관성을 세우기 위해 필요한 특별한 신념 체계나 공통적인 것과 규범적인 것, 기대되는 것을 취하는 것이다. 신념 체계는 적절하고 좋은 것으로 여겨지는 행동, 의식 절차, 윤리와 연계된다. 이러한 이야기를 통해 그 집단의 가치 있는 사람들이라는 것을 강조하고 집단 소속감에 협상하거나 주장한다. 전쟁에서 최고로 여겨지는 특징은 동료들에 대한 충성심, 전우애로 친구를 보살피고 그 집단, 그 작은 부대를 살아나게 하고 끈끈한 유대감을 창조하고 풍성하게 하는 것이다. 이것은 적, 개인적인 생존, 그리고 정신적인 안정에 대항하여 성공하기 위해 필요하다. 전쟁과 관련된 구술에서는 자신과 동료들 사이의 강력한 유대를 나타내는 것이 면담에 깔려있는 주제이다. 전투를 위해 적을 다루는 것보다는 그의 동료를 보살피고 지원하고 확신하는 데 더 많은 핵심이 있다. 그리고 더 큰 맥락에서 충성을 생각하고 다시 전체 이야기가 가치 판단, 설명과 드라마를 포함한다. 결국 해야 하는 것을 해야 했고 그 상황에서 벗어나도록 할 수 있는 것은 무엇이든 해야 했다는 것을 강조한다. 틀에 박힌 전쟁 경험의 개인적인 관점을 가져오고 무슨 일이 있었는지 상세한 진술로 이루어진다.

전쟁이 끝나고 한참 후의 면담은 전쟁 중에 그의 마음에 존재하지 않았던, 최초로 면담을 했던 때보다 훨씬 더 엄청난 중요성을 갖는 잘 다듬어진 이야기를 창조하기 위해 맥락과 정당성을 추가한다. 그러나 전쟁 초기에 이루어지는 즉각적인 진술은 참전자로서 전쟁을 볼 수 있는 창을 제공한다. 피면담자는 거기에 있었고 그들의 면담은 그 당시를 상당히 반영하지만 증언과 잘 맞지 않는다. 오히려 면담은 그들이 무엇을 보았는지를 나타내고 전쟁과 연계된 혼동을 묘사한다. 나중에 참전용사가 전쟁이 끝난 후에 돌아와서 그의 경험을 생각하고 되풀이할 때 그는 그 사건을 평가하기 시작하고 특별함을 부여하고 외부인이 이해할 수 있는 단어로 색칠한다. 이것은 그 사건이 상당히 역사적인 가치가 있을 때 외부의 정보원, 다른 참가자, 도서, TV, 영화로 이용 가능하게 될수록 특별히 중요하게 되고 이것은 그가 목격한 것 이상으로 이동하는 개인의 기억에 접근하는 데 사용될 수 있다.

전쟁 중 면담은 사건의 시간 안에서 이루어지면서 전쟁에서 개인이 경험한 것이 무엇인지 정확하게 묘사해준다. 기억이 이해할 수 없었던 사건을 조직하고 해석이 작동하기 전에 사건에 가장 즉각적인 관점을 준다. 그러나 전쟁이 끝난 후에 하게 되는 참전 용사와의 면담은 그 사건의 맥락 안에서 훨씬 더 가치가 있고 좀 더 이해 가능한 것이다. 나중 면담의 약점은 자신의 기억을 자랑스럽게 이해하게 하고 불편하고 끔찍한 경험을 잊도록 작동한다는 것이다. 그것을 이해하게 만드는 것은 설명, 맥락, 드라마, 가치, 중요도, 정당화의 제공을 통해서이다. 유추는 동일한 사건에 있어서 나중에 이루어진 색칠과 함께 사건의 사진을 비교하는 것이다. 이러한 면담들은 모두 사건을 묘사하는데, 전자는 냉혹하고 단조롭고 후자는 시각적으로 환기시켜주며 해석적으로 다가선다. 이 두 가지 면담 중에서 하나는 사건 후 즉각적으로, 다른 하나는 사건이 오래 지난 후 이루어진 면담으로 즉각적 설명, 맥락과 해석에 의해 다가선 냉혹한 사실, 이렇게 가공되지 않은 양쪽을 들을 수 있으므로 모두 다 중요한 가치가 있다.

4) 사진과 회상

사진은 기억의 계기이면서 사람들의 삶 안에 대상들과 사건을 기억하는 수단이다. 사진과 기억의 혼합은 더 이상 존재하지 않는 사람들과 함께 이야기를 공유하고 그들의 가족들에게 전해줄 수 있는 가족 이미지 은행을 구축할 수 있다. 사진을 통해 가족의 기억을, 그리고 가족의 역사로 가족의 사진을 정리하고 연결시키면서 사진이 기억을 형성하는 방식, 기억이 사진을 알려주는 방식, 사진이 기억되는 방식으로 대화하게 된다. 그러므로 구술사는 기억과 사진 사이의 관계를 반영하고 그러한 관계는 그 당시를 이해하는 데 풍부한 문헌을 제공한다. 사진에 등장하는 일부 사람들과 장소는 파악할 수 있지만 그 이야기는 희미해지고 사라지는 것이 수많은 기억 사진의 유형이다. 가족사진은 가족 구성원으로 다룰 수 있는 기억과 이야기를 떠올려주는 친숙한 탐색 방식이다. 사진 이미지로 제시된 구술에 도전하거나 확장하는 기억과 이야기를 떠올려 줄 수 있고 구술사 면담을 통해 공유된 기억을 촉발하거나 형성할 수 있는

게 사진이다. 그러므로 사진의 재료, 맥락, 전기와 함께 하는 관심이 필요하다. 가족사진을 사용하는 정지된 삶의 이미지 구축, 사진 앨범의 힘의 노출, 사진의 액자, 크기, 형식과 같은 재료적 특성에 질문하고 기록화하는 것, 사진을 소유한 사람과 사진을 어디에 어떻게 전시했느냐를 분석함으로써 그 이야기와 의미를 찾을 수 있다. 특히 면담을 할 때, 돌아가신 분을 기억하고 기술하는 것은 추억, 앨범, 흩어진 사진들을 통해 구술자를 탐색하게 한다.

사진은 가족 안의 역사로 가족과 친구들 안에서 끌어낼 기억과 이야기를 가져다준다. 그러나 사진이 다른 곳, 다른 사람에게 이동되면 새로운 곳에서 새로운 주인에게 새로운 의미를 갖게 되며 이것은 도전이다. 이야기를 해주는 사진 속 대상의 힘, 물건에 대한 이야기를 기억하게 되는 필요성, 잊혀진 것에 대한 위기, 그리고 잊혀진 것을 끌어내고자 하는 욕망이 있다. 그러므로 물건과 함께 하는 이야기와 기억을 기록하기 위해 현재의 모습을 사진으로 남길 수 있다. 이러한 사진들이 현재의 이미지와 지난 수십 년의 맥락을 보여주고 기억을 생성하고 창조해내는 것이다. 사진으로 기억하는 과정에서 우리가 창조하게 될 기억과 그것들 주변에서 공유하는 기억을 기다리게 하는 많은 다른 이미지들이 있다. 기억을 사진화하는 것에만 머물지 않고 특별한 장소나 물건과 연결된 기억과 이야기를 기록할 수 있다.

디지털 사진 기술은 각각의 많은 이미지, 기억과 이야기로 가는 수많은 창문이 될 수 있다. 사람과 장소, 물건에 대한 기억과 의미는 곱절로 말하는 이야기와 기억 사진으로 공유될 수 있다. 이것은 오직 시작이며 생각과 순간의 시리즈, 사진과 기억의 시리즈, 가족 비밀과 이야기로의 여행, 이러한 감정적으로 충전된 훈련 방식은 사진, 기억과 구술사 면담 사이의 연결로 만들어진다. 특별히 그것은 시각적인 구술을 넘어 생각과 사진 속 이야기와 기억을 꺼내보게 되는 중요성을 강조하고 있다. 즉 이미지가 가져온 기억, 이야기와 함께 물건, 장소, 공간의 기억을 찾는 힘을 키우고 사진과 함께 연계된 기억을 기록하고 공유하는 것이다.

5) 기억의 해석

기억은 논쟁을 초래하는 역사적 원천이 되어왔고 구술사가는 그들의 정보원의 본성과 그것의 해석으로의 접근에 대해 대부분의 사학자들보다 더 자아 비판적으로 지내왔다. 기억은 부분적, 선택적이고 의미 있는 설명으로 형성되고 그 이야기를 위한 화자와 청자의 주관성에 영향을 받고 집단 기억과 시간의 흐름에 영향을 받는다. 이러한 새로운 접근의 토대는 사실의 수동적인 저장소라기보다는 오히려 의미 구축을 위한 적극적인 과정이라는 포르텔리의 기억 모델이다(Portelli, 1997). 그러므로 연구자들은 과거에 대한 의미 있는 이야기를 창조하는 구술자를 통해 이러한 과정을 이해하는 것이 필요하다. 역으로 구술사가는 지금 그들의 기억 정보원이 과거에 대한 것뿐만 아니라 개인과 사회를 위해 현존하는 과거의 의미와 역사적 기억의 본성을 검토하는 데 사용할 수 있다. 그래서 기억은 구술사의 정보원이면서 주제이고 구술사가는 기억과 그 해석에 대한 다학문적인 집합체를 그리는 것이다.

홀로코스트는 어떤 단일 주제보다도 많은 구술사 면담을 생성했고 홀로코스트 생존자의 증언 분석은 확실히 특별한 트라우마 사건을 기억하고 그 기억을 이해하는 데 주된 공헌을 했다. 생존자의 기억은 좀 더 안정적이고 영향을 잘 받지 않는 것이며 가장 민감한 주제에 대해서도 훨씬 더 솔직하다. 이러한 기억에 대해 민감한 읽기를 제공하고 기록의 제한적이고 허위인 관점을 통해서 알려진 역사를 재구축하는 데 구술을 사용해야 한다. 증언의 정확성이나 진실성에 있어서 기억이 전체적으로 다른 정보원에서 나온 것일 수 있다. 트라우마는 이전의 기억을 갖고 대처하지 못한 것으로 인한 것이고 압력은 외부 세계로 그것에 대해 의사소통하려는 데 반항적인 것에서 오고 다른 한편으로는 미묘한 개량의 과정을 이끈다.

현대의 많은 구술사는 평범한 사람들의 삶의 기억을 보존하고자 하는 탐구와 개별 구술자의 삶에서 경험의 진실을 존중하는 원칙에 근원을 두고 있다. 구술사의 실천은 일차적으로 역사적으로 말하는 사람들의 삶을 기록하고 연구하도록 설계되어왔고 불분명하게 남아 있다. 역사가들은 정치적 의제를 가진 평범한 사람들의 삶 이야기에 관심이 적어서 구술사는 이러한 학문적 빈틈을 바로 잡게 하는 가치 있는 정보원이다. 물론 구술사는 역사적 이해에 새로운 앞날을 열어줄 수 있지만 잘못 이끌어가고 혼돈을 줄 수 있다. 예를 들면 인종차별적이고 종교적인 우월주의를 위한 캠페인에 참가하는 사람들의 진술은 종종 그들의 정치적인 동기에 대해 의심스러운 주장과 불성실한 부인, 기만적인 정보로 채워져 있다. 그러나 이러한 면담은 철저한 조사와 비판적인 해석과 함께 놀랍고 복잡한 역사적 정보를 생산할 수 있다.

역사적인 해석은 항상 직접적인 경험의 구술로부터 증거를 얻게 될 때 개개인의 특수한 역사적 진술의 파편, 편견과 왜곡에 대한 관심이 반드시 필요하다. 구술사 방법론의 중요한 논의는 기억이 단순한 사실을 모아두는 곳이라기보다는 적극적으로 의미를 생산해낸다는 것이다. 그러한 의미는 사회적이고 정치적인 맥락에서 만들어지는 것이고 기억은 혼자 하는 행위가 아니기 때문이다. 그래서 극단주의자들의 면담을 통해 왜곡된 진술을 끌어낼 수 있고 구술된 경험의 회복은 역설적으로 증오와 심한 편견의 정치적인 운동에 사람들이 왜 그리고 어떻게 매료되었는지에 대한 좀 더 정확한 설명을 구축할 가능성을 제공한다. 그래서 구술사는 정보원을 문서화하는 것보다 더 직접적으로 정치적인 경험과 믿음의 복잡성으로 다가가게 할 수 있다. 구술은 우리에게 분명히 실재하는 사건의 분위기를 나타내고 역사적 해석에 적합하지 않은 그들의 경험, 신념과 구술을 조사하게 하고 정치적인 구술자들의 진술을 세심히 살펴보게 하고 있다. 그 결과, 그날 무슨 일이 있었고 왜 그것이 기억으로 남게 되었는지 세대 간에 전달되는 과정을 통해 개인적인 구술에서 의미의 다양성을 제공한다.

구술 연행 맥락이 변하듯이, 새로운 청자를 발견하듯이 우리가 자신에 대한 감각을 다시 협상하듯이 구술도 변화한다. 말로 하는 개인적인 구술은 자연스럽게 대화하는 맥락 안에서 생기고 그것은 다양한 사람들이 돌아가면서 말하고 그래서 대부분 즉각적으로 표현하는 사회적 활동의 그물망 안에 뿌리를 두고 있다. 우리는 대화의 이러한 흐름 안에서 이야기의 말모둠을 식별하고 그것들을 표현하는 새로운 맥락 또는 최소한 상호 소통하는 활동 안에 집어넣는다. 그리고 이러한 단계에 기반하여 이야기를 계속 하지만 동시에 처음의 단계를 재구성한다. 청자로서 자신의 경험에서 들여다보게 되고 해석을 하게 되므로 원래 구술 안에서 부여되는 것처럼 보여질 수도 있지만 좀 더 큰 문화적 틀 안에서 원래 구술자의 의도와는 다를 수 있다.

한 사람의 구술은 청자에게 자신을 보여주고 자신의 삶을 이해하는 근본적인 수단이다. 구술사가는 해석의 과정을 시작하기 전에 구술의 의미에 대한 구술자의 의견을 끌어내려고 노력해야 한다. 개인 구술은 대화의 맥락 안에서 자연스럽게 이루어지고 한 사람의 구술 연행은 다른 관련된 수행으로 이끌어간다. 그러므로 질문에 대한 구술은 중요한 맥락을 제공하므로 해석과 분석으로 이동하기 위하여 구술의 흐름을 깨는 것은 생산적인 것이 아니다. 게다가 이러한 유형의 구술 연행은 구술자와 청자가 모두 이야기하는 사건을 따라간다. 비록 그 이야기에 대한 연계된 해석이 공통적인 것임에도 불구하고 면담을 하는 단계에서 구술자도 면담자도 제시되는 자료를 분석적으로 반영하기란 어렵다. 그래서 이야기의 주제와 관련된 별개의 이야기에 대한 검토는 면담을 마치고 나서 하게 되는 것이다. 구술자의 이야기에 대한 해석과 주해는 연구자들이 그것을 이해하는 데 크게 공헌할 수 있다. 일부 구술자들이 그들 자신의 이야기를 분석적으로 해석하는 게 준비되어 있지 않음에도 불구하고 구술자들은 민감하게 반응할 수 있다. 그렇다고 연구자의 해석이 구술자에게 타당한 것이 되어야만 한다는 것은 아니다. 연구자는 자신의 지식, 경험과 구술 자료에 대한 관심과 결과를 해석함으로써 가져오는 것이고 그 의미에 대한 이해가 풍부해지는 것을 바랄 뿐이다. 다만 구술자와의 대화를 확장함으로서 구술을 수집하는 동안 그 연구에서 해석적인 권위에 대한 문제를 좀 더 민감하게 중재할 수 있다. 구술자와 연구자가 해석적인 충돌과 논의 과정을 통해 각자가 다른 해석적인 공간을 인정하게 되고 다른 사람의 관점을 이해하면서 확장할 수 있게 되는 것이다.

2장

구술 자료와 구술사 연구

1. 구술 기록의 의의

구술 기록은 인간의 행위에 대한 증거 및 정보로서의 의미를 가지고, 당대 사회상 및 집단 기억을 전승하는 역할을 담당하며 문헌연구의 단순한 보조 자료가 아니라 그 자체로 독립적인 연구 대상이 될 수 있다. 문헌 자료가 거의 없고 남아 있는 자료마저 기관의 입장에서 서술된 경우가 많기 때문에 다양한 주체의 다양한 기억을 기록으로 남기는 데 초점을 두고 시대의 변화와 맥락을 찾아내고 기록하는 것은 중요하다. 특히 소외되었던 사람들의 역사적 경험을 드러내는 데 구술사가 효과적으로 활용될 수 있다. 또한 구술 기록은 구술성, 주관성, 공동 작업이라는 특성을 갖고 구술자의 삶과 경험, 기억을 담은 유일하고도 중요한 자료로 세대 간, 집단간의 이해와 소통을 이끄는 역할을 할 수 있으며 다양한 연구로 이어지게 하는 중요한 문화 콘텐츠 자료가 된다.

구술 기록물은 면담자 앞에서 구술자가 본인의 과거 경험을 현재로 재현하는 작업을 통해 얻은 기록으로 구비전승(oral tradition), 구술 증언(oral testimony), 구술 생애사(oral life history)를 포함한 회고적 성격의 구술사로 구분된다. 구체적인 개념을 정리하자면 다음과 같다. 구비전승은 여러 세대에 걸쳐 말(oral)로 전해져 내려오는 것으로 종교적 주문이나 설화 같은 구비문학, 마을에 관한 이야기 등의 기록되지 않은 역사적 지식에 관한 이야기, 신화처럼 개인적 경험에 관한 이야기를 포함한다. 따라서 구술 증언, 구술 생애사와 달리 구비전승은 구전되는 내용이 구술자의 직접 경험과 결부되지 않는다는 특징이 있다. 그럼에도 불구하고 입에서 입을 통해 전승되어온 구전은 역사 속에서 사라져간 민중의 삶을 담고 있다는 점에서 문명사회의 역사를 보완할 수 있는 장점을 지니고 있다. 구술 증언은 과거 특정사건과 경험을 현재로 불러낸 것으로 해당 사건에 대한 경험담이나 목격담 등을 포함한다. 여기서 증언이란 특정 사건의 진행 과정과 성격, 사건의 원인과 결과를 밝히는 것을 의미한다. 그러나 구술 증언들은 그 모두가 구술자의 직접 경험담이 아닐 수 있다. 이는 구술 증언자가 반드시 사건의 목격자이거나 참여자 혹은 직접 경험자일 가능성 속에서 특정한 사회적 역할, 계급, 신분 등의 사회적 위치를 통해 구술하기 때문이다(윤택림, 2006). 구술 생애사는 개인이 지나온 삶을 자신의 기억으로 복원하여 다른 사람에게 이야기하는 기록이다. 이로 인해 구술 증언과 달리 생애사는 개인의 삶 자체에 초점을 두어 그 기억에 의존한다. 증언과 마찬가지로 구술사를 구성하는 주요 자료로서 개인의 기억인 생애사는 일상생활이나 특정 상황에서 자연스럽게 이야기되는 구전과 달리 심층면접을 통해 직·간접적인 경험의 기억을 능동적으로 수집하는 것이다. 그래서 구술 생애사는 공식 역사에서 배제된 개인의 경험을 재탄생시킴으로써 사회운동의 형성과 전개의 미시적 맥락을 발견할 수 있게 해준다(설문원, 2015).

2. 구술 자료의 범주와 특성

1) 서양 구술사 연구에서 구술 자료

서양에서는 대체로 한 세대에서 다음 세대로 전승되는 구전(oral tradition)을 포함하여 역사적 사건의 목격자들의 증언을 구술사라고 한다. 윤택림(2019)은 서양에서 구술사를 두 가지 방식으로 정의되고 있는 것으로 보았는데, 하나는 역사적 기록을 인터뷰를 통해 수집하여 아카이브를 만드는 기록관리학적 전통이고, 또 하나는 '밑으로부터의 역사 쓰기'로서 대안적 역사서술을 지향하는 사회사적 전통이다. 미국 구술사는 첫 번째 전통이 강해서 구술사가인 루이 스타(Louis Starr)는 구술사를 이제까지 이용되지 않았지만 보존할 가치가 있는 구술을 기록함으로써 생기는 1차적 자료로 정의했다(Starr, 1996). 그리고 역사학자인 도날드 리치(Donald Ritchie)는 구술사가 기록된 인터뷰를 통해서 역사적으로 중요한 구술된 기억과 개인적 논평들을 수집하는 것이라고 했다(Ritchie, 2003). 또한 구술사가인 제임스 포거티(James Fogerty)는 구술자의 기억과 연구자의 질의를 중심으로 상호 간의 지속적인 상호작용을 통해서 창조적인 자료를 생산하는 것이라고 했다(Fogerty, 2006). 이러한 정의에서 볼 수 있듯이 미국에서는 구술사와 구술 자료, 그리고 구술 자료 수집을 동일한 의미로 파악하고 있다. 영국 구술사는 두 번째 전통이 강해서 사회사가이자 구술사가인 톰슨은 피지배층의 구술 자료를 통해서 '밑으로부터의 역사'를 쓰는 작업이라고 이해하고 있다(Thompson, 2003). 그리고 영국의 대중기억연구회(Popular Memory Group)는 과거에 대한 개인적 기억들을 불러오고 기록하는 것으로 정의하고 있다. 따라서 구술사, 구술 자료, 역사 쓰기를 동일하게 이해하고 있다고 볼 수 있다. 이탈리아의 경우, 포르텔리는 구술사란 특정한 형태의 담론, 즉 구술을 표현의 매개로 하는 과거에 대한 서술이라고 하면서 구술 자료보다는 서사성과 역사성에 주목하고 있다(Portelli, 2007). 이와 같이 다양한 서양 구술사가들의 개념 정의에서 구술사는 '밑으로부터의 역사 쓰기'이며 동시에 '역사적으로 중요한 구술 기록'이라고 볼 수 있다.

미국에서는 구술사가들이 일찍부터 사서들과 함께 지역사회가 생산한 구술 자료를 다루어왔다. 미국 구술사가 윌라 바움(Willa Baum)은 도서관에서 구술사를 수집·보존·관리하는 사서의 역할에 대해 논의하면서 도서관에서 다루어야 할 구술사는 다음과 같은 다섯 가지 조건을 충족해야 한다고 강조했다. 첫째, 역사적으로 관심이 있는 주제, 둘째, 더 많은 지식을 가진 면담자, 셋째, 개인적인 참여나 관찰로부터 그 주제 관해 이야기할 수 있는 구술자, 넷째, 질문과 답변 형식으로 녹음된 인터뷰, 다섯째, 폭넓은 범위의 연구자들이 접근할 수 있는 음성 테이프나 녹취록을 필요로 한다고 했다(Baum, 1996). 따라서 도서관에서 다루는 구술사 혹은 구술 자료는 형식적으로는 면담자와 구술자의 질문과 답변 형식으로 된 구술 기록이라고 정의될 수 있다. 그리고 내용적으로는 역사적으로 중요하고 흥미로운 주제나 사건에 대한 구술이어야 하는 것이다.

2) 한국 구술사 연구에서 구술 자료

한국에서는 해방 이후 현재까지 출간된 단행본 가운데 회고록이나 증언집류 가운데 다수는 구술 자료와 밀접한 연관성을 갖고 있지만 엄격하게 말하면 구술 자료는 아니다. '회고'나 '수기'라는 제목의 자료는 구술자가 화자가 기억을 더듬거나 과거의 시대상을 이야기한다는 점에서는 구술 자료의 성격을 띠고 있지만 공동작업의 형식을 갖추고 있지는 않다. 오히려 일간지와 각종 월간 잡지나 주간잡지에 실린 인터뷰가 기자(면접자)와 구술자(피면접자)의 공동 작업이라는 면에서 구술 자료에 근접해 있다. 외국에서는 구술사가 학문분야로 정립돼 미국 컬럼비아대학교 구술사 아카이브센터 같은 전문기관들을 중심으로 활발한 연구가 진행되어온 것에 비해, 국내에서는 구술사 연구가 1990년대부터 시작했고 구술 자료가 문헌 자료와 동등한 자료로서가 아니라 문헌의 보완 수단 정도로 여전히 인식되고 있는 경향이 있다.

한국에서 구술사는 구술 자료를 통한 밑으로부터의 역사 쓰기라는 인식이 강하지만 실제로는 기관을 중심으로 구술 채록, 즉 구술 기록의 수집이 많이 이루어지고 있다. 윤택림(2019)은 구술 자료를 구술자가 면담자 앞에서 자신의 과거 경험을 기억을 통해 현재로 불러오는 작업으로 얻은 자료라고 정의했다. 따라서 구술사는 과거의 경험을 기억을 통해서 현재로 불러와 구술자와 역사가의 대화를 통해서 써 내려간 역사로 보고 있다. 또한 함한희(2000)도 구술 자료가 기억을 통해 과거를 서술하는 과정에서 산출된 자료라고 했다.

김기석(1998)은 구술사를 구술 기록에 근거한 역사서술로, 이용기(2002)는 구술을 통해 쓰인 역사로, 박경용(2014)은 역사학 연구를 위한 방법론이자 역사적 기록 자체로 정의하는데, 역사학자들은 대개 구술 자료에 기초한 역사 쓰기를 구술사로 이해하고 있다. 반면 허영란(2004)은 역사 속에 녹아들지 못했던 개인의 기억 또는 경험을 역사화하기 위한 기획으로 구술사를 정의하면서도, 구술사를 구술에 기반을 둔 역사서술인 동시에 구술의 방법에 의해 생산된 자료로 보고 있어 역사 쓰기로서의 구술사와 더불어 기록으로서의 구술에도 주목하고 있다.

김귀옥(2006)은 구술사를 구술자의 기억이 연구자와의 구술 과정을 통해 이야기되고 문자화되면서 역사적 자료로서의 지위를 부여받는 것이라고 보았다. 즉, 구술사 면담을 통하여 사료화되는 것을 구술사로 본 것이고 그 과정에서 나온 것이 구술 자료라는 것이다. 한국기록학회(2008)는 구술 자료를 면담을 통해 개인의 기억 속에 남아 있는 과거나 역사적 사건을 재구성하는 작업을 통해 만들어지는 기록으로 정의했고, 이정연(2009)은 구술자 또는 화자가 연구자 또는 해석자 앞에서 자신의 과거의 경험을 기억을 통해 현재로 불러오는 작업을 통해 얻은 자료라고 했다. 또한 김명훈(2010)은 문자화된 기록으로 남지 않는 영역에 대한 기록 생성 및 현재 보유 중인 기록의 결락부분을 보완하는 의미와 함께 기록 속의 보다 근원적인 맥락을 확보하며 당대의 사회상 및 기억의 형성과 관련된 의미를 지닌다고 했다.

좀 더 구체적으로 최정은(2011)은 구술 자료가 구술 방법으로 생산된 자료로, 문헌 기록의 한계를 보완한다는 차원에서 한걸음 더 나아가 구술 기록 자체의 특성을 최대한 반영하여 문헌 기록과 함께 다양한 기록군을 보존한다는 것을 의미한다고 했다. 그리고 구술 자료를 구술면담 행위 시점을 기준으로 '구술 기획 단계 기록(기획단계에서부터 구술면담 행위 직전까지의 기록, 기존의 문헌 기록이나 영상 기록 등)', '구술 면담 기록(음성파일, 영상파일, 질문지)', '면담 후 기록(면담일지, 면담후기, 녹취록)'으로 나누었다. 또한 구술 자료는 전후 맥락을 반영한 전단계의 기록을 이해해야 하며 면담 후 기록의 경우, 다양한 형태, 판본이 생산될 수 있다고 했다. 최윤경과 정연경(2014)은 구술 자료를 구술자와 연구자 간의 구술 행위를 통해 생성되는 기록물의 일종으로, 구술사를 비롯한 역사 연구의 중요한 정보 자료로 간주했으며, 당대의 사회상 및 집단기억을 형성하기 위한 수단, 영구적으로 보존·활용해야 할 중요한 정보자원으로서 집단기억과 정체성 연구를 위한 공공재적 성격을 가진 자료라고 했다. 이 모든 것을 종합하면, 구술사 및 구술 자료에 대한 한국 구술사 연구자들의 다양한 개념 정의는 구술사를 '구술에 근거한 역사 쓰기'와 '구술사 인터뷰를 통해 생산된 구술 기록' 모두를 지칭한다고 볼 수 있다. 이와 같이 한국 학계에서도 구술사, 구술 자료, 구술사료 등의 용어가 혼재되어 사용되고 있으며, 구술 자료에 대한 정의를 다르게 표현하고 있다.

이상의 구술사와 구술 자료에 대한 다양한 정의들을 종합할 때, 광의로서의 구술 자료와 협의로서의 구술 자료에 대한 개념 정의는 다음과 같다. 광의로서의 구술 자료는 구술사 연구를 기획 단계부터 생산되는 각종 문서와 연구계획서, 행정서식, 면담후기, 인터뷰 과정에서 수집된 일체의 관련 자료이다. 협의의 구술 자료는 구술사 인터뷰에서 직접 생산된 것으로 구술로서의 본질적인 특성을 가진 원저작물로 녹음 기록과 녹화 기록, 구술 채록을 통해 생성되거나 수집되는 그 밖의 여러 저작물이다. 따라서 인류학, 사회학, 역사학, 정치학 등에서 실천하고 있는 구술사 연구의 구술 자료는 역사적으로 중요한 사건이나 주제에 대한 구술사 인터뷰를 통해서 생산된 구술 기록이 되겠다. 그렇다면 '구술사 연구자들이 생각하는 역사적으로 중요한 사건이나 주제가 지역민이나 공동체에게 항상 중요한가?'라는 질문을 할 수 있다. 특히 지역에 있는 공공도서관이나 문화원의 경우 이러한 기관들이 지역민들의 경험과 기억을 기록하고 보존·관리하는 장소가 되려면 더욱 그러하다.

서양과 한국에서 구술 자료에 대한 개념 정의를 살펴볼 때, 협의로는 면담자와 구술자가 구술사 인터뷰를 통하여 역사적으로 중요한 주제나 사건에 대해 서술했거나 지역사회 및 공동체에 중요한 경험과 기억을 기록한 음성파일과 동영상이라고 볼 수 있다. 그리고 광의로는 음성파일과 동영상, 그리고 녹취록을 포함하여 구술사 인터뷰 과정에서 생산된 모든 자료를 말한다. 구술 자료를 좀 더 세분하면 음성파일(면담 과정을 녹음한 파일), 동영상파일(면담 과정을 촬영한 파일), 면담일지, 구술 공개 관련 서식(구술 공개 및 이용 동의서, 검독확인서, 구술 기록관리조건 협의서, 구술 자료 비공개 내역서, 구술 내용 상세목록 색인어, 개인정보활용동의서, 신상카드 등),

면담후기, 피면담자의 소장 자료 목록, 녹취록, 피면담자의 사진, 서신, 물품 등이 될 수 있다.[1] 결과적으로 구술 자료의 활용도를 더 높이기 위해서는 구술 자료와 관련된 다양한 물증 자료가 필요하다. 예를 들어 구술자의 소장 사진이나 자료들도 관련 자료로서 보존·관리된다면, 전시나 출판과 같은 구술 자료의 활용에 크게 도움이 될 것이다. 특히 디지털 구술 아카이브를 구축할 경우, 관련 자료들을 디지털화하여 구술 자료(음성 파일과 동영상)의 관련된 정보를 메타데이터에 기술할 수 있고 구술 자료의 서비스 개발 및 활용을 확장할 수 있다.

그동안 현대사학계가 작업한 구술 자료는 주로 일제의 사회운동이나 해방공간의 정치활동, 주민생활, 6·25전쟁 참상, 독재정권시기 정치와 사회운동 등에 집중돼 있다. 중앙일보의 '남기고 싶은 이야기', '비록 조선민주주의인민공화국' 등 언론의 근현대사관련 기획연재물들은 대부분 상당히 오랜 기간 취재(심층면접)를 통해 정리된 훌륭한 구술 자료다. 언론계 외에 역사학계에서 이뤄진 구술사로는 1987년 창간된『역사비평』에 실린 '현대사증언' 과 '나의 학문 나의 생애'가 주목된다. '현대사증언'은 현대사연구자가 주로 일제시기와 해방이후 사회운동에 참여했던 인물을 심층면접을 통해 정리한 증언들이다. '나의 학문 나의 생애'는 체험 당사자가 직접 기록한 회고나 수기가 아닌 연구자의 심층면접을 통해 정리된 '생애사'의 성격을 띠고 있다(윤택림, 2012a). 이렇게 증언집으로는 출간된 구술 자료로는 정리된 형식에 따라 첫째, 정리자의 해설과 구술자의 증언이 적절하게 결합된 형태, 둘째, 구술자의 증언을 완전한 이야기체로 가공한 증언록 형태, 셋째, 구술자의 증언을 녹취 내용 그대로 자료화해 구술의 원형을 최대한 유지한 형태로 나눌 수 있다.

---

1 정연경 외(2019).『국립중앙도서관의 구술 자료 수집 타당성 및 제도개선 방안 연구』, p. 15.

3. 구술사 연구 동향

한국에서 구술사는 일종의 결락 사료이자 사회적 기억을 재현하는 방식의 하나로 그 중요성을 인정받아왔다. 특히 역사학, 사회학, 인류학, 여성학 등과 같은 인문·사회학계에서는 구술사 방법론을 토대로 주변화된 사회적 약자들을 역사적 존재로 부상시키며 구술성이 갖는 의미를 고찰해왔다(김귀옥, 2005). 기록학계에서도 2000년대부터 구술사에 관한 논의가 진척되면서 구술 기록에 관심을 갖기 시작했다. 즉, 단순히 문헌 기록의 보조적 역할을 기대하는 것이 아니라 상호보완적인 관계이자 문헌 기록이 확보하지 못하는 주요 가치를 생산하는 기록으로서 구술 기록을 인식하게 되었다(최정은, 2011). 그래서 2018년에 "구술사와 공동체 아카이브: 구술, 기록, 지역의 만남"이라는 주제로 한국구술사학회와 한국기록관리학회, 한국기록과정보·문화학회가 공동학술대회도 개최했고 2021년 11월 전국기록인대회에서 한국기록관리학회는 '민간기록의 수집과 활용'이란 주제로 구술 기록을 중점적으로 다루었다. 이렇게 학제 간 통합적 논의를 진행하면서 구술사에 관한 관심은 학계에서 지속적으로 확장되고 있다.

1) 일반 동향

구술사 연구의 일반적인 동향에 관한 연구로 함한희(2000)는 문화연구와 관련한 구술사에 관한 논의로서 구술사연구의 성과를 간략히 검토하고 문화연구에서 구술사의 유용성을 밝혔으며, 이용기(2002)는 1990년대 현대사회사 연구에 있어'구술사'의 중요성을 인식하여 새로운 연구 방법론으로서의 가능성을 모색하는 데 중점을 두어 한국역사연구회, 한국정신문화연구원 한민족문화연구소, 한국정신대문제대책협의회 등 한국현대사와 관련된 단체에서 발간한 구술 채록집의 텍스트를 검토하여 구술사의 가치를 평가했다. 김귀옥(2006)은 구술사 방법론이 다양하게 동원되고 주목받는 이유를 한국의 특수한 사회적 맥락으로 접근하면서 한국 구술사 연구를 연구주체별 및 목적에 따른 시기별로 구분하여 세부 현황을 살펴보았다. 이를 통해 구술사를 둘러싼 쟁점을 통해 구술성이 갖는 취약성과 강점을 파악했으며 연구방법론으로서의 객관성을 확보하기 위한 논의를 전개했다. 이용기(2009)는 역사학자의 입장에서 구술사의 연구 동향을 조명하여 한국 구술사가 걸어온 발자취를 구술사의 태동, 방법론으로서의 구술사, 구술 채록의 확대·심화되는 활성화 단계로 전개하고 역사학과 구술사의 관계성을 고찰했다.

한편 함한희(2010)는 『구술사연구』의 창간호에서 기존의 국내 구술사 연구가 사회운동, 대항담론, 기억의 방식 및 정체성 정치 그리고 서사 전략에 주목했음을 밝히며 향후 디지털 환경이 구술사 발전에 새로운 패러다임을 가져다 줄 것이라고 주장했다. 최정은(2012)은 기록학계의 주요 연구동향이 대부분 물리적, 기록적 지원이라는 부분에 한정되어 있다는 점을 지적하면서 기록학계가 구술사를 학문적, 이론적 접근으로부터 시작되어야 함을 강조했다. 또한 구술사가 제공하는 맥락정보는 기록학에서 추구하는 맥락 확보의 가치를 통해 현실적으로 확보될 수 있다는 점과 기록의 맥락을 복원시키는 차원에서 아키비스트가 구술 기록의 생산단계 이전부터 적극적으로 참여해야 한다고 주장했다. 이나영(2012)은 페미니스트 정치학을 실현시키는 운동이자 연구 수행 과정(process)으로서의 구술사에 주목하고 연구 과정에서 국면적으로 등장하는 긴장과 도전들을 쟁점화했다. 구술을 채록하고 분석하는 연구자들은 애초에 구술자와 함께 기억과 역사를 재구성하는 데 주관적으로 개입되어 있으므로 연구자는 적극적으로 관계를 만들고 구술자와 더불어 기억과 역사를 재생산하는 주체임을 강조했다. 그리고 구술사 연구 과정에서 드러나는 단계별 쟁점들은 결국 연구자의 자기재현 과정과 결과, 페미니스트 위치성과 정치성에 관한 인식론적인 질문이라고 했다.

허영란(2013)은 구술사가 대안적 역사 쓰기의 실천적 도구라는 입장에서 국내 구술사 현황과 특징들을 개괄함으로써 방법론적으로 구술사가 지니는 한계를 지적하고 이를 극복하기 위해서는 새로운 역사 쓰기의 가능성이 무엇인가에 초점을 맞추어야 한다고 주장했다. 나아가 구술사를 기록이라는 관점에서 접근하여 디지털 환경을 고려한 수집과 관리의 중요성을 강조했다. 그리고 강숙희(2013)는 구술사 관련 국내 학위논문 261편의 연구 동향을 분석하여 연구 대상이 편향적임을 비판하며 새로운 연구 대상으로서의 고령화 시대에 부합하는 노인 대상 연구가 보다 활발히 진행되어야 함을 주장했다. 또한 김귀옥(2013)은 2000년대 이후 구술사 연구가 다양한 영역에서 진행되어 오고 있으며 구술사 연구는 민중이나 여성, 노동자, 사회적 소수자 등을 포함한 역사의 전면에 오르지 못한 사람들의 역사자료를 발굴할 수 있고 구술자를 침묵의 기억으로부터 해방시키거나 그의 고통을 치유하는 기능을 할 수 있다는 점에서 유용성이 있다고 했다. 구술사가 연구 과정에서 무엇을 어떻게 해방시킬 수 있는지, 구술자의 기억과 기억 속에 파묻혀진 트라우마의 문제와 트라우마를 치유하는 역할, 치유 가능성을 보다 발전시키기 위한 방안을 모색했다. 그리고 정근식(2013)은 한국에서 사회적 기억에 관한 연구는 1990년대 초반의 사회 민주화 및 탈식민 여성운동에 기초하여 출발했고 일제하의 주민들의 활동에 관한 집합적 기억을 재현하는 기념비 건설과정은 사회적 기억연구를 자극했으며, 광주항쟁 참여자들과 일본군 성노예의 경험을 가진 할머니들에 대한 구술 프로젝트는 기억연구의 방법론적 통찰을 제공했다고 했다. 특히 침묵, 망각, 사회적 기억의 재현간의 상호관계에 관한 이론적 관심이 커지고 있으며, 국제적 비교연구의 발전뿐 아니라 글로벌한 역사의 틀 속에 전쟁의 공공 기억들을 재위치시키는 것이라고 했다.

윤택림(2015)은 국사편찬위원회 구술채록사업의 연구 프로젝트 결과물을 검토하여, 형식적으로 8개의 대주제로 재분류하고 내용적으로는 5개의 대주제로 구분하여 국사편찬위원회의 구술채록사업의 문제점을 파악했으며, 앞으로 나아갈 방향을 제시함으로써 사업의 지속성을 요구했다. 정혜경(2015)은 국내 구술사 연구를 구술 채록 결과물과 구술사 연구로 대별하고 연구 현황을 학계별로 구분했으며, 국내 구술사 연구 동향의 특징을 학계 환경에 따른 변화라는 측면에서 조사 분석했다. 또한 김귀옥(2016)은 한국 구술사 연구가 1980년대 비학술적인 맥락에서 탄생하여 현대사 연구와 조응하여 발전해온 과정을 살펴보며, 한국 현대사 연구에서 어떤 역할을 했는지를 고찰하고 향후 구술사아카이브의 구축과 대학 정규 과정으로서의 전문적인 교육이 필요함을 강조했다.

한신갑과 이상직(2017)은 생애사 시간표를 활용하여 입학이나 입사, 결혼과 같은 사건에 대한 생애이력을 비교 분석하는 방법을 제시함으로써 생애사 연구의 방식을 확장하고자 했다. 이를 위해 1990년부터 2015년까지 한국연구재단 등재후보지 이상의 학술지에 수록된 논문 321편을 수집했으며, 정량적 추이를 바탕으로 학술분야와 연구 대상을 분석하여 생애사 연구의 동향을 개관했다. 그 결과, 지난 10년간 괄목할만한 축적된 연구 성과가 있었지만, 상대적으로 생애사 연구의 초점과 방식에 제한이 있음을 발견했다. 선영란(2019)은 정부 기관과 공공단체가 수집하는 다양한 구술 자료의 현주소를 살펴보면서 구술 자료의 수집 열의에 비해서 그것의 정리와 관리, 보존, 활용, 서비스에는 소홀하고 기관별로 구술 자료와 작업의 경험을 공유하는 데 소극적인 모습을 보이는 것을 지적했다. 또한, 구술 자료에 대한 수집에서부터 보존, 관리, 서비스 등 일련의 과정에 대한 구체적인 매뉴얼을 고민해야 한다고 했다.

2) 주제별 연구 동향

세부 학문·주제 분야의 구술사 연구 동향은 크게 전쟁사, 여성사, 지역사, 예술사, 이주사, 노동사, 해외 구술사로 구분된다. 윤택림(2016)은 구술성에 대한 역사학자들의 이해부족, 주관성에 대한 역사학자들의 어려움, 역사와 기억의 관계 설정이라는 세 영역으로 구술사와 역사학 간의 긴장관계를 집중 조명하면서 2000년 이후 역사학자들이 생산한 구술사 연구 현황을 살펴보고 그 성과들을 분석했다. 그리고 한국전쟁에 관한 연구들이 대안적 역사 쓰기라는 관점에서 기술되고, 그동안 소외되었던 다양한 분야, 예를 들면, 전쟁사, 여성사, 지역사, 노동사, 예술사, 재외한인사 등 사회의 주변적 타자로 인식되었던 주체들이 관심의 대상이 되면서 연구 대상의 범위가 확장되었음을 확인했다. 또한 연구 주제가 전쟁과 여성, 여성과 지역과 노동같이 여러 주제가 중첩되어 진행된 것을 2000년대 이후 분야별 구술사 연구에서 다음과 같이 찾아볼 수 있다.

(1) 전쟁

전쟁과 관련하여 염미경(2001)은 구술사 연구 전통을 갖고 있는 미국, 영국, 이탈리아 등 서구의 국가들에서 구술사의 발전 과정과 전쟁에 대한 구술사 연구의 동향을 살펴보고, 왜 한국전쟁에 대한 역사적 경험을 연구하는 데 있어 구술사적 접근이 필요하며 어떠한 내용의 연구들이 포함되어야 하는가에 관하여 논의했다. 이후 염미경(2005)은 한국전쟁의 여성들의 개인적 경험과 이해에 관한 연구를 과거를 정의하기 위해 기억이 어떻게 필수적인 매체로 작동하고 역사적 경험이 여성들의 삶에 영향을 미치는지를 검토했다. 특히 좌익 희생자의 유족의 구술을 통해 기억과 문화, 공과 사, 현재와 과거 사이의 대화를 분석했으며 그들의 삶을 통해 경험한 공산주의 관련 여성 생존자들의 복잡하고 다중적인 폭력을 극복한 밑으로부터의 역사를 다루었다. 김귀옥(2006)은 한국전쟁 기간 중 북한지역에서 후퇴한 남한의 비정규군이 섬을 점령하는 과정에서 수백 명이 학살당하는 사건이 생기게 되었는데, 이러한 학살 사건이 일어나게 된 원인을 교동 섬 내부의 관계와 조건 속에서 살펴보고, 그 사건을 포함한 한국전쟁 자체가 지역 사회에 어떤 변화를 가져다주었는가를 현지조사 방법으로 섬 주민, 특히 여성과 청소년들의 증언을 통해 짚어내었다. 이후 김귀옥(2008)은 분단과 건국, 전쟁이 지역 사회에 어떤 영향을 미쳤는가를 알아보기 위해 휴전선 접경지대역인 인천시 강화군 교동면을 현지 조사했다. 구술자와의 면담 과정에서 건국과 전쟁을 거치면서 지역 사회의 지정학적인 변화를 발견하게 되었고, 그 변화는 지역 권력관계 변화의 결과였음을 알아내었다. 김종군(2011)은 속초지역의 분단 트라우마 양상에 대해 아바이마을에 거주하는 월남자들과 구술을 통해 그들의 트라우마 실상이 매우 이질적인 것으로, 새로운 분단 트라우마로 재생산될 수 있다고 보고 속초지역의 복합적인 트라우마 양상을 치유하기 위해서는 분단 트라우마를 겪은 사람들이 트라우마 실체에 대해 자각하고, 자기 정체성을 확립하는 것이 첫걸음이라고 했다.

그리고 김태우(2015)는 1950년부터 2015년까지의 한국전쟁 관련 연구 동향을 기술하면서, 구술사적 방법론을 활용한 연구 현황을 정리하여 구술사가 그간 한국 사회에서 금지시되어온 민간인 학살의 실체를 규명하는 동시에 한국전쟁 사회사의 다양한 주제 연구가 생산되는 데 기여했음을 강조했다. 류기현(2020)은 베트남전 참전 군인들의 구술과 증언, 회고담을 중심으로 주월 한국군의 민사작전 및 대민관계의 준비 과정과 내용, 주월한국군과 베트남 현지 사회의 충돌과 갈등을 살펴보았다. 많은 구술자가 민사작전의 효과나 결과에 대해 부정적인 평가를 내려서 주월 한국군의 성공적인 대민관계라는 역사적 이미지가 상당 부분 신화화된 것으로 보았다. 또한 이상의(2021)는 인천 지역에서 겪은 6·25전쟁에 대한 인천 사람들의 구술을 소개하고, 이후 구술과 연구의 방향을 모색했다. 그는 인천 지역에서 채록된 6·25전쟁과 관련된 구술 중 진실화해위원회에서 2006년부터 2010년까지 진행한 '민간인집단희생사건' 조사 과정에서 나온 결과물, 연세대학교 역사와 공간연구소에서 2014년부터 2017년까지 진행한 월남민 구술 생애사 조사 연구의 결과물, 2019년 인천문화재단에서 진행한 6·25전쟁 아카이브 구축을 위한 구술 채록 연구의 결과물을 바탕으로 구술 대상의 범주가 제한적이고, 구술의 결과물이 연구 성과로 활발하게 전환되지 못한 한계를 가지고 있음을 밝혔다.

(2) 여성

여성과 관련된 구술은 다양한 분야에서 연구가 계속 증가하고 있다. 박경숙, 김영혜(2005)는 여성들이 경제활동과 가족 역할에 부여하는 의미들과 그 속에서 구성되고 있는 자아 정체성의 특성을 부산 지역에 거주하는 여성의 구술 분석에 기초하여 분석했다. 이를 통해 가족 중심성은 개별 행위자에게는 지위 획득의 가치를 실현하는 합리적인 행위일 수 있지만 그 집단적 효과는 남녀 분리적 구조를 더 공고화해 개인의 자율성을 억압한다는 점에서 자기모순을 내재하고 있는 것을 밝혔다. 양현아(2006)는 한국의 일본군 위안부의 증언을 통하여 포스트식민의 상흔의 성격을 조명했으며 군 위안부 피해는 일제 강점기부터 식민지 이후에도 지속되었고, 성적 피해만이 아니라 정신적 사회적 측면과 관련되어 있으며, 식민지 이전과 이후의 상흔은 다르지만 구조적으로 서로 연결되어 있고 포스트식민의 상흔을 밝히는 노력은 이론적이고 정치적인 문제와도 관련된다고 보았다. 여성사에 관한 구술사 연구로 이성숙(2006)은 서구의 여성 구술사 현황을 검토하면서 기억과 구술 텍스트 간의 관계성과 젠더 구술사에서 발생할 수 있는 윤리적 딜레마를 경계해야 한다고 주장했으며, 윤택림(2010)은 미국과 한국에서 진행되어온 여성 구술 생애사 연구 현황을 살펴보고, 여성 구술 생애사의 이론적 쟁점들과 방법론적인 쟁점들을 논의하면서 향후 여성 구술 생애사의 연구 방향을 모색했다.

허민숙(2015)은 1946년생인 윤성이의 구술 생애사를 가부장제, 산업화, 젠더 관계의 변화를 중심으로 분석했다. 구술 생애사 방법을 통해 가부장제와 산업화의 충돌과 공모 속에서 생존해 온 윤성이의 경험을 바탕으로 그의 삶에 나타난 경제적 성취와 자원 보유라는 변화, 그리고 가부장적 가치와 이념에 대한 순응은 젠더 관계의 갈등과 재구성의 효과, 가족 가치의 극복과 좌절이라는 모순적이나 복합적으로 연관된 삶의 과정과 결과를 보여주었다. 김영선(2015)은 1955년~1963년생으로 고등교육의 첫 세대인 베이비붐 여성 세대에 주목하여, 세 명의 구술 생애사 인터뷰를 중심으로 생애전반에 이루어졌던 운동에 대한 문화이해를 시도하고자 했다. 이러한 결과로 놀이로써의 운동, 강요된 수업, 강화된 모성, 성역할 수행을 위한 생존체력, 노후를 위한 준비 등의 특징을 파악했다. 김영희(2018)는 5·18광주민주화운동(혹은 광주민중항쟁)에 관한 서사에서 폭력을 전시하거나 고발하는 장소로 나타나는 '여성의 몸'을 분석하고 이를 젠더 비평의 관점에서 비판적으로 고찰했다. 타자화된 '여성의 몸'이 국가폭력을 드러내고 고발하는 장소로 재현되는 양상을 밝히고 '말하는' 여성의 입을 통해 폭력과 저항의 서사 속에서 '여성'들이 고통의 기억을 어떻게 서술하는지, 그리고 사건을 서사화하는 과정에서 자기 정체성을 어떻게 재구성하는지 분석했다.

김종군, 박재인, 이미화(2020)는 산아제한정책이 강화되던 시기 남·북·중 코리언 여성들의 출산경험담을 통하여, 아들 낳기 강요에 대하여 각자의 방식으로 순종과 저항의 복합적 행위성을 발휘했던 생생한 모습들을 살펴보았다. 강여진(2020)은 여성 노인의 구술을 통해 1930년대 이루어진 전통적 초기 문식성 교육의 일면을 재구성하여, 교재 분석만으로는 잡아낼 수 없었던 '구여성'들의 초기 문식성 경험과 구여성들의 목소리를 들을 수 있었다. 신유리와 김정석(2020)은 장애여성들의 성과 결혼에 대한 인식과 경험을 다루고자 신체장애 여성들이 자신들의 일상에서 성과 결혼을 어떻게 바라보고, 경험하고, 의미를 부여하는지 현상학적 연구를 했다. 이를 통해 어쩌지도 못하는 현실을 마주한 가운데서도 장애여성들은 삶의 주체로서 그들만의 여성성을 발현하고 사랑을 실현하려는 욕구, 결혼생활에 대한 기대를 놓지 않는 것을 보여주었다. 그리고 박현정(2020)은 1950년대와 1960년대 강화지역의 가정과 직물공장에서 일했던 여성들의 구술 생애사를 통해 강화직물산업의 과거와 현재를 보완하고 강화여성, 강화산업, 한국노동사에 미친 영향을 밝히고자 했다. 김영선(2021)은 여성운동문화의 전개와 모성 담론을 살펴보고, 8명의 여성들과의 구술인터뷰를 통하여 '건강한 어머니' 되기는 생존 체력을 위한 '버티는 몸만들기', 건강한 여성미를 위한 '가치 있는 몸만들기', 자기 관리를 위한 '민폐되지 않는 몸만들기'라는 다층적 의미를 도출했다. 이와 같이 시간이 지날수록 여성구술사는 각 학문 분야의 세부영역으로 파고들고 특정 직업군에서 문헌으로 찾을 수 없었던 내용을 발굴하고 새로운 역사적 관점을 제공해주고 있다.

(3) 지역

지역구술에 관한 연구로 정경숙(2005)은 1980년대 중반부터 대구지역에서 빈민탁아운동부터 시작하여 공부방운동을 거쳐 빈민문화운동까지, 이 활동의 주도적 역할을 한 여성 활동가들과의 면담 자료를 구술사 방법으로 분석함으로써 대구지역 빈민운동의 흐름, 주민의 특성, 운영, 운동의 성과 및 여성 활동가의 삶 등을 살펴보았다. 염미경(2006)은 지방사연구에서 구술사의 활용 현황과 과제를 다루며 근·현대를 살아온 지방민의 기억과 경험, 생활세계를 담은 구술사 자료는 어느 문헌 자료보다 생생한 역사 자료라고 했다. 또한, 평범한 사람들의 세계를 구술을 통해 드러내는 것은 지방사의 연구영역과 자료의 범위를 확장함으로써 지방사의 재발견과 재해석에 기여한다는 측면에서 매우 중요하다고 보았다. 현재열, 김호연, 양상현(2007)은 울산지역에서 채록된 구술 자료들에 기초하여, 노동사 및 노동운동사를 지역사로 설정하여 재구성해야 할 필요성과 가능성을 파악했다. 또한, 진보된 노동운동사 서술을 위해 자료의 공백 문제의 보완과 아울러 새로운 연구 방법의 채용이라는 면에서 구술 자료의 채록 및 이용 등 구술사 방법의 적용이 필요하다고 했다.

나도은(2012)은 경기도 고양시 일산서구 송산동 원주민들의 경험을 구술로 기록하고 그 기억의 성격을 분석하면서 이 지역에서 발견되고 있는 집단적 트라우마와 지역갈등과의 내적 연관성을 고찰해보았다. 연구자는 이 연구를 위한 질적 연구방법론으로서, 생활문화사 구술을 기록, 분석하는 구술사 접근을 가장 타당하다고 보았다. 윤택림(2012b)은 지방지 편찬에서 중요성이 증가하고 있는 구술사 연구가 지방사 연구에서 구술 기록 수집을 필수적으로 동반한다고 했다. 지방지 작업에서 구술사 연구와 관련된 쟁점들에 대해 논의하고 사전조사 및 현지조사, 구술 인터뷰, 문화기술지적 자료 수집, 구술 아카이브의 구축을 강조했다. 천혜숙(2012)은 신당 수난에 관한 청운마을 사람들의 구술 자료가 중앙사에서 소외된 지역사이자 기록되지 못하고 기억으로 써온 구술사의 전형적 사례라고 보았다. 구술은 기록의 역사에서 배제되고 소외된 기억이 재현되는 방법이기에, 이러한 마을의 구술 자료들이 구술사에서 중요한 것은 사실의 정확성 여부가 아님을 보여준다고 했다.

김정웅, 유동환(2017)은 지역주민의 현재 삶의 모습을 담아내는 구술의 콘텐츠화의 중요성을 인식하고 이를 위해 구체적으로 기획 단계를 어떻게 설정할 것인지에 대한 방안을 제시했다. 구술은 지역의 무형자원을 이해하고 장소의 느낌을 기록하는 데 유용할 뿐만 아니라 지역에 형성된 정체성과 함께 지역에서 발생하고 있는 현상을 깊이 이해하는 기회를 제공하지만, 이러한 가능성이 있음에도 불구하고 국내에서 구술을 수집하고 기록하는 단계에만 머물고 있음을 지적했다. 엄소영 외(2017)는 지역적 특색이 강한 로컬리티 기록물을 활용하여 공동체 활성화 방안으로 기록물 수집 방안을 제안했다. 이를 위해 대구 약전골목을 대상으로 하여 골목의 역사와 현황 및 문제점을 알아보았으며 약전골목이 보유하고 있는 기록물 유형 및 약전골목을 이루고 있는 공동체의 구성요소를 정리하며 구술 방법론의 사용을 제안했고 이를 바탕으로 기록물 수집 정책을 개발했다. 윤택림(2017)은 기존의 지방사연구 중 지역성을 다룬 연구들의 성과와 한계를 살펴보고, 문제점을 보완하기 위해 현지조사와 구술사 인터뷰를 동반하는 역사인류학적 접근 방식을 소개했다. 이러한 연구방법을 통해 신도시의 역사적 맥락과 주민들의 생활세계를 분석하고, 동탄 신도시 주민들의 지역 정체성과 동탄 신도시의 지역성을 분석했다. 최정은(2017)은 문화기술지적 접근방법을 적용하여 경기도 화성의 동탄 신도시 원주민과의 구술을 토대로 지방지를 집필했던 경험을 사례로 제시하며, 구술사 인터뷰를 포함한 문화기술지적 접근이 공동체 내부자들을 역사적 주체로 자리매김하고, 그들이 스스로 역사를 만들어가는 주체라는 점을 외부와 내부에 인식시키는 과정이라고 했다.

배은희(2018)는 부산지역의 구술 사업 사례를 조사하여 구술 기록 생산과 관리 방안을 제안하는 과정에서 필수적으로 생산해야 할 기록의 미생산과 지역 구술 기록에 대한 관리 방안의 부재를 지적하면서 지역 구술 기록을 지역 아카이브로 보존하고 활용할 수 있는 방안을 제안했다. 손동유(2018)는 연천, 철원, 김포, 시흥 지역의 구술내용을 통해 지역 정체와 변화의 실체와 이에 대한 구술자들의 의식을 살펴보면서, '지역발전'이라는 목표를 이루기 위해 갖추어야 할 본질적인 내용이 무엇인가를 제시했다. 정재욱, 박성신(2019)은 '황금정 마을'의 지역주민 대상 구술과 문헌 조사를 통해 지역주민들이 공유하고 있는 황금정 마을의 장소기억을 추출하고, 집단 기억을 바탕으로 황금정 마을의 모습을 복원하고 기록할 가능성을 확인했다. 그리고 김대범(2020)은 강원도 원주의 지역 정체성 확립에 기여했던 군사문화를 원주지역 토박이와 원주민들의 구술을 통해 분석했고 원다솔과 이민(2020)은 지역 아카이빙의 유형을 파악하고 일상의 장소로 지역을 바라보는 관점에서 창작된 지역문화 콘텐츠의 매체 및 특성을 탐구했다. 지역문화 콘텐츠에서 아카이빙의 핵심은 활용 가치를 높이기 위해 지역 조사와 기록 행위로 끝나지 않고 기록 활동프로그램, 기관과 연계한 기록모임 등 공동체 활동과 온·오프라인 콘텐츠 등을 통해서 적극적으로 발전되어야 한다고 했다.

(4) 예체능

예체능 분야에서 권두현(2010)은 구술과 기술 변증법이라는 관점을 통해 한국 근대 극예술사를 새롭게 정리했다. 그는 희곡에서 연극 공연으로의 이행은 문자언어에서 음성언어로 언어적 소통 방식이 달라지는 것으로써, 수용자의 지각과 체험 양상을 근본적으로 바꾸어 놓는다고 했다. 연극 공연의 음성언어는 기술 복제라는 자본주의적 환경과 조우함으로써 라디오 드라마라는 새로운 극예술을 탄생시키지만 기술적 매개로 인해 그 근원이 은폐됨으로써 청각적 아우라를 상실하고 탈맥락화된다고 했다. 김현숙(2015)은 영남지역 무용구술 기록의 현황을 고찰하며, 무용구술 기록은 무용가의 구술을 통해 그들의 가치관이나 작품세계, 당시의 사회적 환경 등을 알 수 있게 한다는 점에서 그 필요성을 인정받고 있다고 했다. 또한, 무용구술 기록을 효과적으로 활용하기 위해서는 영남지역의 전통연행예술 아카이브를 구축하고 유관기관과 아카이브 네트워크를 형성하여 활용해야 한다고 했다. 이지원과 김상규(2016)는 한국 디자인 연구에서 실증 자료가 부족한 문제점에 주목했고 이를 해결할 하나의 대안으로 원로 디자이너의 생애사뿐만 아니라 디자인과 관계하는 조직 내외부의 인물을 조명하는 구술 연구의 실행, 제조 산업의 기술공에 대한 구술 연구, 구술자들의 다층적인 증언을 확보하여 사회문화적 맥락으로 더 확장된 자료를 수집할 수 있는 주제사 구술 연구를 실행해야 한다고 했으며 수집된 구술 자료의 체계적인 정리와 보존·관리 방법을 향후 연구 과제로 제시했다.

이보나, 허현미(2016)는 성정순의 구술 생애사를 중심으로 일제 강점기의 여성체육은 어떤 모습이었고, 어떻게 변화하고 발전했는지에 대해 고찰했다. 이를 통해 일본은 제국주의 아래 군사적 목적으로 교육 체계를 통제했지만, 일제 강점기의 여학교에서는 다양한 근대적 체육활동이 시작되고 있었음을 밝혔다. 고문수(2016)는 스포츠 행정가인 장충식의 삶에 관한 구술 생애사를 통해 그의 삶이 스포츠에 어떻게 투영되었는지, 스포츠 행정가로서의 삶이 지닌 의미를 종합적으로 검토하여 한 개인의 삶을 탐색했다. 곽낙현, 윤대중(2017)은 김응용의 생애를 통해 한국 야구의 변천 과정을 구술사적 관점에서 조명했으며 초·중·고·대학교의 야구부를 적극 지원하는 활성화 방안을 모색하여 우수선수를 확보하는 것이 시급하다고 강조했다. 정용철(2017)은 보스톤 마라톤대회에서 각각 1위와 3위를 차지한 함기용, 최윤칠을 만나 구술 채록을 했는데, 곳곳에 상충하는 기억이 존재함을 확인했다. 기억의 충돌에 대해 각자가 가지고 있는 기억을 기반으로 각각의 이야기를 완성했는데 기억과 망각의 사이에서 각 증인이 기억하고 있는 스포츠 역사는 진위의 영역에서 신화의 영역으로 진화하기 때문이라고 했다. 김일수, 이승훈, 최경훈(2018)은 대한민국 장애인스포츠의 선구자인 송신남의 구술 생애사를 진행함으로써 장애인스포츠의 과거와 현재, 그리고 미래에 대한 이야기를 모두 들어보고 장애인스포츠에서의 나아갈 길을 제시했다.

김일림(2018)은 1960년대부터 1970년대까지 한국 만화산업이 어떻게 형성되었는지를 구술을 통해 밝혔다. 노부히데 모리카와라는 일본 만화작가가 동양방송에 만화 기술을 가르치기 위해 한국에 왔다는 진술을 토대로 20세기 한국만화 산업의 전문가들의 구술과 문헌을 통해 그 과정과 진위를 밝히고자 했다. 위경혜(2018)는 한국전쟁 이후 지방의 극장 문화 연구를 위한 방법론으로서 구술사의 유용성과 의의를 검토했다. 비(非)서울 지역에 대한 연구는 문헌 기록의 절대적인 부족으로 인하여 구술사를 통한 연구를 진행할 수밖에 없었고 극장 운영관련자와 관객의 구술 증언은 그동안 알려지지 않은 역사적 사실을 발굴하는 성과를 올렸다. 또한 구술사는 한국전쟁 경험에 따른 극장 문화의 복수성을 규명하고 일상생활을 영위하는 관객이자 지역민의 영화 수용 문화의 다층성을 이해하는 데 기여했다. 최해리(2018)는 2008년과 2009년 사이에 한국문화예술위원회 예술자료원이 '예술사 구술채록사업'을 통해 생산한 무용인들의 구술 채록문을 활용하여 20세기 한국의 춤문화사와 관련한 여러 가지 도식, 즉 20세기 무용교육기관에 대한 차트, 1950년대 서울 충무로 일대의 무용학원촌 지도, 그리고 무용장르별 계보도를 고안했다.

한재섭(2019)은 광주시립미술관의 원로 작가 구술 채록 연구에 참여한 연구자의 경험을 바탕으로 지역 미술사 서술에 구술사의 필요성과 중요성을 정리하며, 이는 중앙 중심으로 서술되는 한국 미술사에 균열을 내는 작업이며, 구술사 방법론의 활용은 기존 미술사에 다양한 관점을 제시해줄 수 있다고 했다. 김슬기(2020)는 1세대 장애연극인의 구술 생애사를 통해 장애인으로서 생애 경험이 연극인으로서 활동에 어떤 영향을 끼쳤는지 살펴보고, 나아가 동시대 장애예술 정책의 흐름을 전제로 장애 정체성과 예술가 정체성 사이 어떤 교섭이 일어나는지 그 구체적 과정을 재구성했다. 이를 통해 장애연극인과 그들의 창작 활동을 이해하기 위한 근본적인 사유의 전환과 현재의 장애예술 정책 담론의 한계에 대해 비판적 고찰과 장애예술 연구의 토대를 마련했다. 그리고 김지훈, 최승아(2020)는 한국 사격의 역사에서 서울 아시안게임 참가 사상 최다 메달 획득과 서울올림픽 참가 사격 종목 첫 메달 획득의 이유를 당시 감독의 경험과 기억을 중심으로 살펴보았다. 또한 김지영(2020)은 한국인 최초로 국제대회 유도 종목에서 메달을 획득한 정삼현의 생애를 구술 생애사로 조명하여 한국 유도의 역사를 살펴보았다. 이를 통해 유도 국가대표 선수와 지도자, 그리고 체육교육자와 철학자의 삶을 통해 오직 유도와 체육의 발전을 위해 살아온 생애를 확인할 수 있었다. 이렇게 체육 분야에서는 주로 엘리트 구술이 많이 이루어졌다.

(5) 이주

이주와 관련해서 이혜경 외(2006)는 1980년대 말 시작된 중국 조선족의 국내 이주현상을 '이주의 여성화'와 '초국가적 가족' 현상의 맥락에서 분석했는데, 한국 이주 과정에서 조선족 여성은 주체적으로 한국이주를 결정하고, 친정식구 연결망을 형성하는 등 적극적인 삶의 자세와 강인한 여성성을 확인시켜주었다. 김중규(2007)는 최초의 외국인 노동자 집단이었으며 4대째 살아온 군산지역 화교들의 일상사와 생애사를 통해 화교들의 정체성 변화 원인으로 화교 생활문화의 변화가 일정부분 작용했음을 확인했다. 김미선(2009)은 식민지 시대 제국 내 근대도시로 이주한 양충자와 이종수의 구술을 통해 이주경험이 여성정체성의 형성에 어떤 영향을 미쳤는지를 분석했으며 식민지 시대 이주여성들의 정체성 형성 과정에는 민족과 근대, 그리고 젠더 등의 여러 요소들이 다층적으로 작용했음을 밝혔다. 박정경(2010)은 남아프리카공화국 흑인들의 삶에서 이주노동을 중심으로 경계 지워진 삶을 고찰했으며 1994년 민주화 이후에도 지속되고 있는 이주노동 체계가 남아프리카공화국 흑인의 삶에 미친 영향을 음싱가 주민들의 증언을 바탕으로 재구성했다.

기계형(2011)은 우즈베키스탄 고려인 여성의 경험과 기억을 따라가면서 국가, 민족, 성의 교차점에서 중앙아시아의 고려인 여성의 다면적, 다문화적 정체성을 찾고자 했다. 홍지아(2011)는 결혼이주여성들이 만들어낸 1인칭 다큐멘터리를 대상으로 결혼이주여성들의 자기 재현이 무엇인가를 파악했다. 이주여성의 자기서사는 한국사회가 이들에게 요구하는 한국형 현모양처의 성역할에 순응하거나 타협하는 모습을 보였으며 나아가 주류미디어가 제시하는 피해자나 수혜자, 가부장적 가치의 실천자라는 제한된 정체성과 다르게 스스로 만들어내는 자기재현을 통해 보다 다양하고 성숙한 자기서사를 드러내었다. 선봉규, 전형권(2012)은 러시아 연해주 우수리스크에 거주하고 있는 고려인들을 대상으로 가족사, 부모 및 본인의 이주 과정에서의 경험담, 이주 경로, 이주 후 정착 과정 등의 내용으로 심층인터뷰를 진행했고, 고려인의 디아스포라적 삶의 특성을 규명해보고자 했다. 이병조(2012)도 우즈베키스탄에 거주하고 있는 고려인을 대상으로 민족문화의 전승양상을 구술생애사를 통해 조사했으며 한민족의 원형적인 민속생활, 민속신앙, 민속예술, 민속놀이 등이 여전히 남아 있음을 확인했다.

조일동(2015)은 사할린 동포들이 식민지 조선, 일본, 러시아, 다시 한국에 이르는 물리적 공간과 사회문화적 환경의 변화 속에서도 적극적으로 삶을 개척해왔고, 다양한 전략을 효과적으로 구사하여 사회적 성취를 이뤄낸 능동적 개인들의 생애사를 재조명했다. 이채문(2015)은 구술사를 이용하여 러시아 볼가강 하류의 10명의 고려인들의 이주경험을 강제이주, 중앙아시아에서의 재이주, 연쇄이동, 유교적 관습, 국적취득문제, 노동기록과 연금 등의 영역으로 나누어 논의했다. 박신규, 신형진(2016)은 브라질 한인여성의 개인 구술사를 통해 브라질 한인 사회의 특성 및 한인여성의 삶을 분석했다. 특히 결혼이주를 통해 삶의 전환점을 맞이한 한 여성의 삶을 연속적인 관점에서 조망하여 생애사적 방법으로 그 의미를 재구성했다. 박언주(2017)는 한 여성노인의 구술 생애사를 분석하여, 산업화시기에 형성된 도시 중산층 가족의 1980년대 해외 투자이민 과정에서의 계층 재생산 전략과 젠더역할의 변화에 대해 논했다. 이를 통해 해외투자이민을 통한 국제 이주 과정에서 중산층 가족의 계층적 기반은 재구성되고, 취약성은 심화되었다는 점, 가족의 계층 재생산을 위한 전략으로 여성의 역할은 생계노동을 포함한 다중적 역할로 확장되었다는 점, 여성의 역할은 젠더역할을 강화하는 맥락에서 확장되었고, 젠더 권력관계의 재편으로 이어지기에는 한계가 있었다는 점을 밝혔다. 양아람, 이행선(2017)은 1980년대 말부터 본격화되기 시작한 결혼이민을 통해 일본으로 건너간 재일코리안의 '현재'를 규명하기 위해 재일코리안 여성 무라야마(村山) 씨의 구술을 통해 가족환경뿐만 아니라, 자연환경과 자연재난인 지진이 이민생활에 끼친 영향을 알아내었다.

김동엽(2019)은 필리핀 한인동포 김찬용(가명)의 생애사 인터뷰 자료를 분석하여 그의 민족정체성의 특징에 대해 분석했는데, 구술자는 자신의 민족정체성을 한인이나 필리핀인에 두지 않고 국제인으로 간주함으로써 탈국가화 성향을 나타냈다. 박상희(2019)는 16명의 난민들이 한국에서 거주하며 어떻게 배제를 경험하는지 타자화를 구술로 분석했고 문헌연구를 통해 한국의 난민정책을 분석하여, 사회적 맥락 속에서 구술자료를 이해하고자 했다. 그 결과, 난민들은 무시와 혐오, 차별을 경험했으며 인종이 난민의 타자화 경험에 변이를 주었음을 밝히고 한국의 발전주의 국가 논리가 인종주의의 기초를 제공할 수 있음을 지적했다. 여기에는 경제적 요인뿐 아니라 한국어와 한국인이라는 문화적 요소도 중요하게 작용함을 확인할 수 있었다. 박선영(2020)은 한국으로 이주해온 파키스탄 남성노동자의 구술 생애사를 통해 초국적 이주의 삶을 유형화해내고, 이주노동자에 대한 연구자의 편견을 분석하면서 이주노동자와 선주민의 조우와 내적 갈등에 대해 고찰했다. 이슬람 문화와 종교에 대한 인식 차이에서 발생한 무지가 이주자와의 조우에서 어떤 충돌을 일으키고 있는지를 분석하고 전략적 이주와 국적 선택 속에서 이슬람 정체성을 유지하며 삶을 살아가고 있는 선주민이 가진 견고한 국민정체성의 한계를 비판했다. 이상록(2020)은 냉전과 탈냉전이 남한에 거주했던 화교들의 삶에 어떤 영향을 미쳤는지 구술을 통해 분석했는데, 1980년대 이후 한국과 중공의 관계가 가까워지면서 재한 화교들은 한국의 배신에 강하게 반발했고 재한 화교들의 경계인 정체성은 대만도 중국도 한국도 아닌 혼종적 특징이 강화되었음을 밝혔다. 박신규(2020)는 귀환이주의 시각에서 중국 조선족과 고려인 출신의 재외한인청소년을 대상으로 유형별 이주 특성과 정체성 형성 과정을 분석했다. 최은영(2020)은 협력적 구술 생애사의 실천적 연구방법으로서의 가치를 젠더와 이주, 가족에 초점 맞추어 소개하고 여성주의 시각에서 협력적 구술 생애사를 활용함으로써, 구술 참가자가 젠더와 세대, 출신 국가를 가로질러 서로의 삶을 연결시키고 자신의 위치성을 확인하며 성찰적으로 관계를 재정립하여 연대하는 과정을 확인했다. 그리고 안미정(2021)은 1970년대 이후 스페인 라스팔마스에 어업기지를 두고 어획활동에 종사했던 한국 선원들의 삶을 조명함으로써 원양 어업이 한인들의 새로운 이주 사회를 형성시켰던 동인이었음을 밝혔다.

(6) 교육

교육과 관련하여 남신동과 류방란(2017)은 구술사 방법을 활용하여 졸업정원제의 전개 과정(1981년~1987년)을 재조명했다. 졸업정원제와 관련된 문헌과 구술 기록간의 서로 다른 기억들은 졸업정원제와 관련해서 당시 행위자들의 특정 위치 및 역할에 따른 각각의 인식과 경험의 차이를 보여주었고 이러한 구술 및 기억의 차이를 통해 졸업정원제의 전개 과정을 보다 다각적이고 역동적으로 파악할 수 있었다. 이윤미(2018)는

1974년 고교평준화정책이 태동하게 된 배경의 복합성을 검토하고, 그것이 지닌 교육문화사적 의미를 밝히고자 문헌 자료를 분석하고, 당시 참여자들을 중심으로 개혁의 의의를 회고하는 구술사적 접근을 취했다. 황현정(2020)은 구술사로 지역사를 탐구하는 프로젝트 활동 사례를 분석하여 생생한 역사를 배울 수 있고 학습자가 자기주도적 학습을 하는 교육효과가 있음을 도출했으며 역사교육에서 구술사가 활용될 수 있어야 한다고 주장했다.

(7) 언론 방송

언론 방송 분야에서 백미숙(2009)은 초기 방송인물 구술사 연구 사례를 분석하여 한국 방송사 연구에 구술사를 채용하기 위한 이론적, 방법론적 쟁점을 다루었다. 그리고 이로부터 구술 생애사가 한국방송의 다양한 역사상을 구축하는 역사 쓰기 작업의 일환으로서 누락된 역사, 배제된 역사의 복원이라는 수정주의 역사 쓰기를 가능하게 해줄 수 있다고 주장했다. 허윤철 외(2019)는 TV 도입 시기를 거쳐 성장한 세대로 도시와 농촌 출신 12명과 심층 구술 인터뷰를 진행하여 TV 이용의 초창기 경험과 그 이후의 변화, 그에 따른 가족과 이웃 공동체의 관계 변화 양상을 짚어보고 그 의미를 논의해보았다. 이들은 공동체 내에서 TV의 위치가 '마을 극장'과 '안방 극장'을 거쳐 '각자의 극장'으로 변모하고 이러한 변화가 마을과 가정공동체의 약화와 함께 전개되었다고 지적했으며 가정 내 구성원들의 시청 패턴이 개별화되고 있는 양상을 구체적으로 진술했다. 그리고 채백, 강승화, 허윤철(2019)은 전화 도입 시기를 거쳐 성장한 세대에 대한 구술 분석을 통해 전화의 도입과 보급 확대와 이에 따른 대인 교류의 변화를 장기적인 관점에서 탐구했다. 한국 사회에서 도입 초기의 전화는 마을에서 이웃과 함께 이용하는 공용 미디어의 성격을 띠었으며, 이후 가족이 함께 이용하는 미디어를 거쳐 개별화된 미디어로 이용 양식이 변모했음을 밝히고 통신 네트워크의 교점이 장소에서 신체로 이동하면서 매개된 소통은 증가하고 있지만 대면 소통이 갈수록 부족해지는 역설이 발생하고 있음을 밝혔다.

(8) 의학

신규환(2013)은 한국의학사 연구에서 구술사 연구 현황을 구술 자료의 수집과 자료집 출간, 의학 인물사 연구, 비주류 의료인 및 의약업자의 구술사, 환자 구술사와 역사적 트라우마의 재현이라는 범주로 나누어 연구동향을 검토했다. 김옥주(2013)는 현대의학사에서 주요 의사와 의과학자들이 구술사를 어떻게 사용하고 진행하고 있는지를 살펴보았다. 그녀는 의사와 의과학자들이 자주 쓰여진 문서나 정보원에서 얻을 수 없는 가치 있는 정보를 구술을 통해 얻을 수 있으며, 정보제공자와 쓰여진 문서와 이미지 자료에 관한 더 많은 것들을 발견하고 해석할 수 있도록 만들어준다고 했다. 그리고 주관적인 의과학자들의 이야기는 서사적 진실로서 역사적 정보원과 관점을 제공한다고 했다. 황임경, 김호연(2013)은 이야기의 관점에서 구술사와 서사 의학의 이론과 실제를 검토했다. 의학의 서사적 특성에 관한 관심이 증가하고 있는데 특히 병에 관한 서술은 병에 대한 환자의 이야기로 이 맥락에서 가장 강력한 도구 중의 하나라고 했다. 서사 의학의 의미를 치유와 사회화로 제시했으며 원폭 희생자들이 구술사와 서사 의학 사이에 좋은 사례 연구가 될 것이라고 했다.

(9) 노동

임영호, 홍찬이, 김은진(2009)은 에로물 종사자인 한동호 감독의 생애사 사례를 통해 그의 직업에 작용하는 사회구조적 요인과 개인적 대응과 선택방식을 살펴봄으로써 문화산업 주변부 종사자의 직업 영위방식과 특징을 보여주고 한 개인의 삶의 궤적에 그치지 않고 다른 문화산업 종사자의 삶의 방식을 이해하는 단서를 제공해주었다. 신경아(2013)는 20대부터 50대까지 41명의 여성노동자들의 구술 생애사에 나타나는 생애 단계별 자아 개념의 특징을 살펴보고, 이중 '개인'으로서 자기 인식의 전형성을 보여주는 4명을 집중적으로 분석했다. 여성의 자아 개념의 특징은 개인으로서의 자기인식 속에도 타인에 대한 책임과 돌봄, 인정이라는 관계적 자아가 포함되어 있다는 점을 밝히고 관계적 자아와 개별적 자아의 상호공존을 지향하는 의식과 '일-관계 통합적 자아'의 양상을 보여준다고 했다.

주혜진(2014)은 조직사회 소수자들이 경험하는 인지부조화의 조건과 그 대응 방식을 탐색하기 위하여 대덕연구개발특구에 근무하는 16명의 여성과학기술인들을 심층 인터뷰했다. 여성과학기술인들은 과학기술 관련 직장에서 남성이 아닌 여성으로 존재하고, 과학기술 분야에 종사한다는 점 때문에 태도와 충돌하는 인지부조화를 경험하며, 인지부조화로 인해 훼손된 자아 정의 및 자존감을 회복하기 위하여 인지부조화 해소에 적극적이게 된다고 했다. 서문석(2014)은 1950년대 면방직공장의 생산현장에서 설비를 가동하며 생산을 주도했던 기능자들의 작업장 내에서의 환경과 생산 과정에서의 활동 상황을 구술사로 살펴보았다. 이를 통해 1950년대 기능자들이 형성했던 기술체계는 기술 인력의 공백상태를 해소하면서 자립적으로 공장을 운영할 수 있는 역량의 기반이 되었다는 것과 기능자들은 전후 복구 과정에서 공장의 설비를 부설하고 가동시키는 등 기본적인 기술 수준을 확보할 수 있었다는 점, 기능자들은 생산현장의 경험을 기반으로 기술을 축적했으며 이런 과정에서 한국의 경제성장을 위한 실질적인 역량으로 성장할 수 있었다는 점을 밝혔다.

유철인(2017)은 1960년경부터 관광업에 평생 종사했던 여성 사업가인 김광자(가명)의 구술 생애사 텍스트를 해석했다. 젠더의 시각에서 그녀는 결혼 전 자신을 여성 사업가보다는 어린 나이에 성공한 사업가로 생각하고 결혼 후에는 관광사업을 하면서 가정경제를 책임졌다는 자기 인식을 가지고 있으며 어머니인 자신을 자랑스러워하는 딸들이 구술자의 서사적 주체성을 매우 중요하게 드러냈다고 했다. 이예영과 류웅현(2020)은 일본의 남성 맞춤복 테일러링 문화에 관해 구술사 방법론으로 접근했다. 50년 이상의 경력자 2명과 경력이 거의 없는 2명의 테일러에게 테일러링의 훈련 과정과 환경, 작업 환경, 생각과 행위, 맞춤복 테일러링을 활성화하기 위한 사회와 정부의 노력과 일본의 테일러링 문화를 파악했다.

(10) 아카이브 시스템

아카이브 시스템과 관련해서 이정연(2009)은 구술사 기록의 내용과 형태를 정보원으로 표현할 수 있는 표준 메타데이터 기술 요소를 분석했으며, 디지털 구술 아카이빙 구축을 위하여 프로젝트, 관리, 레코드 그리고 관련 레코드 영역으로 메타데이터 모델링을 설계했다. 이후, 최은주, 이정연(2009)은 구술 자료 아카이브 정보시스템 설계를 위하여 구술 기록물의 생산, 수집절차, 접근의 용이성, 저작권 등에 대하여 논의하고 웹 구술사료 아카이브 설계 구축을 위한 기본 방안과 평가를 위한 가이드라인을 개발함으로써 웹 구술사료 아카이브 구축을 위해 활용 가능한 기준을 제시했다. 임진희(2011)는 일상 아카이브즈를 원활하게 운영하기 위해서는 제기할 수 있는 필수 요소를 '아카이브즈로서의 모든 기능을 수행할 수 있는 체계와 인력 확보', '일상자료를 적극적으로 생산해내는 기능 확보', '디지털 형태로 자료를 제작하고 아날로그 형태의 자료를 디지털화하는 기능 확보', '자료의 장기(long-term) 보존 체계 구축', '가치평가 기준, 분류 기준, 메타데이터 요소 기준에 기반을 둔 자료 수집 및 관리', '일상자료를 기술(description)함으로써 일상자료의 맥락과 내용을 데이터베이스화하는 체계 마련', '일상자료를 안전하게 보존하고 즉각

활용될 수 있는 환경 유지'로 요약했다. 정연경과 최윤경(2017)은 구술 아카이브 시스템 구축의 계획부터 실제 활용에 이르는 과정을 여성구술 생애사를 바탕으로 작성했다. 그리고 구술 자료의 수집과 관리가 가능한 디지털 아카이브 시스템의 구축과 활용이 준비되어 통합 서비스가 이루어질 수 있어야 한다고 제안했다. 이어서 천호준, 조선미(2018)는 메타데이터를 이용하여 스포츠 구술 기록의 데이터베이스 구축과 구술 기록의 효과적인 관리 방법을 절차적으로 제시했다. 구술 데이터 수집을 위해 올림픽(스포츠) 영웅 또는 관련 이해관계자 100인을 선정하여 구술 채록을 실시했으며 수집된 데이터를 내용 분석하여 인물정보, 기록물정보, 채록정보의 핵심 메타데이터로 구조화했다.

(11) 해외 구술

해외 구술사에 관한 연구로는 일본의 구술사 연구 동향을 분석한 김용의(2002), 송연옥(2015)과 미국의 구술사 연구 동향을 검토한 김봉중(2001), 인도의 구술사 연구 동향을 분석한 김경학(2001)이 있다. 그리고 박기동, 강종학(2011)은 중국 구술사의 연구 동향을 살펴보았으며, 송충기(2013)는 독일 구술사의 전개 과정을, 증숙민(2015)은 대만의 구술사 연구 동향을 연구했다. 이상과 같이, 기존의 연구들은 구술사가 갖는 특징에 따른 시론적인 성격을 규명하거나 학문적 관점에 기대어 구술사를 분석했다.

3) 종합 분석

이재영과 정연경(2018)은 1991년부터 2018년까지 국내에서 이루어진 구술사 연구 논문을 분석하여 구술사 연구 동향을 파악했다. 연구 결과를 정리하면 다음과 같다. 구술사 관련 연구가 급증하기 시작한 시점은 한국구술사학회가 창립된 2009년과 『구술사연구』가 발간된 이후로 특히 2000년대부터는 정부지원 기관에서 구술 자료 수집이 본격화되면서 구술사 연구가 지속적으로 이루어졌다. 『구술사연구』가 구술사 연구에 특화되어 있으며 핵심학술지의 많은 부분이 인문학과 복합학, 사회과학과 예술체육학 분야에 속해 있었다. 많은 연구가 단독 연구로 진행이 되었지만, 직접 구술 작업을 수행하지 않고 기존의 수집된 구술 자료를 원자료로 활용하거나 2차 자료를 중심으로 연구를 수행한 것이 1/3을 차지했다. 구술사 연구의 재원은 한국연구재단과 개별 대학교의 연구비가 주로 차지했으나 자체적으로 연구가 이루어진 경우도 다양한 구술 사업의 결과물인 구술 기록이나 구술 채록집을 바탕으로 한 것이 많아서 구술사의 경우, 지속적인 국가적 연구 용역 사업이나 연구기관의 공적 비용의 투자가 중요함을 확인할 수 있었다. 구술사 연구가 주로 이루어진 학문 분야는 핵심 학술지가 속한 분야와 유사했고 농수해양학 분야에서 이루어진 구술사 연구는 거의 없어서 향후 연구가 이루어질 필요가 있다고 보았다. 연구 내용은 시기별로 상이했는데, 이는 구술사가 시대의 흐름이나 사회상과 밀접한 연관이 있기 때문이다.

국내 구술사에서 주로 연구된 주제는 지역사회/이주, 여성, 역사, 노동, 전쟁/분단, 정치/정책순이었다. 그런데 구술사 연구에서 많은 연구가 이민이나 이주에 관해서 이루어졌음에도 불구하고 협업 연구는 매우 드물어서 이는 향후 국제적으로도 연구가 더 확장될 필요가 있음을 보여주었다. 구술사는 다학제간 연구이기 때문에 구술사 연구는 다양한 학문 분과와 연계되어 발전되어왔고 앞으로 더 많은 협업이 필요한 연구 분야이다. 인류학, 사회학, 역사학, 여성학, 정치학, 노동사, 전쟁사, 디아스포라, 이주사, 가족사, 체육사, 영화사, 과학사, 기술사, 의료사, 미술사, 군대사, 방송 및 언론사에 이르기까지 구술사 연구 분야는 확장되고 있으며 구비전승 분야에서도 구술사 방법을 적극 수용하여 발전하고 있는 상황이다. 이렇게 구술사는 학문간, 또는 학문과 다른 분야와의 융합과 통섭을 끊임없이 시도함으로써 구술 기록을 바탕으로 영화를 만들거나 회화를 형상화하는 등 새로운 것을 창조해내고 있다. 앞으로 더욱 다양한 분야에서 구술사에 관한 연구가 이루어져서 다양한 주체의 드러나지 않았던 목소리를 기록으로 남기고 구술사의 새로운 지평을 열게 될 것이다.

3장

구술 자료의 수집

1. 면담

역사가들이 과거에 대해 정보를 수집하는 데 면담을 사용하기 시작했을 때, 이것을 구술사 면담으로 볼 수 있는지에 대한 논란이 계속되어왔다. 최근까지 문헌 중심의 연구에 크게 사로잡혀 있는 역사학자들은 면담을 통상적으로 받아들이지 않았다. 하지만 19세기 중반 이후 기자들이 면담을 사용하기 시작했고 20세기로 접어들면서 인류학자들과 사회조사가들이 면담 증거에 가치를 두기 시작하면서 면담에 대한 역사가들의 재평가를 요구하게 되었다. 특히 1950년대의 이동 가능한 테이프 녹음기의 발명은 기억을 녹음하는 과정에 대한 관심을 집중하는 동시에 노동력이 많이 들었던 노트 작업으로부터 연구자들을 자유롭게 해주었다. 저명한 목소리를 듣는 전율과 이전에 녹음된 기억의 발견은 면담 관계에 대한 좀 더 예민하게 반추하는 길을 열어주었다.

1) 면담자와 피면담자

한 번도 가보지 않은 길을 가면 모두 탐험가이며 발견자가 되어 흥분되지만 두렵고 무서운 시간이 된다. 면담도 자신 있게 시작하게 되는 것은 어디로 면담을 끌고 갈지 아는 것이겠지만, 그렇지 않게 되는 면담은 어디로 갈지를 모르기 때문이다. 면담은 정해진 규칙 없이 그냥 나만의 방식으로 이렇게 저렇게 해보게 되는데, 편안하게 그 사람에 대해 질문할 것인지, 아니면 주제에 관해 질문할 것인지를 생각하면서 면담자는 피면담자와 말하게 되는 것이다.

터클은 연구자로서 면담자를 보았고 구술사 핸드북 안에서 발견될 수 있는 실질적인 조언을 다음과 같이 정리하고 있다. 즉 녹음 장비에 너무 집착하지 말 것, 라포와 친밀감을 설정하는 것이 중요하다는 것, 개방식 질문을 물어보고 들을 것, 구술자가 침묵하는 것을 허용하고 방해하지 않을 것, 비공식으로 면밀히 살피는 것, 무엇보다도 사람들이 지겨워하지 않도록 하는 것을 기억하는 것이 중요하다고 보았다(Terkel, 1970).

그런데 면담자에게 가장 중요한 것은 '경청하라'일 것이다. 면담자가 피면담자들과 동의하거나 말거나 할 필요도 없으며 그것 자체가 모두 부적절하다. 피면담자를 밀지도 말고 서두르지도 말고 따라가지도 말고 다음 질문으로 넘어가게 괴롭히지도 말고 그냥 그들로 하여금 시간을 갖게 하는 것이 가장 중요하다. 그리고 항상 마음에 두어야 하는 것은 끊임없이 그들이 면담에 응해주는 호의를 베풀고 있다는 사실을 상기시키는 것, 그들의 기억과 그들의 희망, 그들의 현실과 그들의 꿈을 갖고 당신에게 맡기고 있다는 것을 명심하는 것이다. 그래서 피면담자들을 조심스럽게 다루고 그들이 부서지기 쉬운 것들을 면담자에게 내밀고 있다는 것을 기억해야 한다. 그러므로 침묵에 귀 기울이고 경청하고 기다리는 것이 기본이고 때로는 면담자가 입을 닫을 줄 알아야 한다. 그들의 웃음은 고통의 울음이 될 수 있고 침묵은 함성이 될 수 있으므로 무엇을 말하고 어떻게 말하고 어디에서 과거부터 미래까지 말하느냐에 집중해야 한다.

면담의 불확실성, 면담자가 가려고 하는 곳을 모르는 것이 면담의 매력이다. 사람을 면담하는 것은 그 사람을 발견하고 그 사람과 말하는 것이 전혀 지겹지 않다는 것을 발견하는 것이다. 그래서 면담을 위해 질문을 미리 준비하는 것이 때로는 잘못된 것이고 자연스럽지 않다. 왜냐하면 피면담자들이 대화를 하는 동안 질문을 반복해서 하는 것은 심문하는 것처럼 느껴지게 되기 때문이다. 그래서 침묵하기를 원하는 방식으로 그것에 대해서 말하지 않거나 그들이 원하는 방식으로 그들이 말하고 싶은 것을 말하게 해야 한다.

면담에서 어린 시절은 좋은 시작점이 될 수 있고 그것이 자주 수문을 열 것이다. 그러나 처음 어떤 말로 할 것인지는 생각해야만 하는데 '네 또는 아니오'로 답할 수 있는 질문을 사용하지 않으려고 노력해야 하고 그다음을 이끌 질문을 사용하려고 노력해야 한다. 사람들의 답변은 항상 직설적이지 않은데, 그것에 대해 책망하지 말아야 한다. 그것을 받아들이고 그다음에 대해 생각해봐야 한다. 침묵, 고개를 끄덕이고 어깨를 으쓱하는 것과 같은 것과 간접적인 답변이 직접적인 답변보다 더 많은 정보를 줄 수 있다.

피면담자의 질문 역시 면담자에게 신호가 될 수 있다. 만약 면담자가 피면담자에게 답할 수 있다면 그렇게 하고 피면담자가 면담자가 무엇에 관해 말해주기를 원하는지 물으면 쉽게 설명해주어야 한다. 그러나 더 중요한 것은 피면담자들이 말하기를 원하는 것이 있는지 그들에게 물어보는 것이다. 너무나도 상세한 부분이 나오고 상상하지 못한 부분이 나올 수 있는데 그것은 면담자도 피면담자 자신도 몰랐을 수 있다. 중요한 것은 질문이 질문같이 들리면 안 된다는 것이다. 마치 대화를 하는 것처럼 들리게 만들어야지 심문하는 것처럼 들리면 안 된다. '심문'이라는 단어는 피면담자에게 반복해서 계속해서 질문하는 것이다. 그러므로 그것으로부터 멀리 떨어져 관심 있는 질문자가 되어야 한다. 그리고 거의 말이 없는 피면담자들에게도 즉흥적으로 대처할 수 있게끔 골격만 있는 틀을 갖고 그 안에 바로 넣을 준비가 되어 있어야 한다.

면담을 마치면, 녹음된 자료의 녹취록을 편집해서 형태를 만들고 읽을 수 있는 결과물로 만들어야 한다. 그것은 마치 조각가가 돌덩이를 보고 망치와 끌을 갖고 깎아내듯이 구술자가 표현하려던 것을 찾으려고 하는 것이다. 그러나 의미를 왜곡 없이 자르는 것은 거의 불가능하므로 오히려 여기서 분명히 면담자가 하지 말아야 하는 것은 피면담자들이 말하지 않은 것을 집어넣는 것이다. 그러므로 피면담자들이 무엇을 말하고 언제 말하고 그것들이 어떻게 들리는지 끊임없이 상기시키는 것이 중요하다. 면담자와 피면담자는 서로 경청해야 하고 면담자는 피면담자가 어떻게 말하는지를 깨달을 때까지 가야 한다. 어떤 피면담자들은 반복적인 어휘의 습관을 가질 수 있는데 이것까지도 지켜봐야 한다. 면담에서의 소리와 속도, 리듬은 중요한데, 단조로운 목소리를 가질 수 있고 지루해하는 것처럼 들릴 수 있지만 말할 때의 생동감은 인쇄된 종이 위에서는 찾을 수 없기 때문이다.

면담자와 피면담자의 관계는 좀 더 개방적이어야 한다. 질문이 피면담자에게 어떻게 영향을 주는지, 피면담자가 말하기 어려운 것이 무엇인지를 알려고 노력해야 한다. 독백 대신 대화를 격려하기 위해 면담자의 관심과 역할에 대해 말하고 면담자의 역할을 결코 포기하지 않는다는 사실을 알려줘야 한다. 피면담자들이 그러한 과정에 저항도 하지만 그들 인생의 관점을 재고하고 면담자에 대한 마음을 열게 할 수 있다. 면담자의 태도를 분명히 소개하는 것은 피면담자들이 이야기를 하도록 격려한다. 그렇게 시간이 흐르면서 면담자와 피면담자는 가깝고 신뢰하는 관계가 개발되고 피면담자의 기억을 만날 수 있다. 치료적인 관계로 접근하는 면담은 피면담자의 상처는 물론 면담자를 위한 보상이 될 수 있다. 그것은 엄청난 보살핌과 감수성, 피면담자의 안녕이 항상 면담자의 연구나 관심보다 먼저 와야 한다는 가장 중요한 규칙을 필요로 한다. 면담이 너무 고통스럽기 때문에 질문을 멈추거나 멈추길 물어야 할 때가 있는데 그렇게 되면 면담자는 더 이상 안전하지 않은 기억의 조각을 피면담자와 함께 맞추는 것을 고집할 수 없다.

피면담자의 기억이 정확하지 않고 불완전한 방식 안에서 이야기가 단조롭다면 구술에서 놓치는 것이 무엇인지를 찾아야 한다. 기억의 감각적 특성이 상기시켜주듯이 면담자는 알 수 없는 곳에서 나오는 '목소리', 기억의 표현을 제대로 하지 못한 형태를 잘라내는 움직임에 집중해야 한다. 면담에서 언어로 할 수 없는 것은 두려워하는 웅크리는 자세를 취하거나 움찔하는 몸짓으로 나타난다. 그러므로 기억의 선들 사이의 잠재적으로 고통스러운 물음과 읽기 사이의 민감한 균형이 필요하다. 기억하는데 무엇이 가능하고 불가능한지 또는 크게 말할 수 있는 것이 무엇이고 불가능한 것이 무엇인지 살펴보아야 한다. 또한 침묵과 갑작스런 주제의 변화에 숨겨진 의미가 무엇인지, 어떤 것이 고정된 이야기에 담겨져야만 하는지를 알아내야 한다. 깊게 억압된 경험이나 감정을 은연중에 드러내는 실수로 나타나기도 하고, 몸으로 하는 언어와 유머조차도 부끄러움과 고통을 극복하거나 감추기 위해 자주 사용하게 된다는 것까지 면담자는 읽어낼 수 있어야 한다.

2) 내부인과 외부인

피면담자를 선정하기 위해 지역 신문에 피면담자 구인 광고를 내는 방법은 서구에서는 매우 성공적이지만 아시아에서는 오히려 개인적인 연결과 관계에 더 많이 의존한다. 그 경우, 개인적인 친분이 있는 사람들이 구술사 프로젝트를 충분히 설명하고 신뢰를 보증하는 피면담자들을 정해줄 수 있다. 때로는 면담자를 인터뷰하는 장소까지 데려다주고 새로운 피면담자를 소개까지 해주므로 더 많은 좋은 구술자들을 만날 수 있다. 외부인으로서 면담자는 이렇게 조력자로 활동할 내부자의 도움이 필요하다. 외부인인 면담자가 직접 구술자들을 찾아서 접근하게 되는 경우, 면담자가 믿을 만한 사람인지, 반대로 피면담자가 믿을 만한 사람인지에 대해 전혀 알 수 없기 때문이다.

남아프리카공화국의 사회학자이면서 정치인이었던 벨린다 보졸리(Belinda Bozzoli)의 남아프리카 흑인 여성의 연구를 보면 성공적인 면담은 그녀와 '같은 계층에서 왔고 그녀의 피면담자들처럼 동일한 방언으로 말을 하는 그 지역의 흑인 여성', '내부인'이었다(Bozzoli, 1991). 면담자가 내부인이라는 생각을 피면담자인 구술자가 갖게 되면, 예를 들어, 같은 민족, 동일한 젠더, 비슷한 연령대이거나 근처 마을 혹은 동향에서 왔다는 사실만으로도 면담자와 피면담자들의 공통적인 이해를 불러올 수 있다. 그 지역의 누구를 알고 있고 그 사람의 여동생이 다닌 학교를 나도 다녔다는 것과 같은 문화, 위계, 역사, 재산, 경계, 지역사회, 공간의 공통 개념에 다가설 수 있다. 이러한 것들은 그 사회에 대해 배운 것보다 좀 더 경험적이고 직관적인 부분이다. 무엇이 일어나고 있는지 알고 있다는 공감대는 면담에서 면담자와 피면담자 사이에 친밀감을 보여주고 그들만이 사용하는 언어나 사투리는 라포의 형성을 촉진시킨다. 일부 사학자들은 외지인의 지위가 객관성과 일정한 거리를 부여한다고 믿는 반면에 내부인의 관점은 외지인이 이해하기 힘든 특별한 통찰력의 혜택을 갖고 있다. 면담자가 내부인인 경우, 비공식적으로 계속되는 비구조화된 질문은 가장 주관적이고 흥미로운 사실을 드러내는 결과를 가져올 수 있다.

그리고 구술자의 잘 발달된 자의식과 함께 구술자의 자기 주체성으로 구술이 진행되기 위해서 면담자와 피면담자 사이의 투명한 상호작용이 필요하다.

3) 언어와 문화

다문화가 섞인 면담의 경우, 언어의 맥락에서 내부인과 외부인이 존재하며 언어들 사이의 문화적 차이점이 존재한다. 예를 들면, 일본어는 본질적으로 계층적이고 젠더 지향의 언어로 맥락과 분위기를 잡는 데 보다 나으며 명확한 결론에 도달하기보다는 충돌을 피한다. 이민 온 일본 여성은 종종 그들의 모국어로 말할 수 없는 태도와 느낌을 영어로는 분명히 말할 수 있다. 여러 문화가 섞인 면담의 강점은 문화적·언어적 모순을 나타내는 것을 도울 수 있다는 점이다. 또한 어떤 면담자도 피면담자의 일차적 언어의 처음 느낌을 잡는 것이 기억의 깊은 미묘한 차이에 대한 이해를 가져오며 그래서 통역자를 통한 구술사 수집은 문제가 많을 수 있다. 면담에서 모국어로 자유롭게 말하는 것은 어휘도 폭넓게 잘 알고 문법에 대해 걱정할 필요도 없어서 자신이 말하는 것이 무엇을 의미하는지 자신감을 가질 수 있다. 한국어가 모국어가 아닌 사람을 대상으로 하는 면담은 어떤 언어를 사용하느냐에 따라서 상당히 다른 면담 결과를 가져올 수 있다. 왜냐하면 각국 언어에는 특성이 있기 때문이다.

대표적인 예를 들면, 일본어는 맥락적인 언어라서 말로 하는 일본어는 약간 더 많은 문제가 있다. 그 의미를 상세히 만들기 위해 맥락 안에서 특별한 표현을 항상 피면담자와 확인할 필요가 있다. 일본어는 남성이 좀 권위적으로 말하고 여성은 부드럽고, 정중하고, 일반적으로 힘이 없게 말해야 하는 젠더 중심의 언어이다. 그래서 일본 여성은 일본어로 자유롭게 그들 자신을 표현하는 것이 어렵다. 이것 때문에 일본 여성들은 말하기 힘든 강력한 개인의 감정을 쉽게 표현하고 젠더화된 언어적 제한을 피할 수 있는 영어외래어나 영어를 쓰는 경우가 많다. 일본 여성들에게는 영어가 속마음을 표현하기 더 쉽고 일본어는 진짜 속내를 숨기기가 쉽다는 것이다.

면담에서 언어의 선택을 해야 할 때, 어떤 언어가 의견을 전달하는 데 나은지 신속하게 판단해야 한다. 수잔 버튼(Susan Burton)의 연구에 따르면, 영국에 있는 일본여성의 경우, 면담이 일본어로 진행되었을 때와 영어로 했을 때 피면담자의 태도나 분위기가 완전히 반대였다고 했다. 그래서 일부 면담은 하나의 언어로 시작해서 다른 언어로 끝났고 그것을 녹취하는 것이 너무 고생스러웠다고 했다. 피면담자는 통역자 앞에서 다른 일본인에 대해 비판의 목소리를 내는 것, 개인적인 트라우마나 약점을 나타내는 것을 주저했고 영어가 월등히 나은 일본인 친구의 존재에 부러움과 부끄러움을 느끼는 듯했다고 했다. 반대로 영국인 면담자의 부족한 일본어 실력과 주저함은 좋은 사회적 매너의 표시로 해석되어서 외국인은 천천히 그리고 신중하게 말하는 것을 걱정할 필요가 없었다고 했다. 외국인의 유창한 일본어는 오히려 부자연스러운 행동이고 일본인 피면담자들에게 심리적 고문과 같은 것이 될 수 있었다는 것이다. 그래서 버튼은 일본어로 진실을 구성하는 것이 다를 수 있고 영어로 말한 것과는 다르게 목소리를 낸다는 사실을 확인했다. 즉 피면담자들은 종종 그들 자신이 모순되게 일본어로는 자아 비판적이고 비관적이었지만 영어로는 자신감이 있고 낙관적으로 말했다(Burton, 2003).

두 개의 언어를 하는 일본인 여성들에게 영어와 일본어로 다른 날에 동일한 질문을 했는데 어떤 언어로 말했느냐에 따라서 다른 답을 받았다는 사례는 2개 국어 가능자가 각각의 언어로 생각할 때 다른 접근방식이 출현하는 것을 분명하게 알려주는 것이다. 즉, 언어학적이고 문화적인 이유로 한 사람이 다른 언어로 다른 관점의 목소리를 낼 수 있다는 것이다. 그러므로 면담자가 다른 언어적 문화적 관점으로부터 특정 주제를 보려고 할 때 반드시 그 안에 피면담자의 정체성을, 피면담자가 어떤 언어로 말하는 사람인지를 재평가해야만 한다. 즉, 모국어가 아닌 다른 언어로 말하거나 외국인이 영어로 말하는 것은, 가면무도회의 가면을 쓰는 것과 같다. 정체성을 감추기 위해서라기보다는 그들 자신에게 자유를 주기 위해서이다. 삶에서 언어가 하는 역할은 정말 흥미로워서 면담 안에서 변수들—문화적 맥락, 언어의 선택, 의사소통 형식은 다문화 속에서 그들 자신을 어떻게 보는지와 그들 자신의 문화적 정체성을 어떻게 표현할 것인지로 피면담자들에게 달려있다. 결국 그것은 그들이 말하기로 선택한 것들과 그들이 그것을 표현하는 데 어떤 언어를 선호하는지의 차이이다.

2. 면담 기술과 전략

면담은 시작과 끝보다는 경계선을 갖고 있다. 즉 실재 면담에 해당하는 '공식적인' 기간에 질문하고 답변을 기록하는 것과 '비공식적인' 예비 만남, 막간과 긴 마지막 인사가 '실재' 면담의 일부가 된다. 그러나 이 모든 과정의 공식적, 비공식적 상호작용하는 부분은 모두 그 자체의 기능을 갖고 구술의 일부로 해석된다. 임순철(2017)은 구술 면담을 위한 기본 조건 10가지를 들었다. 첫째는 구술 면담을 하기 전에 철저한 준비를 하는 것, 둘째는 요란하게 면담하는 것을 자제할 것, 셋째는 이야기를 많이 듣는 면담자가 되어야 한다는 것, 넷째는 구술자의 이야기하는 중간에 면담자가 끼어들어 확인하지 말아야 한다는 것, 다섯째는 면담자가 구술자를 가르치거나 유도해서는 안 된다는 것, 여섯째는 구술자를 증언이나 자료를 제공해주는 도구로 여겨서는 안 된다 것, 일곱째는 구술자가 사건의 중심으로 서술하는 것을 이해해야 한다는 것, 여덟째는 구술자와 면담자간의 지나친 목표의식 공유는 위험하다는 것, 아홉 번째는 면담자의 경청과 응수가 중요하다는 것, 열 번째는 적절한 면담 시간을 1회에 1시간 30분 정도로 잡고 면담 일정도 주 1회 정도로 신경써야 한다는 것이었다. 이러한 내용을 면담 진행 단계에 따라 상세히 살펴보면 다음과 같다.

1) 예비 만남

면담을 하기 전에 반드시 준비해야 하는 것은 면담자와 구술자 사이의 관계 설정에 공을 들이는 것이다. 그것은 면담을 진행하기 전에 구술자를 간략하게 한번 만나는 것이 도움이 된다. 면담에 관해 미리 연락을 했을지라도 면담 전에 한번 직접 만나는 것이 나중에 면담자가 녹음기를 갖고 나타났을 때 낯선 사람이 아니게 느껴질 수 있다. 그러므로 구술자가 편한 시간에 한번 들러서 그 프로젝트를 간단하게 설명하고 면담하는 것에 대한 열정을 보여줘야 한다. 긍정적인 것을 말하고 약간의 유머도 사용하면서 면담자가 두려운 사람이 아니라는 편안함을 만들어주어야 즐거운 경험이 될 수 있다. 소소한 이야기와 수다가 친밀해지기 위한 기본적인 첫 번째 단계로 예비 면담은 항상 가능한 것은 아니지만 할 수만 있다면 해야 한다.

예비 만남에서 면담자는 구술자에게 면담하는 동안 어떤 작업이 이루어지는지에 대해 말해야 하고 소음 없이 녹음할 장소를 정해야 한다고 설명해야 한다. 만약 구술자가 자신의 집에서 면담하기를 원하는데 그 앞 도로로 많은 차량이 오가면서 경적 소리가 나고 화물차들이 끊임없이 지나다닌다면 그러한 소음이 다 녹음이 되고 대화를 알아듣기 힘들게 할 거라고 설득해서 다른 장소를 찾아달라고 요청해야 한다. 또한 구술자가 자기 사무실에서 면담을 원하는 경우에도 전화 벨소리가 계속 울리고 다른 사람들이 계속 들락거리면 끊임없는 소음이 녹음되고 대화의 흐름을 막을 수 있다. 이런 경우, 매번 그 순간부터 다시 대화를 재구성하려고 많은 시간을 소모하게 될 것이라고 설명하면서 다른 장소를 물어봐야 한다. 거실에 앉아서 면담을 하는 경우, 방 안의 텔레비전 소리가 들릴 수 있다면 텔레비전을 꺼달라고 정중히 요청해야 한다. 그리고 집에 있는 개가 계속 짖으면 다른 곳으로 옮겨달라고 하고 정기적인 알람도 면담하는 동안 꺼달라고 제안해야 한다. 구술자와 만나는 장소는 녹음에 있어서 엄청난 차이를 만들 수 있다. 그리고 사무실에서 만나는 경우, 대화 속에 자신을 다르게 표현할 수 있고 집의 거실에서 녹음을 한다면 또 다른 방식으로 다른 것들을 강조할 수 있다. 그러므로 구술자가 원하는 장소에서 면담을 진행하되 주변의 방해되는 요소를 최대한 없애는 것이 중요하다.

면담은 면담자와 구술자만 둘이서 진행하는 것이 제일 좋다. 면담 장소 안에 다른 사람의 존재는 면담을 바꾸기 때문이다. 예를 들면 공장에서 같이 일한 두 명의 여성은 같이 면담하기를 원했는데, 40년 동안 알고 지낸 그들은 서로의 공장에서 있었던 일에 관해 경쟁적으로 말했지만 그들의 개인적인 삶에 대해서는 대답이 매우 짧았다. 그들은 면담자를 외부인으로 생각했고 그들 자신의 개인적인 부분은 드러내고 싶어 하지 않았다. 하지만 매우 드물게 면담 장소의 제3자가 도움이 될 수도 있다. 90대의 엄마를 면담하는 데 딸의 존재는 엄마를 안심시킬 수 있다. 그리고 종종 통역자가 필요한 경우도 있고 외지인 면담자와 여성 혼자서 면담하는 것을 기피하는 문화도 있어서 제3자가 구술자의 옆에 앉아야만 면담이 가능할 수도 있다. 그리고 가족사회학 프로젝트에서 연구전략으로 공동 면담을 필요로 할 때도 있다. 다른 한편으로 남편이 면담 분위기를 조성하고 면담을 지배하기 위해 방 안에 있겠다고 고집 피우는 경우도 있다. 이 경우, 구술 프로젝트가 특별히 부부를 함께 부르는 상황이 아니라

면, 결코 남편과 부인을 함께 면담하는 것을 허용하지 말아야 한다. 이것은 한 마음이라는 환상을 갖고 있는 부부일수록 한 사람의 존재가 다른 한 사람의 구술을 못하게 하거나 최소한 편향되게 만들기 때문이다.

2) 면담의 시작

면담을 하는 날에는 면담을 시작하기 전에 긴장을 푸는 게 중요하다. 날씨나 면담 장소에서 보이는 광경이나 주요 뉴스 같은 것으로 시작하는 것이다. 그다음에 다시 그 프로젝트의 목적을 설명하고 구술자에게 어떻게 면담이 진행될 것인지를 말해준다. 피면담자가 모든 질문에 답할 필요는 없다는 것을 확실히 보장해주고 이를 통해 그들이 질문에 답하지 않아도 면담자가 집요하게 괴롭히지 않을 것이라는 것을 알려줘야 한다. 실제로 구술자의 입장에서는 면담하는 동안 대부분 압박감, 불편함이나 긴장을 느끼고 그들이 답할 수 없는 질문을 물어보면 부적합하고 두렵게 느낄 수 있기 때문이다. 일반적으로 면담은 사람들에게 경험을 요약하고 상세하게 기억하고 이전에 대해 많이 생각하지 않았던 주제에 관해 말하도록 압력을 주기 마련이다.

만약 구술자가 녹음하는 것을 좋아하지 않는다면 면담자는 메모를 빠르게 할 수 없고 대화의 시작이나 문장의 끝을 놓칠 수 있다고 양해를 구해야 한다. 그리고 구술자에게 기록된 기억은 다른 사람들이 그것으로부터 혜택을 얻고 경청할 만한 역사적 문서임을 상기시켜주어야 한다. 또한 비밀로 해야 할 경우, 구술자에게 그들의 이름을 사용하지 않거나 누구에게도 그들이 누구인지 나타내지 않을 것임을 상기시켜 주어야 한다. 그리고 피면담자가 원하면 녹음된 구술자의 목소리를 들을 수 있게 해주어야 한다. 물론, 구술자가 절대로 녹음하지 말라고 하면 메모하는 방식으로 가야 할 것이다. 메모는 핵심 내용을 키워드를 중심으로 잊어버리기 전에 가능한 한 빨리 써야 하는데, 메모는 녹음된 면담을 대체할 수는 없다.

녹음을 시작하기 전에 반드시 구술자에게 녹음 세션을 마치면 구술자에게 구술동의서에 사인할 것임을 알려야만 한다. 가급적 녹음하기 전에 구술자에게 사인할지 물어보지 말아야 하는데 이것은 면담 질문을 하기 전부터 구술자의 말을 통제하는 것이 되기 때문이다. 면담은 면담자의 이름, 구술자의 이름, 면담 장소와 일자를 언급함으로서 시작한다. 미래의 청자들에게 면담의 목적을 아주 간단히 설명하고 구술자와 특별한 관계를 갖고 있으면 청자들에게 알리는 것이 좋은데 이것이 큰 차이를 가져오기 때문이다. 예를 들면, 구술자, 면담자가 20년 친구로 지내왔고 이 대화를 녹음하는 데 구술자가 동의하는지 물어보는 것까지 남기는 것이 좋다. 익명을 사용하는 경우, 구술자의 선호라고 설명하고 그 대화가 녹음되고 있다는 것을 구술자가 알고 있다는 것을 녹음에 남길 필요가 있다. 그다음에 '어디서 태어나셨어요?'와 같은 일상적인 질문으로 시작하고 장소나 가족에 대한 복잡하지 않은 질문을 그다음에 하는 방식으로 편하게 질문을 시작하는 것은 구술자와 면담자 둘 다 면담을 쉽게 할 수 있도록 도와준다.

3) 라포의 형성과 감소

미국의 인류학자인 제임스 스프레들리(James Spradley)는 면담 상황의 4단계를 (1) 불안(apprehension), (2) 탐구(exploration), (3) 협력(cooperation), (4) 참여(participation)로 보았다(Spradley, 1979). 첫 번째 면담은 면담자와 구술자의 불확실성으로 시작한다. 면담자도 면담이 걱정되고 구술자도 면담이 어떻게 갈 것인지 모른다. 면담이 시작되면 곧 면담자와 구술자는 그 상황을 탐구하기 시작한다. 이것이 경청과 관찰의 시간이다. 구술자는 면담자를 믿을 것인지 말 것인지를 빨리 결정할 것이다. 그래서 면담자의 질문에 솔직하게 답변할 수 있게 면담자가 프로젝트에 대해 정직하게 설명하는 것이 중요하다. 이 면담이 무엇에 관한 것이고 왜 이러한 면담을 하는지에 대해 반복된 설명이 필요할 수 있다. 무엇을 하고 왜 하는지를 이전보다 더 정확하게 훨씬 더 상세하게 설명해야 한다.

구술자가 무엇이라고 말하는지를 확실히 하는 데 시간을 투자하는 것이 신뢰를 구축한다. 만약 구술자가 말한 의미를 잘 모르겠으면, 면담자는 올바르게 이해하고 있는지를 물음으로써 구술자의 의미를 올바르게 표현하려는 모습을 보여줘야 한다. 그리고 면담자는 구술자가 그의 시간을 면담에 제공한 데 고마움을 표현해야만 한다. 즉 구술자에게 면담을 통해 많이 배웠고 너무나도 가치가 있었다고 소통해야 한다. 면담자는 특히 구술자의 전문성이나 이러한 특별한 노력에 감사한다는 것을 다음과 같이 표현해야만 한다: "어려운 질문을 많이 물어보았는데, 정말 감사드립니다." 또는 "당신이 그 누구보다도 이것에 관한 상세한 내용을 잘 알고 있어서 정말 도움이 되었어요." 또는 "당신은 내가 잘 이해할 수 있도록 분명하게 설명해주었어요. 이제 이해가 되네요." 이러한 면담에서 구술자의 작업에 긍정적인 칭찬은 구술자가 계속해서 면담할 수 있게 동기를 부여한다.

구술자에 대한 부정적인 태도가 대화를 제거하는 오류를 가져와서 구술자가 말하던 것을 잊어버리게 하거나 구술자가 중요한 주제를 지나쳐 버리게 만들 수 있으며 면담자의 잘난 체하는 목소리 톤이나 조심스러운 경직은 면담에 부정적인 영향을 준다. 면담자가 관심과 존경을 보여줄 때, 이해하고자 하는 마음과 구술자의 감정에 대한 민감함 안에서 진정한 동반 관계가 개발될 수 있다. 구술자는 면담이 생산적으로 이루어지길 원하고 면담자는 구술자가 잘 받아들이는 상태로 참여하게 해야 한다. 면담자가 구술자의 감정에 아무런 감정도 없고 그 사람이 겪었던 경험이 무엇인지에 대한 이해를 하고자 하는 느낌이 없으면 부정적인 커뮤니케이션이 생겨서 라포를 손상시킬 수 있다. 면담자의 탐탁지 않은 태도가 전달되는 경우, 구술자는 솔직하게 표현하는 것을 그만두게 되고 이미 구축되던 면담에서의 관계가 어려워지게 된다. 그래서 구술자의 비언어적 표현과 의사소통하는 태도는 항상 주의해야 하는 것이다. 어떠한 문제라도 그것을 다루는 데 있어서 정말 편안해져야만 하고 그 대화가 정말 계속될 수 있게 되어야 하므로 면담자의 얼굴이나 태도나 어떤 것으로도 그것을 멈추려고 하지 말아야 한다. 면담자는 면담 중에 고개를 끄덕이고 미소 짓는 것같이 얼굴과 몸으로 말하는 언어를 통제할 수 있어야 한다. 그것은 흥미와 판단을 보여주는 것이기 때문이다.

면담자가 구술자의 이야기에 신중하게 경청하지 않는 것은 바로 드러나게 된다. 대충 듣는 사람하고 말하기를 원하는 사람은 없다. 그러므로 경청은 구술자의 사고 과정을 따르라는 것을 의미한다. 심층 면담에서 전혀 기대하지 않았던 것, 알지 못했던 정보를 찾는 것이기 때문에 면담자는 구술자에게 면담의 꼬리를 물고 이어지는 생각을 개발하기 위한 범주를 주어야 한다. 구술자는 언제라도 질문과 다른 이야기를 할 수 있는데, 신중한 경청은 면담자가 이를 놓치지 않도록 하는 것을 가능하게 한다. 구술자의 삶을 이해하려고 노력하고 좀 더 관심을 갖고 경청해야 한다. 그리고 구술자의 해석을 이해하기 위해서 의도적으로 구술자의 언어를 경청하고 구술자에게 그 단어가 무엇을 의미하는지 물어보아야 한다. 면담자가 놓치고 있을지도 모르는 것에 대해 생각하려고 노력하고 메타 진술, 구술자가 멈춘 장소, 말한 것과 생각하고 있는 것, 구술자 자신 안에 존재하는 인식의 차이에 집중해야 한다.

구술자가 꼬리를 물고 이어지는 생각을 따라가게 하려면 면담자는 주제를 바꿀 때, 어떻게 새로운 주제가 면담의 전체 계획에 맞춰지는지, 이전 주제와 어떤 연결이 있는지를 설명해줄 필요가 있다. 면담자가 구술자에게 무엇을 해야 하는지 알려주면 호혜와 신뢰를 형성하는 데 도움이 된다. 면담자는 구술자가 말하는 것을 자르거나 방해하지 말아야 한다. 구술자와 면담자가 늘 화합하는 것을 계속 느낄 수 있어야 한다. 만약 구술자가 사색하는 것으로 보이면 구술자가 필요한 시간만큼 기다려주어야 한다. 다른 한편으로는 구술자가 오히려 빠른 속도로 면담을 진행하려고 하면 일상적으로 하는 것보다 좀 더 빠르게 진행할 수 있다. 면담자는 다음 질문을 하기 전에 구술자가 추가하기를 원하는 것이 더 있는지 최소한 10초 정도의 멈춤을 주어야만 한다. 그러나 너무 긴 멈춤은 구술자에게 무언가를 추가하라는 압박을 주는 것이 될 수 있으므로 유의해야 한다.

비언어적 반응도 중요하다. 면담자가 '아이고', '어머나', '휴'와 같은 반응은 피해야 하는데 왜냐하면 불필요한 표현이 녹음되고 녹취되기 때문이다. 면담자가 고개를 끄덕이고 미소 짓고 머리를 끄덕이는 것을 보이는 것은 구술자의 이야기를 따르고 있다는 것을 보여준다. 눈을 맞추고 유지하는 것도 중요한데, 메모하기 위해 구술자의 눈을 보지 않은 것은 그 순간 말하는 내용에 대한 이해보다는 완벽한 메모를 하는 데 더 신경 쓰고 있는 것으로 보일 수 있다. 그리고 구술자의 비언어적 행동의 관찰을 놓치게 된다. 그러므로 면담자는 메모를 하는 경우, 질문을 상기시켜줄 단어들, 면담을 마치고 나서 정확히 고쳐 쓸 수 있는 이름이나 용어들을 즉각적으로 쓸 수 있는 연필과 메모장이 필요하고 이를 재빨리 할 수 있어야 한다. 커뮤니케이션 연구자인 브라이언 루이스(Bryon Lewis)와 프랭크 푸셀릭(Frank Pucelik)은 사람들이 자주 위를 쳐다보고 이미지를 그릴 때는 오른쪽 위쪽으로, 이미지를 기억할 때는 왼쪽으로, 말을 구성할 때는 오른쪽으로, 소리를 기억하려고 할 때는 왼쪽으로, 감정에 집중하려고 할 때는 오른쪽 아래로, 내부적인 대화를 잡으려고 할 때는 왼쪽 아래로 내려다본다는 것을 찾아내었다(Lewis & Pucelik, 1982). 그러므로 면담자는 이러한 가능성까지 마음에 두고 구술자의 행동을 관찰해야 한다.

종종 구술자는 질문에 답하기 어려워서 거짓말을 하려는 유혹에 빠질 수 있다. 그래서 면담자는 구술자로 하여금 면담자 자신이 이 주제에 대해 일부 알고는 있지만 그것으로 판단하지 않을 것이라는 것을 미리 알려줄 필요가 있다. 이 경우, 가장 유용한 조언은 긍정적인 마음으로 의사소통을 하는 것이다. 그렇게 하기 위해서 면담자는 면담의 주제에 관해 배경 자료를 검토할 시간을 충분히 가져야 한다. 면담이 시작되기 전에 논의된 주제에서 특수한 용어에 대해 최대한 배우고 용어의 사전적 의미를 알아야 하지만, 확인하는 차원에서 그 용어의 의미에 대해 구술자의 생각을 물어보는 게 효과적이다. 여기서 면담자가 전문 용어나 은어를 잘 아는 척하는 듯한 인상을 주지 말아야 한다. 이렇게 면담자가 갖고 있는 지식을 드러내지 말아야 구술자는 면담자가 그 주제에 관해 알고 있는 게 많지 않아서 면담을 심각하게 가져가고 있다고 느끼게 된다. 이러한 모든 기술은 구술자의 협조를 얻어내는 데 도움이 되지만 좋은 면담을 위해 가장 중요한 기본은 구술자의 감정에 민감한 것이다. 구술자에게 공감한다는 것을 보여주는 것, 당신이 어떻게 느꼈을지 감히 상상할 수 있다고 말하면 구술자는 이러한 이해에 감사하게 된다.

4) 면담 기술[1]

나단 고든(Nathan Gorden)과 윌리엄 플레이셔(William Fleisher)는 면담 기술을 다음과 같이 수록하고 있다. (1) 주제에 적합하고 분명한 질문의 작성 (2) 피면담자에게 경청 (3) 피면담자의 비언어적 행동의 관찰

1 Valerie Yow(2015). *Recording Oral History: A Guide for the Humanities and Social Sciences*. 3rd ed., Lanham, MD: Rowman & Littlefield.

(4) 피면담자가 말하는 것을 기억하기 (5) 답변의 적합성, 타당성과 완전성을 판단해서 분명한 설명을 위해 피면담자에게 더 알아보기, 그냥 감사할 때를 아는 것이다(Gorden & Fleisher, 2019). 이러한 기술을 단계별로 좀 더 살펴보면 다음과 같다.

(1) 철저히 조사하기

철저히 조사하는 것은 무언가가 남겨진 것같이 느끼고 구술자가 좀 더 완전한 답을 줄 수 있다고 느낄 때 사용해야 한다. 면담자의 철저한 조사 때문에 다른 동기가 분명하게 드러날 때가 있다. 그러나 철저히 조사하다 보면 구술자들이 말하는 것에 대해 좀 더 생각하게 강요할 수 있고 정말 어땠는지를 말하게 부담을 준다. 일반적으로 철저히 조사하는 유형은 구술자가 사용하는 단어가 특별한 의미를 가졌다는 생각이 들 때 단어의 의미를 묻는 것이다. 이렇게 기술적인 단어의 의미를 물어보는 것은 면담자에게 통찰력을 제공할 수 있다. 기술적인 용어의 상세함은 너무 많은 의식과 표현을 더 난해하게 끌어올리고 사실의 연속성이나 사실로부터 비켜나가게 한다. 구술자가 그 상황의 실재를 나타낼 때까지 다른 유형의 질문을 물어봄으로써 철저히 조사할 수 있다. 면담자는 구술자가 그 주제에 관해 더 질문하기를 원하거나 더 말할 수도 있을 것 같다는 것을 감지할 수 있다. 그런 경우, 면담자는 구술자를 격려하면서 더 추가하고 싶은 다른 것은 없는지 물어보면 된다.

면담자는 구술자가 사실적인 설명은 했지만 감정의 표시가 없을 때 중요한 무엇인가가 남겨져 있음을 감지하고 철저히 조사하는 질문을 할 수 있다. 그러나 감정에 대한 답을 얻기 위해 철저히 조사하는 것은 문제가 될 수 있다. 무엇보다도 신뢰가 필수이고 구술자의 문화와 성 역할이 응답에 영향을 줄 수 있다. 구술사 면담에서 남성과 여성이 동일한 단어를 사용하지만 각각 다르게 해석하는 언어의 특수한 의미가 있다. 남성은 종종 감정을 분명히 표현하는 게 힘이 들고 여성은 확실히 인정하는 것을 주저하게 되는 경우가 많다. 면담자 자신의 근심과 추정은 구술자가 무엇을 말하는지의 중요성을 파악하지 못하게 한다. 면담 안에서 일부 요소에 모호하게 문제가 되는 것을 느낄 수도 있지만 면담이 끝날 때까지 무엇이 일어났는지 깨닫지 못한다. 심층면접을 하는 면담자는 자신의 두려움, 혐오감과 추정을 파악하고, 완전히 이해하지 못하고 실패했을 수도 있는 곳이 어디인지를 확인하는 것이 유리한 전략이다.

(2) 비언어적 신호를 관찰하고 고통에 귀 기울이기

면담자는 경청하는 동안 구술자의 표현, 톤, 몸짓, 가식적인 행동을 관찰해야만 한다. 무언가 잘못된 것 같다는 것을 직감적으로 느끼면 철저히 조사하는 것을 그만두어야 한다. 목소리 톤과 멈춤을 통해 구술자가 매우 불편해하는 주제라는 것을 바로 알아차려서 더 이상 철저히 조사하지 말아야 한다. 이러한 직감이나 느낌은 감정이나 추측에서 오는 것이 아니고 저장된 정보와 합성한다. 갑작스러운 영감같이 느끼는 것이지만 그 작업은 지속되는 것이고 우리 뇌에 있는 것이다. 때로는 구술자가 말하기를 원하는 것이 무엇이고, 느끼는 것이 무엇인지에 대해 비밀스럽게 말할 수 있는지를 물어보고 철저히 조사하지 않아야 한다. 이것은 면담자의 불편한 감정 때문이 아니라 구술자의 삶, 도덕, 감성을 고려해야 하는 윤리적인 이유에서다.

(3) 후속 질문

후속(follow-up) 질문은 철저히 조사하는 질문과 밀접하게 연관된다. 면담자는 구술자의 진술에서 단서를 잡아야 하고 그것을 추구해야 한다. 종종 후속질문은 부드러운 제시로 질문의 마지막 부분에 구술자가 더 세부적인 내용에 대해서도 제대로 기억하고 그 내용을 상세히 설명할 수 있다고 믿을 때 가능하다.

① 의문을 제기하는 질문

의문을 제기하는(reason-why) 질문은 면담자가 동기를 알고자 할 때 유용하다. 의문을 제기하는 질문은 종종 구술자가 분명히 표현하지 않았거나 쉽게 알 수 없는 정보에서 나오는데, 단순한 의문 제기 질문은 새로운 연구를 열어줄 수 있다.

② 명료화 질문

구술 내용의 명료화에 목적을 둔 질문을 통해 면담자와 구술자가 똑같은 것에 대해 말하는지 확실히 하는 것이 필요하다. 그리고 다른 유형의 명료화 질문은 정보의 원천을 요구하는 것이다. 설명의 신뢰성을 구축하기 위해서 구술자가 목격자의 이야기인지 아니면 전해 들은 이야기인지를 "그 사건이 일어나는 것을 직접 보았나요?"와 같은 질문을 하고 그 사람이 얼마나 가까이 있었는지 구술한 행동에 연관된 구술자의 위치를 설정해야 한다.

③ 가정 질문

가정(What if) 질문은 구술자의 소망이나 염원, 행복하게 만들었을 것이라고 생각하는 것들, 실제 상황과 대비해서 놀랍게 드러나는 답변을 얻을 수 있다.

④ 비교 질문

비교 질문은 구술자에게 주제를 더 탐색할 수 있는 기회를 주지만 일부 구술자들은 분석적이지 않고 이러한 유형의 질문은 그들에게 다가서지 않을 수도 있다.

⑤ 도전적 질문

도전적인 질문은 구술자가 어느 정도의 도전을 견딜 수 있을지에 따라 판단하고 매우 조심스럽게 해야 한다. 면담자는 목소리 톤과 비언어적 행동을 부드럽게 하면서 피면담자의 비언어적 의사소통을 관찰해야만 하고 목소리 톤도 잘 들어야 한다. 만약 구술자가 짜증을 내면 질문을 마치고 나중에 다시 돌아가더라도 다른 어휘를 사용해서 질문해야 한다.

(4) 문제 상황에 대처하기

구술자는 면담에서 무엇을 밝힐지, 어떻게 말해야 할지, 무엇에 대해 침묵해야 할지를 결정한다. 면담자는 반드시 비언어적 답변으로부터, 구술자를 불편하게 만드는 단어를 감지해야 하고 면담을 그만하자고 구술자가 말하기 전에 멈춰야 한다. 구술자의 목소리 톤에 따라 질문하기를 그만두거나 구술자의 기분을 바로 감지해야 하는 것이다. 좀 기다렸다가 나중 면담에서 다른 문구를 사용해서 부드럽게 간접적으로 다시 물어볼 수 있다. 특히 민감한 질문은 구술자 주변에 있으면서 적정한 신뢰와 친밀감이 생길 때까지 접어두었다가 간접적인 방식으로 돌아오는 것이 효과적이다. 구술자의 방식대로, 구술자 자신의 시간에, 구술자 자신의 단어와 톤으로 면담자가 알기 원하는 것을 구술자가 끌고 갈 수 있게 해야 한다. 일련의 질문들을 한꺼번에 물어보거나 동시에 두 개의 질문을 하는 것은 구술자를 혼란하게 할 수 있으므로 오직 하나의 질문에 하나의 답변을 얻는다고 생각을 하고 동시에 두 개의 질문을 하는 것은 내려놓아야 한다.

(5) 증언의 오류

구술자는 종종 상세한 내용에서 틀릴 수 있는데 면담자가 구술자의 감정에 상처를 주는 방식으로 지적하는 것을 원치 않는다. 그러한 오류가 구술자를 심각하게 혼돈시키지 않는 한 그리고 대화가 앞으로 나가는 것을 막지 않는 한 면담자는 조용히 있어야 한다. 다만, 면담자는 녹음된 면담에 대해 녹취록 안에서 오류를 고쳐야 한다는 메모를 남길 수 있다. 만약 그것이 심각한 문제의 원인이 된다면 조심스럽게 확인할 수는 있다. 사람들은 자주 날짜보다는 중요한 생애의 사건에 따라 기억하기 때문에 연대기적 접근이 적절하지 않을 수 있다. 역사가들은 과거를 일직선상의 연대기적 순서로 재구성하는 데 관심이 있지만 구술자들은 그들 생애의 일직선상을 가로지르는 의미, 관계, 테마의 덩어리들을 모두 함께 모으고 추구하는 데 더 많은 관심이 있다. 그래서 구술자들은 일반적인 시간을 기억하기보다는 그들의 관점으로부터 무엇이 중요한지를 말하게 되는 것이다. 그들은 그 지역사회 안에서 개인들이 다른 사람들과 묶여져 있는 관계, 그러한 사건에 관여한 개인들, 그들이 경험한 것에 대해서 말하는 사건 안에서 구술자가 만든 연대에 따라서 각각의 이야기가 만들어질 가능성이 높다. 그러므로 구술자의 기억 과정을 따르고 그들로 하여금 필요한 이야기를 개발할 수 있게 해야지만 구술자는 모든 질문에 대답을 잘할 수 있다. 만약 일자가 올바르지 않은데도 구술자가 그것을 고집하면 그냥 넘어가는 게 나을 수 있다. 문제가 되는 상황은 면담자가 구술자가 주지 않은 의미를 추정할 때 발생한다. 구술자가 진술하지 않은 결론을 내리거나 구술자의 감정을 면담자가 마음대로 표현하는 것에 조심해야 한다. 그러므로 "그러니깐 결론은……"이란 말 대신에 "그 경험으로부터 무엇을 결론내릴 수 있을까요?"라고 물어보아야 한다.

(6) 문제의 방지

고통스러운 기억을 건드리는 면담에서는 철저히 조사하는 것과 그것을 읽는 것 사이의 균형을 필요로 한다. 면담자는 침묵, 주제의 갑작스러운 변화, 불편함이나 부끄러움을 감춰줄 수 있는 유머를 갖추어야 한다.

몸의 움직임, 쉬지 못하는 손, 발 떨림, 얼굴의 표현과 같은 것이 고통스러운 감정을 나타내는 것이 될 수 있다. 구술자의 마음에 무엇이 진행되고 있는지에 대한 생각을 얻으려면 비언어적 표시에 신경을 써야 한다. 구술자의 면담하는 날의 일정에 대해 알고 있어야 하며 구술자가 몹시 당혹해하고 손목시계를 보면서 그 상황에서 벗어나고자 하는 경우, 구술자가 말하고 싶은 주제로 바로 연결해야 한다. 눈길을 피하거나 하품을 하고 스트레칭 하는 것이 구술자가 피곤해서인지 확인하고 다른 시간에 면담을 계속할지 바로 물어봐야 한다. 구술자가 가슴에 팔짱을 끼고 면담자를 쳐다보는 것은 면담이나 면담자가 못마땅한 것일 수 있다. 그러므로 면담자는 구술자에게 그들이 제공하는 답변에 대한 감사의 표현을 하고 불편함을 가져올 것 같은 질문은 포기하는 게 나을 수 있다.

면담자의 질문에 언짢아진 구술자는 의식적으로 또는 무의식적으로 면담의 방향을 틀어버리는 시도를 할 수 있다. 예를 들면, 구술자가 질문에 "뭐라고요?"라고 질문을 돌리려고 하거나 구술자의 답변이 애매모호하고 "잘 모르겠는데요."라고 중얼거리는 것이다. 종종 구술자가 면담자에게 질문을 반복해서 물어보는 방어적인 태도를 계속하거나 면담자가 거의 들을 수 없는 낮은 톤의 목소리로 말하면서 면담의 끊임없는 방해를 촉진시킬 수 있다. 화가 난 구술자는 주제와 멀리 떨어져 있는 이야기만 하고 직접적인 답변은 하지 않으면서 완전히 부적합한 옆길로 새는 대화를 취하면서 짧은 답변만 주고 자세한 얘기는 거절하기도 한다. 이러한 것들이 어려운 상황이다. 구술자가 계속 잘 모르겠다고 하면, 편한 주제에 관해 개방형 질문을 시도하는 게 낫다. "어린 시절에 대해 말해주세요. 할머니나 할아버지와 함께 했던 기억에 대해 더 듣고 싶네요."와 같은 것이다. 면담자는 이렇게 주제를 갑자기 바꾸는 이유를 구술자에게 말해주어야만 한다. 만약 거의 들을 수 없는 목소리로 답변을 하고 있다면 "목소리가 어떻게 녹음되고 있는지 한번 들어볼까요? 얼마나 좋은 목소리로 들리는지……"라고 하면서 녹음을 들려주는 것이다. 녹음을 들어보는 것은 구술자에게 중얼거리는 소리가 얼마나 이상한지를 알려주고 구술자가 좀 더 크게 말하게 동기 부여를 할 수 있다. 그럼에도 불구하고 구술자가 말이 없는 것은 구술자가 질문에 대해 걱정하는 것이다. 구술자가 옆길로 새서 면담을 계속해서 방해하면 왜 이러한 질문이 중요한지를 상기시키고 구술자가 공개하고 싶지 않은 내용은 비공개하거나 제한된 사용을 할 권리를 갖고 있다는 것을 다시 설명해주어야 한다.

구술자는 질문에 답하지 않는 이유를 가질 수 있다. 예를 들면, 구술자의 현재 고용주가 특정한 질문에 대한 답을 듣거나 특별한 사건에 대해 그가 말한 것을 알게 되면 그는 해고당할 수 있다는 것, 또는 구술자가 자기 가족에 대해 깊은 애정을 갖고 가족 구성원의 명예에 손상을 원치 않는다는 것이다. 현재 삶에서 얼마나 안전하게 느끼고, 그들의 기억이 그들 자신에게 어떻게 영향을 미치는지, 그들이 어떻게 살아남았는지는 구술자가 답하는 데 자주 영향을 준다. 그러므로 구술자의 판단을 존중하고 만약 구술자가 하나의 주제를 논하는데 대단히 싫어하는 경우, 철저히 조사하는 것을 그만두고 다른 주제로 가야 한다. 그리고 구술자가 갑자기 슬픈 기억으로 인해 울게 되는 경우, 몇 분 동안 침묵하면서 그의 사적인 슬픔을 표현할 수 있게 해주어야 한다. 사람들이 우는 원인 중의 하나가 기억나는 경험의 중요성을 소통하는 방식이기 때문이다. 그것은 상처이지만 그것에 관해 말하면서 의미가 통하게 된다. 면담자는 구술자의 고통을 인식하고 견디기 힘든 주제를 끌어낸 것에 대해 미안하다고 하면서 구술자에게 면담을 계속하고 싶은지 물어봐야 한다. 만약 구술자가 면담을 계속하겠다고 하면 구술자가 무엇을 말하고 싶은지 물어보는 것이 바람직하다. 면담자는 구술자가 과거의 느낌과 사건을 말할 수 있게 안전한 장소를 제공하고 아무런 판단 없이 경청해야 한다. 구술자 스스로가 참기 힘든 감정을 일깨우는 고통보다 더 큰 의미가 있다고 느끼는 것이 무엇인지를 파악하고 구술자가 그럴 가치가 없다고 생각하면 멈추어야 한다.

통찰력이 있고 깊이 있는 면담은 예술 작업이어서 면담자는 항상 정신 차리고 있어야 한다. 좋은 면담은 다양한 내부적인 관점들 안으로 움직일 수 있어야 하는 것이고 때때로 그러한 것들의 몇 개를 동시에 작업할 수 있어야 한다. 사람들을 완전히 조율하고, 말하게 만들고, 무엇이 남았는지, 그 사람의 감정적인 반응, 그 방에 있는 다른 사람들이 어떻게 반응하는지, 무엇이 어떻게 이야기되고 있고 구술자가 말한 다른 것들과 어떻게 연결되는지를 반드시 생각해야만 한다. 면담이 거의 끝날 무렵에는 구술자에게 녹음을 해줘서 고맙다고 말하고 녹음기 버튼을 끄고 나서는 구술자와 수다를 떨고 구술사가 더 말하고 싶은 것을 생각하게 해야 한다. 구술자가 다시 말하기 시작하면 재빨리 다시 녹음기를 켜고 마지막 순간까지 녹음기를 끄지 말아야 한다. 그리고 다음 구술자로 추천할 만한 사람이 있는지, 다음에도 면담을 더 해줄 수 있는지를 물어보면 구술자와의 라포가 더 향상될 수 있다.

(7) 면담의 종료

면담을 마치면 구술자에게 동의서를 줄 시간이다. 동의서가 어떻게 이용되는지를 설명해주고 계획 중인 출판이나 이용될 가능성 등을 동의서에 포함해서 작성한 후, 구술자에게 동의서 양식을 읽고 생각할 시간을 주어야 한다. 면담의 사용에 대한 선택사항, 즉 특정한 시간을 위해 전체 녹음을 비공개하는 것, 몇 년 동안 녹음을 비공개하는 것, 녹음에 제한된 접근을 주는 것을 알려줘야 한다. 구술자가 이 모든 것을 결정할 수 있음을 확실히 하고 구술자가 익명으로 처리할 수 있음도 반드시 양식에 기술되어야 한다. 만약 아무런 제한을 하지 않겠다고 하면 구술자에게 "없음"이라고 작성하고 성명을 쓰라고 해야 한다. 면담을 종료하는 자리에서 서명하는 장점은 면담자가 동의서를 바로 가져갈 수 있다는 것이다. 만약에 구술자가 동의서를 가져가서 아들이나 딸이나 배우자가 검토하기를 바란다면 언제 동의서를 받으러 갈지 기한을 정해서 받도록 하고 그렇지 않으면 언제까지 우편으로 동의서를 보내달라고 구술자에게 요청하고 수신인과 발신인의 주소와 함께 우표가 붙은 봉투를 전달해야 한다. 그리고 집에 오는 대로 감사의 편지와 면담에서 얻는 정보에 대한 메모를 즉각적으로 작성해야 한다. 면담 메모는 증언이 기록된 맥락을 이해하는 데 도움이 되기 때문에 상세하게 한 두 줄의 문단 안에 풍부한 기술을 작성할 필요가 있다. 감사의 편지를 나중으로 미루고 맥락에 대한 메모 작성을 미루는 것은 후속 면담이나 작업을 밀리게 하는 결과가 되기 때문이다. 끝으로 면담을 진행한 후, 면담자는 발레리에 요의 평가 점검표를 보고 자신의 면담 기술을 평가할 수 있다(Yow, 2015). 이 평가점검표의 점수는 긍정과 부정 각 20개의 문항에 각 5점씩 총점 100점이다. 긍정 점수에서는 모든 문항에 5점씩을 더한 점수가 최종 면담 기술 평가 점수가 되고, 부정 점수에서는 해당 문항에 5점씩 더한 후에 100점에서 빼면 남은 점수가 최종 면담 기술 평가 점수가 된다.

*** Yow(2015)의 면담 기술에 대한 평가 점검표 (총점 100점)**

[긍정 점수]

1. 면담을 하기 위해 조용한 장소를 찾았다.
2. 면담을 하기 위해 구술자가 편한 시간에 찾아갔다.
3. 연구의 목적과 그 사람의 이름이나 익명으로 사용하는 것을 선택할 수 있다고 설명했다.
4. 구술자 이름, 면담자 이름, 녹음이 이루어지는 날짜와 장소, 구술

자 동의를 녹음했다.

5. 각각의 질문을 적절하게 이해하기 쉬운 방식으로 작성했다.
6. 조심스럽게 경청했다.
7. 구술자가 무엇을 말했는지 기억한다.
8. 명확히 말하지 않는 경우, 구술자의 비언어적 행동을 관찰하고 적절히 대응했다.
9. 적절할 시점에 공감을 표시했다.
10. 구술자의 도움에 감사함을 보여주었다.
11. 말할 때 구술자의 속도를 따랐다.
12. 주제를 바꾸는 이유를 설명했다.
13. 적절한 시점에 철저히 조사했다.
14. 구술자의 언어나 비언어적 행동이 불안함을 보이면 철저히 조사하는 것을 멈췄다.
15. 더 많은 정보가 필요할 때 후속 질문을 사용했다.
16. 조심스럽게 도전하는 질문을 물었다.
17. 필요할 때 명확한 설명을 요청했다.
18. 복합적인 질문을 할 때는 각각의 질문으로 나누어 말하는 형식을 사용했다.
19. 구술자에게 고맙다고 했다.
20. 녹음이 어디에 소장될 것인지를 알려주고 동의서의 목적을 설명했다. 동의서에 서명을 바로 받거나 최소한 동의서 양식을 면담자에게 전달해줄 수 있는 날짜를 받았다.

[부정 점수]

1. 시작할 때 서두에서 구술자의 이름, 면담자의 이름, 녹음이 되는 날짜와 장소를 녹음하는 것을 잊어버렸다.

2. 프로젝트에 관해 설명하는 것을 놓쳤다.
3. 구술자의 말로 구술에 동의한다는 것을 녹음하지 못했다.
4. 구술자가 말하는 것을 방해했다.
5. 구술자의 문장을 면담자가 끊었다.
6. 구술자에게 방금 말한 것이 무엇이냐고 묻는 것을 계속 반복했다.
7. 구술자가 말하지 않은 것을 추론했다.
8. 구술자가 언급한 중요한 주제를 따라가는 것을 놓쳤다.
9. 부적합하고 산만하게 만드는 면담자의 의견을 주었다.
10. 구술자의 감정을 무시했다.
11. 구술자가 그 사건에 대해 불안함을 기술할 때 공감하는 답변을 주지 못했다.
12. 유도하는 질문을 물었다.
13. 동시에 몇 개의 질문을 했다.
14. 자신의 경험에 대해 긴 독백을 하는 면담을 이어받았다.
15. 구술자에게 그들이 무엇을 추가하기를 원하는지 결정할 수 있게 멈추지 않았다.
16. 구술자에게 그것이 무엇을 의미하는지 물어보지 않고 익숙지 않은 용어에 대한 이해를 추측했다.
17. 기록된 정보가 어떻게 사용되는지 설명하지 않았다.
18. 웹을 통해 다른 사람들에게 이용될 수 있고 기록관에 녹음이 소장될 수 있다는 것을 설명하지 않았다.
19. 익명으로 할 것인지 말 것인지, 개인정보를 보호하기 위한 선택에 대한 설명을 하지 않았다.
20. 녹음기를 끄고 나서 구술자가 더 말하고 싶은 것을 다시 말하기 시작했는데 계속 녹음기를 끄고 있었다.

면담자는 구술자가 이전에 하지 않았던 단어들을 표현할 때 그들의 인생 이야기 안에 중요한 사람들과 장소를 기술하고 그들의 뇌리에서 떠나지 않는 경험을 이해하다 보면 여러 가지를 새롭게 발견할 수 있다. 그러므로 처음부터 끝까지 상세하게 면담을 하면서 라포의 형성, 질문 기술의 다양화, 경청 기술, 면담 도중 문제가 생길 때 어떻게 해야 하는지, 스스로 면담 기술을 평가해보면서 면담 과정을 어떻게 개선할 것인지를 고민해야만 한다. 그리고 이러한 면담 과정을 통해 구술자들이 자신의 경험에 대해 새로운 관점을 갖고 그들의 삶을 바라보는 기회를 얻을 수 있다는 사실을 상기시켜줄 수 있다.

5) 침묵

침묵은 구술사 면담의 구성요소이다. 침묵은 개인이나 집단의 망각, 협력적인 기억, 불편함, 거북함, 자기 검열, 불복종, 대립, 과묵함, 정중함, 두려움, 화, 속임수, 금기, 비밀, 사색, 다른 사람에 대한 관심, 반영, 순응, 또는 이야기하지 말아야 할 필요로 표현될 수 있다. 일부 침묵은 분명하거나 명백하지만 다른 것은 그렇지 않다. 면담자는 구술자가 말할 수 있게 하거나 기억할 수 있는 침묵 공간과 시간을 줄 수 있어야 한다. 면담 안의 침묵은 합의한 것이거나 소통하는 투쟁을 표현할 수도 있다. 비공개 침묵은 단순히 목소리의 부재, 말하지 않는 행위가 아니고 오히려 침묵은 목소리의 유예, "켬"에서 "꺼짐"으로의 재배치, 말하는 것에서 종이에 쓰거나 몸짓으로 가는 것이다. 구술사가들이 두려워하는 것은 침묵이 정보의 손실, 미완성의 두려움, 라포의 끊어짐, 신뢰의 상실, 또는 면담자의 서투름의 표시가 될 수 있다는 것이다. 그래서 이 모든 것이 사람들이 좋아하기를 바라는 능숙한 면담자로서 정체성의 위협을 구성한다. 면담자는 기록이 되는 것에 집중하고 구술자는 기록의 개념은 무시하고 침묵하기 쉽다. 완벽한 면담을 위해 감정적으로 격앙된 탐색 안에서 피면담자의 침묵을 수용하는 것은 말처럼 쉽지 않다.

면담하는 도중에 침묵을 감지하게 되면 면담자와 피면담자는 특정 내용을 공개하느냐, 공개하지 않느냐를 고민해야 한다. 때로는 구술자가 누구에게도 말하지 못했던 것을 면담자에게 말하고 싶어 할 수 있다. 면담자는 그 순간을 놓치지 말아야 하고 구술자가 이야기를 풀어갈 수 있게 반응해야 한다. 그렇다고 녹음기를 갑자기 끄는 것도 그 이야기의 흐름을 깰 수 있으므로 자연스럽게 미리 준비해 둔 종이와 펜을 건네주어 목소리가 아닌 메모를 남길 수 있게 해야 한다. 때로는 면담 안에서 구술자가 침묵하면 녹음기를 끄는 방식으로 구술자가 다시 이야기를 하게 할 수 있다. 이러한 침묵을 주지하는 시간을 가질 필요가 있다. 그렇게 해서 면담을 계속할 수 있고 면담이 끝날 때쯤 그것에 대해서 공개로 할 것인지, 비공개로 할 것인지, 침묵에 대해 많은 질문을 할 수 있다. 이것이 왜 중요한 이야기라고 느꼈을까? 이것을 왜 공개적으로 말할 수 없다고 믿고 있었을까? 무엇이 그것에 대해 말하는 것을 공개로 바꾸어야만 했을까? 그리고 최종적으로 그 이야기의 어떤 부분을 공개로 말하는 것이 낫다고 생각했을까? 이러한 후속 질문은 편안하고 두터운 대화로 이끌고 이야기 뒤의 이야기를 얻게 한다. 면담을 하는 동안 침묵의 응답은 침묵에 대해 더 많은 것을 배우는 것과 그들의 침묵을 통해 피면담자들이 정확하게 무엇을 표현하고 있는지 찾아내려는 시도를 의미한다. 또한 익명성은 피면담자를 위한 충분한 보호가 되고 구술자의 일관성은 강력한 의사소통능력이기 때문에 한번 이야기가 시작되면 구술자는 그것을 통제할 수 없으며 그 자체의 동력으로 이야기하게 되고 끝나게 된다. 그러므로 면담자는 그러한 역동성을 방지할 수 없으며 피면담자가 비공개를 요청할 때는 이를 받아들여야 한다.

(1) 침묵의 두려움

면담자는 면담 안에 침묵이 항상 있을 것이라는 것과 그러한 침묵이 말하고 있다는 것, 침묵에 대해 글을 쓸 수 있다는 것을 안다. 그러나 감정적으로 침묵을 두려워한다. 침묵은 정보의 상실보다 더한 것을 표시한다. 침묵은 통제의 상실과 면담자가 알고, 설명하고 이해하기를 바라는 것에 대한 저항을 표시한다. 구술사 면담은 그 순간과 특수한 상황의 산물인 '대화를 하는 서술'이다. 피면담자들은 면담자와 함께 상호작용을 하면서 구술을 수행하고 그들의 삶은 구술의 구축이고 그들의 기억은 사회적이고 문화적인 관습에 의해 형성된다. 하나의 진실된 이야기는 올바른 도구와 함께 발굴될 수 있는 기억이라고 불리는 그릇 안에 포함되어 있다. 그래서 면담자는 피면담자가 계속 침묵하지 않을 수 있게 도와주어야 한다.

기억은 한정된 시간 동안 면담자와 피면담자 사이의 만남의 산물로 사회적 담론과 함께 살아온 경험과 연결된다. 면담자는 포착된 기억의 조각들에 대해 구술자의 이야기를 쓰는 것처럼 조각들을 맞춘다. 면담자는 면담 내용의 비공개가 발생하는 경우, 면담자의 기억과 함께 아카이브된 기록의 불완전성을 받아들여야 한다. 물론 침묵은 다양한 수준으로 면담자를 어렵게 한다. 다른 사람들과 상호작용할 때, 침묵은 그것들이 대화의 흐름에 지장을 주며 방해가 된다. 간단한 침묵조차도 부정적인 감정과 거부의 감정으로 결론을 가져올 수 있다. 하지만 침묵하게 되는 이유가 그들이 억압받고, 예속되어왔고 불리하게 차별을 받아왔기 때문이지 그들이 침묵으로 남고 싶어서가 아니다. 그러므로 구술사가 억압받는 침묵을 극복하는 도구이고 말하는 것을 통해 자유로워지고 그들의 증언을 위한 토론장을 사람들에게 줌으로써 역사를 민주화한다는 확신은 면담자에게 동기를 부여하고 동력을 제공한다. 그러나 피면담자가 침묵에 빠져 있을 때 면담자가 그들을 침묵하게 한 것은 아닌지, 그들의 목소리를 위한 논의의 장을 제공하는데 왜 피면담자들이 거절하는지에 대해 살펴봐야 한다.

구술자들에게 침묵은 강력한 무기가 되고 자주 그것은 그들에게 유일한 것이 될 수 있다. 모든 종류의 거짓말, 비밀, 침묵은 모두 잃어버리지 않기 위해서 택하게 되는 통로이다. 피면담자의 비밀과 금기를 비공개함으로써 그들의 경험이 모두 다 사라지지 않게 되는 것을 확실히 할 수 있다. 면담자는 침묵과 침묵으로 싸워야 한다. 만약 피면담자의 답변이 짧고 형식적이라면 면담자가 조용히 있어야 할 필요가 있다. 침묵은 면담자가 더 많은 것을 기대한다는 것을 알리는 것이다. 아무도 말하지 않는 10초는 몹시 길어 보일 수 있지만 피면담자에게 좀 더 상세한 답변을 하게 격려할 수도 있다. 그러므로 면담자의 침묵은 라포를 감소시키지 않을 만큼 길면 정당화된다. 피면담자가 침묵하는 것으로 계속 남아 있는 것을 선택할지라도 면담자는 침묵에 경청하고 해석의 다른 지역으로 침묵이 돌아가게 해서 피면담자가 말을 통해 자유롭게 만들 수 있어야 한다.

(2) 침묵의 윤리

단순하게 피면담자의 침묵을 수용하는 것은 바람직하지 않다. 좋은 면담이란 면담자나 피면담자 모두 변하게 남겨두는 것이다. 침묵은 면담자와 피면담자 모두에게 가장 불편한 공간일 수 있지만 피면담자의 침묵에 면담자가 계속 관심을 둘 수 있다면 긍정적일 수 있다. 면담자는 기록의 파괴로 침묵에 대해 걱정할 필요가 없다. 대신에 면담자는 기록에 있어서 피면담자의 침묵을 포함하는 완전한 아카이브 기록이란 개념을 확장해야 한다. 기록의 관점으로부터 침묵은 정보의 상실을 함축하고 있다. 그러나 침묵은 언어와 비언어의 소통을 모두 포함하고 있다. 즉 마음속의 녹음이 구술자들 자신의 개념을 갖고 그것이 하나 이상의 버전을 포함할 수 있다. 구술자들은 면담자를 통해서 더 많은 청중에게 말할 수 있다는 것을 알지만 그들은 면담자에게 말한 이야기와 익명의 청중에게 말하는 이야기가 각각 만들어지게 할 수 있다. 그러므로 침묵의 힘을 인식할 필요가 있고 구술사 프로젝트 안에서 구술자들이 그것을 어떻게 사용하는지 공부해야만 한다. 비공개로 가는 것이 피면담자가 자기 주장을 하게 만드는 유일한 수단이고 침묵에 대한 경청과 글쓰기는 구술자 주변에서 그 안을 다 들여다볼 수 있게 한다. 이렇게 침묵은 피면담자의 정체성뿐만 아니라 우리 자신의 정체성을 형성시킨다.

구술자에게 다음 질문으로 급하게 들어가는 것보다 돌아보고 생각할 수 있는 시간을 주는 것이 능숙한 면담자이다. 피면담자가 녹음을 잠시 멈추라고 하거나 종이쪽지를 통해 의사소통을 하고자 할 때, 대화에서의 휴식이 있다. 침묵이 적합하지 않은 질문을 암시하고 면담자가 그러한 상황을 두려워하는 것은 신뢰를 깨거나 라포의 파열을 가져올 수 있다. 면담자는 침묵의 상황을 감정적으로 도와줄 수는 없지만 반응할 수 있고 이것을 사적으로 가져갈 수 있다. 피면담자와 면담자가 이렇게 함께 권위를 공유하면서 구술사가 단순히 역사 말하기가 아니라는 것을 알려준다. 파괴적인 것이라기보다는 구축하는 것으로 침묵을 이해하는 것이 침묵의 윤리학으로 다가서는 첫 번째 걸음이다. 인내하는 경청하기는 반드시 면담자와 피면담자 모두 침묵에 대한 질문과 좀 더 적극적인 관여와 함께 결합되어야만 한다. 침묵을 받아들이는 것은 면담자가 피면담자와 침묵의 깊은 의미를 협업하여 고민하고 난 다음에 앞으로 나가는 길이 될 수 있다. 오직 그렇게 함으로써 피면담자의 안녕을 보호하고 진실의 균형을 찾을 수 있다.

6) 과묵

구술자가 말하고 싶지 않은 주제를 면담자가 질문하면 주저하거나 거절하는 진술을 표현한다. 그것은 말수가 없는 응답, 짧고 부분적이고 무시하는 것으로 나타난다. 과묵함의 언어적 표시는 분명한 반면에 그 이유는 분명하지 않다. 말수가 없는 것은 특수한 문제에 대한 대화를 제한하고자 하는 대화의 이동을 구술자가 연습하는 것이다. 그런 경우, 면담자는 대화의 기술로 그 주제가 닫히지 않게 하면서 구술자의 권위를 존중하는 방식으로 가야 하는 것이 하나의 도전이다. 면담자와 구술자 사이의 공유된 권위를 명확하게 하기 위해 면담 대화는 좀 더 자세하게 읽을 수 있어야 한다. 즉 면담이나 집단 면담에서 말수가 적은 경우, 대화의 앞뒤를 다시 살펴봐야 한다. 호주 역사학자인 르노르 레이먼(Lenore Layman)에 따르면 과묵함은 4개의 영역으로 나뉜다. 첫째, 구술자의 목적이 들어맞지 않을 때, 둘째, 사회적 담론의 구술자의 범주에 들어맞지 않을 때, 셋째, 논의하는 게 고통스럽거나 방해가 될 때, 넷째, 공적이고 기념적인 기억에 들어맞지 않을 때이다(Layman, 2009). 이를 정리하면 다음과 같다.

(1) 구술자의 의도와 불일치

대부분의 구술자는 가치 있는 구술 프로젝트를 지지하기 때문에 구술사 면담에 참여한다. 구술자는 역사적 기록 가치가 있는 주제와 테마의 중요성을 거창하게 말하면서 다른 한편으로 기록되는 게 부적합하거나 부적절하다고 생각되는 주제는 말수가 적은 답변으로 재빨리 넘어가는 경우가 많다. 노동자들은 사회 집단을 구성하고 직장동료로서 강력하게 뭉치게 되며 우정은 일이 끝나도 계속되고 서로를 기억한다. 대면 만남은 줄어도 그 집단의 존속은 계속되고 이러한 존재는 구술사 면담 안에서 지역사회의 기억으로 남으며 과묵함은 집단 정체성의 표현이다. 그러나 이러한 기억의 방식이 모든 구술자들 안에서 통일된 것은 아니다. 구술자가 안 좋은 질문에 거의 답하지 않고 그러한 상황에 대해 어떻게 느꼈는지도 거의 말하지 않는 것은 말할 가치가 없다는 것이다. 특히 그 집단에서 가장 오랫동안 일했고 가장 나이든 사람들이 말이 없는 편이다. 많은 구술자가 젊잖게 말해야 할 게 너무 많다거나 기억이 나지 않는 것을 자세히 말해야 하는 것에 거북함을 밝혔다. 예를 들면, 경영진이 노동자를 해고한 사실과 관련하여 구술자는 상세히 말하기를 원하지 않는 편이다. 이렇게 과묵함은 모두 정보적이고 해석을 필요로 한다.

(2) 사회적 담론의 한계

사회적 담론의 관습이나 한계는 일차적으로 구술자와 면담자가 공유한 정중함의 문화적 규칙에 의해 통제되고 면담 안에서 과묵함을 생산한다. 예를 들면, 구술자의 캐묻지 말라는 경고가 면담자가 더 이상 질문을 하지 못하게 하고 구술자들의 개인적이고 사적인 이야기를 하지 못하게 한다. 때로는 어려운 질문이 면담자와 구술자를 어색하게 만들 수 있다. 구술자들은 그들이 엄청나게 존경하는 사람들의 이름을 역사 안에서 영구히 기록하고자 하는 의도도 있지만 바람직하지 않은 행동에 관여한 사람들의 이름도 기록하지 않으려는 마음도 있다. 이 경우, 누가 그랬는지 말하지 않을 거라는 식으로 삼가거나 너무 잘 알아서 곤란하다는 식으로 이름을 밝히고 싶지 않다고 제시한다.

(3) 개인적 트라우마

개인적 트라우마를 건드리는 주제는 고통이건, 두려움이건, 창피함이건 구술자로부터 과묵한 응답을 가져오기 쉽다. 표현하기 불가능하거나 어려웠던 고통스러운 기억과 감정에 대처하는 데 쓰는 봉쇄 전략이다. 면담자들은 그러한 주제를 피해 가는 것으로 결정할 수 있다. 그러므로 구술자들에게 고통스러운 기억을 끌어내는 질문은 가능한 한 물어보지 않는 것이 좋다. 트라우마 기억의 가능성이 있는 모든 곳을 집요하게 계속 질문하는 것은 문제가 있는 결정이다. 구술자가 그것에 대해 말하길 원치 않는다고 말하는데 집요하게 계속 묻는 질문은 분명히 구술자를 불편하게 하고, 답변을 회피하지는 않지만 최대한 간략하게 응답함으로써 대화를 단절시키는 것을 반복하게 된다. 개인의 실수에 대한 민감한 질문은 구술자를 곤란하게 만들고 아주 일반적인 주저함은 구술자들이 개인적으로 트라우마 기억의 회상과 표현을 피하는 과묵함을 선택한다. 과묵함의 이러한 영역은 즐겁지 않고 비판적인 기억을 피하는 과거의 이념적 성향의 구축으로 읽혀질 수 있다. 그러나 이러한 면담 안에 증거가 되는 개인적 고통의 강력한 표시는 피할 수 없다. 궁극적인 무력감과 그들이 목격한 고통의 기억은 그들이 편안하게 제공할 수 있는 공적인 증언을 넘어서는 것이다.

(4) 공적인 기억과 불일치

과묵함의 마지막 영역은 개인의 기억과 공적이거나 집합 기억 사이의 분리로부터 나온다. 강력한 기관은 분명하게 다른 것들보다 역사에 가치를 더 주고 개인들이 어떻게 기억할 수 있고 기억해야 하는지의 집합 기억의 토대인 구술 양식과 전형을 제공한다. 개인의 기억은 이러한 양식과 전형으로 인해 구술자는 과묵하게 되기 쉽고 불신이나 승인을 하지 않는 경향, 동의하지 않거나 공격적인 유형으로 나타나는 것을 단순하게 피한다. 이런 경우, 개인의 수용 능력의 경계 밖에 놓여 있는 경험에 대해 경청하는 법을 배울 필요성이 있다. 그들은 말하길 원하지만 그렇게 하도록 허락받지 않았다고 느끼는 구술자들은 그 사회가 그들에게 기대하는 기억과 일치하지 않기 때문에 말하지 못하는 것이다. 집합 기억 안에서 이러한 긴장은 면담의 과묵함이나 침묵을 생산할 수 있다. 어떻게 해도 불편한 기억이고 그 주제에 대해 더 이상 말하고 싶지 않다는 것, 어쨌든 역사이고 삶이란 것이다. 개인적인 기억의 충돌은 엄청나게 우세한 공적 기억의 관점에 맞서서 말하는 것을 허락하지 않은 채로 남는다.

이러한 과묵함의 증거는 구술사를 만드는 협업 과정에서 구술자 권위의 실제를 무엇보다도 증언하고 있다. 인간 대상 연구를 위한 국가적인 규정 제도와 구술사협회의 지침서가 모두 구술사 면담에 있어서 윤리적인 원칙인 동의 알림, 속이지 말 것, 사생활 보호와 정보사용의 정확성 등을 확실히 하는 표준적인 실무인 반면에 구술자 개인의 윤리적 판단을 대체할 수 없다. 2007년 호주의 「인간 대상 연구의 윤리적 실천에 관한 국가성명서(The National Statement on Ethical Conduct in Human Research)」는 설명하기를 윤리적 수행은 올바르게 하는 것 이상으로 그것은 올바른 정신, 변치 않는 존경과 한 사람의 생명체를 위한 관심을 포함한다고 했다. 면담자가 구술자를 구슬리고 캐묻는 것은 크게 문제가 될 것 같지는 않지만 거북해하는 구술자를 말하게 압력을 주면서 집요하게 질문하는 것은 구술자가 원하는 것이 아니다. 역사적인 기록을 확장시키기 위해 과묵한 구술자에게 답변을 강요하는 것은 정당화될 수 없다. 이러한 과묵함을 단순히 무시하기보다는 분석하는 데 있어서 해석적인 가치가 있다. 역사 말하기 장르 안에서 구술자의 가치, 태도, 느낌으로 통찰력을 제공할 수 있기 때문이다. 구술자의 과묵함은 명백하게 사회적 맥락이 개인적인 증언을 담당한다는 것을 강조하고 있다. 구술자가 말하고 싶어 하는 것과 그들이 자유롭게 말하고 느끼는 것에 대한 구술자의 결정은 그들의 사회적인 신분과 그들의 삶의 선택을 형성하는 사회적 상태에 의해 통제된다. 강력한 공공 기록과 공식적인 역사에 의해 그들의 개인적 경험이 모순되는 곳에서 그들은 자유롭게 말하지 못한다. 그래서 과묵함의 분석과 구분을 하는 과정은 훨씬 더 분명하게 해석하는 틀을 가져오고 해석은 과묵함이 보상을 요구하는 곳, 민감한 편집, 일부 수정을 요구하는 곳에 대한 사려 깊은 판단을 할 수 있도록 도와준다.

7) 경청

면담을 공유하고 비판하는 과정은 경청하는 기술을 날카롭게 하고 면담 방식을 증진시키는 것을 도와야 구술자가 그들의 삶에서 복잡하고 충돌하는 경험을 연구하는 데 좀 더 자유로움을 느낄 수 있다. 이를 위해서 면담자는 먼저 자신에게 경청하는 연습을 해야 한다. 즉 면담자의 관심으로 구술자를 몰아가는 것을 그만두도록 노력해야 한다. 구술자에게 경청함으로서 떠오르는 감정과 반응을 믿고 구술자가 무엇을 말하고 있는지 알아채야 한다. 그리고 구술자의 개인적인 불편함을 알아채고 구술자가 면담자에 대해서 느끼고 있는 것이 무엇이고 무엇을 말하고 있는지 그 차이를 알아야 한다. 구술사 면담에서 면담자는 항상 면담의 도덕적 관점에 관심을 기울여야 하고 구술자의 진실과 사생활을 명예롭게 만들면서 구술자가 면담을 끌고 갈 수 있게 해야 한다는 것을 알아야 한다. 즉, 면담자가 구술자의 사생활에 조심스럽게 신경쓰면서 그들의 목소리를 경청하고 구술자 자신의 생각과 경험을 자유롭게 표출할 수 있도록 도와야 한다는 것이다.

'깊은 경청(deep listening)'은 면담자가 무엇을 말하는지 뿐만 아니라 무엇을 의미하는지를 좀 더 상세하게 경청함으로써 정보 수집에서 상호작용으로, 사실에서 주관적인 느낌으로 이동하고 움직일 필요가 있다는 것이다. 면담자로서 적극적인 참여자여야 하지만 면담자는 사전에 형성된 구조와 자신의 해석은 옆으로 치워두어야 할 필요가 있다. 그 밑에 놓여 있는 의미와 일상적인 대화를 통해 말해지는 것 사이의 불일치를 놓치지 말고 메타 진술(meta-statements)이나 반향, 침묵과 내재적 일관성 부재에 경청하는 것이 필수적이다. 면담 안에서 나온 실재 단어를 분석하는 데 관심을 두기 쉬운데 이것은 단순한 서사가 아니라 인지하지 못한 역동성을 알리는 두 개의 주관성이 움직이고 있는 관계임을 알아야 한다. 면담자 자신의 주관적인 인식으로의 '개념적 이동'과 면담에서 만나게 되는 상호주체성은 구술사를 무한하게 복잡한 대인관계 만남으로 생각하게 만드는 방식을 알려준다.

메건 웹스터(Megan Webster)와 노엘리아 그라보타(Noelia Gravotta)는 경청의 중요성을 이해하기 위한 훈련으로 3개의 연습을 제시했다(Webster & Gravotta, 2014). 하나는 한 사람이 이야기를 하고 청자는 공감을 강조하기 위해 몸짓만 사용하는 것이다. 이 과정에서 청자가 "어머나!" 또는 "저런 못된……"과 같은 표현 없이 경청하는 것이 중요하다. 두 번째 연습은 한 사람이 그들의 이야기를 그들의 눈을 보고 말하고 다른 사람들은 경청하는 것이었다. 마지막은 비언어적 이야기를 서로에게 하려고 계속해서 노력하는 것이었다. 이러한 연습을 통한 깊은 경청은 메시지를 전달하는 것을 막는 나이, 문화, 경험의 차이를 허용하지 않고 이야기를 위한 공간의 창조를 가르친다고 했다. 가끔 피면담자가 묘사하는 사건들의 끔찍한 특성으로 인해 면담자가 깊이 있는 경청에 실패하여 비판적인 시야로 그 구술을 다시 논의하는 능력을 방해할 수 있다. 구술자나 정보제공자로부터 중요한 감정적, 전문적 거리를 유지하고 개발하는 것은 많은 분야에서 문제로서 인식되지 않을 수 있는데 이는 범죄과학과 법학에서도 매우 강조하고 있는 부분이다. 그러므로 구술사가에게 깊이 있는 경청에 관여하는 능력은 중얼거리는 단어뿐만 아니라 전체 구술에서의 일관된 더 깊은 의미까지 볼 수 있어야 한다.

8) 공유하는 권위

성공적인 면접자가 되려면 인간관계에 대한 이해와 협력을 포함한 새로운 기술이 필요하다. 우월하고 지배적인 태도는 좋은 인터뷰를 만들 수 없으므로 구술사가는 잘 들어야 하고 정보를 주는 사람인 구술자는 적극적인 조력자여야 한다. 구술사 방법론은 본질적으로 창의적이고 협력적인 성격을 갖고 있다. 구술사 접근 방식의 협력적 성격은 역사와 개인, 공동체 간의 관계에 대한 근본적인 질문을 불러일으킬 수 있지만, 구술사를 통해 개인과 공동체는 자신의 역사를 쓸 수 있는 자신감을 가질 수 있음을 깨달아야 한다. 그러한 과정을 통해 의식을 고양시키고 행동으로 이끄는, 세상을 바꾸는 역사를 구술사가 가능하게 할 수 있다.

모든 구술사 작업에서 함께 수행한 면담을 기반으로 최종 산물은 전시, 공연, 책 등을 창조하는데 면담자와 피면담자는 하나의 팀을 이룬다. 협업하는 구술사는 권력이 면담자의 손에 있지 않아야만 하고 대신 공유하는 권위를 서로 갖는 것이다. 구술사가 마이클 프리슈(Michael Frisch)는 면담 이후 분석에서 면담자와 구술자는 서로 "공유하는 권위"를 갖게 되고 권위는 면담 그 자체를 넘어서 공유되어야만 하며 이러한 권위의 공유는 피면담자들과 함께 작업의 모든 단계를 통해 지속되어야만 한다고 했다(Frisch, 1990).

피면담자들은 많은 방식 안에서 권위를 가지려고 할 수 있다. 녹음할 때 제시하지 않아서 녹취록에 포함되지 않은 것을 논의하려고 할 수 있으며 소유권을 가져가려고 할 수 있다. 이러한 과정은 맥락을 제공하기 위해 그 주변의 논의를 포함하고 구술 면담에 대한 협업을 좀 더 넓은 관점을 끌어올리게 된다. 더 많은 자유와 권위를 피면담자들에게 주는 맥락은 면담자들에게 도전이다. 협업과 상호성은 아무도 위나 아래에 있지 않고 그 과정은 옆으로 가는 것이고 모든 부분에 책임감의 측정과 상호적인 존경심을 필요로 한다. 권위를 공유하는 것은 의미를 만들기 위한 잠재성을 창조한다. 피면담자의 이야기에 주의를 기울이는 것은 면담자나 연구자의 관점, 정체성과 의견을 바꾼다. 그래서 면담자와 피면담자 사이의 공유하는 권한과 구술사가와 그들이 협업하는 지역사회 사람들 사이의 관계에 대한 개념은 더 깊게 긴밀하게 얽혀져서 연구되고 있다.

구술사는 정치적 집단과 사회운동을 위한 중요한 자원이 될 수 있다. 공유하는 권위의 틀 위에 민주적으로 구축된 프로젝트는 사회 운동 구축에 있어서 중요한 역할을 할 수 있다. 면담이 함께 구축하는 과정이고 면담자가 그 면담의 형태를 잡는 주된 역할을 한다는 인식을 가져야 한다. 면담이 협력하는 역동적 상호작용의 과정일 뿐만 아니라 면담자가 반드시 중재해야 하는 젠더 및 문화, 특수한 정체성의 복잡한 다양성이 존재한다는 것을 인식해야 한다. 이러한 대화가 경험, 관점과 가치, 역사에 대한 논쟁 안에서 더 넓은 참여를 격려하고 좀 더 민주적이고 폭넓게 공유하는 역사적 의식을 증진시킬 수 있다. 함께 공유하는 권위의 과정을 통해서 좀 더 객관적이고 효율적인 연구를 생산하고 지지를 얻는 이론과 해결책은 공통의 문제를 성공적으로 풀어나갈 수 있다.

3. 면담 방식

구술사 면담은 주로 대면 면담으로 진행해왔으나 2020년의 코로나 19 팬데믹 상황은 구술사 면담 방식에 많은 변화를 가져오고 있다. 팬데믹 상황에서도 면담을 수행해야만 하는 것인지, 면담을 수행해야 한다면 어떻게 책임감 있게 효율적으로 진행할 수 있을지를 판단해야 한다.

1) 대면 면담

미국의 리에종(liaison) 전문가인 오웬 로저스(Owen Rogers)는 미의회 도서관의 재향군인 역사 프로젝트(Veterans History Project, VHP)를 진행함에 있어서 원격 구술사 면담을 수행하면서 배운 교훈을 다음과 같이 제시했다.[2] 그는 2010년 3월, 첫 재향군인의 구술사를 녹음했는데 그 과정을 면담자와 구술자 사이의 역동적이고 협력적인 관계로 묘사했다. 그러나 코로나19 팬데믹 기간에는 면담자와 피면담자 간의 라포 형성이 더 어려울 수 있어서 VHP는 안전할 때 직접 면담하는 것이 낫다고 했고 그 이후로 VHP 직원은 사회적으로 거리를 둔 대면 녹음을 위한 조건과 정보, 사용자 피드백을 축적했다. VHP 프로젝트는 15세 이상이면 누구나 참여할 수 있는데 코로나19 안전 예방 조치를 적용하고 VHP 필드 키트, 샘플 면담 질문 및 교육용 비디오를 사용하여 재향군인의 삶의 이야기를 지속적으로 기록하여 보존하고 있다. 면담 형식에 관계없이 모든 구술사 기록에는 인터뷰 전, 인터뷰 중, 인터뷰 후의 세 단계가 포함되는데 코로나19 면담 환경에서 면담자와 구술자의 안전을 위해 상호간의 소통은 필수적이다.

그래서 면담 전에는 전화로 대화를 나누고 피면담자가 면담을 위해 어떻게 준비해야 하는지 설명해야 한다. 인터뷰를 실내에서 할 것인지 실외에서 할 것인지 결정하고, 마스크를 착용한 채 면담을 진행할 경우, 면담하기 전에 전화 통화로 충분히 라포를 형성해야 한다. 청소 및 소독하기 위한 준비, 최소 6피트 거리로 보호용 안면 마스크 착용 등을 포함하여 구술자의 안전을 보장하기 위해 면담자는 피면담자가 해야 할 일을 전달해야 한다. 확진자 접촉 추적 시 개인 데이터를 공유해야 함도 알려야 하며 사회적 거리두기, 특히 취약 계층과 관련된 정부의 조치에 유의하고 피면담자가 모든 준비를 했는지 확인해야 한다.

실내 면담으로 진행하게 되는 경우, 환기가 잘 되는 장소에서 녹화를 해야 하며 면담하는 동안 최소한 6피트의 사회적 거리를 유지할 충분한

2 At Arm's Length: Collecting In-Person Oral Histories during the COVID-19 Pandemic September 23, 2021 by Kerry Ward, https://blogs.loc.gov/folklife/2021/09/at-arms-length-collecting-in-person-oral-histories-during-the-covid-19-pandemic/

공간이 마련되어야 한다. 내장 마이크는 사회적 거리두기에 적합하지 않으므로 면담자와 구술자 사이에 최소 6피트의 사회적 거리를 제공하는 마이크 케이블을 사용해야 한다. 또는 케이블 연장선을 사용하여 마이크 코드의 길이를 늘려야 한다. 면담 전, 면담 중, 면담 후에 방을 환기시켜야 하고 녹음 세션의 참가자 수를 줄여 노출 위험을 제한해야 한다. 음성 메모 전화 앱과 같은 중복 오디오 녹음기를 활용하고 집에 사는 다른 사람들이 집에 있지 않고 사회적으로 거리를 두는지 확인해야 한다.

실외 면담으로 진행하게 되는 경우, 일기 예보를 확인하고 그에 따라 옷을 입고 악천후를 대비하여 비나 눈이 올 수 있음을 대비해야 한다. 가장 조용한 야외 위치를 선택해야 하는데, 예를 들어, 길거리 소음을 줄일 수 있도록 우선순위를 지정해야 한다. 그리고 방풍 마이크와 바람막이 덮개를 사용하여 면담자와 구술자가 서로 잘 들을 수 있도록 해야 한다. 또한 피면담자가 주 전원을 사용하지 않도록 보조 배터리와 같은 휴대용 전원을 사용하는 게 낫다.

면담 종료 후에는 향후 연락이 가능하도록 연락처 정보를 교환하고 녹음 후 최소 2주 동안 인터뷰 대상자와 연락을 유지해야만 한다. 코로나19에 대해 양성 반응이 나오는 경우, 면담자와 피면담자에게 상황을 알리고 이후 계획을 세워야 한다. 인터뷰 중 사용된 녹음 장비 및 기타 물품을 모두 소독하고 다른 피면담자의 집에 들어가기 전까지 2주를 기다리거나 음성 PCR 테스트 결과를 받아야 한다. 그리고 VHP 양식의 인쇄본과 편집되지 않은 면담 파일을 택배를 통해 의회 도서관으로 보내야 한다고 제시하고 있다.

2) 원격 면담

구술사 프로젝트의 구축 및 과정은 종종 결과물 그 자체만큼 중요한

데, 코로나19 사태로 인해 대면 면담이 면담자와 피면담자의 건강을 위협할 수 있는 이례적인 상황으로 발생했다. 따라서 영국구술사학회(Oral History Society)는 추후 공지가 있을 때까지 모든 대면 면담은 연기하는 것을 권고하면서 이는 구술사 작업을 중지해야만 한다는 것을 의미하지 않고 개인이나 집단이 내용을 정리하고 녹취하고 편집하고 연구하고 글을 쓰고 웹페이지를 준비하거나 분석하는 다른 작업에 할애하는 시간으로 활용하라고 했다. 그 결과, 영국의 경우, 2020년 3월 첫 번째 봉쇄 직후 대영 도서관 구술사팀은 모든 대면 구술사 면담을 중단했다. 기존의 업무 흐름이 단절되고 재택근무를 하는 상황에서 구술사 면담을 어떻게 진행할 것인지를 고민하게 되었다.

2020년 4월 구술사 아키비스트인 찰리 모르간(Charlie Morgan)은 영국구술사학회에서 주최한 '코로나19 동안의 원격 구술사 면담'에 대한 지침을 발표했다.[3] 지침은 대부분의 프로젝트에서 원격 면담이 기술적, 윤리적, 실용적인 관점에서 대면 면담만큼 좋지 않을 것이며 면담자는 온라인 원격 면담으로 전환하기 전에 충분히 고민해야 한다고 주장했다. 그래서 긴급하지 않은 면담은 연기할 것을 권고했고 많은 윤리적, 법적 문제를 제기했다. 무엇보다도 전 세계적인 유행병 중에 고령의 구술자들에게 추가적인 트라우마와 압박감을 줄 수 있는지의 여부가 중요하다고 했다.

영국에서는 2020년 여름에 봉쇄가 완화되면서 면담자가 사회적으로 거리를 둔 대면 면접을 안전하게 준비할 수 있도록 새로운 위험 대처 지침, 정책 및 체크리스트를 개발했고 '코로나19 동안의 구술사 면담 녹음'을 출판했으며 이는 대면 인터뷰에 대한 새로운 정책 기반을 마련했다.

---

3 Remote oral history interviewing at the British Library during the Covid-19 pandemic, https://blogs.bl.uk/sound-and-vision/2021/02/remote-oral-history-during-covid-19.html

그러나 대면 면담이 재개되자마자 두 번째와 세 번째 봉쇄로 인해 다시 축소되어 원격 면담에 대해 다시 생각하게 되면서 구술사 커뮤니티는 원격 면담에 익숙하지 않았지만 다양한 기술적 대안을 실험하게 되었다. 영국구술사학회 훈련 담당자와 함께 자체적으로 '코로나19 동안의 원격 구술사 면담' 지침에서 제안한 대안에 중점을 두고 학회의 YouTube 채널에 비디오 찍는 방법을 시리즈로 제공하게 되었다. 하지만 오디오 품질과 비용은 모두 다르고 열악한 광대역 및 '줌 피로'와 같은 문제가 계속 되어서 원격 면담 녹음에 대한 단일 '모범 사례' 접근 방식은 없는 상황이다.

코로나19 팬데믹 중 원격 구술사 면담에 대한 조언은 2021년 2월 8일에 버전 7이 나왔고 그 내용을 요약하면 다음과 같다.[4] 이 지침서의 내용은 영국구술사학회 회원들의 의견과 대영 도서관 구술사팀의 경험에 기반한 지침으로 수집된 정보의 정확성을 보장하기 위해 모든 노력을 기울였지만, 이 정보를 사용하면서 생길 수 있는 결과에 대한 면책 조항을 서두에 밝히고 있다. 이 지침은 2020년~2021년 코로나19 팬데믹 상황에서 작성되었으며 모든 대면 구술사 면담 중단에 대한 관심이 높아짐에 따라 원격 면담 수행을 결정하기 전에 고려해야 할 방법론적 및 기술적 문제, 윤리적, 법적 문제 등을 다루고 있다.

구술사가들은 전통적으로 대면 면담을 선호하고 원격 면담을 권장하지 않는데, 그 이유는 원격 면담이 기술적인 준비도 필요하지만 성공적인 구술사 면담에 필요한 사람들과의 관계를 멀리 떨어져서 구축하기가 어렵고 기분 변화나 비언어적 소통의 피드백 제공이 어렵기 때문이다. 또한 전화로 녹음된 면담과 웹 서비스의 오디오 품질이 좋지 않아서 디

4 Interviewing at a distance: Should we carry on interviewing during the pandemic? If so, how do we do so responsibly and effectively?, https://www.ohs.org.uk/covid-19-remote-recording/

지털 파일을 보관할 수 없는 경우가 많고 데이터 보안, 인터뷰 문서 서명 및 저장과 관련된 문제, 면담 대상 커뮤니티 구축을 배제하거나 최소화하는 경향도 있기 때문이다.

구술사가들이 예외적으로 면담을 연기할 수 없을 경우, 취할 수 있는 유일한 옵션이 원격 면담이다. 예를 들어 중요한 피면담자가 처한 상황이 좋지 않아서 면담을 서둘러 진행해야 하거나 전염병 자체에 관한 기록화를 바로 진행해야만 하는 경우, 그리고 프로젝트 마감일을 도저히 연기할 수 없는 경우와 같은 상황이다. 원격 면담은 팬데믹 상황에서 구술사 면담을 실시할 수 있는 유일하게 안전한 방법이지만, 사회적 거리두기가 언젠가는 끝날 것이고 구술사가들은 대면을 재개할 수 있을 것이라는 추정 하에 일을 하고 있으므로 가능하다면 그 시점까지 구술사 인터뷰를 연기해야 한다. 대신 원격 기술을 사용하여 사회적 거리두기 기간 동안에도 피면담자와의 관계 또는 그들이 건강하고 안전한지 확인하기 위해 이미 대면 면담을 시작한 경우, 원격 면담을 사용할 수 있다. 그러므로 구술사 면담의 연기가 불가능한 경우, 원격 구술사 면담을 수행할지 여부를 결정하기 전에 고려해야 하는 기준은 다음과 같다.

(1) 면접의 긴급성

전염병은 다른 사람들과 달리 일부 개인 및 그룹에 대한 특정 위협이 될 수 있다. 예를 들면, 노인 또는 면역이 저하된 사람들은 위험하다. '취약한' 또는 '위험한' 사람들의 경우, 긴급성을 판단해야 하고 대유행이 진정되고 난 후에 대면 면담을 해야 할 것이다. 긴급하지 않은 상황에서 그 판단은 기록된 원격 면담이 새로운 면담 형식으로 사용될 수 있는지 여부와 이전 면담 및 해당 주제에 대한 기존 연구가 적절한 증거를 충분히 제공할 수 있는지 여부로 결정할 수 있다. 하지만 현재의 처한 상황을 꼭 남겨야 하는 면담과 특별한 연관성이나 전염병 주제에 대한 면담이라면 좀 더 긴급한 것으로 보고 원격 면담을 고려해볼 수 있다.

(2) 면접 유형

원격 기술을 통해 긴 생애사를 기록하기는 어렵겠지만, 짧은 면담은 가능하다. 코로나19 전염병에 대한 면담을 녹음하는 경우, 그러한 면담은 '지금 이 순간'에 수행해야 하며, 시차와 반추적인 접근 등을 고려해야 한다. 이러한 구술사 프로젝트에서는 코로나19에 대한 질문과 전염병 기간 동안의 일상적인 경험과 사람들의 삶에서 반성과 장기적으로 중요한 것들을 포함할 수 있다. 그리고 이러한 프로젝트를 지금 당장 해야만 하는 것인지 나중으로 연기할 것인지도 우선순위를 정하는 데 도움이 될 수 있다.

(3) 면담자와 피면담자의 상태

코로나19 팬데믹은 이미 많은 사람들을 재정적, 심리적, 개인적 고통에 빠뜨렸고 모두 살아가는 데 어려움을 겪고 있다. 개인, 지역사회가 죽음이 가져오는 심리적 영향으로 힘들어하고 있고 사랑하는 사람을 잃는 슬픔을 감당해내고 있다. 구술사 면담이 피면담자들을 위한 대처 장치로 기능하고 그들의 팬데믹 경험을 정서적으로 처리하는 것을 도울 수 있다. 이 경우 원격 면담이 유리할 수 있으나 구술사 면담의 치료적 만남과 면담자가 자신의 강점과 기술이 어느 정도인지 알고 있어야 한다. 트라우마 기억과 고통과 관련한 면담일지라도 피면담자가 괴로워할 수 있는 경우, 민감한 경청과 정서적 지원을 더 잘 제공할 수 있을 때까지 연기될 필요가 있다.

대부분의 사람들을 위한 일차적인 관심사는 사람들이 안전하게 지원받는 면담을 보장하는 것이다. 의료기관이나 일선 직원들에게 그들의 생각이나 느낌에 대해 면담하는 것은 외상후 스트레스 장애의 가능성을 높일 수 있는 위험이 있다. 피면담자들이 면담 과정에 대해 충분히 알고 있고 참여에 대한 동의를 자유롭게 제공할 수 있다고 확신하는지, 원격 면담으로라도 역사적 기록을 남기는 것이 최고의 유산이 될지를 판단해야 한다. 대면 면담을 계속하는 것이 원격 면담을 시도하는 것보다는 도전이 덜 할 것이기 때문에 위태로운 기간에는 기존의 라포가 형성된 사람들만 면담하는 것으로 유지해야 한다.

마지막으로 면담자나 프로젝트 관리자로서 자신의 상황도 고려해야 하는데, 코로나19 팬데믹은 전 세계적인 팬데믹이며 모두에게 영향을 미치고 있다. 이것은 이전의 위기 상황과는 달리 전 지역으로 확산되는 경향이 있고 종종 면담자가 아니라 피면담자가 영향을 받는다. 그러므로 '사전 및 사후 면담 작업을 위한 조사나 정리를 하는 충분한 시간이 있는지? 면담자 자신만의 팬데믹 경험을 일시 정지하고 녹음하는 동안 피면담자의 증언을 우선적으로 수용할 수 있는지? 자원 봉사자와 함께 일해야 하는 경우, 그들에게 필요한 실용적이고 정서적인 지원을 제공할 충분한 인력과 전문 지식이 있는지?' 등을 고려해야 한다.

(4) 면담 목적

원격 면접의 가장 큰 문제점 중 하나는 기록된 디지털 파일의 품질이다. 오디오 품질이 낮을 수 있고 그것은 녹취를 만들거나 방송 또는 웹 출력에서 재사용을 어렵게 만들거나 저해상도 또는 앞으로 호환되지 않을 수 있는 독점 오디오 소프트웨어를 사용할 수도 있다. 만약에 구술사 면담이 장기 기록 보존을 위해 보존 목적으로 녹음된다면 원격 면담을 진행할지 여부를 결정하는 데 중요한 고려 사항이 된다. 구술사가는 기록관에서 보존용으로 원격 면담 녹음을 기꺼이 수락할 의향이 있는지 원격 면담을 고려할 시점에 기록관 담당자들과 상의해야 한다. 영국구술사학회는 녹음된 면담의 보존을 항상 권장하지만 경우에 따라 면담은 아카이브 보존이 아닌 즉각적인 연구 목적으로만 사용되고 있다. 이러한 경우, 원격 면담을 녹음하는 것이 훨씬 더 쉬울 수도 있다.

(5) 프로젝트 일정

원격 인터뷰에 대한 결정을 내리기 전에 연구과제를 지원해준 기관이나 연구 책임자에게 문의하는 것이 필요하다. 대부분의 지원기관, 영국의 경우, 국립 복권 유산 기금(National Lottery Heritage Fund)이나 영국 연구 혁신 기구(UK Research and Innovation)는 추가적인 재원 없이 구술사 프로젝트의 마감시기를 연장하거나 연기해주고 있다. 따라서 재정적 실제적 필요성으로 인해 정해진 사회적 거리두기를 유지해야 할 수도 있다. 정해진 시간 안에 면담을 수행할 수 있는 직원을 갖거나 면담 수행에서 자원 봉사자를 감독하게 되는 경우, 원격 면담을 고려할 수 있다. 그러나 이들이 구술사 진행 과정에 대한 교육을 받지 않았다면 적절한 교육이 제공될 때까지 모든 원격 면담을 진행하지 않아야 한다.

(6) 기술적 능력

원격 면담에 사용할 수 있는 기술을 선택할 수 있지만, 이것은 면담자와 피면담자들이 그러한 기술을 얼마나 편안하게 사용하는지에 달렸다. 만약 면담자들이 소프트웨어 자체에 익숙하지 않고 피면담자를 효과적으로 안내할 수 없다면, 그리고 피면담자들이 소프트웨어를 사용할 수 없는 경우라면 원격 면담은 매우 어렵다. 구술사 프로젝트를 위해 프로젝트 코디네이터는 디지털 파일 저장하는 방법을 이해해야 하며, 원격으로 녹음된 파일을 믹싱하고 리샘플링하려면 오디오 편집 소프트웨어에 익숙해져야 한다.

(7) 법적 문제

다양한 원격 면담 소프트웨어 제공업체는 녹음된 오디오에 대해 다른 권리를 주장하며 일부에 대해서는 보안 우려가 있다. 소프트웨어 제공업체, 피면담자, 면담자가 거주하는 국가에 적용될 수 있는 데이터 보호 법률을 위반하지 않기 위해 해당 소프트웨어 이용약관을 꼼꼼히 읽어야 한다. 이는 데이터 보호 법률이 EU 법률을 대체한 영국의 경우, 브렉시트 이후 특히 중요하다. 구글의 일부 애플리케이션이 수행하는 것처럼 소프트웨어 제공자가 콘텐츠를 유지하거나 권리를 행사하거나 정기적으로 녹음하거나 기록하는 모든 것을 넘어서는 권리를 행사한다면 원격 면담의 비밀을 보장할 수 있는지 심각하게 고려할 필요가 있다.

면담자가 기록한 파일이 클라우드 저장소에 저장되거나 컴퓨터에 로컬로 기록되고 있는지를 확인하는 것도 중요하다. 후자의 옵션은 데이터 보호 문제가 훨씬 적은데 미국에 기반을 둔 소프트웨어를 사용하는 경우, 사용자는 EU-미국 프라이버시 실드를 무효화한 유럽 연합 판결 'Schrems II'(2020년 6월)와 미국 사법 재판소에 대해 알고 있어야 한다. 이 판결 이전에는 미국과 EU/영국 간에 개인 데이터가 자유롭게 이동할 수 있었지만 이제는 영국 GDPR 법률에 다르게 적용됨을 분명히 밝히고 있다. 그러므로 소프트웨어를 사용할 계획인 경우, 이용 약관 및 개인 정보 보호 정책을 부지런히 읽어야 하며 기관에서 이 소프트웨어 사용이 '허용 가능한 위험'으로 간주되는지 결정해야 한다. 면담 내용이 민감한 경우, 비공개, 제한 또는 비밀 면담은 대부분의 원격 면담 옵션의 사용이 불가능할 수 있다.

원격 면담은 기술 및 방법론적 문제를 제시하며, 그중 일부는 대면 면담에 나타나지 않는다. 현재로선 해당 주제에 대한 문헌이 제한적이며, 추가적인 논의가 필요한데, 다음과 같은 기술적 문제가 적용될 수 있다. 첫째, 원격 면담을 위해 인터넷을 사용하는 경우, 여가 목적과 재택근무의 증가로 인해 대역폭에 생기는 현재의 스트레스 상황을 알고 있어야 한다. 또한 시골 지역의 열악한 인터넷과 통신 상황을 기억해야 한다. 원격 면담을 위해 인터넷을 사용할 때 자신의 와이파이 또는 인터넷 네트워크를 사용하는 모든 다른 장치의 전원을 끄거나 피면담자들이 동일한 작업을 수행할 수 있는지 확인해야 더 나은 결과를 얻을 수 있다. 또한 와이파이로 연결하는 것보다는 이더넷(Ethernet) 케이블로 라우터에 직접 연결하는 것이 더 낫다.

둘째, 컴퓨터와 노트북에 내장된 마이크는 품질이 좋지 않을 수 있다. 만약 면담자와 피면담자가 외부 마이크를 사용하면 훨씬 더 나은 오디오 품질로 녹음할 수 있으며 양질의 오디오 녹음을 확실히 할 수 있는 가장 중요한 요소이다. 그리고 녹음할 때, 면담자와 피면담자가 헤드폰을 착용하는 것이 낫고 USB 마이크의 사용을 권장하는데, 많은 녹음 소프트웨어가 오디오 잭에 연결된 마이크를 인식하지 못하기 때문이다. 그리고 화상 통화의 오디오 채널만 녹음하는 경우, 이후 연구자들은 비디오를 볼 수 없어서 면담자나 피면담자의 문서나 비언어적 표현 형태를 언급할 때 명확하게 추가적인 설명을 제공해야 한다.

셋째, 컴퓨터를 통해 녹음하는 경우 다른 모든 오디오 및 비디오 재생이 중지되고 모든 프로그램이 닫힌 것을 확인해야 한다. 녹음을 컴퓨터 하드 드라이브에 저장하는 경우, 파일에 사용할 수 있는 충분한 저장 공간이 있는지 확인해야 하는데, 일반적으로 녹음된 스테레오 사운드의 경우, 시간당 1GB 정도의 공간이 필요하다.

넷째, 원격 면담에서 면담자와 피면담자의 볼륨 정도의 수준 차이가 대면 면담보다 훨씬 더 클 가능성이 높다. 이러한 것을 최소화할 수 있게 볼륨을 조정할 수 있는 스테레오 트랙에 녹음하여 녹음이 완료된 후 개별적으로 조정할 수 있게 해야 한다. 전화 통화를 녹음하는 경우, 피면담자에게 통화 음질에 영향을 미치는 스피커폰을 사용하지 말라고 요청해야 한다. 그리고 어린이와 이웃 사람들, 애완 동물을 포함하여 집에 많은 방해 요소가 있을 수 있으므로 공동 구역보다는 오히려 침실같이 차단된 공간이나 별도의 방, 조용하고 편안한 가구가 비치되어 있으며 비밀이 보장되는 곳인지를 알아보고 소음을 최소화해야 한다.

다섯째, 피면담자는 원격 면담의 녹음을 준비하는 데 적극적인 역할을 해야 하므로 대면 면담보다 더 긴장할 수 있다. 면담의 속도도 대면 인터뷰 속도와 다를 수 있는데 원격 면담이 대면 면담보다 더 자주 휴식을 취해야 할 수도 있고 원격 면담의 피로감으로 인해 긴 시간 동안 말하기가 더 어려울 수 있기 때문이다. 또한 화면에서 신체 언어를 해석하는 것이 어렵기 때문에 면담 속도에 영향을 줄 수 있다. 침묵에 대응하는 방법 그리고 실제로 추가된 면담 기술은 피면담자를 더 긴장하고 두려워하게 만들 수 있으며, 특히 직접 대면한 적이 없는 피면담자는 원격 면담에서 정서적 친밀감을 갖기가 어렵기 때문에 면담 과정을 신뢰하는 데 시간이 걸릴 수 있다. 그러므로 가능한 한 적게, 짧게, 정확한 질문을 해서 부담감을 덜어줘야 한다.

여섯째, 원격으로 상대방의 감정이나 정서를 파악하기 쉽지 않기 때문에 비언어적 피드백을 전달하는 것이 대면 면담보다 훨씬 더 어렵다. 후속질문을 할 수 있는 적절한 순간이나 피면담자가 화가 나면 멈추게 하는 비언어적 신호와 신체 언어를 식별하는 것도 어렵다. 신체 언어와 자세에 대한 작은 신호와 말투는 종종 특정 질문의 흐름을 지시할 수 있는데 이러한 것은 줌(Zoom)을 통해 봐도 쉽게 이해되지 않으며 어려운 질문을 전개하는 것이 대면 면담보다 훨씬 더 어렵다. 일반적으로 대면 면담에서는 녹음이 끝난 후에 좀 더 이야기할 시간이 있는데, 원격 녹음에서도 종료 후 채팅할 수 있는 몇 분의 시간을 갖는 것이 모두에게 도움이 된다.

일곱째, 집에서 원격 면담의 오디오 녹음을 저장하는 경우, 면담은 안전하고 암호화된 로컬 드라이브에 보관해야 하며 오디오를 새 위치로 이동할 때마다 체크섬 소프트웨어를 사용해야 한다. 그리고 다수의 복사본을 보관하고 하나의 사본은 사본이 아님을 반드시 기억해야 한다. 또한 암호를 보호할 수 있는 'WeTransfer Pro'를 통해 아카이브 저장소에 접근을 가진 사람에게 오디오 데이터를 안전하게 전송할 수 있는지도 고려해야 한다. 이렇게 원격 면담은 다른 면담의 형식으로 사회적 거리두기가 완화되고 대면할 수 있을 때까지 계속되어야 한다.

원격 면담의 어려운 측면은 피면담자가 면담 전에 면담 참여 동의서와 이후의 녹음 동의서에 사인할 수 있는 방법과 그들이 사인할 양식을 확실히 이해시키는 것이다. 전자 서명이 있는 개인을 면담하는 경우, 이러한 방식으로 양식을 작성하도록 요청하고 피면담자가 프린터/스캐너에 접근할 수 있는 경우, 문서를 인쇄하고 서명해서 면담자에게 다시 게시하거나 스캔한 사본, 또는 양식의 사진을 보낼 수 있다. 마지막으로 피면담자들이 프린터에 접근할 수 없는 경우, 그 양식을 프린트해서 피면담자들에게 보내고 우편으로 되돌려 보내라고 요청해야 한다. 사회적 거리두기 중에 취하는 이러한 접근 방식은 임시방편이며, 향후 문서에 추가로 서명받아야 할 수 있다는 것을 기억해야 한다. 면담 후 녹음 동의서 서명은 사회적 거리두기 조치가 완화될 때까지 연기도 가능하지만 피면담자가 면담 전에 참여 동의서에 명시적으로 동의할 필요가 있다. 서명한 동의서를 주로 받지만, 이것이 가능하지 않은 경우, 참여 동의서를 받고, 이해하고 동의했다는 사실을 면담 녹음시 언급해야만 한다. 이러한 구두 합의는 코로나19 전염병 기간 동안에만 사용하고 반드시 서명된 문서로 보완되어야 하는데, 데이터 보호 담당자가 있으면 이들과 상의하는 것이 좋다. 또한 피면담자가 참여 동의서에 서명하거나 동의하기 전에 양식과 면담 과정의 이해를 확실히 하기 위해 전화나 영상 통화를 하는 것이 필요하다. 종이나 디지털 형식으로 문서를 받으면 사람들의 개인 정보가 포함된 문서의 안전한 저장을 위한 프로세스가 있어야 하고 이는 참여 동의서에 기술되어 있어야 한다.

코로나19 전염병이 시작되었을 때 원격 면담이 지배적인 접근 방식이 되는 구술사의 '뉴 노멀(new normal)'에 진입하고 있는지에 대한 질문이 있었다. 아직은 그렇지 않은 것으로 보이며, 특히 심층 면담과 새로운 피면담자의 경우, 원격으로는 제공할 수 없는 대면 면담의 유용한 측면이 여전히 남아 있다. 이러한 상황이 영원히 지속되기를 기대하지 않지만, 얼마나 오랫동안 팬데믹과 글로벌 대응이 지속되고 실무에 어떻게 장기적으로 영향을 미칠지 현재로서는 알 수가 없다. 구술사의 '뉴 노멀'로 진입하고 있을지도 모르고, 대면 방식과 원격 접근 방식이 혼합된 방식이 표준이 될 수 있다. 왜냐하면 대면 면담이 주지 않는 기회를 원격 면담이 제공할 수도 있기 때문이다. 구술사의 세계가 지난 2년 동안 극적으로 변한 것은 분명한 사실이다. 이제 아카이빙에 적합한 고품질의 원격 면담을 녹음할 수 있으며 멀리 떨어져 있거나 다른 나라에 사는 사람들과도 면담할 수 있으므로 많은 가능성이 열리고 있다. 그래서 대면 면담으로 돌아갈 수 있게 되더라도 원격 녹음은 여전히 구술사 도구의 일부가 될 것으로 보인다.

4. 녹취록

구술의 수집 과정은 그 자체로 끝일 수 있지만 많은 구술사가에게 그 기록은 오랫동안 보존되고 그들 자신과 다른 사람들의 이용과 재사용을 위해 남겨야 하는 것이다. 즉각적인 디지털 포착과 인터넷이 녹음과 배포 사이의 시간과 거리를 어느 때보다도 짧게 할 수 있음에도 불구하고 기록화는 반드시 해야 하는 것이다. 구술사에서 면담자의 역할은 수집하지 않았으면 잃어버렸을 것 같은 가격을 매길 수 없는 정보를 끌어내고 저장하는 것이다. 그러므로 구술을 즉각적으로 찾아서 이용하는 것보다는 구술 자료의 수집과 관리, 안전한 보존이 더 중요하다.

구술사 면담의 녹취록은 대개 구술사의 핵심 요소이다. 녹취록은 목소리를 문장으로 이동하는 것으로 이에 관한 논쟁은 계속되고 있다. 이와 관련한 전략과 실제 기술은 전 세계적으로 다양하다. 매뉴얼과 핸드북은 이 문제와 전략에 대해 조언을 제공하지만 실제와 의견은 시기에 따라서 상당한 차이를 갖는다. 녹취록이 어떻게 이루어져야만 할 것인지뿐만 아니라 그것의 가치와 중요성에 있어서 의견은 다양하다. 그 맥락은 관심, 때로는 불만족의 요소로 그 정보원, 이야기된 단어로부터 관심을 다른 곳으로 돌리고 있다. 녹취록과 실제 목소리 사이의 거리는 항상 잘 알고 있지만 그것은 다른 문제이다.

녹취록에 대한 생각을 다루는 데 있어서 두 가지의 관심은 피면담자에 의해 사용된 언어의 선택적인 사용으로 인한 정보의 상실과 1차 정보원과 2차 정보원 사이의 구별이 혼탁해지고 단순하게 무시되는 두려움이다. 첫 번째 문제는 가독성과 가공되지 않은 구술 의사소통의 과도한 불필요한 반복을 제한할 필요가 있다는 믿음 안에서 자료를 삭제하거나 변경하는 녹취록의 편집 방식을 비판하게 된다. 매뉴얼은 편집자의 관심을 가져올 수 있는 요소들과 그것들을 다루는 전략에 대해 상당히 자세한 것을 제공하고 있다. 예를 들면 '당신도 알다시피' '물론' 등과 같은 어구와 의존어를 솎아내는 것부터 식별되지 않는 고유명사를 위해 이름을 주거나 문법을 고치는 것 같은 중요한 사안에 이르는 범주가 될 수 있다.

사람은 중재의 유형을 다르게 하는 동기가 있고 중재를 할수록 일차적인 구술과 이용자의 문장 사이의 거리가 더 커진다. 가독성이 하나이고 상세한 감각을 만드는 것이 필요할 수 있다. 그러나 문장을 읽을 수 있게 만드는 시도 보다는 글자 그대로의 녹취록이라고 불리는 인쇄되어 포착될 수 있는 모든 하나하나의 발언의 상세한 표현을 포함하도록 하는 게 중요하다. 멈춤, 주저, 일부 단어나 전체 단어의 반복, '좋아요!', '정말?' 등과 같은 빈번한 감탄사는 잠재적으로 가치 있는 추론과 분석을 위한 풍부한 토대이고 설득력 있는 예시를 주는 것이다. 또한 '음', '오', '휴' 등과 같은 청자의 반응 안에서 상호작용 과정의 시험을 촉진하는 가치가 드러난다. 이러한 것들은 그 자체로 공부할 가치가 있고 그 과정이 정보를 끌어내는 역할을 설명해줄 수 있어서 대화 분석의 결과에 주의를 기울여야만 한다.

단어의 선택과 문장의 변이, 문법 등의 변화는 피면담자에 대한 '존중'의 개념에 도전을 하는 또 다른 걱정스런 해석적 활동이다. 가공되지 않은 인쇄된 버전이 불편하고 이해하기 어려울 수 있다는 것이 이러한 해석을 정당화할 수 있다. 이러한 어려움은 피면담자와 초기 만남에서 조심스러운 중재와 설명으로 경감될 수 있다. 물론 이것이 얼마나 성공적일 수 있는지는 고려할 가치가 없다. 왜냐하면 녹취록은 그 특성과 이용에 대한 선입견, 피면담자의 기대 요소를 포함하기 때문이다. 결과적으로, 여기에 윤리적인 딜레마가 있다. 어쨌든 '누구의 역사냐?' 그리고 '피면담자들이 표현을 결정할 권리를 갖는 것이 아니냐?'는 것이다. 그렇다면 '면담 기록을 녹취해서 읽을 수 있게 최종적으로 만드는 기관의 필요성은 그다음이냐?'는 것이다. 또 다른 어려운 점은 구두점이 구술 운율과 억양의 뉘앙스, 리듬, 감정의 표현 등을 보여주기 위한 유일한 도구인데, 이로 인해 녹취에서 문법상 수정이 이루어지는 오류를 쉽게 저지를 수 있다는 것이다.

결국, 녹취록이 말한 단어의 녹취 기록으로 정확한 과학이라기보다는 예술이 더해진 것이라는 사실을 배워야만 한다. 즉 인쇄된 자료에 구술성을 내포하려는 시도는 문법 규칙과 쓰는 언어 사이의 차이, 녹취자의 사고 과정의 개별적인 주관적 반영이 될 것이다. 그러므로 우리가 할 수 있는 최선은 차선책들을 조심스럽게 고려하는 것으로 이것은 체계적이고 지속적인 편집 체재 안에서 따라가게 된다. 녹취록 안에서 발생하는 모든 정보의 변화는 언어에만 국한된 것이 아니다. 사건, 사람, 장소, 날짜 등에 대한 정보는 편집자의 관심을 가져올 수 있다. 여기서 개념적 영역은 두 개의 양극을 오갈 수 있다. 완전한 불간섭주의와 포괄적이고 내정간섭주의자가 아닌 접근 방식은 기록적인 문서를 위해서 면담의 문장 표현의 최종 형태를 지배하게 된다. 이것은 이상한 날짜나 이름의 상식적인 수정으로 보이는 것부터 원래 말한 것이 무엇인지를 종종 재배치하고 분명히 하고 자세히 진술하는 전체 부분까지 다양할 수 있다. 즉, 이것은 구술자와 함께 녹취록을 명확히 하는 과정의 결과로서 자주 다양하게 생긴다. 저널리즘과 대조적으로 구술사의 세계에서 공통적으로 받아들여지는 윤리적인 개념이 여기에 있다. 피면담자들과 확인하는 과정은 컬럼비아대학교 구술사 아카이브센터(Columbia Center for Oral History Research)에서 구술자에게 무엇이 인쇄될 것인지 볼 권리를 갖게 한다는 개념에서 시작되었다. 이 단계는 피면담자들이 검토할 권리를 존중하는 방식이고 기록하는 시간을 넘어서 그들을 표현할 문장 구성에 동의하고 녹취록을 동결시키는 방식으로 보고 있다.

하지만 이러한 방식 안에서도 녹취록이 달라지고 1차 정보원을 넘어서는 것이 문제가 된다면, 자료가 추가되거나 변화한 것을 알려주는 적합한 방식이 있다. 예를 들면 추가된 것은 각괄호의 사용을 하는 것과 같은 것이다. 즉, 이러한 변화는 녹취록이 부분적으로 주된 정보원이 될 수 있고 만약 그러한 정보를 기록에 넣어야 한다면 그것은 구술자들의 첫 번째 생각처럼 중요한 것이다. 구술자들이 그렇게 하길 원한다면 그들의 권리를 고려해줘야만 한다. 물론 구술자가 녹취록에 내용을 추가하는 것은 흔한 일이 아니지만 녹취 과정이나 승인 과정을 정당화한다. 가끔 이러한 과정에서 매우 작지만 가치 있는 생각들이 불쑥 나타날 수도 있다.

또한 일부 작업에 있어서 제한적으로 표시하기를 원하는 부분이나 일정 기간 그 내용에 접근할 수 없는 조치를 구술자가 요구할 수 있다. 매우 민감한 내용은 녹취록의 첫 번째 검독 과정에서 식별될 수 있다. 구술자들이 선택적으로 접근을 제한할 수 있다는 사실은 녹취록의 검토 이후에 구술자들이 편안하게 느낄 수 있게 한다. 구술자가 공적인 사용을 위해 출판할 수 있도록, 그들의 녹취록에 대해 좋게 느낄 수 있도록 만드는 것조차도 정확성이나 가독성을 위해서 그들이 원하는 대로 바꿀 수 있게 격려하는 편이다. 말 그대로의 녹취록 안에서 해석의 한 단계를 통해 가는 녹음의 일차적인 단계와 역사적 다큐멘터리로 더 정제되고 재작업한 자료 사이에는 중요한 차이가 있다. 이러한 과정이 구술 기록의 묘사라는 다양한 단계에서 얼마나 멀리까지 갈 수 있는지 이해하는 것이 중요하다.

편집이 문제가 되는 경우는 독자에게 과정과 변화의 근원을 설명하는 정보가 주어지지 않을 때이다. 구술자는 자신의 방식으로 가는 것이 발표자의 권리라고 인식하고 있지만 이용자들은 가능한 한 많은 정보에 대한 권리를 갖는다. 편집이 집중적으로 또는 아주 조금 이루어졌던 간에 그리고 순수하게 기록학적인 목적으로 이루어졌던 간에 여기서의 편집은 단순히 정리하는 것에서 전문가 중재까지 폭넓게 다양할 수 있다. 면담 일자, 면담 장소, 누가 그것을 기록했는지 등은 녹취록에 제공되는 공통적인 데이터 요소이다. 그러나 무엇이 기록의 맥락이었는지, 어떤 과정이 녹취록을 진행할 때 이루어졌는지, 누가 그것을 첫 번째 자료로 확인하고 어떤 작업을 했는지, 독자들을 위한 충분한 정보가 있는지, 녹음된 형식으로 듣는 것과 문장으로 바뀌면서 달라진 것을 어떻게 알려주고 있는지, 이용자들이 편집자들에 의해 추가된 것이 무엇인지 식별할 수 있는지 등을 판단할 수 있게 해줘야 한다.

결국, 모든 녹취록의 이용자들은 인간의 행동 기록을 사용하는 사람들로 인간이 구축한 인공물을 소비하는 정보를 이해할 필요가 있다. 우리가 다른 삶의 기록을 통해 인간의 경험을 이해하는 것처럼 끊임없이 우리 자신이 좀 더 적극적으로 해석하고 맥락화할 필요가 있다는 것을 상기시켜주어야만 한다. 구술사 맥락에서 최초의 원래 녹음은 실제 삶의 경험에서는 2차적인 것이어서 이것 역시 다른 정보와 함께 모든 과정이 잘 이해될 필요가 있다. 이용 가능한 전략의 범주와 녹취록의 요소 안에 그들이 반영한 가치들 안에서 편집자들은 그들의 색깔을 넣어야 한다. 비록 상호작용하는 디지털 매체와 같은 새로운 기술이 오디오와 문장 사이에 나타남에도 불구하고 여전히 거대한 양의 녹취록이 먼저 이루어질 것이고 구술 기록의 이용자들을 위한 기본적인 정보원이 될 것이다. 아직까지는 문장으로 읽는 것이 오디오로 경청하는 것보다 훨씬 더 쉽고 익숙하므로 녹취록의 이용은 기술적인 진보와 함께 빠른 시일 안에 사라지지는 않을 것이기 때문이다.

1) 편집

출판을 위해 구술사 면담을 어떻게 편집하고 맥락화할 수 있는지는 중요하다. 구술사학자인 프리슈는 구술사의 논의가 프로젝트의 조직이나 면담 과정에 집중을 하는 경향이 있고 상대적으로 면담의 해석이나 읽기 안에서 직면하게 되는 문제들, 실제로 무엇이 이루어지고 어떻게 그 문서들 안에 나타나고 어떻게 받아들여지는지와 같은 발표의 방법이나 이론에는 훨씬 덜 관심을 갖는다고 단언했다(Frisch, 1990). 지금도 거의 동일한 상황으로 구술 면담 관련한 발표의 문제는 편집을 포함해서 크게 알려지지 않았다. 개인의 이야기는 사람들에 관한 것이기 때문에 출판된 구술사는 더 넓은 영역의 흥미로운 역사를 대중 독자에게 가져다준다. 더 큰 테마나 질문에 개인의 이야기를 연결시킴으로써 독자들에게 과거의 복잡한 사건에 대한 더 깊은 이해를 가져다줄 수 있다. 그래서 이러한 논의의 요소들은 다양한 형식과 매체로 발표된 구술사 안에서 이루어질 필요가 있다.

(1) 출판을 위한 틀

구술사 면담을 출판물로 만드는 것은 일종의 번역 행위이다. 그것은 하나의 사건—두 사람 사이의 대화—을 제3자가 나중에 알 수 있게 바꾸는 것이다. 포르텔리는 '번역자'에 해당하는 이탈리아어는 어원이 '배반자'의 단어와 아주 밀접하다는 것을 상기시켜주고 있다(Portelli, 1991). 즉 화자의 말을 글로 옮기면서 배신하게 되는 경우가 있다는 것이다. 목소리의 뉘앙스—한숨, 웃음, 한탄—와 같은 비언어적 표현의 중요성과 톤, 높낮이, 속도, 성량에 의해 전달되는 의미뿐만 아니라 두 명이 각각 만났을 때 생겨나는 정신적 교감과 대화를 원활하게 하는 라포, 화자와 청자 사이의 상호적인 중재, 구술 교환을 구성하는 사회적 관계를 출판 과정에서 잃게 된다. 면담이 대중에게 발표되기 위해 준비될 때마다 정보원으로부터 멀어져가는 것은 피할 수 없다. 결과적으로 이러한 본질적인 한계에 대한 겸손한 태도를 갖고 편집 작업에 접근해야 하고 편집 과정이 소통의 매체를 다른 것으로 바꾼다는 것을 인식해야만 한다. 구술을 글로 바꾸는 작업을 할 때 그 의미를 제대로 전달하기 위해서 면담 문장 그 자체에 개입을 하게 되므로 구술사는 녹취만으로는 의미를 전달하기가 매우 어렵다.

(2) 편집 과정

구술사 면담을 출판하기 위해서 두 가지 종류의 직접적인 개입을 하게 되는데, 그것은 편집과 맥락화이다. 편집은 단어들을 가지고 작업하는 감각을 말한다. 먼저 녹취와 편집을 구별해야만 한다. 녹취라는 것은 구술로 소통한 것이 무엇인지를 쓰는 것으로 표현한 기록적인 문서의 산출이고 후대의 연구자들이 사용할 수 있도록 만든 기록된 구술이다. 출판을 위한 편집은 폭넓은 대중적인 배포를 위해 의도되고 구술자가 말한 것에 대한 편집자와 저자에 의한 진술, 구술자가 무엇을 말했는지 표현하는 좀 더 고도의 중재된 형태가 되는 것이다. 일반적으로 구술사가들은 기록학적인 목적을 위해서 말 그대로의 녹취록이 순차적으로 되는 것에 동의하고 있다. 일반적으로 '음', '흠', '휴' 같은 단어가 아닌 것은 물론 말의 다른 변형, 불완전한 문장, 비속어, 지역어, 틀린 단어의 사용, 이상하거나 터무니없는 단어의 순서, 부정확한 문법, 반복, 잘못된 시작들을 포함하는 면담에서 말해진 모든 쓰여진 형식으로 재생산하는 것과 면담에서 말한 것을 표현하는 데 구두점을 신중하게 사용해야 한다. 그래서 토착어 발음, 목소리 톤과 속도, 웃음소리 등에 대한 암시가 필요하다. 일부 구술사 프로그램은 수정이나 확장을 위해 구술자에게 확인 후, 녹취를 편집하고 주해한다. 이러한 실무는 적합한 것이지만, 출판을 위해서 필요한 좀 더 근본적인 개입과는 다른 것이다. 기계적인 녹취록이 아닌 진정한 출판을 위한 면담의 편집은 기록을 전하는 것이다. 일반적으로 녹취록은 잘못된 시작, 불합리한 추론, 불완전한 문장, 한 주제에서 다른 주제로 엉성한 건너뛰기 등의 표현이 넘치지만 출판에서는 찾아볼 수 없다. 게다가 종이 위에 단어를 대상화함으로써 녹취록은 면담 안에서 실제로 발생했던 많은 것을 빠뜨린다. 즉 의미에 준언어적 단서뿐만 아니라 두 사람이 말하는 과정에서 생긴 시너지, 감정적인 숨은 의미, 몸짓을 누락시키고 있다. 그래서 출판을 위한 구술 면담 내용의 편집과 맥락화가 필요하게 된다.

① 말한 단어의 전달

출판을 위한 편집의 첫 번째 목적은 말한 단어를 전달하는 것이다. 말하자면 구술자는 쓰여진 언어로 독자들에게 접근 가능하다. 그것은 구술자의 단어나 단어의 순서, 말하는 패턴과 리듬뿐만 아니라 말하려고 시도하는 것이 무엇인지에 대한 감각과 그 감각이 펼치는 방식까지 만든다. 편집은 구술자 자신의 단어로 구술자의 독특한 목소리를 중요한 설명적인 자료와 연계하여 구술자가 말하는 것을 변경하는 것이다.

미국의 역사가인 린다 쇼페스(Linda Shopes)는 구술사 편집을 위한 4단계를 다음과 같이 제시했다(Shopes, 2011). 제1단계는 구조의 창조이다. 전체 면담 녹취록을 통해 구술의 덩어리를 인식하는 것으로 편집 과정을 시작한다. 동일한 주제에 대한 문장에 코드 블록을 색칠해서 구술의 다른 부분 안에서 동일한 주제에 대해 구술자가 말하는 곳을 문자 그대로 볼 수 있게 한다. 이것은 일관성 있는 이야기 줄거리를 고안하고 각각의 블록 안에서 논의된 주제들을 연구함으로써 각각의 블록으로 주제별 덩어리를 자르고 붙이는 것이다.

제2단계는 관련 없는 자료는 잘라내는 것이다. 구술을 좀 더 예술적인 형태로 만드는 것인데 독자의 관심을 붙잡고 흥미를 유지하는 방식으로 간다. 먼저 구조 밖으로 떨어진 면담의 말모둠을 자른다. 옆길로 새는 것, 완벽하게 말하지 않는 것을 잘라야 하는데, 이것은 구술자를 알고 그가 말한 가치를 알 때 매우 어렵다. 불필요한 반복도 자르고 흩어져 있는 미세한 것들을 함께 끌어당겨서 하나의 완전한 진술로 결합시켜야 한다. 이는 주어진 주제에 해당하는 면담의 모든 부분을 찾고 모으기 때문에 어디에 불필요한 중복이 있는지 알 수 있다. 글쓰기에서 단어는 좀 더 고정되고 신중한 것으로 독자를 위해 구술적인 영향을 더 높이는 것이 중요하다.

제3단계는 문장을 정련하는 것이다. 한줄 한줄 작업하는 것을 포함하는데 종종 단어 하나하나에 구술자의 목소리를 담아서 지적이고 일관성 있고 읽을 수 있는 구술로 창조하는 것이다. 그것은 이전 단계에서 기술한 것보다도 좀 더 잘 다듬어진 편집이고 훨씬 더 시간이 소요된다. 이 시점에서 잘못된 시작들, 수정, 주저함, 감탄사, 짧은 독백들을 잘라야 한다. 즉 "당신도 알다시피", "어허", "음……" 등과 같이 끊임없이 반복되거나 관련 없는 단어들과 어구들을 잘라낸다. 이것은 제2단계에서 논의된 잘라내는 종류와 다른 것으로 이것은 하나의 장소 안에서 위치하는 것을 찾고 면담을 통해 나타난 반복되는 내용을 압축한다. 때로는 구술자의 표현의 형태와 고정시키는 단어의 비공식성을 고정시킬 수 있다. 예를 들면, "음, 당신도 알다시피 그것은 아까 말한 것과 다른데……"와 같은 어구로 이야기나 되돌아봄을 소개하는 것, 또는 깊은 부동의나 불승인을 강조하는 "아니, 아니, 그건 정말로 아닌데……"와 같은 연속적인 어구이다.

또한 이 단계에서 이해를 촉진하게끔 다른 부분을 뒤바꾸거나 붙이고 단어를 이동할 필요가 있다. 특히 비공식적인 이야기는 문장에서 자주 단어가 생략된다. 그래서 일관성 있게 구술을 창조하면서 구술자 말의 기본 구조와 억양을 왜곡하지 않는 범주 안에서 주어-동사 형식의 근거로 대화를 재구조화함으로써 오히려 핵심은 읽을 수 있게 조정하는 것이다. 의미를 바꾸는 것이 아니라 단어의 나열 순서 안에서 조심스럽게 이동하는 방식이 되는 것이다. 그리고 구두점(마침표, 쉼표, 각괄호)의 사용은 그 의미가 쉽게 잡을 수 없거나 애매모호한 단어들의 연이음을 이해할 수 있도록 도와줄 수 있다. 예를 들어 많은 구술자들은 분리된 사고들의 연속성을 연결하는 '그리고'라는 단어의 사용을 함으로써 오랫동안 계속된 것이 무엇인지를 말하는데, 이러한 것들을 구두점을 사용해서 제거하는 방법도 고려해야 한다.

이러한 편집 단계는 복잡한 균형을 잡는 행위로 독자를 위한 목소리를 예리하게 만들면서 구술자의 목소리를 유지하는 작업을 하는 것이다. 이 과정은 복잡할 수 있지만 개인적인 접근과 판단에 따르는 것으로 정해진 규칙은 없다. 일반적으로 녹취록과 함께 단어들을 발음 나는 대로 만들어주는 것과 문자를 축약하여 제시하는 방식은 사용하지 않는다. 발음하는 것을 제대로 옮기기도 어렵고 읽기도 어려울 뿐만 아니라 문화적으로 대화의 수준을 낮추거나 무시하는 것으로 보이기 때문이다. 그러나 확실한 단어들의 방언, 속어, 이중 부정 등은 일반적으로 구술자의 말의 형태를 정확하게 반영하기 위해 그대로 둔다. 즉, 가독성을 마음에 두지만 그 사람이 말하는 의미나 맥락을 그대로 전달할 수 있게 해야 한다.

제4단계는 문장 안에서 조정하는 것이다. 편집 과정의 이 마지막 단계는 주제에서 주제 간의 논리적 진전을 만들어내고 무엇이 불분명한지를 명확하게 하고 말한 언어와 쓰여진 언어 사이의 차이를 조정하는 구술과 구술 안에서의 좀 더 직접적인 조정을 필요로 한다. 예를 들면, 말하지 않고 간단히 남겨지거나 삼켜버린 부분에 필요한 단어를 집어넣는 것, 구술자가 말한 것을 이해하는 데 필요한 짧은 어구를 추가하는 것이다. 이러한 삽입은 구술자가 실제로 말한 것으로부터 공식적인 일탈이지만 굳이 각괄호에 들어갈 필요는 없다. 각괄호의 단어와 어구가 빈번하게 나오는 문장은 이해로 다가서기보다는 오히려 상당히 마음을 산란하게 하고 방해가 될 수 있어서 각괄호를 드물게 사용하고 분명하게 하기보다는 느낌상 필요한 중요한 사실인 단어나 어구를 넣는 편이 낫다. 일반적으로 면담에 동반된 다른 맥락적인 자료 안에서 설명되지 않은 문장 안에 나타난 다른 참고문헌들과 사건, 사람을 식별하기 위해서는 각주를 사용하는 것이 낫다. 이 단계는 하나의 주제에서 다른 주제로 넘어가는 데 있어서 정보를 놓치지 않게 채워주는 하나의 문장이나 간결한 문단을 추가하는 것을 포함한다. 이러한 것들은 다른 활자체로 표시하여 구별하고 편집자나 저자의 목소리로 나타낸다.

결론을 내리자면 면담 과정의 질, 삶, 경험, 관점에 대해 이야기하는 방식은 본질적인 것이다. 그러나 역설적으로 말한 단어를 문자 그대로 옮기면 제대로 전달되기보다는 구술자가 의도한 것을 이해하기 힘들게 할 수 있다. 편집은 한 사람의 구술 안에서 생각의 계층구조를 복원하기 위해 말한 단어를 조정하는 것이다. 이러한 생각의 위계가 면담 안에서 제시된 다양한 주제들 안에서의 관계와 가장 중요한 것으로 구술자가 무엇을 생각하는지를 의미한다. 면담에서 이러한 생각의 위계는 대화, 목소리, 몸짓으로 전달될 수 있으나 글쓰기에서 그것은 좀 더 논리적으로 배열이 되어야만 한다. 무엇이 중요한 것인지는 말한 문장 안에서 깊은 익숙함을 필요로 한다. 구술자가 어디에서 반복하고 힘 있게 말하고 열정적이 되었는지, 어디서 반추하면서 약해졌는지, 이러한 것들은 중요한 의미가 깔려 있는 것이기 때문에 편집자로서 파악하려고 유지하고 노력해야만 하는 것이다. 구술자가 말하는 것의 숨은 의도는 무엇인지? 무엇에 대한 면담인지? 이것으로의 접근은 우리가 면담에 경청하는 것을 필요로 하는 것이지 단순히 녹취록을 갖고 할 수 있는 게 아니라는 점은 아무리 강조해도 충분하지 않다. 구술자가 말하고자 하는 것을 들으려고 노력해야만 하고 그가 소통하고자 하는 것이 무엇인지, 무엇이 중요한지, 구술자의 생각의 위계를 이해하기 위해서 단어들을 들으려고 노력해야만 의미 있는 편집이 이루어질 수 있다. 그래서 편집은 영화제작과 같은 예술이다. 왜냐하면 그것은 자르기, 잘라서 잇기, 재배열하기 그리고 종종 먼저 말하기처럼 이해될 수 있게 집어넣기 때문이다. 그러므로 그것은 일관성 있는 하나의 작품을 창조하기 위한 주관적인 판단과 결정을 필요로 한다.

② 맥락화

편집의 두 번째 주된 핵심은 맥락화 또는 이야기한 것을 독자들이 이해할 수 있게 돕는 것이다. 먼저 편집자는 면담을 위한 역사적 무대를 세울 필요가 있고 갖고 있는 주제의 역사적 배경을 독자에게 제공하는 면담을 준비해야 한다. 필수적인 정보를 제공할 필요가 있고 그렇게 해서 면담이 좀 더 커다란 맥락에 맞아야 한다. 구술자를 역사적 무대의 배우로, 그가 연기하는 환경을 묘사해야 할 필요가 있다. 그다음에는 독자들이 면담의 출처를 알 필요가 있고 편집자가 설명할 필요가 있다. 그들이 어떻게 수행했고 누구에 의해서 어떤 목적으로 어떤 상황에서 진행됐는지, 또한 그들이 출판을 위해 어떻게 편집하고 어느 정도의 조정이 이루어졌는지 그리고 다른 사람들이 그것을 사용할 수 있도록 어디에서 기록화되었는지 알 필요가 있다. 그리고 편집자는 구술사로의 이론적 접근을 설명해야 할 필요가 있다. 구술자를 이해하는 방법, 면담자와 구술자 사이, 또는 면담자, 구술자 그리고 편집자와의 상호작용, 역사적 논쟁을 개발하기 위해서 구술사를 사용한 방식 등 독자들이 이해할 수 있게 어떻게 만들었는지를 제공할 필요가 있다. 그것은 일반적인 서론 안에서, 개별 장들의 서문에서, 개별 면담 안의 저자의 중재에서, 또는 전체 내용 안에서 개발된 전체적인 역사적 논쟁 안에서 연계하여 갈 수 있고, 그것은 각주에서도, 후기에서도 나타날 수 있다.

맥락을 제공하는 것은 구술자의 이야기를 놓고 오류를 확인하고 진실성에 접근하는 다른 현존하는 정보원을 갖고 면담을 나누는 것을 의미한다. 구술사는 일상적으로 이름이나 날짜를 잘못 가져온다. 이러한 오류는 의도적인 것이 아니라 구술 안에서 수정될 수 있고 좀 더 긴 설명이 필요하면 각주 안에서 이루어진다. 일부 잘못된 정보를 잘라내고 나머지 오류는 각주 안에 의도적이지 않은 잘못된 내용은 구술사의 전형적인 것이라고 언급하면 된다. 그러나 종종 오류는 좀 더 충분한 설명을 필요로 한다. 구술자들이 종종 고의적으로, 때로는 계획하지 않고 그들 삶의 사건이나 상황을 잘못 표현하기 때문에 구술자가 말한 것과 다른 사람들이 말한 것 사이의 중요한 차이와 쓰여진 기록은 언급되고 제시되어야 할 필요가 있다. 하지만 포르텔리는 구술에 사실적인 오류가 있을 수 있지만 감정적으로는 진실된 것이라는 중요한 핵심을 짚고 있다(Portelli, 1991). 그는 오류, 발명과 신화는 우리가 그들의 의미, 사실을 통하고 넘어서게 이끌지만 이러한 오류를 현존하는 기록으로의 연구를 통해 해석하는 것이 가능하지 않다고 했다.

2) 출판

(1) 유형

쇼페스는 구술사 출판의 3개의 유형은 단일 구술자의 전기적 구술, 단일 주제나 테마에 대해 말하는 다수의 구술자들을 둘러싼 저작, 그리고 다수의 정보원 중의 하나로서 구술사에 그려지는 좀 더 전통적이고 해석적인 연구들로 각각에 적합한 전략을 맥락화하고 특별한 편집을 제시하는 것이 중요하다고 했다(Shopes, 2011). 첫 번째, 단일 구술자의 전기적 연구는 한 명의 개인과 함께 수많은 시간의 면담을 기반으로 만들어진 저작으로 일반적으로 책을 쓴 사람에 의해 진행된다. 종종 그 저작은 구술자의 가족과 연관된 사람들의 면담을 포함하고 전기적인 대상과 함께하는 다른 사람들과의 면담을 포함한다. 이러한 유형의 저작을 편집하는데 있어서 첫 번째 업무는 중심이 되는 테마를 파악하는 것이다. 무엇이 중요한가? 구술자가 전달하기를 원하는 핵심 테마는 무엇인가? 그리고 어떻게 자료를 조직할 것인가? 사실상, 대부분의 전기적 구술은 구조적으로 연대기적이며 그 안에서 일부 특별한 테마나 주제를 강조하는 것으로 나뉜다. 그러나 단독 전기 구술이 한번 집중하여 구조가 결정되면 생각의 위계는 끝나고 남는 일은 편집하고 맥락화하는 것이다. 일반적으로 전기적 구술은 중요한 편집, 재배열과 잘라내기를 필요로 한다. 만약 편집자가 면담자인 경우, 오랜 시간에 걸쳐 상당히 친밀한 방식으로 구술자와 함께 하게 되는데 자료를 잘라내는 것은 육체의 일부분을 잘라내는 것 같이 느껴질 수 있지만 그것은 일관성 있고 단단한 구술을 창조하는 데 필수적이다. 옆으로 새거나 부수적인 이야기들은 저자에게 흥미로운 것이 될 수도 있지만 그러한 이야기들이 핵심에서 벗어나고 확장되거나 부풀려지고 반복된 것이라면 잘라내야 한다. 전기적인 서사를 편집하는 것은 일반적으로 구술자가 놓친 상세함이나 실재 면담에서 목소리를 내지 못한 필수적인 정보를 제공하기 위해 구술자의 입을 통해 약간의 단어를 추가하는 것이다. 종종 이러한 자료는 구술자가 쓴 글인 연설, 메모, 일기장 등으로부터 이어붙일 수 있다. 만약 그러한 자료가 있다면 구술자와 함께 상세한 사항을 채울 수 있도록 작업할 수도 있다. 이러한 작업은 각괄호의 사용이나 일부 다른 표시를 해서 관심을 끌어낼 수 있다. 맥락화는 독자들이 구술자의 개인적인 이야기를 이해할 수 있도록 짤막한 글을 연결하고 좀 더 넓은 이야기 안에서 충분한 배경을 제공하는 것이다. 그것은 독자가 한사람의 사례로 구술자뿐만 아니라 역사적인 상황의 특수한 세트 안에서 행동하는 인물로서 구술자를 이해할 수 있도록 돕는 것을 의미한다. 구술자들은 그들 자신을 주인공일 뿐만 아니라 이야기의 영웅으로 만들려는 경향이 있는데 이것은 면담에 주어진 자기중심적인 본성으로 인한 것이다. 그러므로 편집자는 그 사건에 대한 구술자의 관점을 단순하게 받아들여서는 안 되고 주제의 역사적 역할과 중요성에 대한 신중한 평가를 하는 것이 필요하다. 구술자가 무엇을 말하는지에 대한 이해를 도와주는 것이 필요하다.

두 번째, 하나의 주어진 주제에 대해 말하는 다수의 구술자를 포함하는 연구는 전기 구술과 동일한 많은 문제를 가져오지만 그것은 그 자체의 특별한 도전을 갖는다. 하나의 주어진 주제에 대한 진술의 연속적인 순서는 몇 개의 테마 안에서 개별 구술자들과 함께 번호를 매길 수 있다. 그래서 이런 종류의 출판물의 편집자는 핵심 테마로의 집중, 조직 원칙과 편집, 맥락화 문제를 고려하는 것에 추가로 면담에 무엇을 추가하고 있는지를 조심스럽게 고려할 필요가 있다. 독자들이 그 책의 흐름을 이해하도록 도와주기 위해 각각의 개인이나 각 세션에 짧은 서론을 넣는 것은 그 사람이나 주제에 대해 소개해주고 구술자들이 말한 이야기에 무엇을 추가하고 어떻게 더 넓은 양식으로 들어가게 되었는지를 파악할 수 있게 해준다.

세 번째, 다수 정보원의 하나로서 면담에서 그리는 해석적 연구는 구술사 자료가 더 중요할 수 있지만 그것은 구술자를 통제한 저자의 목소리로 지배적인 논쟁이나 해석으로 면담을 그린다. 대부분의 역사가는 구술사 면담을 문헌 기록이 거의 없고 침묵하거나 매우 제한적으로 주어진 주제에 대해 그려주는 일화 정도의 정보로 보고 있다. 하지만 다큐멘터리 안에서 구술사는 특별한 역사적 경험의 내부자 관점을 주고 의식과 경험을 기록화할 수 있다. 편집의 문제는 구술자의 목소리와 연구자의 목소리 사이의 적절한 균형을 찾는 것이지 구술자의 권위를 굴복시키는 것도 아니고 그것을 지우는 것도 아니고 대화적인 긴장 안에서 작성하는 것이다. 일부 면담을 수행한 연구자들은 그들 자신의 목소리와 구술자 사이의 긴장, 그리고 부동의조차도 함께 지내는 방식을 잘하고 있다. 때로는 구술자의 목소리를 이탤릭체로 해서 차별화하는 것으로 구분을 하는 것이 효과적일 수 있다. 이러한 행위는 면담이 면담자와 구술자의 공동 창조라는 저작의 결과물임을 인식하고 모두 개방된 대화로 표현하고자 하는 것이다.

(2) 이론

이론은 해석의 기본이나 틀을 제공하는 사고의 계층이다. 이론은 면담의 의미를 이해하는 데 엄청나게 가치가 있을 수 있지만 이론은 추상적 개념 안에서 다루고 있어서 구술보다도 더 어렵다. 일부 작가들은 이론을 신비화하고 접근 가능하게 만들지 않아서 이론을 탈신비화하는 방법을 통해 독자가 접근할 수 있게 한다. 그러므로 첫 번째는 인용하고 참조하는 데 신중해야 한다. 자신의 생각으로 다른 사람들의 저작을 통합해서 이끌고 가야 한다. 둘째, 독자에 관한 지식을 추정하지 말고 충분히 설명해야 한다. 셋째, 분명하고 평범한 문장으로 일상적인 언어 안에서 복잡한 생각을 끌어내려고 노력해야 한다. 넷째, 이론적인 사고 안에서 문장을 분명하고 명쾌하게 연결하고 일관성 있는 방식으로 집어넣어야 한다. 다섯째, 최종적으로 사례를 통해 이론적인 핵심이나 초록을 작성하여 이론을 설명하는 데 사용해야 한다.

구술자의 목소리와 균형을 맞추려는 저자들과 함께 이야기의 의미뿐만 아니라 이야기를 위한 독자들의 욕망을 존중하고 분명한 언어로 제시해야만 대부분의 독자들은 이야기를 이해할 수 있다. 새로운 형식을 창조하고 글 안에서 서사적이고 분석적인 장들을 변형하고 면담으로부터 단단한 예시의 이론적 추측을 떠넘김으로써, 다른 사람들과 얽히고 연구자의 목소리와 구술자의 목소리 사이를 막힘없이 이동할 수 있다. 결국 출판을 위한 구술사의 편집은 판단과 외침의 연속이다. 구술자가 말한 것이 무엇인지에 대한 이해와 그가 무엇을 소통하고자 시도했는지, 그 단어 밑의 깔린 의미, 언어의 뉘앙스에 대한 진가를 알아보는 것, 그렇게 하기 위한 기술과 방법에 대한 의사소통과 지식으로 구술을 옮기는 복잡성을 파악해야만 한다. 이 작업은 구술자와 연구자가 함께 만드는 문장, 맥락과 의미의 혼합이다. 맥락은 역사적이고 방법론적인 배경으로 독자가 시대와 장소 안에서 구술이 무엇을 말하는지에 대해 알 수 있는 것이고 그것을 알려주는 것이 편집적인 접근과 출처이다. 그리고 최종적인 의미는 근본적인 질문에 대한 답으로 "그래서 어쨌다는 건데요? 그래서 뭘 말하고 싶은 거죠?"에 있다.

4장

구술사로 만드는 역사

1. 전시 구술

구술사 녹음을 통해 수집한 기억은 마음에서 우러나오는 강력한 것으로 책이나 웹 사이트, 전시에서 만나게 된다. 많은 박물관들이 개인의 증언을 수집하고 보여주는 데 있어서 주요한 역할을 해왔고 일부 구술사는 전시 전략과 수집 정책에 포함되어 있다. 구술을 바탕으로 한 전시는 미리 생각해 둔 아이디어로 그 자료를 집어넣으려고 하기보다는 녹취록을 읽고 녹음 파일을 들으면서 구술자들이 얼마나 많이 인내해야 했는지, 하지만 얼마나 용감했는지, 그리고 그들이 오늘날 어디를 보고 있는지, 그들이 너무 놀랍지 않은지 등이 그들로부터 가져가기를 원하는 메시지이다. 구술사의 실재는 프로젝트를 계획하거나 연구를 수행하는 것, 편집하는 것, 모두 해석이 계속되는 과정이다. 박물관이나 미술관이나 기록관의 방문객들에게 너무 오랜 시간을 경청하게 하는 것은 불가능하므로 가능한 한 전체적인 진실, 감정과 경험의 많은 것을 포함하면서 감당할 수 있는 양으로 기억을 깎아 전시로 만들어야 한다. 많은 사람들의 목소리, 그들의 경험과 의견을 최대한 표현해야 하므로 목소리의 톤, 침묵이나 한숨, 숨 들이마심 등이 전달될 수 있는 오디오의 사용이 매우 중요하다. 가장 우수한 녹취록도 말한 것의 많은 부분을 글로 바꾸면서 잃어버리게 된다. 그러므로 구술자들의 단어와 목소리로 그들의 경험을 청자들이 들을 수 있게 해주는 기회를 전시에서 채울 수 있다. 전시에서 많은 구술자들이 면담하면서 울거나 목소리 톤이 떨리고 분노에 차서 소리 지르는 이런 감정의 다양성을 방문객들이 들을 수 있게 하는 것이 중요하다.

또한 전시를 준비하는 편집 과정에서 준비하는 사람들의 감정을 없애는 것이 중요하다. 특히 구술자들보다 50년 넘게 지나서 태어난 사람들에게 이해하기 어려운 것들이 있다. 예를 들면 육체적인 처벌이 아동을 위해 필요하고 좋은 것이고 매서운 훈육이 그들에게 아무런 해가 되지 않는다고 제시하는 것과 같은 것이다. 이러한 진술을 전시에 포함할 경우, 방문객들이 전시 해석을 읽기보다는 구술자의 말을 듣는 것으로 그들의 경험을 이해하게 하는 게 나을 수 있다. 즉 짧은 문장으로 된 안내문 안에 면담으로부터 무엇을 배웠는지를 간단히 연관 짓고 그러한 내용 안에서 분석을 제한하려고 노력해야 한다. 녹취록의 적합한 발췌는 전시의 각 부분에 따라 이루어져야 한다. 첫 번째 선정은 '전체 면담 컬렉션 안에서 표현된 감정의 범주와 모든 중요한 경험을 다루었는지? 지나치게 강조한 것은 없는지? 비평적인 관점을 남겨두었는지? 구술자가 그것을 어떻게 생각하고 있는지? 녹취록에서 나온 발췌를 옳게 이해하고 있는지?'를 확실히 하기 위해 녹음 파일로 돌아가서 들어 보고 가장 강력하게 그들이 전달하는 메시지를 포함하는 것이 중요하다. 그리고 구술자

중 자연스러운 이야기꾼들의 목소리 톤을 통해 그들의 열정을 전달하고 청자들의 긴장감을 놓치지 않아야 한다. 그들은 마치 당신이 그 사건을 목격하는 것처럼 느끼게 만들 수 있기 때문이다. 전시를 위해서는 이러한 능력을 가진 구술자들의 목소리를 잘 선정해야 한다. 그리고 어떤 메시지가 전체 면담 안에서 가장 강력하게 들어오고 어떤 목소리가 이것을 전달하게 도울 수 있을지를 고민함으로써 내용의 우선순위를 만드는 것이다. 최고의 전시는 전체적으로 구술자의 집합적인 경험을 이해하는 데 필요한 핵심 요소를 보여주고 그들 마음에서의 분명하고 강력한 이야기를 전달하는 것이다.

전시를 만드는 데 있어서 편집은 물론 디자인 역시 필요하다. 자료의 미묘함을 전달하기 위해서 필수적인 소리를 가능한 한 많이 포함하고 그냥 읽고 보는 것보다는 오히려 그들의 목소리를 경청하게끔 방문객들이 걸어올 때 그들에게 다가서는 목소리를 들려줘야 한다. 그러기 위해서 구술자들의 이야기를 완벽하게 이해하고 어떻게 말하게 할지를 준비하는 것이 필수이다. 그렇게 한 후에 공간을 나누고 각 공간 사이의 벽을 구분함으로써 전시 내용이 구분되고 소리가 흘러나가는 것을 방지할 수 있다. 이렇게 방문객들이 방에 들어서면 소리의 배경음, 전시의 구술 특성을 들을 수 있게 함으로써 좀 더 가깝게 경청하고 싶은 유혹을 느끼게 될 것이다. 그런데 소리만을 갖고 전시하기는 매우 어렵다. 사진들이 도움은 되지만 좀 더 다양성을 갖고 전시할 수 있는 것이 필요하다. 이를 위해 구술자 모두가 그들의 생에서 특별한 시기에 가졌던 물건들을 전시 테마로 할 수 있다. 이러한 전시는 방문객들이 각각의 구술자가 지나온 시절을 따라가면서 개인과 집합 기억을 들을 수 있게 해주므로 이러한 물건을 테마별로 각 방에 전시하는 것은 매우 효과적이다. 구술자의 이야기를 생생하게 전하는 것은 전시의 계획, 편집, 설계를 통해서 가능하다. 그러나 수백시간의 녹음을 몇 시간으로 줄이면서 기억을 그대로 다

전달할 수는 없는 것이다. 전시는 결코 컬렉션의 개요보다 더 많은 것을 주기 힘들므로 민감한 큐레이팅 실무와 함께 그들의 기억을 공유하는 모든 경험, 감정과 의견을 전달하는 게 가능해야만 한다. 이야기가 오디오의 형태로 중심 무대에 올라오고 전시의 구조와 설계를 구술할 수 있게 만드는 것이 구술의 본질과 힘을 보존하는 열쇠이다. 각각의 구술자들이 전시회로 걸어 들어갈 수 있어야 하고 거기서 방문객들이 그들을 만나볼 수 있어야만 한다. 만약 구술사의 핵심 강점 중의 하나가 그들의 사건보다 의미에 대해 더 많이 얘기하는 것이라면 질문 속의 사건은 적절히 표현되어야만 한다.

2. 라디오 구술

라디오는 폭넓은 잠재적인 청중에 도달할 수 있는 능력과 말하는 것을 청각으로 전달하는 능력이라는 두 가지 장점을 갖고 구술사를 위한 훌륭한 전달의 매체가 된다. 라디오는 이동할 때마다 함께 움직여서 큰 제약 없이 정원에서도, 부엌에서도, 차 안에서도, 심지어 걸어 다니면서도 들을 수 있다. 무엇보다도 라디오는 소리를 전하는 매체로서 청각성과 구술성을 연결함으로써 그것은 구술사의 전파를 위한 효율적인 매체가 될 수 있다. 청각성과 구술성은 혼돈되는 용어들인데 이러한 것들은 상호 관련되지만 아주 다른 개념들로 정의되어야만 한다. 청각성은 듣는 감각이나 귀와 관련된 것을 의미하는데 라디오 프로그램의 청각적인 관점은 우리가 그것을 빨아들이는 타고난 친밀한 방식과 방송이 되는 청각의 범주로 우리가 원하던 원하지 않던 간에 소리는 우리를 감싸고 우리에게 흘러들어간다. 구술성은 사실과 구술, 말로 하는 의사소통의 질을 언급하는 것이다. 그러므로 구술성은 청각으로 듣는 것의 하위 세트이다. 그러나 목소리의 질은 나이, 성별, 문화적 기원, 교육, 삶의 방식, 심리적인 영향 안에서 운반되고 추가적으로 개인 특유의 말하는 양식, 매너리즘. 어휘, 목소리 크기, 속도, 습관이 반영되어 매우 분명한 목소리는 마치 개인의 지문처럼 자신만의 것으로 독특하게 만들어진다.

구술 면담 녹음을 경청하는 것은 녹취록을 읽는 것과 반대로 누가 말하는 것만을 느끼게 하는 것이 아니고 면담의 리듬과 미묘한 역동성을 가져다준다. 그래서 포르텔리는 면담 과정이 문장을 탐색하는 수행 과정이라고 했다(Portelli, 1997). 인쇄된 녹취록만으로는 그것이 나온 수행 과정을 놓치게 되고 이것은 마치 햄릿을 읽는 것이지 햄릿을 공연하는 훌륭한 배우를 보는 것과는 다르다. 그래서 오디오가 문장이 되고 라디오는 그 수행을 위한 무대가 되어야만 한다. 만약 소리 자체가 구술의 분위기와 이해에 영향을 줄 수 있다면 목소리의 무한한 변조와 말한 단어의 표현력이 단어의 의미로부터 분명한 감정적인 응답을 끌어내는 것이 될 수 있다. 그러므로 오디오는 청자에게 영향을 주는 강력한 정보원이다.

라디오 다큐멘터리는 소리를 통한 이야기를 하므로 전적으로 예술과 저널리즘의 융합이다. 라디오 프로그램을 만들기 위해 다큐멘터리 제작자들은 잔잔한 소리와 음악과 같은 정서적인 청각적 요소와 함께 다수의 구술사 면담과 그것들을 모아놓은 것과의 교차점을 식별한다. 그래서 조합해놓은 것들은 심미적으로 경청자의 경험을 즐겁게 하고 주제의 정확한 표현을 전달하는 설득력 있는 강력한 구술로 펼쳐진다. 다른 제작자들은 그들이 포함하기로 결정한 면담의 발췌와 다른 소리를 가지고 전체적으로 다른 라디오 작업을 동일한 핵심 자료로 창조할 수 있다. 그러나 라디오 제작은 조심스러운 만들기가 필요하다. 첫 번째 문제는 라디오 시간대에 맞추기 위해서 훌륭한 자료를 잘라내야 하는 것인데, 방송을 제작하는 모든 사람들이 반드시 해야 하는 것이다. 그것은 긴 면담을 연마하고 핵심만 뽑아내고 설득력 있는 구술로 펼쳐질 수 있게 순서를 만드는 편집자의 기술이 필요하다. 조심스럽게 선정된 음악, 면담의 잡아챔과 드라마틱하게 만드는 것은 개인적인 기억은 물론 실재 단어들의 의식적인 빨아들임을 목적으로 한다. 그리고 프로그램의 사실적인 뼈대에 설명을 써넣는 것은 조심스럽게 다루어져야만 한다. 서사 작업은 짧고 단순하고 지나치게 문자 그대로가 아닐 때가 최고이다. 또한 그것은 청각적으로 즐거워야 할 필요가 있다. 음악은 감동을 통해 우리를 움직이므로 다양한 음악적 장르 안에서 강력한 반응을 끌어내야만 한다. 음악과 목소리의 상승적인 힘과 함께 집중과 정서적 힘을 높여주어야 한다. 그리고 구술사 안에서 목소리의 힘에 청자들의 마음이 맞춰진다면 선호하는 것이 될 수 있다. 그래서 잘 제작된 라디오 다큐멘터리는 우리가 들을 수 있는 모든 정서적인 힘을 담은 것이라고 할 수 있다.

구술사의 전달과 함께 라디오의 친화성을 사용함으로써 구술사는 강화된 심미적인 다가섬, 정서적인 힘, 더 큰 대중적인 영향을 얻을 수 있다. 이것은 구술사가들이 학자들에게뿐만 아니라 폭넓은 범주의 사람들에게 구술사가 접근할 수 있다는 것을 확실히 해주고 구술사를 보존하는 것뿐만 아니라 배포하는 구술사가들의 의무를 충족시킨다. 라디오는 구술사의 좀 더 진정한 경험을 제공할 수 있는데 왜냐하면 라디오가 내재한 내용을 가지고 면담의 구술과 청각적인 특징을 전달할 수 있기 때문이다. 면담을 실시간으로 경청하는 것은 화자와 청자 사이의 친밀감을 창조하고 인쇄본에서 찾지 못한 생동감을 만들어낸다. 구술자의 강력한 느낌과 감정을 나타내는 구술사는 청자 안에서 강력한 정서적 울림을 경험하게 하고 기억하게 만들 것이다. 정서적인 힘을 사용하는 소리를 통한 이야기로서 잘 만들어진다면, 라디오에서의 구술사는 청중을 움직이고 알려주고 기쁘게 할 수 있는 예술의 형태로 격상할 수 있다. 그렇게 함으로써 과거와 현재의 삶을 연결하는 목적을 달성하게 되는 것이다.

3. 재난과 위기 구술

위기나 재난은 역사적으로 끊임없이 있어왔다. 쓰나미, 토네이도, 지진, 총격 사건, 테러리스트의 공격, 다양한 국가 안에서의 혁명이 발생해 왔다. 이러한 사건들에 사람들은 관심이 있지만 오래 가지 않는다. 사건사고는 매일 일상적인 것으로 소모되거나 그다음 주요 뉴스에 잡힌다. 카메라가 사라지고 기자들이 집에 가면 남는 것은 사건으로 영원히 바뀌는 재정의 과정에 있는 개인과 지역사회이다. 한 사람의 생애나 지역사회의 삶 안에서 이러한 변화의 과정을 연구하는 것은 우리가 누구이고 우리가 되고 싶어 하는 것이 누구인지에 대해 많은 것을 얘기해줄 수 있다. 여기서 구술사 방법론은 그러한 것들과 함께 끝없이 열려 있는 방식이고 공감에 대한 강조로 이러한 연구를 위한 탐색의 도구로 아주 잘 맞는다.

위기의 여파 안에서 서사를 기록하는 것은 새로운 것이 아니다. 제2차 세계대전 동안 병사들의 다친 상황을 기록하고자 미군은 전투사학자를 고용하고 훈련했다. 직업상 학문적인 역사가들이나 기자들, 이러한 전투사학자들은 전쟁 중인 병사들을 따라갔고 전쟁에 참여한 사람들과 면담했다. 전투사학자들은 교전한 정확한 위치, 지형의 특성, 날씨 상태, 사용한 무기의 효율성, 다른 부대에서 받은 지원의 성격에 대해 질문했다. 또한 면담자들은 그 전투에서 특출났던 병사들의 이름을 기록하고 특별한 교전 기간에 직면했던 문제들에 대해 질문했다. 전투사학자는 면담을 수행하는 동안 부대장은 그의 기억을 증명하기 위해 병사들을 불렀고 그래서 면담은 교전에 대한 집단 토의로 진화했다.

2005년 9월부터 2006년 7월까지 진행된 미국의 '구술사 프로젝트 가장 슬픈 날(Saddest Days Oral History Project)'은 태풍 카트리나(Katrina)가 걸프 만을 쳤고 그 여파로 뉴올리언스시의 제방이 무너져 혼란의 소용돌이에서 남부의 7개주의 20개 도시로 피난을 가야 했던 175

명의 재난 구술 기록이다. 그 프로젝트의 주된 면담 대상은 미국의 흑인들이었지만 다양한 범주의 인종과 민족 출신들이었으며 대부분이 지역사회에서 환영하지 않는 것을 느꼈다고 했다. 이 작업은 뉴올리언스의 태풍 카트리나의 즉각적인 여파 안에서 많은 문제를 제공했을 뿐만 아니라 추방된 사람들에게 의미 있는 기억으로 언급되는 것이 무엇인지를 찾아내었다.[1] 그 재난으로 인해 위기에 빠르게 대처하지 못한 기관들이 많은 비난을 받았고, 경찰관과 소방대원 같은 사람들은 언론에 말하는 것을 피하고 소속 기관도 이를 금지하거나 내키지 않아했다. 대신 이 기관들은 구술사 작업에 참여하는 것을 선호했고 '역사적인 뉴올리언스 컬렉션(The Historic New Orleans Collection[THNOC])'은 이러한 기관들과 공식적인 파트너십을 맺고 중요한 자산을 수집하게 되었다. THNOC는 뉴올리언스의 역사와 문화에 중요한 역할을 담당한 박물관이면서 연구기관인데, 태풍 카트리나의 여파에 대한 그 지역과 주와 연방 사람들의 경험에 집중하는 '뉴올리언스 생활사 프로젝트(New Orleans Life Story Project)'를 시작했다. 이 자연 재난으로 인해 뉴올리언스의 거의 80%가 물에 잠기게 되었고 사진, 서신, 도시의 역사적 기록에 필수적인 다른 자료들이 전 지역에 걸쳐서 사라져버리게 되어서 지역사회를 만들어온 사람들의 구술을 수집하고 기록하게 되었고 프로젝트의 범주는 도시의 역사부터 문화와 정치까지 다루게 되었다.[2]

2005년에 작가인 데이브 에거스(Dave Eggers)와 인권활동가이자 의사인 롤라 볼른(Lola Vollen)은 '증인의 목소리(Voice of Witness[VOW])'라는 비영리 도서 시리즈를 설립했고 전 세계에 걸쳐 인권 위기들을 기

---

1 D'Ann Penner, Saddest Days Oral History collection, 2005-2007, https://amistadresearchcenter.tulane.edu/archon/?p=accessions/accession&id=1319

2 The Historic New Orleans Collection, New Orleans Life Story Project, https://www.hnoc.org/research/oral-history

록화하는 데 구술사를 통해 기여하고 있으며 작가이면서 교육자인 미미 록(Mimi Lok)은 교육 프로그램을 만들어서 확산시키고 있다. VOW 시리즈는 뉴올리언스의 카트리나 여파로 프로젝트를 시작했지만 이후에 미국에서 살고 있는 기록되지 않은 노동자와 난민들, 수단으로부터 유괴되고 추방된 사람들, 버마의 군사정권에 생존자 면담을 담는 등 폭넓은 범주의 위태로운 환경에서 그들의 목소리를 기록해왔다. 그들의 작업 의도는 힘이 없는 이들에게 목소리를 주어서 인권 학대의 희생자들에게 권한을 줄 뿐만 아니라 그들의 위기에 대해 국제 사회의 관심을 고무시키고 독자들에게 공감을 키워서 구술사의 인간화하는 기능을 사용하는 것이다. 교육적인 홍보는 그들 임무의 핵심 기능이 되어왔고 그들의 구술사 프로젝트에 기반을 둔 교육 가이드는 학생들을 인권 위기에 좀 더 가까이 데려가고자 하는 의도로 개발되고 있다.[3]

최근 미국에서는 코로나19 대유행을 1918년 인플루엔자 대유행 이후 미국이 직면한 가장 심각한 전염병 위기이며, 이것이 마지막이 아닐 것이라고 우려하고 있다. 그래서 컬럼비아대학교의 혁신적 이론과 경험을 위한 학제간 센터(Interdisciplinary Center for Innovative Theory and Empirics[INCITE])와 구술사를 위한 컬럼비아센터(The Columbia Center for Oral History[CCOH])의 사회학자, 구술사가, 인류학자 팀은 전염병에 대한 뉴욕시의 경험을 기록하는 기록 보존소를 구축하고 있다. 뉴욕시는 국제적인 연결과 사회 생활의 지역 밀도로 인해 미국에서 이 전염병의 초기 진원지였고 바이러스는 가정, 직장 및 이웃에서 가장 강력하게 퍼졌다. 그래서 이러한 전염병의 사회 구조를 조명하고 기록화하기 위해 세계적인 도시인 뉴욕에 중점을 두고 '뉴욕의 코로나19 구술사, 서사와 기억 아카이브(NYC COVID-19 Oral History, Narrative and

3 Voice of Witness, https://voiceofwitness.org/about/

Memory Archive)'를 구축하기 시작했다.[4] 이러한 위기 상황에서 사람들의 인식과 이해가 매일, 때로는 매시간 변하기 때문에 이것을 가능한 한 빨리 진행해야 했고 2020년 3월부터 인터뷰를 시작하게 되었다. 이러한 작업은 계속 진화하는 코로나19와의 투쟁에 대한 풍부하고 종합적인 그림을 보여줄 것이다.

전염병이 일상생활에 미치는 영향을 기록하기 위한 뉴욕시의 광범위한 노력은 9·11 테러의 여파로 확립된 구술사 프로젝트를 토대로 했으며 지금이 역사상 중요한 시점이라는 것을 강조하고 있다. 9·11 테러 공격을 겪었을 때도 도시 거주자와 인터뷰를 900시간 이상 진행하여 구술 기록으로 남겼고 뉴욕 역사학회는 현재 9/11 기념박물관(9/11 Memorial & Museum)에 전시되는 많은 것들을 도시와 주 전역으로부터 수집했고 컬렉션의 폭을 넓히는 데 깊은 영향을 미쳤다. 9·11 테러와 코로나19 팬데믹이라는 두 사건은 모두 뉴욕과 미국에 엄청난 충격을 주었고 9·11 테러가 여러 가지 측면에서 전환점이 되었듯이 이번 팬데믹도 새로운 전환점을 가져올 것으로 보고 있다.

뉴욕 시민들이 겪고 있는 광범위한 경험의 조각을 문서화하는 이유는 모두 이 전염병과 싸우고 있지만 현실은 매우 다른 경험 속에 살고 있고 도시 전역에서 그들의 이야기를 듣는 것이 공감대를 구축하는 데 도움이 되기 때문이다. 누군가가 당신과 비슷한 일을 겪고 있다는 것을 아는 것은 큰 위안이 되며, 더 힘든 상황에 처한 사람들이 있음을 알게 되고 서로를 배려할 수도 있게 된다. 무슨 일이 일어나고 있는지에 대한 이해는 끊임없이 바뀌고 한 달 전 또는 6주 전에 무슨 일이 있었는지, 돌이켜보면 시간이 지남에 따라 기대나 상황이 어떻게 바뀌었는지를 기억할 수

4 NYC COVID-19 Oral History, Narrative and Memory Archive, https://incite.columbia.edu/covid19-oral-history-project

있고 구술을 통한 대화는 사람들이 겪고 있는 것을 정서적으로 처리하는 데 도움이 된다.

이 프로젝트는 12개월 동안 각 내레이터와 3번의 비디오 인터뷰를 진행한 것이고, 인터뷰의 목소리는 팬데믹 기간 동안 일상생활을 기록하는 일기와 참가자 및 인구 통계 데이터를 추적하는 설문 조사로 더욱 풍부하게 만들어지고 있다. 총 200명의 인터뷰를 수행하는 것을 목표로 우리가 아직 이해하지 못하는 방식으로 전염병이 변화하고 있지만 전염병을 더 잘 이해하고 대응하는 방법을 배우고 우리 사회의 구조적 결함을 살펴보고 지역 사회의 힘과 회복력을 강조하고 있다. 포스트 코로나의 미래를 개척하는 이들에게는 이 시기를 살아온 이들의 목소리를 듣는 것이 매우 중요하며 연구자, 의료 종사자, 교사, 소상공인, 역사가, 정치인, 기업인, 예술가 및 정책 입안자는 이 위기를 극복한 방법에 대해 뉴욕 시민들이 이야기하는 것을 듣고 지켜보며 배우게 될 것이다. 30명의 구술사 면담자로 구성된 구술사팀은 의사, 간호사, 요양보호사, 가사도우미, 장례 종사자, 부모, 노숙자, 행사기획자, 예술가, 이민자, 교사, 일용직 근로자, 공무원 및 모든 종류의 일상적인 뉴욕 시민들로 도시 인구의 광범위한 표본에서 연대기와 설문 조사 응답을 수집 중이다. 그리고 이렇게 수집된 구술 아카이브는 대학 도서관에 저장되고 대중이 접근하고 활용할 수 있게 될 것이다.

뉴욕의 공공도서관에서도 전염병에 관한 구술 자료를 수집하고 있다. 브루클린 공공 도서관과 브루클린 역사학회는 브루클린에 사는 주민들에게 전염병 이야기를 공유하도록 요청하고 있다.[5] 도서관은 전통적인 구술사 아카이브에 표현되지 않은 지역 사회 구성원과 이야기를 기록하

5 NYC Cultural Institutions Preserve Pandemic Memories in Real Time, https://www.thecity.nyc/2020/5/6/21257161/nyc-cultural-institutions-preserve-pandemic-memories-in-real-time

는 데 초점을 맞추고 있다. 건강 관리나 의료 서비스 업종과 같은 최전선 노동자를 포함하여 지금까지 간호사와 배달원 등 약 50명의 사람들과 면담을 했다. 브루클린이 코로나19로 인해 가장 많은 영향을 받았기 때문에 지금 이 순간을 포착하고 있으며 이러한 구술 자료는 결국 도서관의 아카이브에 저장되고 활용될 것이다. 이는 미래의 사람들이 브루클린에서 매우 어려웠던 시간을 짚어보고, 이곳에 사는 것이 어땠는지, 그리고 사람들이 어떻게 적응하고 대처하고 서로를 돌보았는지 이해할 수 있는 자료를 평범한 사람들의 목소리로 만들고 남기려는 것이다.

호주의 뉴사우스웨일스 주립도서관(State Library of New South Wales, 이하 NSW 주립도서관)도 코로나19 기간 동안의 도서관의 경험을 문서화하는 가장 효과적인 방법으로 구술사를 소개하며, <COVID-19 Oral history project>를 기획했다.[6] 이는 뉴사우스웨일스 주에 속한 공공도서관 직원들의 팬데믹에 대한 경험을 공유하기 위해 구술을 채록하는 프로젝트이다. 구술 인터뷰는 구술 교육을 받은 공공도서관 직원이 진행하며, 구술 대상자는 공공도서관의 다양한 역할을 가진 직원들이 된다. 면담자인 공공도서관 직원은 전화나 온라인을 통해 동료를 인터뷰하여 코로나19로 인해 공공도서관 서비스가 어떻게 변화해왔는지에 대한 다양한 관점을 기록하고 있다. 팬데믹 기간 동안 어린이·청소년 서비스를 포함한 도서관 서비스를 다루는 것에 관한 이메일 토론은 2021년 2월부터 시작되었으며 도서관장과 부서장들이 도서관 서비스를 위해 내린 결정에 대한 이야기도 기록하고 있다. 이 전염병은 모든 도서관 업무에 영향을 미쳤고 앞으로도 변화가 계속될 가능성이 있어서 이러한 유형의 이야기를 포착한 녹음이 흥미롭고 중요한 가치를 갖는다. 도서관 업

6 State Library of New South Wales. COVID-19 Oral History Project, https://www.sl.nsw.gov.au/public-library-services/reference-and-collection-management/oral-history

무 전반에 영향을 끼친 코로나19로 인하여 변화한 도서관 서비스와 지역사회 요구에 초점을 맞추어 구술이 진행되며, 채록된 음성은 직원이 속한 공공도서관 컬렉션에 추가된다. 이 구술 프로젝트는 구술 인터뷰를 2회 정도 진행하길 권장하며, 인터뷰 대상자의 사진도 남기길 권하고 있다. 또한, 면담자인 도서관 직원은 이메일을 통해 인터뷰 대상자로부터 서면 허가를 받아야 한다. 녹음도 배경 소음을 최소화해서 진행해야 하며 향후 보존을 위해 선호하는 사운드 보관 형식은 WAV 파일로, 비압축 스테레오에서 24비트 48kHz로 녹음을 권장하고 있다.

NSW 주립도서관은 <COVID-19 Oral history project>를 통해 수집된 구술자료가 코로나19 시대 공공도서관의 경험을 기록한 중요한 지역자료가 될 것으로 보고 있다. 동시에 NSW 주립도서관은 각 공공도서관이 이 프로젝트를 수행하기 위해서는 사서의 업무량을 적절히 조정해야 함을 명시하고, 구술 채록을 위한 질문 예시 또한 제공하고 있어 추가하거나 수정하여 면담자가 사용할 수 있다. 구술 채록을 위한 질문으로는 코로나19로 인해 도서관이 받은 영향, 도시 폐쇄로 인해 도서관을 열지 못하게 되었을 때의 상황, 가장 먼저 변경된 서비스, 사서로서 하루 일과의 변화, 재택 근무 여부, 사회적 거리두기의 상황에 대한 관점, 팬데믹에 대한 생각, 사람들과의 소통 방식, 현재 상황에 대한 긍정적인 측면과 부정적인 측면, 공유하고 싶은 것들 등이 있다. 이와 함께 구술 채록을 위해 각 공공도서관이 참고할 만한 지침을 함께 수록해두었다. 이는 디지털 녹음 및 녹화에 대한 지침, 박물관 협회에서 제공한 코로나19로 인한 폐쇄기간 동안 박물관의 수집 방안, 영국구술사학회에서 제공한 코로나19 기간의 구술사 인터뷰에 대한 조언, 녹화 가이드나 전화 인터뷰 녹음 가이드 관련 링크 등이다. 이렇게 코로나19 상황에서도 구술 자료의 수집과 활용의 유용성을 높이고 있으며, 과거뿐만 아니라 현재 우리가 살아가는 시대를 기록할 수 있는 <COVID-19 Oral history

project>를 기획함으로써 도서관이 중심이 되어 또 하나의 지역사를 기술해나가고 있다.

이러한 위기의 공통적인 기억은 사건이 지나고 오래 사로잡혀 있게 되며 최근에는 위기의 중간에 또는 바로 지나서 면담을 실행하는 경향이 있어왔다. 이러한 작업은 독특한 가능성과 중요한 관심을 가져다준다. 위기 여파에 관해 면담하는 최근의 관심과 반응 안에서 많은 연구자들이 피면담자에 대한 면담 과정의 심리적 영향에 대한 관심을 나타내왔다. 의학심리학자이자 심리분석자인 길레인 보랭거(Ghislaine Boulanger)는 심리학과 구술사 사이의 간격을 연결하는 데 중요한 인물로 그는 만약 구술자가 그들의 경험에 대해 기꺼이 얘기하려고 한다면 일반적으로 면담을 진행하는 게 안전하다고 제시하고 있다(Boulanger, 2013). 그 과정은 개인의 트라우마 경험을 입증하고 생존자들이 그 사건의 의미를 만들기 시작하는 데 도움을 줄 수 있기 때문이다. 그래서 구술사가는 이를 입증하며 그들은 자주 지역사회 집단 기억의 중개자가 된다.

앨리스 호프만(Alice Hoffman)과 하워드 호프만(Howard Hoffman)은 일상적으로 목격자/참여자가 빈번하게 기억하는 중요한 사건들에 대한 기억을 '기록학적 기억(archival memory)'이라고 했다. 이것은 하나의 이야기를 계속해서 얘기하게 되고 매번 더 명료하게 반짝이게 되는 기억이다. 서사를 위해 불필요하게 여겨지는 확실한 상세함은 사라지고 시간이 지나 잊혀지면서 남는 것은 영원히 기억에 새겨진 것이고 궁극적으로 기록학적 기억을 대체할 수 있는 것은 없다는 것이다(Alice Hoffman & Howard Hoffman, 1990). 위기가 끝나고 바로 구술사를 진행함으로써 우리는 참여했거나 목격한 사람들의 통찰력을 미래 세대에 제공하고 그들의 감정을 포착할 수 있다. 사건들과 연결된 감정이 서서히 사라지지 않는 동안 설명을 포착함으로써 우리는 그들이 집합 해석으로 이동하거나 상황이 변화하기 전에 기억을 기록할 수 있다. 또한 우리는 기록학적 기록이 창조되는 과정에서 잃어버릴 수 있는 기억들을 구해낼 수 있다. 아직도 우리는 어떻게 기억을 말하게 되는지 모르는 게 많으며 구술사가는 구술 면담과 구술 자료를 통해 이해의 폭을 넓혀주는 위치에 있다. 사건 후에 바로 위기 환경 안에서 면담을 진행하는 것으로 그리고 나서 몇 년 후에 다시 면담하는 것으로 우리는 기억의 과정에 좀 더 많은 것을 찾아낼 수 있다.

1) 트라우마

미국의 구술사가인 마크 케이브(Mark Cave)는 구술사가인 메리 마샬 클라크(Mary Marshall Clark), 보랭거와 면담을 하게 되었는데 뉴욕시의 9·11 테러 공격 여파로 인한 심리치료작업을 했던 경험을 통해 면담자들이 갖게 되는 대리외상(vicarious traumatization)의 문제를 알게 되었다. 대리외상의 지표는 직접적인 트라우마와 유사하고 생존자들의 이야기에 집중하기 어려움, 불면, 소외, 또는 감정적인 변동이었다. 그래서 9·11 구술사 프로젝트의 면담자들과 운영진은 대리외상의 표시와 증세에 대한 교육을 받아야 했고 특히 트라우마 사건의 수많은 목격자들의 목소리를 경청하고 면담자들의 정신적 건강에 영향을 주는 데 신경을 많이 써야만 했다. 또한 자신의 삶에서 트라우마 경험으로 영향을 받은 면담자들은 대리외상이 점점 심해지는 취약성을 가질 수 있어서 특별히 주의를 기울여야만 했다는 사실을 밝혔다(Cave, 2014).

덴마크의 구술사가인 셀마 레이데스도르프(Selma Leydesdorff)는 보스니아 집단학살에서 살아남은 여성들과의 생애사 면담을 수행했는데 그녀는 트라우마 문제에 대해서 광범위하게 글을 쓰고 강연했다. 그녀는 어떻게 트라우마 경험이 사건의 회상을 왜곡하고 서사 안에서 연대기적으로 앞뒤가 맞지 않는 요인이 되는지를 썼다. 일부는 트라우마 사건이 그들의 생애사에서 가장 중요한 특징이 되고 그 사건 전후의 그들의 삶의 기억을 색칠했다. 이것은 명백히 구술사가들에게 도전인데, 면담자는 인내심을 갖고 공감하는 경청자가 되어야 하며 피면담자가 혼란스러운 기억 안에서 순서를 창조할 수 있게 도와주는 과정임을 받아들여야 한다고 했다. 무엇보다도 무슨 일이 있었는지의 의미를 찾고 이해할 수 있게 하는 것이 치유의 첫 번째 단계라고 했다(Leydesdorff, 2015). 프랑스 구술사가인 장 하츠펠드(Jean Hatzfeld)도 르완다 집단학살의 생존자 면담에서 집단학살에서 살아남은 생존자는 말하거나 침묵하는 것을 선택하는데, 말하는 것을 선택한 생존자는 기억의 혼돈에 도전하고 끊임없이 질문할 필요성을 받아들였다고 했다(Hatzfeld, 2007).

트라우마는 사회 문제이기도 하다. 트라우마 사건의 영향을 알아온 지역사회는 크게는 사회로부터 그들의 경험이 떨어져나가고 소외되었다고 자주 느낀다. 여기서 구술사 면담은 트라우마 지역사회와 더 큰 사회 사이의 관문을 창조하고 영향을 받은 지역사회가 느낀 소외감을 줄여주는 것을 돕는다. 구술사가는 위기의 순간으로부터 의미를 창조하는 과정으로 구술자를 도울 수 있음에도 불구하고 그들은 결코 그들 자신을 치유자들로 생각하지 말아야 한다. 심리분석가의 방법이 구술사가의 접근과 유사해 보이지만 그 의도는 상당히 다르다. 심리분석가의 일차적인 관심은 그 세션 자체 안에서 무슨 일이 생겼는지 진행 중인 치유관계와 생존자의 이야기를 점차 펼쳐나가면서 환자의 트라우마 경험을 갖고 말하게 분투하는 것이다. 그러나 구술사의 실행 목적은 그 사건들에 참여하거나 목격했던 자들의 감정적인 측면을 기록화하는 것이다. 이러한 기록의 생성 과정은 한 개인의 트라우마 경험을 입증할 수 있고 그들에게 권한과 목적의 느낌을 주지만 기본적인 목적은 역사적 서사를 만들어내는 것이다.

남아프리카의 구술사가인 숀 필드(Sean Field)는 트라우마에 관해 광범위하게 작성했는데 특히 남아프리카 진실화해위원회(South African Truth and Reconciliation Commission[TRC])에 제공한 증언과 르완다 집단학살 면담을 연결시켰다. 필드는 심리분석가와 구술사가 사이의 차이를 강조했지만 그는 트라우마 사건을 겪은 사람들과의 면담에서 어린 시절과 가족 경험을 강조하고 있다. 그는 한 사람의 기억을 해석할 때 개인적인 경험과 문화적 영향을 고려해야 하지만 사람들이 트라우마에 유사하게 반응할 것이라고 추정하지 않는 것이 중요하다고 했다. 트라우마 사건 이전의 한 개인의 삶에 통찰력을 갖는 것은 그 사건에 대한 기억이 어떻게 형성되었는지를 이해하는 데 필요하다고 보았다. 그는 말로 그림을 전달하는 데 있어서 구술자에게 상상력과 창조력에 특권을 주어야 하며 다른 사람들에게 그들의 혼란스러운 과거를 기억하고 서사하는 기회를 제공함으로써 그들의 기억이 정교하게 되고 상상력과 영향력을 줄 수 있는 공간을 제공해야 한다고 했다. 또한 그는 구술자의 상상력이 어떻게 과거의 개인적 생각이나 느낌을 기억하는 것에 맞춰나가게 되는지를 연구했다. 그는 의미 있게 상상하는 기억하기가 생존자에게 위기를 넘어서 이동하는 데 필요하다고 논했다. 의미 있는 기억의 이러한 과정은 사회적인 과정이 되어 가족, 집, 박물관, 학교, 사회와 다른 시민 모임에서 이야기가 되고 다시 이야기되는 공간 안에서 이러한 기억을 공유하는 다른 사람들과 사회적 연결이 필요하다고 보았다. 그러나 지역사회의 상상하는 기억은 즉각적인 회복의 필요성으로 형성되고 종종 진실과는 거의 관계가 없어야만 한다고 했다. 기억의 상상 과정은 그 위기가 왜 발생했는지에 대한 설명이 필요한데, 현대 사회에서는 언론이 사건을 맥락화하는 주된 힘이라고 했다. 그래서 주로 신문기자들이 왜 그런 일이 생겼는지 말해주지만 종종 언론이 답을 주지 못할 때는 지역사회가 위기를 넘어 이동하기가 어렵다는 것을 알게 된다고 했다(Field, 2012).

신문기자와 구술사가는 지역사회가 위기를 감지할 수 있게 돕는 책임을 공유한다. 커뮤니케이션 학자인 존 티스데일(John Tisdale)은 1957년에 루이지애나를 강타한 태풍 오드리(Audry)를 보고하는 기자의 관찰 방식은 위기를 다루는 데 있어서 구술사가와 매우 유사하다고 보았다(Tisdale, 2000). 기자들이 새로운 이야기 안에 확실한 정보를 제공하고 끌어내지 못하면, 독자는 다른 정보원을 찾기 쉽다. 그러나 사람들이 원하는 것이 항상 진실이 될 수 없고 그래서 구술사가는 반드시 위기에 대한 집합적 이해가 진실과 어떻게 다른 지를 찾아내야만 한다. 구술사가는 좀 더 명확한 이해를 미래 세대에 제공할 방식으로 그들의 작업을 지향해야만 한다.

재난이나 위기의 설명 과정에서 필수적인 부분은 비난할 사람을 찾는 데 있고 치유할 지역 사회를 위해 항상 좀 더 높은 권위로 사건의 책임을 전가할 필요가 있다. 그래서 대부분은 신의 뜻이라고 그 사건의 책임으로부터 우리를 자유롭게 하곤 했다. 예를 들면, 2005년 태풍 카트리나(Katrina)도 일부는 죄 많은 도시에 내린 신의 분노로 뉴올리언스를 파괴한 것으로 보았다. 현대 사회의 대부분 사람들을 위한 좀 더 효율적인 대응기재는 지역 사회 지도자나 정부를 비난하는 것이다. 위기를 맥락화하는 데 있어서 언론의 주요 역할 중의 하나는 지역사회가 비난할 사람을 찾을 수 있게 돕는 것이다. 그러나 이러한 역할은 목격자 집단과 기자들을 다투게 만들고 구술사가는 언론과 소통하지 않을 사람들에게 접근할 수 있다. 이러한 개인들에게 그들의 경험을 맥락화할 수 있는 수단으로 구술사를 제공하는 것은 사건의 좀 더 미묘한 차이에 대한 이해를 가져올 수 있다. 그래서 면담자는 구술자들이 그들 자신의 결말을 위해 면담 과정을 어떻게 사용하려고 노력할지에 관심을 기울여야 한다.

감정은 위기 상황에서 진실의 커다란 부분이다. 그것은 우리 주변에 무엇이 진행되고 있는지를 알려주고 우리가 해야 할 선택을 결정해준다. 누가 무엇을 했는지 아는 것은 그 이야기의 반만 아는 것이다. 감정은 변색하고 그래서 구술사가가 경험을 재빨리 기록하는 것이 필요하다. 감정은 피면담자의 태도와 활동을 이해하는 열쇠일 뿐만 아니라 사건의 기억을 함께 묶어준다. 그러나 사건과 연계된 강력한 느낌들은 흐려지기 시작하고 경험의 상세한 기억은 수준이 떨어지기 시작한다. 그래서 약해진 기억은 변하는 데 취약하고 우리 자신의 가치와 태도 안에서의 변화와 사건에 대한 집합 해석에 의해 영향을 받는다. 구술사가는 위기의 여파에서 그 사건이 언론에서 어떻게 다루어지고 있는지를 살펴보고 대안적인 관점을 줄 수 있는 구술자를 목적의식을 갖고 찾음으로써 역사적 기록 안에 반영될 수 있는 것으로부터 사건의 기자적인 범주 안에 있는 차이를 방지하는 데 도움을 줄 수 있다. 이러한 작업은 사건에 대한 좀 더 미묘한 기록을 창조하고 좀 더 역사적인 질문은 물론 감정적인 측면에서 유용한 청사진을 제공할 수 있다.

2) 구술사가의 역할

구술사가가 트라우마 사건을 경험한 사람들에게 그들의 경험에 대해 말할 수 있게 하고 원하는 사람들에게 관심 있는 귀를 제공하는 것은 그들이 살아가고 앞으로 나아갈 수 있게 도와주는 것이다. 비록 언론이 사건을 맥락화하는 주된 힘임에도 불구하고 언론은 목격자로 접근하는 그들의 능력에 의해, 그들의 소비자의 요구에 의해, 그들이 할 수 있는 것이 제한된다. 구술사가는 그들의 작업이 기자들처럼 시장이 주도하는 것이 아니라서 그들은 사건에 대한 이해에 미묘한 차이와 조화를 더하는 방식으로 그들의 작업을 하게 된다. 그리고 그들의 작업은 일반적으로 판단을 하거나 기회주의적으로 보이지 않기 때문에 목격자들에게 자주 접근할 수 있다. 구술사가들은 개인의 측면에서 사건의 감정적인 울림을 포착하고 궁극적으로는 우리의 과거에 대한 이해의 깊이와 느낌을 추가하면서 기록할 수 있다.

텔레비전과 인터넷의 성장으로 증가하는 위기에 대한 인식은 위기와 관련된 구술사의 증가를 가져오고 있다. 이러한 경향은 미국구술사협회(Oral History Association)에서 '신흥 위기 상황에 관한 구술사연구기금(Emerging Crisis Oral History Research Fund)'을 2006년에 설립하게 했다.[7] 이 기금은 미국과 전 세계의 위기 상황에서 작업하는 구술사가를 지원하고 기록을 남기는 것을 격려하기 위해서 4천불까지 지원을 하고 있다. 위기 상황은 전쟁에만 국한되지 않고 자연 재해, 정치적, 경제적, 윤리적 억압 또는 위기가 상당히 발생하는 사건들에 관해 면담을 진행하는 구술사가들을 지원하려는 것이다. 오늘날 면담은 전 세계 거의 모든 지역 안에서 위기 환경에서 진행되고 있는데, 재난과 위기 분야에 유명한 학자들이 관심을 갖는 경우는 드물고 결과적으로 위기의 여파 속에 구술사 현장의 모범 실무에 관한 연구나 문헌은 여전히 부족하다. 위기는 언제나 발생하며 자연적 재난이나 대규모 충격은 끊임없이 지역사회를 위태롭게 하고 개인들은 트라우마에 남겨질 것이고 그 의미를 찾게 될 것이다. 구술사가는 무엇이 남아 있는지를 우리가 알 수 있게 돕는 중요한 역할을 해야 할 책임이 있다.

4. 가족과 여성 구술

구술사가 가족사에 미친 영향은 매우 크다. 남편과 아내의 역할, 딸과 아들의 양육, 정서적·물질적 갈등과 의존, 독립, 구애, 결혼 안팎의 성행

7 Oral History Association. Emerging Crisis Oral History Research Fund, https://www.oralhistory.org/award/emerging-crisis-research-fund/

위, 피임 및 낙태를 위한 청소년의 투쟁, 이 모든 것이 사실상 비밀스러운 영역이라서 유일한 단서는 전체 통계와 일부 관찰자로부터 주워 모은 것이었기 때문에 한쪽으로 치우친 공식적인 틀 안에 머무를 수밖에 없었다. 그러나 구술사 면담을 통해 가족사를 발전시키고, 시간이 지남에 따라 다양한 장소에서 생애주기 동안 그리고 남녀 사이에 주요 양식과 변화를 확립하는 것이 가능해졌다. 어린 시절의 역사가 처음으로 써지고 대부분의 여성들 삶에서 가사 노동, 집안일, 모성애를 통해 거의 동등한 연구 범위의 확대가 여성사로 이어졌다.

구술사 면담은 특별히 여성의 관점을 드러내는 가치가 있다. 인류학자들은 여성의 관심과 경험이 남성들과 상충하는 상황에서 말없는 여성의 특별한 경험을 어떻게 표현하는지를 관찰해왔다. 자신의 인생을 말하는 여성은 두 개의 분리된 충돌하는 관점을 결합시킬 수 있다. 하나는 남성의 우세한 지위를 반영하는 개념과 가치의 틀에 박힌 것이고 또 하나는 여성의 개인적 경험의 즉각적인 실재에 의해 알게 된 것이다. 여성은 그들에게 만연한 개념과 관습에 친숙하고 공적으로 수용된 용어 안에서 그들의 삶을 기술하고자 노력할 때, 그들 자신의 생각과 느낌에 침묵한다. 여성의 관점을 정확하게 들으려면 그들 사이의 관계를 이해하기 위해 조심스럽게 그들에게 귀 기울이고 무음의 채널을 받아들이면서 입체적인 음향을 경청하는 법을 배워야만 한다. 중요한 것은 수용성의 범주 밖에 놓여 있는 여성의 경험을 기록화하는 기회를 놓치지 않아야 한다는 것이다. 여성의 주관성이 무음의 통로에 접근하는 것을 촉진하기 위해서 면담자는 반드시 이론적 토대를 갖고 누구의 이야기를 물어봐야 할지를 조사해야만 한다. 구술자가 자신의 경험을 말할 때 무슨 의미가 있는지를 파악하고 경청하는 법을 배우기 위해서 면담자는 자신의 연구 주제보다 더 많은 관심을 가질 필요가 있다.

여성 구술사는 여성의 독특한 경험과 관점을 연구하기 위해 새로운 형태의 질문이 더 많이 필요하다. 최초의 질문에 구술자가 응답하는 수준과 여성이 암시하고 제안하고 말하기 시작한 것이 무엇인지, 말하지 않은 것이 무엇인지를 들을 필요가 있다. 그들의 멈춤, 그것이 언제 일어났는지, 그들의 응답에 대한 무능력과 주저함을 해석할 필요가 있다. 활동, 사물, 사건에 대한 의미를 부여하는 주관적인 감정을 연구하는 데 있어서 면담이 여성들에게 어떠한 맥락을 창조했는지, 어떠한 감정과 행동을 탐구하도록 만드는지, 어떠한 용어로 그들이 의미하는 것을 설명하도록 여성들을 격려했는지 조심스럽게 생각할 필요가 있다.

여성이 어떻게 그리고 왜 그들이 그렇게 이야기했는지를 이해하기 위해서는 집합 역사와 함께 개인의 기억을 탐색하는 것이 중요하다. 구술면담을 통해 집합 역사 안에서 잃어버릴 수 있는 인격, 감정, 상세한 내용, 대화에 좀 더 깊이 관여할 수 있다. 한 여성의 삶은 변화하는 경험의 역할이나 의식적으로 비추는 개인의 역할로 단순히 결정되는 것이 아니란 것을 보여줄 수 있다. 여성의 생애를 돌아보는 것은 노동자, 어머니, 딸, 아내로서 여성의 다양한 삶을 보여주는 기억의 수많은 층을 하나씩 벗기고 계층 기억이 젠더, 문화와 민족의 경험과 함께 나눠지는 것에 대한 통찰력을 제공하는 효율적인 수단이 될 수 있다. 이렇게 역사적 증거의 형태로서 피면담자의 회상 안에 공통적인 것들에 대한 접근과 맥락을 기록으로 남기는 것은 매우 중요하다.

5. 기업 구술

기업 구술은 기업 문화와 실무에서 변화에 대한 역사적 이해를 추가하는 것이다. 종이 기록의 부재 속에 개인의 증언은 기록 정보의 완전히 새로운 실체를 창조할 수 있다. 보충적인 데이터뿐만 아니라 핵심 기업

활동의 좀 더 완전한 이해를 제공해준다. 그리고 면담은 특히 매일 매일의 실무와 반복되는 일상의 세부 사항들을 기록화하는 데 효율적이다. 상세한 일화, 밑에서 이루어지는 거래, 의사소통, 상호작용, 기업의 경영 방식에 중요한 관점을 제공하고 기업 전체 안에서 일하는 관계와 기술적인 혁신에 영향을 밝혀준다. 또한 기업 구술사는 숨겨진 목소리, 특히 남성 중심의 직장 문화에서 쓰여진 정보원은 광범위하게 남성들의 입장을 말하고 있는 정보원이기 때문에 여성의 변화하는 역할, 무시되어오고 거의 기록이 되지 않은 경험을 기록할 수 있다. 하나의 사례로 영국국립도서관(British Library)의 도시생활사 프로젝트(City Lives Project)는 영국의 재정적인 자본에서 핵심적으로 운영하는 150명에 가까운 사람들의 생애사 면담을 수집했고 여기에서 영국은행, 상업은행, 청산은행, 법률과 회계 회사, 재정 규제와 보험회사에 종사하는 여성에 대한 심각한 편견을 발견했다. 일부 사례에서는 고통스러운 경험을 말하는 면담을 꺼려했고 일부는 면담 내용에서 익명성을 요청하거나 면담을 그만두고 싶다고 했다.[8] 하지만 기업사가가 수집한 면담의 대부분이 좀 더 높은 직급에 있는 핵심 의사결정자와 최고위 경영진으로 진행되는 동안, 부하 직원들에 대한 구술사는 경영구조를 훨씬 더 끌어올리는 데 효율적일 수 있고 공식적인 기록과는 대조적인 경험을 그려준다. 부하 직원의 구술사는 기업 문화, 정보 흐름과 시스템의 문제를 검토하는 데 특별히 사용되고 가장 밑바닥에서 승진을 통해 올라온 사람들과의 면담은 특히 의미가 있다.

구술사의 내용이 기업의 역사적 데이터와 다른 것은 그들의 본질적인 주관성 안에서 변화하는 인식을 전달하는 데 있다. 같은 사건이나 같은 사람에 대한 서로 다른 설명을 나란히 놓고 모두 사실임을 보여주면서

---

8 British Library. National Life Stories, https://www.bl.uk/projects/national-life-stories#, https://sounds.bl.uk/Oral-history/Banking-and-finance/021M-C0409X0118XX-0011V0

도전할 수 있다. 사실상, 신화 같은 이야기는 기업 문화에서 중요한 역할을 한다. 야니스 가브리엘(Yiannis Gabriel)은 구술사를 사용해서 그것들을 포착하고 기업 역사의 다른 순간에 그 기능을 이해하는 것은 기업 문화를 분석하는 데 도움이 된다고 했다. 그 안에 코믹, 서사, 비극, 로맨틱, 그리고 트라우마를 포함하고 있으며 개인들이 그들의 작업 환경에서 복잡성과 권력 관계를 이해할 수 있게 해준다고 했다(Gabriel, 2000). 그래서 전 세계의 모든 회사는 권력 이야기에 관심이 있고 좋은 이야기를 갖는 것은 돈을 끌어 모으고 고객과 피고용자의 충성심을 불러일으키고 결정하는 데 핵심 역할을 담당한다. 구술사는 이러한 복잡한 구술을 모으는 데 있어서 훌륭한 도구이다. 집합 면담은 한 회사의 전반적인 분위기와 기업 문화를 전달할 수 있다. 구술사의 역설은 개인의 역할을 격려하면서 개인을 멀리하는 기업 문화의 탈개인화를 기록화하는 것이다.

기술이 기업문화를 바꿔온 것처럼 일 자체의 인식 역시 옮겨놓았다. 대부분의 기업 구술사를 살펴보면 고용주가 일하는 것에 정면으로 집중하는 경향이 있는데 일과 가정 사이의 복잡한 상호작용도 구술사의 영역이다. 특히 생애사는 이러한 부분을 캐낼 수 있는데, 예를 들면 최고 경영진의 경우, '아내가 출산할 때, 어머님이 임종할 때, 어디에서 무엇을 했는가?'와 같은 것이다. 깊이 있는 생애사는 더 넓은 사회적, 정치적, 경제적 맥락 안에서 사업 지식의 경험을 위치한다. 그래서 일에 대한 구술이 어떻게 구축되는지를 연구할 수 있고 좀 더 광범위한 영향과 추가적인 업무 압박을 이해할 수 있다. 그들의 아동기가 직업을 선택하는 데 어떻게 영향을 주고 이혼이 어떻게 업무 수행과 핵심 결정에 영향을 미치는가를 이해할 수 있게도 한다. 그것은 개인이 어떻게 구술을 소급해서 구축할 수 있는지를 이해하는 것이다. 일하는 사람들의 과거와 다른 삶을 갖고 있는 것에 대한 인식은 기업사가에 의해 거의 연구되지 않았다. 그러므로 기업에 한평생 종사한 사람들의 생애사는 역사가에게 기업과 사회 사이의 관계를 면밀히 조사하게 할 뿐만 아니라 업무 수행과 행태를 연구하고 문제화하는 미묘하고 복잡한 도구를 제공할 수 있다.

1) 기업 기억의 포착

기업은 점점 더 기관의 기억이 기업에 대한 지식의 핵심 부분임을 인식하고 기록하고 보존할 가치가 있다고 받아들이고 있다. 그런데 많은 기관이 그들의 기업 기억을 보존하는 데 있어서 소수의 핵심 인물에 대한 지식에 의존한다. 그래서 기업 구술사는 그 기억을 포착하기 위한 핵심 도구로서 출판하고 기업의 구술사 프로그램을 시작하거나 컨설턴트들을 고용해서 피고용자들의 면담을 수집해오고 있다. 이러한 것들은 출판, 영화, 전시 같은 폭넓은 목적을 위해 가져오게 되었고 기업에 대한 지식은 물론 피고용자들의 소속감, 브랜드 정체성과 기업 가치를 강화하는 방향으로 이끌고 있다. 면담을 통해 다양한 과거 경험은 물론 회사의 현재 가치를 보여주고 과거의 경험으로부터 회사의 약점을 파악하고 단기 사고의 위험성을 피하게 경영진을 도와주는 것이 가능하다. 그러므로 경영진이 점점 더 기업 역사의 중요성을 인식하게 되고 좋은 회사는 그 구성원의 역사로부터 나오는 것이라서 피고용자의 지식과 기억을 포착하고 유지하는 기억의 가치는 엄청나다.

기업 구술사는 쉽게 의사소통할 수 있는 형태 안에서 기관의 중·단기 기억을 보존하는 강력하고 효율적인 방식이다. 구술사는 변화를 다루는 경영의 과정을 포착할 수 있고 문서로 기록되지 않을 수 있는 것을 담고 가치 있는 지식을 제공한다. 특히 기업체의 경쟁에 대한 연구는 모든 기관의 성격을 변화시키고 관성의 힘을 이해시켜야 하는데 여기서 구술사가 나이가 많거나 퇴직한 피고용자들과의 면담을 통해서 중요한 역할을 할 수 있다. 공식적으로 작성된 설명이 좀 더 연대기적 사건의 정확한 표현을 제공할 수는 있지만 경영하는 과정의 변화는 기록되지 않으므로 구술 기억은 좀 더 공식적인 문헌이 갖지 못하는 것을 많이 제공한다. 구술사는 변화의 시대와 역경에 직면한 기업에 대한 개인적인 가치를 확고히 해 줄 수 있다. 기업 구술사를 통해 피고용자들이 그 회사에서 중요했고 그들의 역할이 알려진다는 게 하나의 신호처럼 느껴질 수 있으며 그들 자신의 이야기를 할 기회를 갖게 된다. 그 사건들에 대해서 자신만의 관점을 말할 수 있으며 자신이 그 회사를 위해서 일했고 기록을 남긴다는 생각을 하게 되는 것이다. 그리고 사람들은 그것에 관해 논하게 되고 그 사건들의 다른 버전을 가질 수 있지만 기록되는 것이다. 이렇게 구술사 프로젝트는 피고용자들에 대한 인정과 기업 기록으로 회사 아카이브의 부재했던 부분을 채우게 된다.

2) 기업 구술 면담의 도전

기업 구술사를 수집하는 것은 그들 자신의 기록된 구술을 형성하고 틀을 짜는 데 특별한 도전에 직면한다. 기업 구술사는 기업체의 재원을 받고 의뢰되어짐으로써 심각한 학문적 연구 없이 이루어지는 편안한 홍보라는 치명적 결함이 있다. 회사가 회사의 명성을 위험에 처하지 않게 하는 데 신경을 많이 쓰기 때문이다. 기업 구술사를 진행하는 시기는 그 성격을 결정짓는 데 가장 중요하다. 예를 들면, 피면담자들은 회사의 상황이 좋을 때는 좀 더 적극적으로 말할 수 있지만 감사나 합병이 진행 중일 경우, 좀 더 신중해지고 위태로운 순간이 되면 말하는 것을 거북하게 느낀다.

구술사는 기업의 사회적 책임(Corporate Social Responsibility, CSR) 정책 안에 들어가 기업의 투명한 통치를 위한 전략의 일부를 형성할 수 있다. CSR 의제를 지원하는 방식은 다양하다. 특히 기업 자체로부터 능숙한 면담을 담당할 직원과 적절한 문서와 기록을 목록화하는 데 필요한 예산을 받는 것이 상당히 힘들다. 일부는 그들 자신의 기록의 가치에 대해 내재하는 이해와 공감하는 문화적 시각을 갖고 있지만 폭넓은 다중 목소리나 젊은 동료들의 구술을 담는 가치는 잘 모른다. 그 결과, 주로 최고 경영진의 기억을 기록하는 것으로 끝나고 그들 자신의 과거의 영구한 기록을 보존하는 데 기꺼이 투자하려고 하는 회사는 드물다. 일단 예산이 만들어지면 기업구술사 프로젝트를 위한 착수로부터 분명한 틀을 만드는 것은 필수적인 선행조건이다. 각각의 명확한 역할을 상세하게 기술하는 것, 명확한 산출물을 갖는 일정표를 결정하는 것, 피면담자를 선정하기 위한 과정에 동의하는 것과 자료로의 접근과 비밀에 대한 정책이 필요하다. 피면담자 선정과 면담 질문 구조의 통제와 유지, 피면담자들로부터 구술동의서 취득, 미래의 공적인 접근을 위해 면담이 기록되고 비밀과 민감성의 측면에서 개별 피면담자의 공개·비공개 여부를 명확히 해 주는 것이다.[9]

구술사는 반드시 기업의 성공만큼 실패와 파산도 기록해야만 한다. 기업의 역사를 넘어 성공과 승리도 있지만 덜 자랑스러운 순간과 결정도 있기 때문이다. 모든 기업 구술사가 외부 계약으로 수행되는 것은 아니다. 기관 내의 직원이 구술사 면담을 수행하는 장점은 가족 같은 구성원들 안에서 모든 것이 유지되고 외부에 비밀을 발설하지 않는 상태 안에서 말할 수 있다는 것이다. 외부에 구술을 맡기면 지적인 통제는 불가피하게 상실하게 되므로 편안하지 않게 느낀다. 회사 내부에서 구술하는 경우, 모든 피면담자는 서로를 알 뿐만 아니라 모든 사건과 그들이 언급

9 Robert Perks(2010). Corporations are people too! Business and corporate oral history in Britain. *Oral History*, 38(1): 36-54.

한 사람들을 알기 때문에 일반적으로 편안하게 진행할 수 있다. 대부분, 면담자와 피면담자가 함께 하는 것으로 변화하는 세상에서 지속적으로 안심시켜주는 감각을 제공한다. 하지만 경우에 따라서 그 회사의 역사에 대해 상세하게 아는 직원들이 편견과 연합을 가져오고 최고 경영진을 불편하게 할 수도 있다. 그래서 회사 내부자들은 그들 자신의 위치에 대한 두려움을 불러일으키지 않을 질문을 하는 독립적인 외부인을 선호할 수 있다. 이러한 외부의 구술사가는 피면담자들 각각 살피면서 비밀로 일할 수 있게 하고 두려움 없이 어려운 구술 영역을 잠재적으로 캐낼 수 있다. 면담에서 나온 보호받지 않은 의견을 제한된 접근에 놓거나 비공개함으로써 영향을 줄 수 있고 큰 곤경에 처한 피면담자들을 익명으로 처리할 수도 있다. 그럼에도 불구하고 실무에 있는 피면담자들은 그들이 말하는 것을 상당히 조심하게 된다.

그래서 기업 구술사를 위한 방법론적 질문은 '면담 대상자가 퇴직을 했어야 하는지? 고용된 상태여야 하는지? 아니면 이 두 가지가 결합된 것이어야 하는지?'이다. 퇴직한 사람들은 좀 더 시간과 융통성을 갖으면서 더 많은 자유로움을 갖고 돌아보고 기억할 수 있고 그들의 고용이 위험에 빠지지 않는다. 그러나 그들은 전반적인 기업 문화를 잊어버렸을 수 있으며 일이 끝나면 일상적인 집착이 흐려지는 기억의 경향이 있다. 직장에서 일하는 사람들과의 면담은 하루하루 직장 생활의 상황을 포착할 수 있지만 불가피하게 면담은 업무상 회의나 다른 일정으로 취소되거나 연기되고 그들이 가능한 시간에 보조를 맞추게 돼서 하다 보면 겉만 번지르르한 회사의 이념에 충실한 구술이 되어버린다. 회사의 경영진이나 회사에 다니는 사람들은 그들이 피면담자로 선택되었다는 사실을 너무 잘 알고, 그들이 녹음을 어떻게 할 것인지도 잘 알기 때문이다. 그래서 한편으로는 회사에 충성심을 끌어올리고 좋은 일을 하고자 하는 욕구와 필요성, 다른 한편으로는 부족한 성과나 불충을 응징할 것 같은 두려움을 피면담자에게 불러일으킨다. 피고용자들의 면담 장소는 집이 좀 더 편하고 아우르는 면담을 끌고 갈 수 있지만, 직장과 집 양쪽에서 피고용자들이 원하는 장소에서 녹음하는 면담이 바람직하며 때로는 동료와 함께 실제로 일하는 사람들을 포착하는 현장의 비공식적인 목소리를 녹음해서 보충하면 훨씬 더 효과적이다. 이렇게 구술사는 우리가 편안하지 않게 느낄 수 있는 그런 부분을 기록화하고 관여해야만 한다. 우리들 자신의 편견을 재검토하고 구술을 통해 숨겨진 역사를 밝혀서 거의 이해되지 못했던 기업과 경제 활동의 복잡한 과정을 분명히 설명해주고 역사적 맥락과 사람들을 소개해줌으로써 커다란 생각들을 제공해줄 수 있다. 기업 구술사는 이렇게 독특한 개인과 집단, 기업 사이의 복잡한 관계를 연구하고 보여줄 수 있는 것이다.

6. 식민지 구술

식민지 구술은 식민지를 어떻게 기억하는지, 식민지 지배가 근대화에 필요한 기반을 발전시키고 정말 이익이 되었는지, 식민지 경험에 대한 집단 기억으로 형성되는 과정에서 기억은 어떻게 왜곡, 변형되는지, 그리고 현재 사회의 권력구조에 어떤 영향을 미치고 있는지 등을 제공할 수 있다. 대중의 영역에서 제국의 표면을 재포장하는 동안 식민지 연구는 새로운 전문 영역으로서 문화적 비평과 정치적 해석의 힘으로 물질화되었다. 식민지 이후 역사는 강력한 울림과 항소를 갖고 권력과 식민 관계를 기억하고 상기하는 것으로 식민지 기억을 기록하고 다시 끌어내게 만드는 탈식민지의 지적이고 정치적인 논의에 있어서 근본적이다. 식민지 구술사에서 단어의 반복된 사용과 몸짓, 청각의 단서를 통해 분명히 표현되는 기억이 있다. 밑에서 위로 쓰여진 역사는 무음으로 남아 있는가? 엘리트 역사는 식민지 기억의 본성에서 무엇으로 기억되는가? 뿐만 아니라 식민지적인 것이 대중의 기억 안에 어떻게 놓여 있는가? 이러한 것들은 집단 기억과 개인적인 기억 안에 남고 기록화하고 식민지 질서에 대한 특수한 아카이브로 남는다.

동남아시아 식민지 기억 중에 하나는 사랑받고 양육하는 피지배국 하인의 대중적인 연애이다. 다른 하나는 식민지 과거의 진실로서 기억하는 이야기이다. 여전히 식민지 연구의 기억 처리는 특수한 정치적 관심과 연관하여 특별한 방식 안에서 개발되었다. 아직도 식민지 국가의 학생들은 종종 자신도 모르게 기억의 다양성을 갖고 있다. 대안의 역사와 하위의 진실 저장소인 기억으로 식민지 연구에서 기억은 매체이지 메시지가 아니고 식민지가 된 것에 대한 말하지 못한 이야기로의 접근점이다. 식민지의 좀 더 완전한 기억을 재생하고 그것에 대항하여 투쟁하려는 노력 안에서 구술사는 주로 지배했던 사람들의 인식과 독립, 공식적인 버전에 의존해왔다. 구술사는 반식민지적 사건의 반대의 구술을 발췌하도록 설계되었고 문서에는 언급되지 않고 그 안에서 참여가 이루어져왔다.

한국의 식민지 구술을 언급할 때, 식민지 시기의 일본군 위안부의 구술 증언을 빼놓을 수 없다. 양현아(2006)는 한국의 일본군 위안부의 증언을 통하여 포스트식민의 상흔의 성격을 조명했다. 흔히 가정하는 것처럼 일본군 위안부 피해는 일제 강점기에만 한정된 것이 아니라 식민지 이후에도 지속되었고, 성적 피해만이 아니라 정신적 사회적 측면과 관련되어 있으며, 식민지 이전과 이후의 상흔은 다르지만 구조적으로 서로 연결되어 있다고 했다. 또한 일본군 위안부 피해자들의 피해의 책임이 일본정부만이 아니라 탈식민 한국정부와 한국시민에게도 있다고 보았다. 그리고 구술자와 청취자 간의 공감을 핵으로 하는 구술 증언 연구에서 구술자가 자신의 상처를 드러낸다는 것은 이 상처를 고정시키는 것이 아니라 그 상처를 풀어내고자 함이며 이는 그 책임 소재를 밝히는 것뿐 아니라 보다 궁극적으로는 피해자가 치유의 길을 떠나기 위함이라고 했다. 그래서 이들에게 힘과 용기가 필요하며 피해 이야기를 중심으로 한 역사 쓰기와 정의 구현을 위한 주체로서 증언 청취자의 책임을 강조했다. 그리고 이나영(2016)은 한국의 식민지 시기 일본군 위안부 당사자들의 고통스러운 증언은 젠더관점에서 역사를 다시 쓰고 자기치유와 주체 재구성, 더 크게는 사회공동체의 트라우마를 치유하는 역할을 해왔으며, 증언불가능성의 구조를 변화시키는 데 기여했다고 보았다. 또한 사회과학자들에게는 젠더 이슈와 더불어 사회과학적 상식에서 주변화되어온 일본군 위안부 문제를 학문적·운동적 쟁점으로 격상시켜 다음 세대에 계승하는 일이 남았다고 했다.

모든 사람의 기억은 현재를 위해 만들어진다. 개인적으로나 사회적으로 이러한 기억은 그들이 원하는 것이 무엇이고 그들이 해온 것이 무엇이고 그들이 되었던 것이 무엇인지를 설명하고 그들의 삶을 해석하는 것이다. 기억을 다루는 것은 과거에 대해 알 수 있는 것보다 현재를 위해 무엇을 기억하는지에 더 강조를 두고 있다. 핵심은 기억되는 것뿐만 아니라 어떻게 기억되느냐이다. 사람들의 기억은 선명하게 현재 관심과 대중적인 문헌 안에서의 표현, 우세한 역사적인 구술에 의해 형성된다. 대부분의 사람들이 그들의 식민지 경험과 관련하여 편안하지 않고 익숙하지 않다. 식민지에 대한 과묵함은 면담의 역동성을 넘어서 확장되는 불편한 신호이며 부분적으로 두려움과 억압의 정치적인 기류의 결과물이다. 식민지는 탈식민 삶에도 존재하며 정의로서 탈식민의 주체성은 식민지에서 탈식민지로 가는 전이의 중심점이다. 그리고 식민지의 비평이 살아 있는 피지배층의 회로가 있고 식민 과거를 얘기하는 것만으로도 치유적인 행위가 될 수 있다. 또한 그들의 아주 작은 목소리가 점점 더 커지고 큰 몸짓으로 저항할 수 있도록 청자의 책임과 역할이 중요하다.

7. 지역 구술

지역마다 모든 것이 조금씩 차이가 나며 이러한 것들이 모여서 지역 정체성이 된다. 지역 구술은 사라져가는 비공식적인 지역사와 문화에 관한 기억과 불러들여 그 조각들을 부치는 과정이다. 이러한 구술은 지역 문화를 풍부하게 하고 역사의 주변에서 가려져 있던 민중의 생활사를 기록하는 것이다. 평범한 지역민의 역사의 주인공이 될 수 있고 이러한 기록이 모여서 공동체 기록이 되는 것이다. 지역은 같은 공간에서 사회적 작용에 의해 가치를 공유하는 집단이며 일상생활이 토대로 삶의 모든 것이 담겨져 있는 공간으로 지역 기록은 사람들의 관계와 지역적 특성을 다루게 된다. 그리고 지역민 개인의 삶을 넘어 그 시대의 역사를 기록한다.

현대사 관련 연구들은 지역에서의 다양한 역사적 경험에 주목하고 있으며 여기에서 지역구술은 지역사를 재구성하는 살아 있는 재료로서 그 가치를 더해가고 있다(윤택림, 2012b). 최근 들어 지역민의 생활문화사에 대한 관심이 높아졌고 이는 지역민이 주체가 되는 역사와 지역정체성이 만들어지는 새로운 창작 과정으로 구술사의 활용은 점점 더 증가하고 있다. 지역의 사료 확보 차원에서 지역 주민을 대상으로 한 구술사업이 전국적으로 전개되고 있고, 지금까지 제도권에서 주로 다루어지지 못했던 주민의 일상, 기억, 경험이 기록으로 생산되고 있는 것은 매우 고무적이다(손동유, 2018). 이렇게 지역사에 대한 높은 관심은 구술사가 지역민의 생활사를 담아내고 이를 통해 지역사를 구체화하고 지역정체성을 확고히 할 수 있는 기회가 되고 있음을 보여주는 것이다.

지역 단위의 역사 쓰기는 공식 역사와 기억에 대한 재조명뿐만 아니라 지역민들이 자신의 살아온 방식과 생활 세계를 보여주고 자긍심을 갖게 된다는 점에서 중요한 의미를 갖는다. 더 나아가 지역사에 관심이 있는 지역 주민들이 구술을 기획하고 면담을 진행하게 되는 경우 기록 주체의 민주화 과정으로 큰 의의를 가질 수 있다. 왜냐하면 지역민이야말로 어떤 기록이 지역에서 중요한지, 그 기록들이 어디에 모이고 정말 보존해야 하는 기록이 무엇인지를 잘 알고 있기 때문이다. 그래서 지역민 스스로 구술에 참여하는 행위는 지역성과 공동체성을 강화하고 지역민의 참여를 지속하게 하는 힘을 갖고 있다. 지역 구술을 기반으로 지역민이 소통하고 지역 공동체의 지속 가능한 내적 동력을 확보할 수 있어서 지역 구술은 그 과정에서 소통과 공유 같은 중요한 의미를 갖는다.

그러나 지역 주민들이 구술 과정에 참여하기 위해서는 구술사에 대한 체계적인 교육 프로그램이 먼저 마련되어 시민기록자들이 양성되어야 한다. 즉 '마을기록학교'라든지 '구술사 시민 강좌'와 같은 것이 정기적으로 운영되어야 한다. 이는 구술사에 대한 이해도를 높이고 구술 방법을 배우면서 지역민이 지역 구술에 참여할 수 있게 해주기 때문이다. 이러한 교육 과정을 통해 양성한 시민기록자가 중심이 되어 그 지역에서 오랫동안 살아오신 분들의 기억을 구술 채록하여 옛 마을의 모습을 찾아내고 이를 통해 지역의 수많은 문화 콘텐츠 자료를 수집할 수 있다. 좀 더 구체적으로 지역의 전통, 민속자료, 사건, 사고, 변천, 갈등, 해결 등 개인의 삶에 영향을 준 것을 구술을 통해 기록하고 관련된 물건들을 꺼내게 되는 의미 있는 작업이다. 또한 이제는 사라진 공간에 대한 기록, 세월에 따라 달라진 지역의 모습이나 지도를 찾아가 보게 되는 것이다. 함께 공유한 경험이 있다는 것, 기억을 공유할 수 있다는 것은 지역민들 간의 돈독한 관계를 만들 수 있게 하며 지역 정체성을 과거와 현재, 미래 세대로 연결시켜준다.

8. 노래와 공연

노래를 통해 기억을 영감하는 것은 강력한 문화적 표현이다. 노래 안에서 나타나는 소리의 방식, 감각적인 양상을 활성화하는 기능, 개인적이고 집합적인 역사를 재구축하는 데 함께 작동하는 동적, 청각적, 공간적 기억의 결합을 불러오는 방식들이 있다. 특별히 노래 가사 안에 전달되는 역사적 정보도 있다. 영국 런던대학교의 민속음악학과 안젤라 임페이(Angela Impay) 교수는 차별적인 정치적 과정으로 인해 침묵해온 역사를 가진 사람들의 '목소리 다시 내기(re-voicing)' 또는 권위를 갖기 위해 기여할 수 있는 음악 만들기를 통한 폭로와 기억의 행위를 제시하면서 대행자의 형태로서 나오는 소리가 있다고 했다. 음악은 아프리카 사회 생활의 주류이었고 그것은 탄압하는 정치적 상황이나 문화적 관습으로 인해 말로서 분명히 밝히지 못할 수 있는 소통의 문제나 사회적인 변화의 결과로서 무엇이 오랫동안 잊혀졌는지를 자주 표현하고 있다고 했다. 그러므로 음악은 경험의 아카이브로서 받아들여질 수 있고 사람의 일차적인 상징적 조망이나 집합적인 사이트로 인식될 수 있다고 했다. 미묘한, 개인적이고 다양한 역사들이 잠재적으로 이러한 노래의 내용과 맥락 안에서 깊게 묻혀져 음악의 기억이 그들 자신에게 공간적이고 역사적인 분석을 가져다주는 것처럼 노래 소리와 공연이 장소에 대한 감각과 자신의 정체성에 더 집중하게 만든다고 했다(Impay, 2018).

구술 증언의 필수적인 형태로서 노래는 가사의 중요성을 강조하고 시간을 지나 사회적 과정의 증거로서 노래의 가치에 특별한 관심을 불러오고 있다. 이러한 노래들이 사회적인 상황을 반영하고 장소의 감각과 사회적, 공간적 이동성으로 그 시대를 특징짓고 노래의 내용은 그들이 어떻게 선조들의 공간과 시간과 물질 안에서 뿌리를 내리고 관계를 고정시키고 인식했는지를 강조하고 있다. 노래는 지식을 전달하는 방식이었고 걸으면서 노래하면서 관계를 고착화하는 하나의 방식으로 아프리카의 구술사는 물리적인 공간과 소리와 음악 만들기의 정서적인 측면들이 역사적이고 지리적인 연결점에 어떻게 기억되고 영향을 주는지를 제시하고 있다. 그들은 음악적 유산에 관심을 갖게 되면서 지역사회에 대한 더 큰 감각을 제공하고 노래하는 사람들을 중심으로 공연 집단이 설립되었고 오래된 구슬 꿰기 전통과 오랫동안 잊혀졌던 춤까지 부활시켰다. 결혼식, 장례식, 마을 행사, 학교 음악회에서 공연은 그 집단에게 그들의 오래된 레퍼토리를 되찾게 하고 새로운 노래를 작곡하고 사회 문제의 주된 해석자, 집합 기억의 보호자로서 그들의 역할을 재정립시키고 재정적 수입을 가져오는 새로운 기회를 제공해오고 있다(Impay, 2018). 이렇게 구술 증언으로서 노래를 읽는 것은 매일 매일의 행위와 의사 교환을 부르고 그들 사이의 관계 변화를 기술함으로써 경험의 다양성을 가져올 수 있음을 보여준다. 그러므로 노래 소리를 통한 구술은 그들 자신, 지역사회와 역사의 표현에 도전하고 특히 역사적 경험과 관점을 가진 노래하는 사람들에게 목소리를 가져다줄 수 있다.

9. 포스트 메모리

사회적인 만남의 장소와 기억을 즉각적으로 가져오는 사진을 중심으로 구술을 하게 하는 것은 정치적인 옹호와 문화적인 통합을 위한 사진 기반의 구술사이며 시각적 귀환 프로젝트이다. 구술사 면담 안에서 사진이 어떻게 다양한 문화의 주장과 정치적인 참여에 대한 감정적인 변화를 위한 장소를 제공하는지를 찾아볼 수 있다. 캐나다의 사진학 역사와 이론 전문가인 캐롤 페인(Carol Payne)에 따르면 기록 사진을 기반으로 구술사와 신원 확인에 강조를 둔 '프로젝트 네이밍(Project Naming)'은 에스키모의 문화적 유산과 함께 구술성의 중심 장소를 다루고 있다. 이 연구방법론은 외부의 연구자들과 함께 원주민들이 사진의 기억과 재맥락화, 시각적인 송환을 인류학자들이 하는 것이다. 그녀의 인류학적인 사진 끌어내기는 사진을 사용해서 기억을 즉각적으로 떠올리고 원주민의 주체성을 되찾게 하는 데 사용했다. 면담자들과 피면담자들의 친밀감은 고향이나 지역사회의 기록 사진을 교환하면서 다가서게 되고 고도의 따뜻하고 친밀한 만남을 지속적으로 가져왔다. 노인들은 사진 이미지 안의 사람들과 수많은 장소를 구별하고 면담하는 학생들의 가족 구성원에 대한 일화를 제공함으로써 면담자인 학생들 마음속으로 들어갔다. 실례로 노인들의 지역사회 역사에 대한 면담에서 가장 열정적인 부분은 사냥, 개 길들이기와 수공예를 포함하는 에스키모인들의 전통적인 삶에 대한 상세한 토론이었다. 이러한 면담 경험은 노인에 대한 문화적 존경을 확고히 하고 지역 사회에서 그들의 위치를 새롭게 창출할 수 있었으며 학생들은 노인들이 앉아서 끊임없이 말하는 것을 보며 그들의 열정을 느꼈다고 했다(Payne, 2011).

이러한 시각적인 송환 연구 프로그램은 기억 작업의 프로젝트로서 개발되어왔다. 경험을 통한 과거를 재구성하는 표현의 형태로서 기억 연구의 특성화를 반영하고 있다. 포스트 메모리는 개인들이 직접 경험하지 않았지만 그들의 삶을 지배하게 된 과거의 사건에 대한 강력한 영향력을 기술하고 있다. 홀로코스트 생존자들의 자식들과 손주들은 비록 그들이 제2차 세계대전에 그들 자신이 끔찍한 사건을 직면하지 않았음에도 불구하고 트라우마 이후의 분노의 상태에서 살고 있다. 사진 이미지는 한번 트라우마의 신호를 줄 수 있지만 그것은 현재의 삶을 재구축하고 다시 연결하고 되돌려줄 수 있다. 그래서 페인은 포스트 메모리가 지역사회 강화를 구축했던 과거의 행사나 행위를 다시 논의함으로써 젊은이와 노인들이 함께 그들의 지역사회의 역사를 생각해보게 하고 확대된 네트워크의 관점에서 에스키모인들의 정체성에 대한 개념화를 반영했다고 결론지었다(Payne, 2011).

사진은 세대를 연결해주는 다리를 놓아준다. 사진은 면담하는 사람들에게 이미지 안에서 보게 되는 상세한 것에 대해 토론을 끌어내고 기억을 떠오르기 쉽게 하고 사람들에게는 대화를 끌어내 주는 재료가 된다. 면담에서 물어보지 못했을 많은 대화를 사진이 이끌게 하며 오래된 사진은 적극적인 감각 경험과 구술을 통해 활성화되는 정서적인 톤과 함께 사회적인 유대를 활성화할 수 있다. 페인은 사진을 통한 구술 면담으로 면담을 한 학생들은 세대간 연결을 넘어서 그들의 고향과 지역사회, 가족 구성원에 대해 이전에 알았던 것보다 더 많은 것을 배웠다고 언급했다. 사진과 함께 노인들과의 만남은 에스키모 문화에 대한 새로운 관점을 보여주는 것이 되었고 침묵의 어두운 공간에 빛을 밝혀서 학생들이 그들의 가족과 지역사회를 새롭게 볼 수 있도록 도왔다고 했다. 그리고 이러한 대화가 기억의 정치학을 통해 사회적 참여를 드높이고 문화적 화합의 감각을 기르게 했으며 면담은 그들에게 에스키모 역사 안에서 트라우마의 시기를 다시 논의하게 했고 과거 비에스키모인들과의 관계와 에스키모인들의 많은 경험을 알게 했다고 했다(Payne, 2011). 이러한 포스트 메모리의 만남은 에스키모 문화의 관점에서 정부의 정책, 과정, 가치를 제시하는 정부의 전략까지 알게 해서 사진과 함께 하는 구술사는 노인들뿐만 아니라 면담을 한 젊은이들까지 문화적, 정치적 참여로 그들의 정서를 전달시키고 있는 것이다.

10. 인생 돌아보기

1960년대 초에 노인학자인 로버트 버틀러(Robert Butler)는 '인생 돌아보기(Life Review)'가 개인들의 가치를 가져오는 경험과 연속적인 사건들을 찾으면서 소급적 반추의 형식을 통해 그들의 삶의 의미를 만들고 평가하는 과정이라고 정의내렸다(Butler, 1963). 미국의 인류학자인 바바라 마이어호프(Barbara Myerhoff)는 버틀러의 인생 돌아보기로 캘리포니아의 유태인계 미국인 노인들의 삶을 조사했다. 그녀는 『Number Our Days』(1978)에서 동유럽으로부터 제2차 세계대전 이전에 이민을 온 사람들이 그들 자신을 홀로코스트로 인해 상실된 문화의 상속자들로 생각했고 그들 다음 세대로부터 문화적, 사회적으로 분리되어 있다고 느꼈다. 그 이유는 자식들이 미국 생활의 주류 사회로 견고하게 이동했기 때문이었다(Myerhoff, 1978).

인생을 돌아보는 면담을 기반으로 하는 구술사는 인생 돌아보기가 어떻게 그들의 삶을 새롭게 느끼게 만들 수 있는지를 보여주고, 공유하는 권위에 대해 도전하면서 그들의 이야기를 젊은이들에게 전하고 누군가의 삶을 변화시킬 수 있다. 그러나 변화는 쉽게 오지 않을 수 있는데 일부 개인들은 어려운 삶의 경험을 기꺼이 제시하고 싶어 하지 않으며 반추에 저항하기 때문이다. 구술사는 다른 한편으로 과거의 녹음된 수단, 감회, 해석, 설명에 의해 수집하는 좀 더 일반적인 과정을 포함하지만 본래 그 목적은 역사적인 것이다. 인생 돌아보기는 그들의 과거로부터 핵심적인 문제를 지적하게 되고 그들 자신의 새로운 실용적인 방향을 그리는 것을 시도할 수 있게 해준다. 제각기 계속 거기에 있거나 다시 자리잡을 수 있게 해주는 중요한 접점에서 그들 자신의 삶을 변화시키게 도와준다. 그러므로 구술사를 통한 인생 돌아보기는 과거에 대해 새로운 의미를 줄 뿐만 아니라 현재를 재구성하게 도와주고 변화된 미래를 가져오게 할 수 있다.

5장

구술 자료 수집 기관

전 세계적으로 수많은 기관과 단체들이 다양한 분야에 걸친 주제를 가지고 구술 자료를 수집하고 서비스하고 있다. 각 기관들이 자체적으로 관심을 갖는 주제들을 중심으로 개별적으로 자료를 수집하고 있으며 구술 자료 수집의 목적도 상이하며 공개 방식이나 형태도 각각 다르게 제공되고 있다. 여기에서는 국내의 경우, 중앙정부기관과 산하기관을 먼저 살펴보고 난 다음에 지방정부기관과 산하기관, 도서관, 문화원의 순서로 살펴보았다. 국외의 경우, 국가대표도서관으로서 구술 자료를 후대에 전승해야 할 주요 컬렉션으로 수집하고 서비스하는 대표적인 미국, 영국, 호주의 국립도서관을 다루었다.

1. 국내 사례

1) 중앙정부기관과 산하기관

(1) 국사편찬위원회[1]

① 수집 목적 및 수집 과정

국사편찬위원회는 1946년 국사관으로 시작하여, 1949년 현재의 명칭으로 개칭되었다. 우리나라 역사연구에 필요한 각종 사료를 체계적으로 조사, 수집, 보존, 편찬 등 한국사 연구의 발전에 기여하기 위해 설립된 교육부 산하 국가기관이다. 국사편찬위원회는 한국 현대사에서 문헌사료를 보완하면서 당대의 생생하고 풍부한 역사적 증언을 기록화하고자 2004년부터 구술 자료의 채집과 편찬을 시작해왔다. 일제 강점기부터 2000년대에 이르기까지 사회 각 방면에서 주요 활동을 수행한 인물들의 경험을 구술로서 수집했다. 구술 자료는 2020년까지 350개가 넘는 주제에 대해 구술자 2,188명의 구술 자료를 소장하고 있다.[2]

국사편찬위원회의 구술 자료 수집 목적은 한국 근현대사의 다양한 인물, 정책, 사건에 대한 사료로서의 구술 자료를 수집, 정리하여 문헌사료의 제약을 극복하고, 보완하는 것이다. 그리고 더 나아가 구술 자료의 수집 과정 및 아카이브 구축의 전 과정을 체계화하고, 그 성과를 유관 기관 및 단체와 공유하려는 것이다. 수집 대상은 다양한 계층의 인사들로 2018년 이전까지는 자유공모로 주제를 선정했으나 2018년부터는 기

1 국사편찬위원회, https://www.history.go.kr/

2 2021년도 구술 자료 조사 수집 지원 사업 공모. (붙임3) 국사편찬위원회 구술 자료 수집 목록(2004~2020). https://www.history.go.kr/board/boardDetail.do?menuId=000000000305&itemId=000000012934&itemIndex=3&totalCount=1067

획주제로 진행하고 있다. 국사편찬위원회 사료조사실에서 사료의 조사 수집 중장기 계획 및 연차별 수집계획을 수립하고, 국가별, 지역별, 소장처별, 주제별로 구분하여 사료의 소재 정보, 주요 내용, 수집의 필요성과 사료적 가치, 기 수집 자료와의 중복 여부를 검토한 후 진행하고 있다.

국사편찬위원회는 연간 총 2억 6천만 원의 구술 채록 관련 사업비 중 자유공모로 매년 약 1억 2천만 원 내외의 예산을 집행하여 구술 자료 조사 수집지원사업을 수행하고 있다. 그런데 이는 연구비 지원이 아니고 지원 금액을 기준으로 구술 자료 조사 수집 실적에 따라 구술 자료 수집비를 사후 정산 지급하는 방식으로 계약금 및 선급금, 중도금이 일체 지급되지 않는다. 중점수집 주제는 학계 원로 생애사, 지성사, 1940년~1990년대 지역 관료·지역 유력자·지역 활동가의 경험과 지역사회, 1940년~1990년대 지역 사회의 변화와 지역주민 생활, 1940년~1990년대 사회 및 대중 단체의 조직과 활동, 1940년~1990년대 여성·가족 생활문화의 변화, 재외동포의 역사적 경험과 생활 등이다. 「국사편찬위원회 사료의 수집 및 정리에 관한 규정」 제2조 제5항에서는 구술 채록을 "면담을 통하여 개인의 경험과 기억을 영상, 음성, 문자 등의 구술 기록으로 남기는 작업"으로 규정하여 구술 채록을 사료 수집의 주요 단위로 정하고 있다.

국사편찬위원회에서 수행되는 사료의 조사 및 수집은 사료조사실에서 담당하며, 사료의 조사수집 중장기계획 및 연차별 수집계획을 수립하고, 수집계획은 국가별, 지역별, 소장처별, 주제별로 구분하여 사료의 소재정보, 주요내용, 수집의 필요성과 사료적 가치, 기 수집 자료와의 중복 여부 등을 검토하고 있다(「국사편찬위원회 사료의 수집 및 정리에 관한 규정」 제4조). 구술채록사업은 용역사업을 통해 진행하며, 사업에는 전·현직 대학 교수 또는 시간강사, 박사학위 소지자, 역사학 및 유관학과·기록학 및 유관학과·문화인류학·한국학·재외동포사·구술사 등 해당 분야 관련 연구자로 석사학위 소지자 이상이거나 국사편찬위원회 국내 및 국외 사료 조사위원인 경우에 한하여 참여 가능하다.

구술 자료는 과제당 최대 20시간 이내로 구술을 채록하는데, 여기에는 고화질 디지털캠코더(1080p급 이상 고해상도)로 녹화하는 동시에 무선 마이크를 사용하는 구술 동영상 녹화방식을 취해야 한다. 국사편찬위원회에서는 2018년부터 구술 자료 수집은 동영상 녹화촬영을 기본 원칙으로 정하고 있으며, 면담시간 계산도 녹화된 동영상 파일을 기준으로 하고 있다. 동영상 녹화파일의 경우, 구술자의 요구에 따라 향후 비공개로 처리할 수도 있다. 구술 녹음은 보이스레코더 등을 사용하여 고음질의 mp3 파일로 녹음하며, 구술 녹취록은 HWP 파일로 작성하도록 정하고 있다. 면담관련서식은 국사편찬위원회에서 지정한 서류로서, 구술동의서, 면담후기, 면담일지, 구술자 및 면담자 신상카드 등을 별도로 제출해야 한다. 사업의 최종결과물은 구술 녹취록 책자와 구술 녹취문 파일, MPEG4(mp4)로 변환된 동영상 녹화파일, 음성 녹음파일(mp3), 구술자 동의서파일, 사진자료 파일 및 기타파일 일체를 외장 HDD 또는 USB로 제출하고 있다. 그리고 동영상을 변환한 6mm DV테이프와 구술자 동의서 원본을 함께 제출하고 있다.[3]

수집된 구술 자료는 별도의 구술 자료 정리 용역을 통해 국사편찬위원회의 <구술 자료 정리 작업 세부 지침>에 따라 구술 원자료에 대한 녹취록을 작성하고, 형식과 내용 오류를 수정하는 한편 구술 자료의 정확성과 가치를 높이는 작업을 실시하고 있다. 정리 작업 참여자의 자격조건은 관련분야 연구자로 전·현직 대학교수 또는 시간강사, 박사학위 소지자(전공 불문), 역사학, 기록학, 문화인류학, 한국학, 재외동포사, 구술사 등 해당 분야 관련 연구자(석사학위 소지자 이상), 국사편찬위원회 국내 및

3 국사편찬위원회 2021년도 구술 자료 조사·수집 지원 사업 공모.

국외 사료조사위선정심의위원회에서 구술 자료 수집자격이 인정되는 자이어야 한다.[4] 정리된 자료는 간행물, 구술 자료, 목록으로 서비스되고 있는데, 2017년까지는 수집된 자료를 검수하여 공개하는 것에 어려움이 있었으나 작업이 완료됨에 따라 당해 연도의 구술 자료가 그다음 해에 바로 공개가 가능하게 되었으며 기획주제만을 고집하지 않고 자유 공모로 진행한다는 것과 사업에 대한 기본적인 매뉴얼과 노하우가 축적됨에 따라 구술 자료를 수집하는 데 큰 어려움은 없는 상황이다.

② 활용 및 서비스

국사편찬위원회에서는 전자사료관[5]에서 구술 자료 목록을 공개하고 있는데, 맥락정보인 사료군(연도별), 사료계열(연구제목별), 생산자(구술자, 면담자), 생산연도, 최종결과물, 최근 지명, 혹은 인명 관련 사건, 주제어, 해제 등 맥락정보를 구분하여 제공하고 있다. 구술 원자료는 기관 방문을 통해 열람할 수 있으며, 녹취록의 경우 외부인 자료 열람신청서 또는 소장자료 복제·촬영 신청서 등 보안각서를 작성한 후 출력할 수 있다.[6] 또한 구술자의 동의가 있으면 동영상과 음성파일을 대여해줄 수 있다. 하루에 1-2팀이 와서 열람을 할 정도로 이용자가 많은 편이며 한국구술사네트워크의 주요 회원기관으로서 워크숍을 주관해왔고 구술 채록 기관들과의 협력을 지속적으로 유지해오고 있어서 구술 자료 서비스를 하는 데 있어서 큰 어려움은 없다. 이외에 『구술사료선집』을 2005년부터 계속 간행하여 2020년 기준으로 26책의 선집을 발간했다. 여기에는 한

---

4 국사편찬위원회 2021년도 구술 자료 녹취록 작성 및 검독 용역 과업설명서; 국사편찬위원회 2021년도 구술 자료 정리 용역 과업설명서.

5 국사편찬위원회 전자사료관, https://archive.history.go.kr/

6 정연경 외(2019). 『국립중앙도서관의 구술 자료 수집 타당성 및 제도 개선 방안 연구』, pp. 19-21.; 국사편찬위원회 소장자료의 관리에 관한 규정 제11조 및 제19조.

센병 환자들의 고통스러운 기억과 질병 정책, 농민들의 협동조합 운동과 가족계획, 지방행정 공무원들의 농촌 근대화 경험, 한국 면방직공업 발전과 고급기술자들의 증언, 한국 화교의 생활과 정체성, 여성 미용·양장업종 선구자들의 활동, '북핵 위기'를 다룬 고위관료들의 증언, 초기 항공기 조종사들의 양성 과정 등 다양한 구술 자료들이 포함되어 있다.[7]

(2) 한국학중앙연구원 현대한국구술자료관[8]

① 수집 목적 및 수집 과정

한국학중앙연구원은 한국학진흥사업의 일환으로 한국학 인프라 구축을 위해 2009년부터 한국학진흥사업단 현대한국구술사연구사업을 시작했으며, 그 결과로서 현재 구술 자료 아카이브인 현대한국구술자료관을 운영하고 있다. 현대한국구술자료관은 정치, 경제, 외교, 군, 종교와 민주화 등 다양한 구술 자료와 자료관 자체 수집 구술 자료, 기증 구술 자료 등을 자료화하고, 정리·아카이브화하여 연구정보를 제공하고, 구술자료의 디지털아카이빙과 온라인 서비스 체계 구축을 목표로 하고 있다. 또한 학제간의 공동연구를 통해 한국현대사에 대한 풍부하고 다채로운 연구 가능성을 모색하는 한편 구술사 교육의 대중화를 기여하고자 하는 목표를 가지고 있다. 즉, 구술 자료 수집의 목적은 수집된 구술 자료의 아카이브 구축이며, 구술 자료의 집합적 축적, 축적 자료의 지속적 관리, 연구를 위한 활용, 보존을 위한 시스템 구축이라는 과정을 포함한다. 현대한국구술사연구사업은 크게 정당과 정치, 현대사와 군, 경제와 외교, 민

7 국사편찬위원회 간행도서 목록집(1955-2016). p.56; 국사편찬위원회 2017~2020년도 간행도서 현황; 국가편찬위원회 보도자료(2020.2.3.). "인천조병창의 역사, 기억으로 되살리다", [붙임1] 국사편찬위원회 구술사료선집 목록(2005-2019)

8 한국학중앙연구원 현대한국구술자료관, https://mkoha.aks.ac.kr/IndexMain.do

주화와 종교라는 범주를 구분하여 명지대학교, 서울대학교, 한국외국어대학교, 한신대학교 이렇게 4개의 연구단과 구술 자료 아카이브 및 온라인 서비스를 담당하는 1개의 연구단, 총 5개 연구단이 참여하는 대규모 구술 자료수집사업을 전개했다.[9] 현대한국구술 자료관은 구술 자료 아카이브를 운영하기 위해 구술 자료수집사업의 전체 기획을 논의하는 기획위원회와 구술 자료의 검수 및 평가 등 제반사항에 관한 자문을 수행하는 자문위원회, 5개 연구단 실무자 회의를 진행하는 실무위원회, 자료관 운영을 위한 회의 및 실무를 담당하는 운영위원회, 연구주제를 발굴하고 연구 네트워크 구성 등의 사업을 담당하는 연구기획실, 아카이브 구축과 자료 수집 등에 관련된 제반 작업을 수행하는 자료정보실, 연구자 시민들을 대상으로 한 교육 프로그램을 개발하고 수행하는 교육개발실로 구성되어 있다.[10]

그간 한국학진흥사업단이 수행한 한국학기초자료사업[11]에는 먼저 2009년부터 2019년까지 약 10년간 3단계로 한신대학교에서 수행한 "현대 한국사 발전의 내면적 동력을 찾아서–민주화와 산업화를 이끈 종교인의 구술 자료 수집과 연구"가 있다. 단계별로 약 4억 원의 예산이 책정된 연구는 한국현대사에서 민주화와 산업화에 기여한 종교인들에 관한 구술사를 통해 한국현대사의 내면적 동력을 규명하기 위한 목적으로 실행되었다. 구술 자료는 영상, 상세목록, 녹취록으로 생산되었으며, 논

9 한국학중앙연구원 현대한국구술자료관 > 소개 > 사업소개, https://mkoha.aks.ac.kr/about/BusinessList.do

10 한국학중앙연구원 현대한국구술자료관 > 소개 > 조직소개, https://mkoha.aks.ac.kr/about/Organization.do

11 한국학진흥사업 성과포털 > 한국학 인프라 구축 > 구술 자료 아카이브 구축, https://waks.aks.ac.kr/dir/bizItem.aspx?secType=%ea%b5%ac%ec%88%a0%ec%9e%90%eb%a3%8c+%ec%95%84%ec%b9%b4%ec%9d%b4%eb%b8%8c+%ea%b5%ac%ec%b6%95&dirCate=&sType=&sWord=&sort=&curPage=2&pageSize=10

문과 구술 연구 자료집을 발간했다. 2009년부터 2012년까지 진행된 1단계 연구에서는 기독교계와 불교계 41명을 대상으로, 182시간 구술을 채록했으며,[12] 2012년부터 2015년까지 진행된 2단계 연구에서는 총 37명을 대상으로 약 225시간의 구술을 채록했다.[13] 또한 2015년부터 2019년까지 제3단계 연구가 진행되었으며, 구술 채록 결과는 아직 공개되어 있지 않다. 1단계 및 2단계 연구결과를 통해 생산한 구술 자료 중 영상 원자료는 mp4(공개용)와 mp2(보관용), 음성파일 형식으로 인코딩했으며, 녹취록은 구술자별로 생산하고 상세목록도 함께 작성했다. 이외에 구술자신상기록부, 면담자신상기록부, 면담일지를 작성했으며, 구술동의서와 구술 자료 활용 및 공개동의서, 구술자검독확인서, 구술자의 개인자료(사진, 문서 등) 등을 확보했다.

또한 구술 자료 아카이브 구축을 위해 수행된 연구에는 한국외국어대학교에서 수행한 “고도성장기(1960-1970년대) 경제외교사 구술아카이브 구축”이 있다. 이 연구 역시 2009년부터 10년간 3단계로 진행되었으며, 본 사업은 단계별로 약 6억 원의 예산을 투입하여 1960~1970년대 한국 경제 고도성장의 배경 및 동인에 대한 경제·외교사적 측면에서의 해명을 주목적으로 수행되었다. 이를 위해 연구팀은 기반연구팀, 구술채록팀, 구술관리보존팀으로 조직을 재편했으며, 구술 채록은 면담자, 촬영자, 면담지원자로 역할을 나누어 3인 1조로 실시했다. 체계적이면서 원활한 구술 채록 수행을 위해 내부 세미나를 통해 구술 채록 프로세스 및 면담지침을 교육하고, 수차례의 실무진 교육을 통해 구술 채록 수행에 필요한 제반 실무적 사항들을 숙지하도록 권고했다. 1단계와 2단계에

12 2012년도 한국학진흥사업 구술 자료 아카이브 구축(현대 한국 구술사 연구) 1단계 결과 보고서. “현대 한국사 발전의 내면적 동력을 찾아서”

13 2012년도 한국학진흥사업 구술 자료 아카이브 구축(현대 한국 구술사 연구) 2단계 결과 보고서. “현대 한국사 발전의 내면적 동력을 찾아서”

걸친 구술 채록은 1단계에서는 49인, 282.5시간의 구술 채록을 완수했으며, 2단계에서는 39인, 354시간의 구술 채록을 수행했다.[14]

이외에 명지대에서 수행한 “세대로 본 역동의 한국 정당정치사: 산업화, 민주화 세대의 증언(1945-2002)”연구가 있다. 본 연구는 2009년부터 10년간 3단계로 수행된 사업으로, 단계별로 8억 원의 예산이 지원되었다. 건국초기부터 현재까지 한국 근대화 과정에서 정당과 정당체제의 형성, 발전, 재편의 전 과정에 대한 구술 기록을 생산하기 위한 목적으로 진행되었으며, 구술자는 국회의원, 핵심당직자와 같은 정당정치 엘리트와 지방활동가 등이 포함되었다. 1단계에서는 69명에 대해 총 451시간의 구술을 채록했으며, 2단계에서는 44명에 대해 총 370시간의 구술을 채록했다. 채록 대상 및 내용에 대한 전문성을 강화하기 위해 자문위원회를 운영했으며 구술 자료 산출물의 질적 제고를 위해 연구팀에서는 구술녹취채록자 교육을 실시하기도 했다. 연구의 결과는 구술동영상, 구술녹취록, 기타 문서 산출물의 형태로 제작되었으며, 구술자 개인별, 주제별로 분류되어 한국학중앙연구원의 자료관으로 이관되었다.[15]

구술 자료 아카이브 구축을 위해 서울대학교에서 “한국현대사와 군”에 대한 연구도 진행되었다. 2009년부터 10년간 3단계로 수행된 본 연구는, 평균적으로 6억 6천만 원 이상의 예산이 편성되었다. 본 연구는 대한민국 국가수립 전후 시기부터 국가발전의 핵심적 역할을 수행해온

---

14 2012년도 한국학진흥사업 구술 자료 아카이브 구축(현대 한국 구술사 연구) 1단계 결과 보고서. “고도성장기(1960-1970년대) 경제외교사 구술아카이브 구축”; 2012년도 한국학진흥사업 구술 자료 아카이브 구축(현대 한국 구술사 연구) 2단계 결과 보고서. “고도성장기(1960-1970년대) 경제외교사 구술아카이브 구축”

15 2012년도 한국학진흥사업 구술 자료 아카이브 구축(현대 한국 구술사 연구) 1단계 결과 보고서. “세대로 본 역동의 한국정당정치사: 산업화·민주화 세대의 증언(1045-2002)”; 2012년도 한국학진흥사업 구술 자료 아카이브 구축(현대 한국 구술사 연구) 2단계 결과 보고서. “세대로 본 역동의 한국정당정치사: 산업화·민주화 세대의 증언(1045-2002)”

군인들과 주변인들의 구술사를 통해 한국현대사에서 한국군의 역할과 성격을 규명하고, 한국현대사 연구의 자료 축적을 목표로 진행되었다. 1단계에서는 '한국군의 창설 및 한국전쟁 수행 과정'에 관한 자료를 수집하고자 236.5시간의 구술을 채록했는데, 1차년도에는 주요 군 관련 인물들의 세부 목록 작성, 세미나 개최 등 주로 연구방법과 연구내용에 대한 충실한 사전조사를 진행하고, 2년차에는 질문지 작성이나 방문인터뷰, 채록 자료 텍스트화 등 주로 구술을 채록한 후 자료화하는 작업에 중점을 두었다. 3년차에는 구술 채록과 병행하여 구술 자료에 대한 학문적 분석을 시도했다. 특히 수집 매뉴얼을 작성하여 인터뷰 직전의 배경조사방법, 인터뷰를 위한 준비물과 장비 활용법, 인터뷰 시 주의사항, 구술 생애사 기초조사표, 구술자 카드, 녹취록 양식, 공개동의서 양식, 기본적 질문지 등 다양한 내용을 포함했다.[16] 2단계는 '한국군의 베트남전쟁 수행'이라는 주제 아래 구술자 39명을 대상으로 약 354시간의 구술 채록을 실시했다.[17] 2015년부터 2019년까지 수행된 3단계 과제에서는 '1960~80년대 한국사회 발전과 한국군'이라는 주제로 구술을 채록했다.[18]

이외에 한국학중앙연구원의 연구단에서 수행한 "현대한국구술자료관 구축 연구"가 있다. 이는 현대한국구술자료관을 구축하기 위해 구술자료 아카이브 및 온라인 서비스 시스템 구축, 외부 및 자체 수집 구술자료의 정리·디지털화, 현대한국구술자료관의 허브 기능 강화와 구술 자료 평가자문회의 운영 등으로 나누어 살펴본 사업이다.[19] 이상의 연구 성

16 2012년도 한국학진흥사업 구술 자료 아카이브 구축(현대 한국 구술사 연구) 1단계 결과 보고서. "한국현대사와 군".

17 2012년도 한국학진흥사업 구술 자료 아카이브 구축(현대 한국 구술사 연구) 2단계 결과 보고서. "한국현대사와 군".

18 한국학기초자료사업 한국현대사와 군 3단계 과제정보, https://ksps-pms.aks.ac.kr/otc_jsp/OtcSbjtBscInfo.jsp

과들은 모두 한국학중앙연구원의 현대한국구술자료관으로 이관되어 구술테마 컬렉션으로 서비스되고 있다.

② 활용 및 서비스

현대한국구술자료관은 한국학중앙연구원에서 연구사업을 통해 수집된 각종 구술 자료를 집약적으로 서비스하는 포털이다. 정당정치, 경제외교, 민주화와 종교, 한국군, 건국 60년, 원폭의 기억, 평화통일과 남북교류, 주변부 여성의 경제, 한미 민간 교류, 국가 폭력, 공공의료와 건강보험이라는 11개 범주로 구분하여 구술테마컬렉션을 제공하고 있으며, 구술자별로 자료를 열람할 수 있다. 구술자의 사진과 함께 구술자명, 생산자, 면담자, 검독자, 면담횟수, 면담 총시간, 스크랩, 조회수, 면담일시, 면담장소, 간략 소개를 기본정보로 제공하며, 구술동영상은 현대한국구술자료관에 회원가입을 통해 로그인할 경우 열람이 가능하다. 이외에 과제개요 및 구술개요를 간략히 제시하고 있으며, 구술자에 대한 주요약력 및 활동상황을 연도와 활동내역을 구분하여 명시하고 있다. 면담자 정보도 구술자명, 관련분야, 현재 소속으로 공시하고, 주요약력 및 활동상황에 관한 내용도 담고 있다. 구술 자료 상세보기에서는 회차별 면담을 구분하여 구술개요, 주요색인어, 구술 자료 상세 목록을 제시하고 있다. 특히, 구술 자료 상세 목록은 구술내용의 세부 주제에 따른 타임라인을 제시함으로써 이용자의 접근 편의성을 높이고 있으며, 스크랩 기능도 제공하고 있다.[20] 또한 현대한국구술자료관의 구술 자료는 열람만을 위한 서비스를 제공하며, 블로그 및 동영상 전문 포털로의 복제는 금하고 있다.

---

19 한국학기초자료사업 현대한국구술자료관 구축 연구 과제정보, https://ksps-pms.aks.ac.kr/otc_jsp/OtcSbjtBscInfo.jsp

20 한국학중앙연구원 현대한국구술자료관> 구술테마 컬렉션, https://mkoha.aks.ac.kr/oralRecord/OralRecordList.do

다만, 구술 자료 동영상을 제공하기 위한 웹페이지 링크 서비스는 허용된다. 이외에 한국학중앙연구원 한국학진흥사업단은 2009년부터 시작하여 총 491명의 구술자로부터 3,400여 시간의 구술 자료를 수집한 "현대 한국 구술사 연구사업"의 결과를 <현대한국구술사 연구총서>로 발간했다. 이 연구총서는 『현대한국구술 자료관 형황과 전망』, 『한국민주화운동과 종교』, 『구술로 본 한국현대사와 군』, 『구술로 본 한국 경제성장의 역사』, 『한국정치사 구술 연구』 총 5권으로 구성되었다.[21]

지금은 다음과 같이 총 5개의 주제를 바탕으로 2019년 6월부터 2029년 5월까지 구술 자료 아카이브 구축사업를 진행하고 있다.[22]

- 1960~70년대 권위주의 국가폭력과 한국사회: 구술사 접근(성균관대학교)
- 근현대 한국 주변부 여성의 경제활동(무형문화연구원)
- 해방 이후 한미관계와 민간교류: 민간활동가 구술 생애사 자료 수집(한국학중앙연구원)
- 평화통일운동과 남북교류협력사업(연세대학교)
- 공공의료체계를 향한 한국 현대의료체계 구술사 연구: 제도, 장소, 사람을 중심으로(인하대학교)

구술 자료의 생산과 보존관리가 분리되어 있어 수집과 관련된 매뉴얼을 통해 각 연구팀에서 생산되는 구술 자료를 표준화하고 있으며, 결과

21 한국학중앙연구원 현대학국구술사자료관 > 정보창고 > 공지사항, https://mkoha.aks.ac.kr/board/BoardView.do?cpage=&boardSeq=301&boardType=1&searchCate=&searchType=subject&searchValue=

22 한국학중앙연구원 현대학국구술사자료관 > 정보창고 > 자료실, https://mkoha.aks.ac.kr/board/BoardView.do?cpage=&boardSeq=281&boardType=5&searchCate=&searchType=subject&searchValue=

물의 종류와 필요한 양식 등을 모두 매뉴얼에 포함하고 있다. 각 사업단이 생산한 구술 자료는 구술자별로 외장하드 디스크에 담아서 제출하고 있으며 녹음자료, 동영상, 녹취문, 구술자신상기록부, 면담자신상기록부, 면담일지, 상세목록, 구술자검독확인서 등 각종 서식을 모두 함께 관리하고 있다. 구술 채록에 앞서 구술자의 구술사 인터뷰에 관한 동의서를 받은 후 인터뷰를 진행하며, 녹취문이 완성된 후 구술자의 검독확인서, 구술 자료 기증 및 활용동의서(개인정보활용에 관한 동의 포함)를 받고 있으며 별도의 홈페이지를 구축하여 구술사 사업을 통해 수집된 자료(동영상, 녹음자료, 녹취문, 구술사 신상명세서 등)를 전면적으로 https://mkoha.aks.ac.kr/IndexMain.do에서 공개하고 있다. 구술동의서, 검독확인서, 구술 자료 공개 및 활용동의서, 개인정보활용동의서를 받아 처리하고 있지만 구술자가 공개를 허용하는 경우에도 사회적으로 논란이 될 수 있거나 민감한 사항에 대해서는 구술자 보호를 위해 내부 검토를 거쳐 서비스를 제공하고 있다. 현대한국구술자료관 시스템에 탑재하여 디지털아카이브로 관리하고 있으며, 외장하드는 구술 자료관 내 수장고에 별도로 보관하고 있다.

한국학중앙연구원 현대한국구술자료관은 한국구술사네트워크에 지속적으로 참여하고 있으며, 한국학중앙연구원에서 주관하는 구술사 교육과 워크숍을 통해서 다양한 구술사 연구 수행 주체들과 연계하기 위해 노력하고 있다. 2009년부터 2020년까지 8회의 정기 구술사시민강좌를 개최한 바 있다. '시민을 위한 기초 구술사 강좌'는 구술사에 대한 기초적인 이해, 구술 자료 생산 기획, 구술 자료 생산을 위한 면담 진행 요령, 구술 자료의 자료화와 활용 등의 다채로운 내용으로 구성되며 무료로 진행되어왔다. 2021년 10월 20일부터 11월 17일까지 매주 월, 수로 진행된 9번째 시민강좌는 전남지역과 광주 시민을 대상으로 우선적으로 이루어졌는데, 강좌 내용은 1강 구술사란 무엇인가?, 2강 구술사 아카이브의 시작과 끝-기획, 3강 구술사 자료 수집을 위한 면담 진행 과정, 4강 디지털 구술 자료의 생산과 장비, 5강 구술 자료 정리와 관리, 6강 구술 자료 활용 사례 발표, 7강 구술 자료 활용의 법적, 윤리적 문제, 8강 구술 자료를 활용한 글쓰기, 9강 전남-광주 지역 구술사 현안과 전망으로 구성되었다. 구술사에 관심을 갖고 있거나, 혹은 직접 구술 자료를 생산하고자 하는 사람들에게 큰 도움이 되었으며 총 9강 중 7강 이상 수강하면 수료증까지 발급했다.[23]

(3) 국회도서관 국회기록보존소[24]

① 수집 목적 및 수집 과정

국회기록보존소는 2000년 국회사무처 소속으로 출발하여 2001년 국회도서관 직제 변경에 따라 국회도서관으로 소속이 변경되어 현재 기록정책과와 기록관리과로 구분되어 운영되고 있다. 2012년부터 직접 생산·관리하고 있는 구술 자료는 국회의장단 등 국회 관련 인사들의 어린 시절부터 정치인 시절, 현재에 이르는 일대기를 구술로 재현하여 대한민국 정치사 및 의정사를 재조명해주고 있다. 국회기록보존소에서 구술 자료를 수집하는 목적은 국회 관련 인사의 생생한 목소리를 통해 현재까지 생애에 걸쳐 중요한 일화나 사건 등 공식문서만으로는 알기 어려운 이면(裏面)의 정보를 제공하기 위해서이다. 수집 대상은 주로 국회의장단과 국회 관련 주요 인사들의 구술이다. 구술 자료의 수집은 2012년부터 현재까지 아카이빙네트워크연구원이 주도하고 있으며, 연간 5천여

---

23 <제9기 구술사 시민강좌 수강생 모집> "구술사란 무엇인가?—구술사 기획에서 활용까지", https://mkoha.aks.ac.kr/board/BoardView.do?cpage=&boardSeq=337&boardType=1&searchCate=&searchType=subject&searchValue=

24 국회기록보존소, https://archives.nanet.go.kr/main.do

만 원의 예산을 바탕으로 매년 28시간 이상, 4인 이상의 구술 자료를 생산하고 있다. 국회기록보존소에서 기본질문지를 미리 제공하고, 총 2번의 검토 작업(발주기관/의원 개인)을 통해 질문목록을 정하고 있다. 발주기관과 의원 개인의 검토 작업을 통해 질문목록이 정해지며, 최종적인 구술 산출물은 외주업체가 아닌 국회기록보존소에서 직접 검수하고 있다. 구술 자료 수집은 편람을 통해 수집되고, 구술 자료는 녹취문, 동영상, 총서·구술집, 사진, 면담일지의 형태로 생산되고 있다. 이때, 용역업체는 녹취문, 음성, 영상파일, DVD 등을 보존용과 서비스용으로 구분한 외장하드를 납품해야 하며, 서비스용의 경우, 개인정보가 포함된 제3자에 대한 내용이나 비공개 내용은 편집된 형태로 제공된다. 저작권이나 개인정보 보호법을 고려하여 구술 수집할 때, 구술동의서와 검독확인서를 작성하고 있으며, 구술 과정에서 기증을 권장하는 형태로 운영되고 있다.[25]

② 서비스 및 관리

국회기록보존소에서 제공되는 구술 자료는 원자료(raw data)가 아닌 서비스용 VOD 편집본과 국회도서관에 비치된 구술집 총서가 있다. 여기서 구술자 약력, 면담자 약력, 면담일지, 해제문, 면담사진, 관련기록 확인이 가능하다. 관련기록으로 웹사이트, 질문지 작성에 대한 참조 기사, 간행물, 단행본, 논문, 전자저널 등 관련 리스트도 제공한다. 서비스 초기에는 녹취문도 접근이 가능했으나 해석에 따른 문제가 발생할 수 있어 현재는 녹취문을 제외한 콘텐츠만 제공되고 있다. 그러나 방문 또는 정보공개를 통해 녹취문 열람을 요청할 경우, 서비스를 제공받을 수도

---

25 정연경 외(2019). 『국립중앙도서관의 구술 자료 수집 타당성 및 제도 개선 방안 연구』, pp. 16-18.

있다. 서비스용 VOD는 유튜브(YouTube) 플랫폼을 통해 별도의 로그인 과정 없이 누구에게나 공개되며, 콘텐츠는'한눈에 보기, 인물별 보기, 영상별 보기' 등 주제별로 검색할 수 있다. 그러나 유튜브 플랫폼이 개방적이라는 측면에서 활성화에 도움이 되지만, 유튜브 내 추천콘텐츠가 기관이 생산하지 않은 부정적인 연관 콘텐츠로 연계되는 문제가 생겨서 이런 방식으로 제공하는 것에 대한 검토가 이루어지고 있다. 또한 회차별 타임라인과 주제별 메타데이터를 제공하고 있으며, 구술사업 개요, 구술녹취개요, 특이사항 등 면담 기본정보에 대한 개요와 함께 '구술자(약력), 면담자(약력), 면담 일시 및 장소, 연구기관, 총시간 면담횟수, 면담일지, 해제문, 면담사진'등 구술 자료 생산이력을 명시하고 있다. 본 서비스는 공개 플랫폼을 이용하고 있다는 점에서 이용자층을 특정하지 않으며, 플랫폼을 이용할 수 있는 자라면 누구나 이용 가능하다. 단, 방문이나 정보공개 청구를 통해 구술 자료를 개별적으로 활용하기 위해서는 별도의 구술 자료 활용동의서를 작성하여야 한다. 국회기록보존소는 이외에 총서 출판, 온라인 열람, 구술 자료 내부시스템 등록 등 기타 서비스를 구축하고 있다.

국회기록보존소는 한국구술사네트워크 참여 기관이며 공동간사회의에 참석하고 있다. 수집 지침 및 매뉴얼 작성에 많은 도움이 되고 있으며 국사편찬위원회의 구술 자료 수집 현황 조사(2018-2019)에도 협조했다. 특히 국사편찬위원회, 대한민국역사박물관, 한국학중앙연구원과의 교류가 많은 편이며 국가기록원, 대통령기록관과 같은 국가대표기관에서 구술 자료 수집 및 협력관계에 대해 선제적으로 대응하고 있다.

녹취문, 동영상(보존용, 편집본), 총서·구술집, 사진, 면담일지 등을 보존소 안에서 보존하고 있는데, 통합관리시스템에 업로드하여 전산실은 국회도서관과 공유하는 형태로, 현재 구술 자료 보존 및 서비스를 위한 별도의 미디어 서버가 구축되어 있지 않다. 향후 구술 자료의 체계적인 관리 및 서비스를 위해서는 미디어 서버 구축이 필요하다. 중복 구술 자료가 많다는 점에서 구술 자료를 국가적 차원에서 통합 관리할 필요는 있으며 이는 구술 자료 수집 담당자의 업무 효율성과 이용자들의 서비스 품질을 위해 필요한 사항이다. 구술 자료는 특성 및 수집·관리에 대한 전문적인 지식을 필요로 하며, 구술 자료 수집 지침·매뉴얼, 관리할 전문 인력, 발주기관 담당자의 전문성 등 다각적인 노력이 지속적으로 필요한 상황이다.

(4) 대통령기록관[26]

① 수집 목적 및 수집 과정

대통령기록관은 2007년 「대통령기록물 관리에 관한 법률」이 제정되면서 국가기록원 내 대통령기록관 직제가 신설되어 국가기록원 아래 설치되었다가 2021년 3월 9일부터 행정안전부 산하 1차 소속기관으로 바뀌었다. 현재 대통령기록물 관리에 관한 기본계획을 수립·시행하고, 대통령기록물 관련 연구 활동을 지원하고 있으며, 역대 대통령 재임 시기 및 재임 전·후의 개인기록물을 수집하여 관리하는 역할을 수행하고 있다.[27] 우리나라에서 대통령이 지닌 국가상의 중요도와 연동하여, 대통령기록물 역시 국가적 중요성과 함께 상징성을 지닌다. 하지만 초대 이승만 대통령부터 김대중 대통령 관련 기록물은 약 33만 건으로 보존량이 절대적으로 부실하다. 따라서 이들 기록물의 수집을 통해 전문적인 관리·보존 조치의 부여와 함께, 국민 공동의 활용기반 마련이 시급한 상황이므로 대통령의 구술 기록은 매우 중요하다. 대통령의 통치 행위는

---

26 대통령기록관, https://www.pa.go.kr/portal/com/viewMainPage.do

27 대통령기록관 기관소개> 주요기능, https://www.pa.go.kr/portal/introduce/formationInfo/formationInfo01.do

우리나라의 집단기억 및 사회상의 형성 측면에서 근간을 형성하는데 그동안 대통령기록물의 관리체제 미비로 인해, 대통령기록물을 체계적으로 이관 받아 관리할 수 있는 법적 제도적 기반이 부재하여 대통령의 국정 수행과 관련하여 기록물로 남기지 못한 분야 또는 사안을 대통령 및 관련자 구술을 통해 기록화하는 것이 매우 필요하다. 더구나 시간의 경과에 따른 원자료 소멸 가속화로 구술 채록의 시급성 대두되고 있으며 대통령의 국정 수행과 관련하여 기록물로 남기지 못한 분야 또는 사안을 대통령 및 관련자의 구술을 통하여 기록화할 필요가 있다. 또한 생존 역대 대통령의 고령화로 인한 기록화된 증거를 전승할 필요도 있다. 그리고 공식 기록물의 이면 맥락에 관한 당사자의 경험을 기록화함으로써 대통령 국정수행 사실을 입체적으로 조명할 수 있는 근거를 구술로 마련할 수 있다.

2007년 대통령기록관 출범 이후 정부기관으로는 처음으로 2008년부터 '역대 대통령 관련 구술 채록 사업'을 꾸준히 해오고 있다. 그 첫번째 사업으로 김영삼 전 대통령의 생애와 국정 수행 과정에서의 생생한 경험을 대통령 자신의 육성으로 남기는 구술채록사업을 시작했다. 역대 대통령들이 공식 기록물로 남기지 못한 주요 활동이나 사건, 성장 과정 등 개인적인 생애경험이나 소회 등을 구술 기록으로 남겨 소중한 국가기록으로 영구보전하기 위한 것이었다. 대통령기록관은 대통령의 어린 시절부터 청년 시절, 정치인 시절, 그리고 대통령 재임 기간 등 파란만장했던 전 생애에 걸쳐 중요한 일화나 사건, 국정 수행 이면의 일들을 모두 포함하는 구술을 계획했다. 이러한 구술채록사업은 과거에는 기록되기 어려웠던 사항들을 처음으로 대통령 증언을 통해 남긴다는 점에서 의미를 둘 수 있다. 대통령기록관은 그 이후로 다른 대통령들로부터도 육성 기록을 남기고 있으며 대통령 구술은 약 20시간 정도 분량의 충분한 시간을 할애해 체계적으로 채록하고 있으며 대통령의 증언을 통해 전혀 알려지지 않는 국정 이면 비사가 포함될 수도 있고, 구술 결과에 대한 공개 여부 및 보호기간 설정 등은 이전 대통령 측과 협의를 거쳐 결정해오고 있다.

대통령기록관에서는 대통령 통치행위와 관련하여 기록으로 남기지 못한 분야를 구술을 통해 기록하고, 역대 대통령 관련 인사(장·차관, 보좌관 등)를 대상으로 구술 채록을 통해 그 경험을 기록하고자 2014년부터 현재까지 연구용역사업을 통해 이승만 대통령부터 이명박 대통령까지 대통령과 직접적인 관련성이 있는 인사들을 대상으로 구술 채록을 실시했다. 2019년 기준으로 233명을 대상으로 약 1,252시간의 구술을 채록했다.[28] 매년 1억 5천만 원의 예산을 투입하고 있으며, 고품질 구술 영상 촬영과 제작 및 녹취록 작성을 위해 최근 3년 이내의 구술 총 50시간 이상을 채록한 영상촬영전문가와 구술녹취 전문가를 반드시 포함할 것을 요구하고 있다. 사업의 결과물로는 원본 동영상별로 음성파일(mp3)을 포함한 DVD와 구술자 제공용으로 제작된 DVD 등 구술동영상(DVD-R), 구술음성파일, 구술사진파일(jpg), 구술자 회차별 면담정보, 구술자 및 면담자 신상카드, 질문지, 녹취 요약서, 면담일지, 면담후기, 상세목록 및 색인어, 녹취전문, 주석 등을 포함하는 구술녹취록(hwp, pdf/인쇄물 제출), 구술동의서, 녹취록 검독확인서, 관리조건 협의서, 녹취록 수정 안내문 등 구술자 관련 서류, 최종보고서, 모든 사업 산출물 사본이 저장된 외장하드 및 기타자료 등 수집 과정에서 생산된 모든 자료 일체를 제출해야 한다. 구술 채록 자체는 연구용역을 통해 진행하지만, 대통령기록관에서 「대통령기록관 구술 채록 매뉴얼」을 제공하여 구술 채록 과정의 표준화를 요구하고 있다.[29]

---

28 정연경 외(2019). 『국립중앙도서관의 구술 자료 수집 타당성 및 제도 개선 방안 연구』, pp. 21-24.

29 국가기록원 대통령기록관 기록수집과(2020.2). 2020년도 역대 대통령 관련 인사 구술채록사업 제안요청서.

구술 수집을 하는 과정에서 대통령기록관 구술 기록관리조건 협의서를 작성해야 하며 이는 구술 기록(원본 원자료, 사진 및 녹취록 등을 포함한 일체의 구술 기록)에 대한 보존·이용 조건을 기술해야 하며 구술 기록의 영구보존·아카이브 구축 및 연구·출판·교육 등의 공익 목적을 위한 복제권, 전송권, 방송권, 배포권, 전시권, 2차적 저작물 작성권(번역권, 각색권, 영화화권) 등 구술 기록에 대한 저작권 보호기간 만료 시까지 대통령기록관에 양도해야 한다. 또한 공표권, 성명표시권, 동일성 유지권 행사를 대통령기록관에 위임해야 하며 구술 기록 전체 또는 일부 내용에 대한 구술자 협의 하에 비공개 처리하고 있다.

대통령기록관에서 보존하고 있는 구술 관련 자료로 동영상은 원본 테이프(아날로그: 6mm HDV, 60분용)와 동영상 디지털 매체변환(M2T, MPEG2, MP4): DVD이다. 음성은 아날로그: 6mm HDV(60분용)와 유사시 대체 가능한 별도 디지털 녹음으로 mp3를 병행하고 있다. 사진류는 사진 파일(TIFF, JPEG): DVD로 보존하고 있다. 녹취록은 녹취록 원본/교정본/수정본이 DVD 및 인쇄물로 있으며 수록내용은 사업명, 구술자 신상카드, 면담자 신상카드, 촬영자, 면담일시 및 장소, 면담일지 및 후기(면담주제, 주요내용, 특기사항), 상세목록 및 주제어(색인어), 녹취전문 등이다. 이외에도 관련 서류로 구술자 구술동의서/면담자 검독확인서/녹취록 수정안내문, 구술자 관리조건협의서(비공개 사항 등), 구술자 기증자료: 도서, 간행물, 각종 문서와 사업 최종보고서: DVD 및 인쇄물산출물 사본, 산출물 세부 색인 목록, 구술 대상자 관리카드 등이 있다.

② 활용 및 서비스

현재 대통령기록관에서 수집한 구술 자료는 접근 자체가 불가하다. 모든 구술 자료는 대통령기록관 홈페이지의 기록물 검색이나 기록 컬렉션에서 찾을 수 없으며, 구술 자료 수집에 관한 사항은 구술채록사업 제안요청서 등 연구용역을 관련 공문서를 통해서만 확인된다. 그러므로 역대 대통령 구술 기록에 대한 대국민 열람 서비스 방안이 필요하다.

(5) 민주화운동기념사업회[30]

① 수집 목적 및 특징

민주화운동기념사업회는 「민주화운동기념사업회법」에 의해 2002년에 설립된 행정안전부 산하 기타공공기관으로, 민주화운동의 정신을 계승하고 발전시키는 것을 목적으로 운영되고 있다. 사업회는 주로 민주화운동 정신 계승사업, 민주화운동 관련 사료수집사업, 국내외 민주화운동 및 민주주주의 조사 연구사업, 민주시민교육 사업 등 다양한 과제를 수행하고 있으며, 2018년부터는 옛 남영동 대공분실의 운영권을 이관받아 '민주인권기념관'으로 조성하고 있다.[31] 민주화운동기념사업회의 구술 자료 수집 목적은 민주화운동과 관련된 문건, 사진, 영상, 박물 등 사료를 수집하면서 문헌 기록만으로 알 수 없는 민주화운동 사건과 기록물로서 민주화운동 관련자들의 구술을 채록하여 사료로서 관리하고 있다. 해당 구술사업은 사업회 내 사료관에서 담당하고 있으며, 부서 내 6명의 관계자가 구술 수집 및 정리·서비스에 직접 참여하고 있다. 구술채록사업에는 연간 1억 원이 지원되며, 연간 30여 명의 구술자, 100시간 이상의 구술이 사건별 구술 채록 3건, 인물별 구술 채록 1건으로 외부 발주를 통해 채록되고 있다.[32] 구술채록사업의 결과물은 구술자·면담자의 신상기록부와 개인정보 수집 및 이용동의서, 예비 질문지, 면담일지, 상세목

---

30 민주화운동기념사업회, https://www.kdemo.or.kr/

31 민주화운동기념사업회> 기관소개, https://www.kdemo.or.kr/about/kdemo

32 정연경 외(2019). 『국립중앙도서관의 구술 자료 수집 타당성 및 제도 개선 방안 연구』, pp. 35-37.

록, 구술동의서, 구술 자료 활용 및 공개 동의서, 구술 자료 검독 확인서, 구술 해제, 하이라이트 구간 및 구간 녹취록 등 일체의 필요 서류가 포함된 구술 채록 결과보고서와 구술녹취문(검독 이전 원본파일 및 검독 후 수정파일 포함), 보존용(전체 내용의 무삭제 동영상)과 서비스본(비공개 부분 삭제 또는 묵음 처리한 전체 영상/인물별 중요 부분 3~5분 영상), 음성파일(mp3)을 제출하도록 정하고 있다.[33]

1960년대, 1970년대 주요 민주화운동에 대한 구술 채록을 해왔고, 지금까지 1980년대 초 유화국면 전까지 구술 채록을 진행했는데 향후 1980년대 유화국면 이후와 1987년 민주항쟁 시기에 대한 구술 채록을 수행할 예정이며 1970년대는 민주노조 여성노동자에 대한 기록이 빈약하여 이에 관한 구술 채록을 추가한 상태다. 2018년부터 2022년까지 5개년에 걸쳐서 1980년대 민주화운동 구술채록사업 계획이 세워졌는데, 1979년 10·26사태 이후부터 1987년 6·10민주항쟁과 전두환 군사 정권의 종말까지의 민주화 운동 사건과 인물의 증언 채록이 될 것이다.

1980년대 민주화운동 구술 채록 5개년 계획 중 1차년도인 2018년에는 1979년 10·26사태부터 1980년까지의 시기를 다루었다. 특히 1980년대 민주화운동과 5·17 이후 정화 조치 등 민주화운동과 국가폭력에 주목했다. 이 구술을 통해 10·26사태 이후 민주화에 대한 기대와 이를 좌절시킨 신군부의 등장, 서울의 봄과 5·17 쿠데타, 전두환 정권의 집권 이후 민주화 운동 세력에 대한 말살 정책, 전 국민에 대한 국가폭력 등과 관련된 증언을 채록했다. 1980년 민주화운동으로 1979년 10·26 사태 이후 5·17 쿠데타까지의 '서울의 봄' 시기에 일어난 주요 민주화운동 중 YWCA 위장 결혼식 사건, 서울의 봄과 학생 운동, 사북노동항쟁 관련자들의 구술을 받았다.

---

33 민주화운동기념사업회 사료관(2020.5.). 촛불시민운동 구술 채록 제안요청서.

YWCA 위장 결혼식 사건은 유신헌법대로 통일주체국민회의에서 대통령을 선출한다는 신군부의 발표에 반대해 유신 철폐와 민주회복을 요구하며 400여 명의 민주 인사들이 서울 명동 YWCA강당에 모여 가두시위를 연 사건이다. 서울의 봄과 학생운동은 2·29복권 조치로 해직 교수와 제적 학생들이 돌아오며 학원 민주화운동이 활발해진 각 대학의 당시 상황을 살펴보고자 한 것이다. 사북노동항쟁은 당시 국내 최대 민영탄광이었던 동원 탄좌의 사북 영업소에서 광부들이 일으킨 노동 항쟁으로 탄광노조 뿐만 아니라 사북지역 주민 전체가 함께 투쟁했던 과정과 참혹한 탄압, 구속에 이르는 과정을 관련자의 증언을 통해 기록으로 남기게 되었다. 5·17 이후 정화 조치는 1980년 5·17 쿠데타 이후 비상계엄이 확대되면서 민주화운동에 대한 말살 정책뿐만 아니라 일반 국민에게까지 무차별 적용되었던 인권 유린과 국가 폭력에 대해 살펴본 것이다. 1970년대 민주 노조와 5·17 이후 정화 조치는 고려피혁, 동일방직 등 1970년대 주요 노조 관련자를 대상으로 하며 신군부가 민주 노조를 말살하기 위해 행했던 합동수사본부 연행과 해고, 구속, 삼청교육대, 블랙리스트에 이르는 과정과 민주 노조의 투쟁을 구술 증언을 통해 역사자료로 남기게 되었다. 구술을 받지 못한 노조들은 2019년에 이어 2차 구술을 진행할 예정이다. 10·27법난은 수배자 및 불순분자를 검거한다는 명목으로 전국의 사찰을 수색하고 불교 승려들과 일부 신도들을 탄압한 이유와 과정, 승려들에게 행해진 삼청교육대의 순화 교육에 대한 증언을 받았다. 삼청교육대는 부녀자와 노인, 청소년을 포함한 일반 국민에게까지 무차별적으로 가해진 살인적인 국가 폭력이며 그 이후 관련자들의 삶과 트라우마 등을 채록했다. 그리고 민주화운동 원로 인사들의 생애사 구술도 추가하여 6월 항쟁의 주역인 지선 스님과 민가협양심수후원회장을 맡았던 권오현 선생 등이 그 대상이 되었다.

2019년에는 남영동 대공분실에서 고문 피해를 입은 분들을 만나는 구술사업을 진행했는데 구술자들은 이 구술 사업이 단순한 기록을 넘어서 피해자들의 마음 속 무거운 짐을 내려놓는 데 도움이 되었다고 했다. 피해자 진술, 법정기록, 신문 기사를 통해 남영동 대공분실 피조사자 393명을 찾아내어 13명의 피조사자들로부터 구술을 받았다. 현재 역사정리 사업으로 1960년대, 1970년대 사료들을 목록화 및 사료화하고 있으며 2016년 가을부터 이듬해 봄까지 진행된 촛불집회 관련 자료들을 민주화운동기념사업회가 맡아 보존·관리하게 되었다. 사업회는 촛불집회 관련 연대사업과 기념사업 등을 함께 추진하는 한편 향후 정리 작업을 거쳐 사료를 온라인으로 서비스할 예정이며 퇴진행동 주요 인사와 촛불집회 참여자들의 구술 자료를 비롯해 시민들이 소장한 국내외 촛불집회 관련 사료들을 조사·수집할 계획이다.[34] 민주화운동기념사업회는 기관 구술 채록이 시작된 초기부터 제대로 사료관이나 사업 설계를 하여 시작했으며 한국여성단체연합에서 이효재 선생님의 구술 자료를 요청하여 구술자의 동의를 얻어 단행본을 출판하는 등 민주화운동에 관해서는 독보적인 사료들을 수집하여 축적하고 있다.

② 활용 및 서비스

민주화운동기념사업회에서 수집된 구술 자료는 현재 사업회의 사료관시스템인 오픈아카이브즈(Open Archives)에서 서비스되고 있다. 2016년 홈페이지 개편과 함께 오픈아카이브즈는 사료 콘텐츠를 직접 제작, 유통, 관리할 수 있는 CMS(content management system)도구이자 기존에 별도로 운영되던 구술 아카이브를 하나의 시스템으로 일원화한 아카이브이다.[35] 2021년 4월 27일 기준으로 문서류 531,820건, 사

---

34 민주화운동기념사업회와 퇴진행동, 촛불 사료 위수탁 관리 MOU 맺어, https://kdemo.or.kr/notification/press/page/12/post/372?

35 민주화운동기념사업회 > 사업회소식 > 오픈아카이브즈 사이트 리뉴얼, https://www.

진필름류 56,938개, 음성영상류 3,344건, 박물류 2,849개, 총 594,951 아이템(item)이 등록되어 있으며 오픈 아카이브즈는 사료 컬렉션, 사진 아카이브, 사료 콘텐츠, 구술 아카이브로 기능을 구분한 인터페이스를 제공하고 있다. 구술 자료는 주제별로 14개의 범주로 구성된 구술 아카이브에서 확인 가능하다.[36] 주제별 구술 자료는 개인별 구술 자료로 세분되어 있으며, 건 단위의 구술 자료는 '구술자 사진, 면담자, 구술자 소개(구술자, 구술일자/장소, 구술시간), 구술 아카이브 범주, 구술내용 요약, 태그, 구술상세목록 및 녹취문'등에 대한 정보를 확인할 수 있다. 또한 해당 페이지에서는 5분 내의 서비스본 동영상을 별도의 로그인 절차 없이 접근할 수 있다. 그리고 해당 페이지를 외부로 공유할 수 있는 기능(퍼가기, 페북 공유, 이메일 공유)을 제공하여 이용자 접근 및 활용 가능성을 높이고 있다.

「민주화운동기념사업회 사료관 사료 관리 지침」에 따르면, 구술사료의 공개는 열람용 녹취문에 한하며, 제3자의 명예훼손 또는 인격권을 침해하는 내용, 과거사 관련하여 조사 중이거나 재판이 진행 중인 내용 등으로 인해 공개될 경우 구술자 또는 관련된 제3자의 권익을 침해하거나 공정한 재판을 받을 권리를 침해할 수 있는 내용, 공공기관으로서 민주화운동기념사업회의 정체성과 명예의 손상이 우려되는 내용이 포함되는 구술사료는 비공개 또는 부분공개로 제공함을 밝히고 있다. 또한 구술자의 '구술사료 공개 및 이용 허가서'에 공개금지가 명시된 경우, 구술자의 공개 동의가 있더라도 구술내용 공개로 인해 사회적 파장이 우려되는 경우, 「공공기관의 정보공개에 관한 법률」, 「개인정보보호법」 등 관련 법률

kdemo.or.kr/notification/news/page/1/post/117

36 주제별 범주: 4·19혁명, 한일협정반대운동, 3선개헌반대운동, 6·10민주항쟁, 1970년대 민주화운동, 1970년대 학생운동, 1980년대 민주화운동, 노동운동, 농민운동, 빈민운동, 인권운동, 여성운동, 재야운동, 해외민주인사

에 명시된 비공개 및 이용제한 원칙에 해당되는 내용은 비공개로 제한하고 있다. 구술사료의 열람은 방문, 전화, 오픈아카이브즈를 통해 신청할 수 있으며, 소정의 절차에 따라 담당자의 통보를 받은 후, 사업회에 방문함으로써 해당 사료를 확인할 수 있다. 열람이 허용된 녹취문은 지정된 장소에서 열람 장비를 이용해 열람을 실시하며, 구술 원자료의 경우 구술자 본인 또는 유가족으로부터 직접 열람을 받은 이용자가 해당 구술자료의 이용허락을 증명할 수 있는 증명서를 사료관에 제출하여 승인된 경우에 한하여 녹취문 파일 및 구술 영상테이프 등 기타 구술결과물을 제공받을 수 있다. 단, 열람목적을 달성한 경우에는 폐기해야 하며, 열람목적 이외의 이용으로 인해 발생하는 책임은 열람신청자에게 책임이 있음을 밝히고 있다.[37] 구술 자료 동영상의 원본은 관내 열람서비스를 통해 이용할 수 있으며, 관내 열람은 연간 30건 이상 정도 요청되고 있다.[38]

이외에 『민주화운동 관련인사 구술사료 목록집(2002년도~2005년도)』(2005), 『잿빛시대 보랏빛 고운 꿈: 7.80년대 민주화운동으로서의 가족운동』(2007), 『4월혁명 참여자 구술사료 해제 목록집』(2010), 『1970년대 학생운동 구술사료 열람집』(2010)으로, 구술 자료집 단행본을 발간하여 서비스하고 있다.[39]

그리고 2021년 12월 구술사 워크숍에서는 "민주화운동 구술사료 수집의 성과와 과제"라는 주제로 민주화운동 관련 인사 구술수집사업 20년의 성과를 돌아보고 앞으로의 방향과 활용방안을 모색했다.[40]

---

37 민주화운동기념사업회(2020.04.). 「민주화운동기념사업회 사료관 사료 관리 지침」

38 정연경 외(2019). 『국립중앙도서관의 구술 자료 수집 타당성 및 제도 개선 방안 연구』, pp. 35-37.

39 민주화운동기념사업회 > 미디어·자료 > 일반자료실 > 단행본, https://www.kdemo.or.kr/book/data/book/page/1

40 민주화운동기념사업회 > 알림·홍보 > 이달의 행사, https://www.kdemo.or.kr/notification/calendar/post/3215

(6) 국립외교원 외교사연구센터[41]

① 수집 목적 및 수집 과정

외교사연구센터는 국립외교원의 소속기관이자 외교안보연구소에 배치되어 있는 다섯 개의 센터 중 하나로, 2011년에 개소하여 외교정책 결정과 외교사 연구의 토대가 될 수 있는 외교자원을 발굴, 수집, 분석, 편찬하여 외교사 연구와 외교관 교육에 기여하는 역할을 담당하고 있다. 외교사연구센터에서는 대한민국임시정부 수립 이후의 초기 외교관들을 대상으로 2011년부터 2016년까지 개인 구술 생애사를 바탕으로 한 구술채록사업을 수행했다. 연간 5천만 원 정도의 예산을 투입했으며, 연간 2~3명의 구술자와 20~30시간의 구술을 채록했다. 구술 자료는 현재 단행본의 형태로만 공개되어 있다. 구술 원자료는 모두 3급 비밀로 지정되어 있어서 외교원 내 3급 비밀문서에 접근이 가능한 지정인을 제외하고는 열람 자체가 불가하다.[42]

② 활용 및 서비스

외교사연구센터에서 제공하는 구술 자료는 유일하게 단행본의 형태로 제작된 <한국외교구술 기록총서>가 있다. 외교사연구센터에서는 2014년부터 2019년까지 『한국 외교와 외교관』 총 18권을 발간했으며, 2020년에는 『한국외교사 구술회의』 제1권–한중수교를 출판했다.[43] 전직 대사들의 생생한 증언과 제언을 담은 구술사 총서 『한국 외교와 외교

---

41 국립외교원 외교사연구센터, https://www.ifans.go.kr/knda/ifans/kor/main/IfansMain.do

42 정연경 외(2019). 『국립중앙도서관의 구술 자료 수집 타당성 및 제도 개선 방안 연구』, pp. 37-39.

43 외교안보연구소 > 발간자료 > 한국외교구술기록총서, https://www.ifans.go.kr/knda/ifans/kor/pblct/PblctList.do?menuCl=P16&pageIndex=1

관』은 이시영 전 UN대사 편(제4권)과 양성철 전 주미대사 편(제6권)으로 각각 UN, APEC, IAEA 등에서의 다자외교와 김대중 정부 시기의 역동적인 한·미관계를 생생히 재현함으로써, 한국 외교사의 비문서(非文書) 사료로서의 가치를 지니고 있다. 이시영 전 주UN대사는 냉전 시기에 UN을 중심으로 펼쳐진 남·북한 외교대결과 APEC, IAEA 등 다자외교의 중요 사례에 대해 외교문서 등 관련 사료를 참조하면서 실증적으로 구술했다. 이 대사는 1970년대 UN에서 남·북한 외교전이 연례화하면서 관계국 간에 피로감이 누적되었고, 이를 타개하기 위해 남·북한 문제의 '탈(脫)UN'화가 진행되었던 과정을 회고했다. 그리고 한국이 APEC 3차 각료회의 의장국으로서 성사시킨 중국·대만·홍콩의 APEC 가입이 한·중 수교에 긍정적 영향을 미쳤으며, IAEA에서 우리 외교의 적극적인 활동이 북핵 문제에 대한 국제적 관심을 환기시키는 계기가 되었다고 평가했다. 양성철 전 주미대사는 김대중 정부가 '햇볕정책'이라는 대북정책 기조 하에 미국의 클린턴 정부 및 부시 정부를 상대로 북·미관계 개선과 한반도 긴장완화를 위해 펼친 외교적 노력을 생생하게 구술했다. 양 대사는 김대중 정부의 햇볕정책에 대한 클린턴 정부의 적극적인 협조가 있었기에 북·미관계 개선은 물론 한·미간 노근리 문제, SOFA 개정 문제 등에 대한 원만한 합의가 가능했다고 평가했다. 또한 부시 정부 출범 이후 9·11 테러사건 및 북한의 고농축 우라늄 의혹 등으로 북·미관계가 악화된 상황에서 햇볕정책의 연속성을 유지하고 한반도의 긴장완화를 위해 고심했던 현장 외교의 경험을 술회했다.

그러나 인물 중심의 구술 채록에 대한 부정적인 평가로 2017년부터는 주제별 구술 채록으로 변경하여 구술이 외교관들의 구술자서전이 되지 않도록 하고 구술 생애사 인터뷰 내용 중 외교사 외의 생애사는 최소화하여 단행본을 출판하고 있다. 2017년에는 한중수교 25주년 기념 한중수교를 주제로 구술 채록했고 2018년에는 연구소 안의 다른 사업으로 인해 구술 채록을 수행하지 못했으며 2019년에는 북방외교를 주제로 구술 채록을 진행했다. 이렇게 주제별 구술 채록을 함으로써 구술의 집중도가 높아졌고 집단 인터뷰도 가능하여 그 주제에 대한 증언을 다각적으로 수집할 수 있는 장점을 확인할 수 있었다. 하지만 구술채록사업에 대한 장기 계획은 세우지 못하고 매년 주제를 정하고 있는 상황이며 인물별로 출판된 단행본은 온라인 서비스로만 제공하고 있다.

현재 <한국외교구술 기록총서>의 기본 내용은 외교안보연구소의 외교사 데이터베이스 인물별 구술에서 확인할 수 있다. 인물별 구술 데이터베이스는 그간 외교사연구센터에서 수행한 구술사 사업의 성과를 정리한 것으로서, 기본적으로 연도, 구술자, 면담자, 구술내용을 검색할 수 있으며, 구술사 구축사업이 완료된 구술자 명단을 사진, 이름, 면담자, 구술일시에 대한 기본정보와 함께 프로필 상세보기 기능을 통해 제공하고 있다. 프로필 상세보기에는 구술자 약력과 면담자 정보, 구술 세부 사항을 구분하여 정보를 보여준다. 구술 세부 사항에는 회차별 내용을 일시, 장소, 주제, 상세목록으로 제공하고 있지만, 실제적인 구술의 내용은 파악하기 어렵다.[44] 외교관이라는 특정 직업군을 대상으로 차별화된 구술 채록을 해오고 있으며 한국의 외교 정책 결정 과정에 대한 자료나 연구 성과가 없기 때문에 관련 연구자들에게는 외교 정책 결정 과정에 대한 사료로서 구술 자료의 가치는 매우 높다. 특히 외교 문서로 알 수 없는 외교사 부분들에 대한 자료를 구술을 통해 확인이 가능하다.

44 외교안보연구소 외교사 데이터베이스, https://www.ifans.go.kr/knda/ifans/kor/dplm/OralIfansCptList.do#

(7) 한국문화예술위원회 아르코예술기록원[45]

① 수집 목적 및 수집 과정

한국문화예술위원회는 1973년, 한국 문화와 예술의 진흥을 목적으로 설립된 한국문화예술진흥원에서 시작하여 2005년 8월 민간 자율 기구인 한국문화예술위원회로 전환된 기관이다. 현재 예술 기록 자료의 체계적인 관리 및 활용을 담당하고 있으며, 한국 근현대 예술사 구술채록 사업과 공연 및 전시 영상제작사업을 진행하는 등 적극적인 자료 수집과 아카이빙을 동시에 추진하고 있다. 한국예술디지털 아카이브를 통해 수집된 구술 자료를 제공하며 대표적인 구술 채록 기관이자 수집 기관으로 운영되고 있다.

한국문화예술위원회는 한국 근현대 예술사 연구의 공백과 간극을 메우기 위하여 곡절 많은 한국 근현대 격변기를 온몸으로 버텨온 예술인들의 삶과 체험을 생생한 육성과 영상으로 남겨 이를 영구적으로 보존하면서 다음 세대에 전달할 목적으로 2003년부터 '한국 근현대예술사 구술채록사업'을 시작했다. 구술 자료 수집 목적은 한국 근현대 예술사 연구수행을 위한 기초 자료의 절대적인 부족과 이에 따른 예술사 연구의 단절과 공백을 메우기 위한 자료의 수집과 결락의 보완을 목적으로 시행되고 있다. 이를 통해 원로 예술인의 생애와 예술사적 체험 및 근현대 예술계의 주요 사건을 녹취문과 영상으로 채록하여 소멸하고 있는 한국 근·현대 예술 구술 자료를 조사, 연구, 수집하고 예술사 연구의 기초 자료를 제공하게 되었다. 그래서 지난 17년간 예술가의 창작세계, 미학, 일제 강점기와 해방 공간의 예술 풍경, 근현대 문물의 유입, 주요 예술사적 사건, 사조의 형성, 인적 교류, 예술정책, 이면사 등을 조명할 수 있는 방대한

45 아르코예술기록원, https://artsarchive.arko.or.kr/

연구결과물을 축적하게 되었다.

한국문화예술위원회의 수집 대상은 연극, 무용, 음악, 시각예술, 문학, 대중예술 분야 등 다양한 예술 분야의 원로 예술가의 생애와 관련 주제이다. 각 분야 채록 연구자들의 철저한 사전 연구계획에 따라 5회차(10시간) 안팎의 분량으로 구술 채록이 진행되며, 구술맥락을 둘러싼 비언어적 요소도 포괄적으로 고려하기 위해, 구술내용 전 분량을 기록하고 있다. 연극·무용·음악 등 공연예술, 시각예술, 문학, 대중예술 분야에 이르기까지 창작인들이 직접 말하는 시대상, 작품세계와 몸의 기억들, 평론가와 이론가들이 말하는 관점과 해석의 변천 과정, 변사·권번 기생·화상 등 당대 비주류 영역의 종사자들이 경험했던 예술계 풍경에 이르기까지, 과거를 반추하며 구술로 빚은 예술인생은 그 자체로 또 다른 작품이자 해석이다. 그들의 진솔한 회고와 성찰은 우리 근현대의 문화예술계 풍경과 인간에 대한 이해의 폭을 넓히는 기초 자료가 되고 있다.

최종 수행결과물은 전문가 평가, 구술자 검독·보완을 거쳐, 채록이 실시된 다음 연도에 구술 영상물과 채록자료집으로 발간되어 아르코예술기록원에서 무료로 서비스된다. 2008년도에는 원로문인 6명, 원로무용가 4명의 생애사를 비롯하여, '해방 이후 한국 근·현대 무용교육과 무용창작' '근·현대기의 한국 서화 전통의 변모 과정'이란 주제로 원로 예술가 51명의 생생한 증언을 채록했다. 웹진 아르코에서는 예술사 서술에서 구술이 가지는 의미를 되새겨 보기 위하여 '예술사구술채록사업'의 현장 기록을 담아보는 시간으로 <구술로 만나는 한국 예술사>를 총 10회에 걸쳐 연재하고 있다.

구술채록사업은 구술사 수행 경험이 있는 연구원들과 개별 계약을 체결하여 진행했으며, 구술 대상은 문학부문, 공연예술부문, 조형예술부문, 사건사 시범채록으로 나누어 부문별로 10명 이내의 원로 예술인으로 선정해왔다. 2003년 처음 사업을 시작할 때 기초설계 작업을 통하여 매뉴얼을 제작했으며, 이후 장르별 특성 등을 반영하여 지속적으로 매뉴얼을 보완하고 있다. 용역사업별 및 부문별로 투입되는 예산은 각기 상이했으나 약 2억 원 이상의 예산이 반영되었으며, 구술 채록의 결과는 구술 채록 녹취문, 음성파일, 구술 대상자 인적사항(연보, 활동경력, 수상경력, 작품활동, 관련 서지목록 등)을 포함하는 정보와 관련 서식(구술동의서, 구술 자료 검독확인서, 자료공개허가서, 개인정보활용동의서 등), 구술 채록 진행 중 구술자로부터 기증 또는 대여받은 사진, 육필원고, 팸플릿, 서적, 작품 등 개인기록 일체를 제출하고, 시범기록의 경우는 영상 제작 파일과 최종보고서를 제출하도록 했다.[46] 2021년에는 구술 영상 기록방식 개선의 필요성이 안팎으로 제기되어 와서 구술 기록의 특수성, 현장성을 잘 담아내면서도 생산한 결과물의 폭넓은 활용과 영구 보존에 적합한 구술 영상 시범 설계와 각종 감염질병, 정치·사회·지리적 여건 등으로 대면 채록이 어려울 경우를 대비한 새로운 채록 방식을 시도할 예정이다. 이를 바탕으로 변화하는 구술 환경과 빠르게 변화하는 디지털 시대에 선제적, 선도적으로 대응할 수 있는 대안을 준비하고 이와 함께 역대 생산한 구술 영상 기록물의 오류 정정과 노후화 개선을 통해 자료를 체계적으로 관리하고 서비스 품질 향상에도 기여할 계획으로 있다.[47]

② 활용 및 서비스

현재 한국문화예술위원회에서 수집한 구술 자료는 한국예술디지털 아카이브(DA-Arts)[48]로 이관하여 서비스되고 있다. 한국예술디지털 아카

---

46 정연경 외(2019). 『국립중앙도서관의 구술 자료 수집 타당성 및 제도 개선 방안 연구』, pp. 40-41.; 한국문화예술위원회(2006.4.). <한국 근·현대 예술사 구술채록 사업 2006년> 연구용역 제안요청서; 한국문화예술위원회(2007.2.). <한국 근·현대 예술사 구술채록 사업 2007년> 연구용역 제안요청서.

47 2021년 한국 근현대예술사 구술채록사업 영상기록화 방안 고도화 연구, https://portal.kocca.kr/portal/bbs/view/

이브는 기획컬렉션으로 구술 채록을 별도의 세션으로 구분하여 구술 채록에 관한 사업내용 및 현황과 이용 안내를 밝히고, 구술 기록을 생애사와 주제사로 나누어 자료를 제공하고 있다. 구술자와 면담자의 검독을 거치고, 자료공개허가서를 취득하여 구술 자료를 공개하고 있으며, 비공개를 요청한 부분을 제외하고는 구술 자료를 공개하고 있다. 2022년 1월 1일을 기준으로, 총 271명의 구술이 채록되었다. 생애사별 세션에는 총 196명의 구술이 업로드되어 있으며, 주제사에서는 '공연예술, 시각예술, 대중예술, 문학, 기타'로 자료를 분류하고 있다. 자료는 가나다순, 출생연도순, 활동분야순으로 정렬할 수 있고, 대분류로 접근하면 다시 소분류로 구분한 범주를 보여준다. 열람하고자 하는 자료를 선택하면, 구술자의 사진과 이름, 출생년도, 활동부문, 채록 연구자, 시리즈번호에 대한 기본정보가 명시되고, 구술자의 약력과 작품목록을 보여준다. 하단에는 구술자료의 내용과 이미지가 제시되어 있다. 생애사 중심의 구술로서 생애주기 또는 시기별 상세목록을 제공하고 있으며, 상세목록의 상단에는 공개용 채록문과 구술일자 및 채록 연구자를 명시하는 방식을 택하고 있다.

구술 자료 상세목록의 채록문은 구술자의 시대적 경험, 가치관의 변화, 일정한 사안에 대한 해석을 담고 있어 구술내용의 앞뒤 맥락을 고려하지 않은 특정 내용의 인용 및 발췌는 개인의 명예훼손이나 사생활 침해 등의 문제를 야기할 수 있다는 점에서, 회원가입 및 승인절차를 거쳐 제공된다. 구술내용의 공개 범위가 결정되지 못한 일부 채록문은 서비스에 제한이 있으며, 방문열람을 원할 경우에는 아르코예술기록원 전자도서관의 소장자료 검색을 통해 이용 가능하다. 또한 웹상으로는 녹취문만 확인할 수 있으나 아르코예술기록원 본원 영상음악실 또는 분원의 예술자료실을 방문하면 DVD 형태의 영상 및 음성 구술 자료를 열람할 수 있

48 한국문화예술위원회 한국예술디지털아카이브, https://www.daarts.or.kr/

다. 공개되는 자료는 비공개 영역이 아닌 이용자 열람용이지만, 대출은 불가하다.

구술자별 또는 프로젝트별로 중성지 상자에 수집된 자료를 보존하고 있으며 녹음자료와 동영상 자료 등 일체의 자료를 CD에 저장하여 보관하고 있다. 매년 10-15건 정도 구술 채록을 지속적으로 추진할 예정이며 예술 분야의 구술채록사업을 국내 처음으로 실시한 만큼 예술 분야의 다양한 영역으로 구술사를 확산시키는 데 기여하고 있다. 이렇게 한국문화예술위원회는 현대사의 여러 질곡들을 숨 가쁘게 헤치고 온 원로 예술가들의 삶과 예술적 체험을 당신들의 육성을 통해서 기록으로 옮기고 있다.

(8) 한국영상자료원[49]

① 수집 목적 및 수집 과정

한국영상자료원은 「영화 및 비디오물의 진흥에 관한 법률」 제34조에 따라 국내에서 제작된 영화, 시나리오, 포스터 등 영화제작 과정에서 생산되는 주요 자료를 수집하고 보존하는 문화체육관광부 산하기관이다. 최근 디지털 기술의 발달과 함께 영상 콘텐츠에 대한 높아진 관심으로 인해 영상자료를 보존하고 활용하는 영상자료원의 시대적 역할은 더욱 막중해지고 있다. 특히 빠르게 변화하는 기술과 매체환경에 대비한 영화 및 영상 유산의 온전한 보존은 매우 중요하다. 한국영상자료원은 그러한 시대적 요청에 따라 미래지향적 아카이브 기반시설을 구축하고 디지털 복원사업을 적극 추진하고 있다. 상암에 위치한 본원과 파주의 보존센터를 통해 영상자료를 분리 보존하고, 자체 기술력을 통해 첨단 디지털 복

49 한국영상자료원, https://www.koreafilm.or.kr/main

원사업을 추진하면서 선진 아카이브로 거듭나고 있다.

기술과 매체 변화에 조응하면서 보다 적극적으로 영화와 영상 유산을 발굴하여 한국영화의 보존고라는 역할을 강화하고 있으며 최근 제작되는 한국영화는 모두 수집하고 보존하고 있다. 그리고 보유율이 40%를 밑도는 1960년대 이전의 영화와 영상 자료는 해외 각국의 아카이브와 적극적인 교류협력을 통해 발굴하고 수집하는 데 최선을 다하고 있다. 이러한 한국영상자료원의 역할과 기능은 나아가서 한국영화의 우수성을 알리는 토대가 되고 있다. 한국영상자료원의 임무는 한국영화 수집, 보존 및 가치 재창출을 통한 국민 문화 정서 향상에 기여하는 것이다. 한국영화문화의 기초를 다지고, 영화역사가 제공하는 다양한 문화콘텐츠를 창출하며, 국민의 정서를 풍요롭게 가꾸는 소명을 다하고 있다.

한국영상자료원에서 하는 일 중에 영화사 연구 및 발간사업은 한국영화사 연구토대구축과 한국영화사의 대중화라는 두 가지 목표를 가지고 2004년부터 본격적으로 시행되었다. 이후 더욱 적극적인 한국영화사 연구 지원과 성과의 공개, 한국영화 대중화를 위해 한국영화사연구소를 설립했고, 한국영화사연구소를 통해 기존의 연구사업을 강화하고 신규 사업도 확대하고 있다. 한국영화사연구소는 원로영화인 구술사와 한국영화자료총서 사업 등 한국영화의 사료를 정리, 가공해 국내외 한국영화사 연구자들의 연구 기반을 조성하고자 노력하고 있다.

특히, 한국영화사에 있어 사료로 확인이 불가능한 부분들을 보완하고 후대 연구자들을 위해 새로운 한국의 영화 문화 및 산업사 연구의 토대를 제시하기 위해 2004년부터 원로영화인 구술채록사업을 실시하고 있으며 한국영상자료원 원로영화인 구술 채록에 가면 컬렉션으로 <생애사> 신동헌(감독), <주제사> 신필름, <생애사> 구봉서(배우), <생애사> 정광석(촬영감독), <주제사> 노인택(미술), <주제사> 심우섭(감독), <주제사> 마용천(조명), <주제사> 이형표(감독), <주제사> 김기덕(감독), <주제사>

함완섭(조명), <주제사> 강범구(감독)가 있다.

2021년 원로영화인 구술채록사업의 내용을 보면 사업의 목적은 영화인들의 경험 또는 기억을 구술로 기록함으로써 한국영화사에 있어 사료로 확인이 불가능한 부분들을 보완하고 후대의 연구자들을 위해 새로운 관점에서 한국의 영화 문화/산업사 연구의 토대 제시하는 것이었다. 이를 위해 구술자에 관한 기초 연구를 하고 구술 채록을 진행하며 초벌 채록문을 작성한 후에 구술 채록문을 편집하고 자료집을 제작하여 채록집 등 결과물을 제출하는 것이 사업의 내용이며 예산은 5,700만 원이었다.[50]

구술 생애사로는 대상 후보 명단에서 2인을 섭외하여 각 4회차 이상(회당 2시간 기준으로 총 16시간 이상)의 인터뷰를 진행한 후, 구술 채록문을 작성하고 구술 채록 자료집을 제작하는 것이다. 대상 후보자로는 제작/기획 분야, 조명 분야, 녹음 분야로 대부분이 1935년생부터 1940년생까지 4명의 후보를 제시하고, 주제사의 경우는 1970년대 문화원 세대와 영화 문화의 변화에 관한 것으로 1970년대 한국 주재 해외 문화원 또는 대학 및 영화단체를 통해 영화 관련 활동을 했던 영화인들 가운데 구술자를 섭외해서 구술자로부터 12회차 이상(회당 2시간 기준, 총 24시간 이상)의 인터뷰 진행 후 구술 채록문 작성 및 구술 채록 자료집을 제작하는 것이었다.

이를 위해 구술자 기초연구로 사전 자료 조사 수집 및 분석, 구술자 작품 및 관련 자료 수집(사진, 육필원고, 기사 등), 사전질문지 작성 및 제공이 필요하며 그다음에는 구술자 예비면담을 진행하면서 구술자와 채록자의 사전 친화관계를 형성하고 구술 일정을 조율 및 확정하며 예비면담 후 보고서를 작성해야 한다. 그다음에 본격적인 구술 채록을 생애사 8회, 주

50 한국영상자료원(2021.3.4.). 2021년 원로영화인 구술채록 연구 용역 제안요청서, https://www.koreafilm.or.kr/kofa/news/bid/BC_0000056777

제사 12회/총 40시간 이상 진행해서 영상채록(HD 화질, 파일유형 MP4) 및 녹음(파일유형 MP3), 매회 인터뷰 후 촬영보고서 및 면담보고서 작성, 자료원 구술사업 담당자와 결과를 공유하며 구술자에게 구술사례금(회당 최소 300,000원)을 지급해야 한다. 그다음 단계로 구술 채록 녹취문을 작성하게 되는데, 구술자와 채록자의 대화 전체내용 텍스트화, 각 회차별 녹취문 작성 후 발주기관 담당자에게 인터뷰 종료 후 7일 이내에 확인시키도록 하고 있다. 구술 채록문의 작성은 초벌채록을 토대로 윤문 및 각주 작업이 이루어지고 구술 대상에 대한 해제 원고를 작성하며 원고 교정 후 구술자와 상의하여 비공개 부분을 처리해야 한다. 그리고 최종 교정된 아카이빙 원고, 비공개 부분이 표시된 출판용 원고 및 온라인 사료관용 원고를 작성해야 한다.

이렇게 해서 구술채록 자료집이 2021년 한국영화사 구술채록연구 시리즈 <생애사> 1~2권, 2021년 한국영화사 구술채록연구 시리즈 <주제사: 1970년대 문화원 세대와 영화 문화의 변화> 1~2권, 2021년 한국영화사 구술채록연구 시리즈 구술 자료집, 2021년 한국영화사 구술채록연구 시리즈 자료편 등 6종으로 제작되어야 한다. 영상편집물로 인터뷰 현장을 촬영한 영상 녹화 파일 원본(mp4, HD화질), 음성 녹음 파일 원본(mp3), 비공개 부분을 삭제한 영상 편집본을 제작해야 하며 이외에도 현장 및 구술자 제공 사진(jpg 파일)과 본 인터뷰를 통해 습득한 기사나 자료, 채록집 발간 및 활용을 위한 구술자 최종 서면 동의(별도 양식)를 받아야 한다.[51] 그러므로 사업 예산에 비해 엄청난 작업이 필요한데 이는 대부분의 구술 자료 수집 과정이 처한 상황이다.

51 한국영상자료원(2021.3.4.). 2021년 원로영화인 구술채록 연구 용역 제안요청서, https://www.koreafilm.or.kr/kofa/news/bid/BC_0000056777

② **활용 및 서비스**

한국영상자료원에서 수집된 구술 자료는 2004년부터 2007년까지는 『한국영화사 구술총서: 한국영화를 말한다』를 통해 발간되었으며, 이 채록문은 본 서비스 내에서 확인할 수 있다. 2008년부터는 편집 과정의 윤문 및 첨삭이 채록된 구술 자료의 가치를 훼손할 수 있다는 인식에 따라 구술 증언을 가감 없이 채록한 자료집을 발간하여 연구자들이 구술 증언 내용뿐 아니라 구술 증언이 생산된 맥락까지 파악할 수 있도록 했다. 2018년 온라인사료관서비스를 시작하면서 한국영화사에 관심을 가진 분들이 원로영화인 구술 채록을 통해 한국영화사의 다양한 이야기에 접근할 수 있게 하고자 단순 오류와 입말 등을 수정하여 가독성을 높인 채록문으로 교정했다. 그리고 한국영상도서관 내 테마 컬렉션으로 "한국영상자료원 원로영화인 구술채록"을 구성하여 관련 정보 및 자료를 제공하고 있다.[52] 해당 페이지에서는 컬렉션 소개와 함께 별도로 구술 채록문에 접근할 수 있는 링크를 배치하여 구술자별로 면담회차별 상세목록(구술자 해제, 구술자 인적사항 및 활동경력, 회차별 구술 채록문, 키워드)을 제시하고 있다. PDF로 접근이 가능한 자료는 기관의 자체 문서뷰어에 의해서만 열람할 수 있으며, 전문을 저장하거나 복사할 수 있는 기능은 탑재되어 있지 않다. 키워드의 경우, 동일한 키워드를 사용하고 있는 구술자와 연계하는 기능을 제공하고 있다. 이외에 컬렉션별 상세 구분에 따른 영상도서관 VOD 정보에 접속하면, 구술자의 사진, 제작연도, 매체, 소장처/배가정보에 대한 목록을 확인할 수 있으며, 개별 자료를 선택하면, VOD 기본정보(언어, 비디오 관람기준, 비디오 제조사, 비디오 제조년도, 상영시간, 색체)와 수록영화정보가 제공된다. 수록영화정보에는 제목, 줄거리

52 한국영상자료원 영상도서관 > 테마컬렉션 > 한국영상자료원 원로영화인 구술채록, https://www.koreafilm.or.kr/library/collection/theme/30

(회차별 정보), 장르, 제작국가, 유형, 수입원제명, 제작사, 제작연도, 길이/상영시간이 기술되어 있다. 구술 동영상은 한국영상자료원 영상도서관 방문을 통해서만 열람할 수 있으며, 웹상으로는 구술 자료에 대한 상세 목록만 확인할 수 있다. 한국영상자료원에서 서비스되고 있는 구술 동영상은 생애사로 24명의 구술이 감독(9명), 제작자(2명), 배우(5명), 스태프(6명), 기타(2명) 그리고 주제사로 36명의 구술이 외국 영화 수입/배급(6명), 70년대 한국 영화(13명), 합작 영화(17명)로 제공되고 있다.[53]

(9) 한국연구재단 기초학문자료센터[54]

① 수집 목적 및 수집 과정

한국연구재단 기초학문자료센터에서는 인문사회분야의 토대연구지원을 통해 지식생산의 원천을 제공하고 독창적인 연구이론 발전을 위한 기틀을 마련하고자 토대연구DB 구축사업을 전개하고 있다. 구술 자료는 토대연구DB 구축사업의 자료학 지원유형으로, DB의 형태로 수집되고 있다. 토대연구DB 사업에 대한 지원현황을 살펴보면, 먼저 성공회대학교 민주주의연구소는 2008년부터 3년간 한국연구재단(구 학술진흥재단)의 지원을 받아 기초연구지원인문사회 토대연구로서 "박정희 시대 '새마을운동' 아카이브의 체계적 DB구축" 연구를 수행했다. 이 연구는 박정희 시대 새마을운동 자료들을 집대성하여 DB 확장구축 및 웹서비스를 제공하기 위한 연구로, 1만 건 이상의 문건·물건자료와 280여 시간의 구술 자료 147건을 수집·정리하고, 이 자료에 대해 1차적으로 DB 구축과 자료 등록 일부를 수행했다. 구술 채록 과정에서는 구술 자료 외

53 한국영상자료원 원로영화인 구술 채록문, https://www.koreafilm.or.kr/library/collection/theme/30

54 한국연구재단 기초학문자료센터, https://www.krm.or.kr/

에도 새마을지도자들이 소장하고 있는 개인자료를 포함하여 수집했다. 기본적으로 구술 자료 126건에 대해서는 영상 음성류 형태로 분류하여 통합정보를 제공했다. 수집기록물 10,197건에 대한 DB는 DB시스템 모형화 설계에 따라 수집기록물 메타데이터를 엑셀파일로 구축했다.[55]

서울대학교 아시아연구소에서는 2014년부터 3년간 약 5억 9천만 원의 예산을 지원받아 "현지조사를 통한 중앙아시아 고려인의 전통생활문화 총서 및 DB 구축"연구를 수행했다. 해당 연구는 소련 시기 진행된 강제이주와 동화정책 속에서 중앙아시아 고려인의 정체성에 대한 연구를 심화·확대시키고, 고려인에 대한 통합적인 기초 자료를 제공하고자 구술 증언을 비롯한 구술 생애사 등 구술 자료를 생산하고, 영상, 사진, 음향 등 시청각자료와 생활사자료를 포함하는 문서자료를 통합적으로 수집했다. 연구팀에서는 우즈베키스탄, 카자흐스탄, 키르기스스탄 3개국에서 총 356명의 구술인터뷰를 진행했으며, 고려인 290명을 대상으로 개인과 가족생활에 대한 자료를 별도로 수집하고, 코호즈, 고려인 협회, 언론기구, 한글교육기관, 종교 단체 등 단체활동가들이 소장하고 있는 문서, 사진, 영상자료를 별도로 수집했다. 또한 비고려인 자료를 수집하여 타자의 시선에서 비친 고려인들의 전통생활문화 보존자료를 수집했다. 자료의 형태는 도서 및 문서(121건), 이미지(5,288건), 영상(317건), 음향(323건), Link(100개), 행사자료 및 기타자료(94건)로 구분되었으며, 연구팀에서는 이를 주제별로 재분류했다. 현지조사를 통해 수집된 자료는 디지털화하고, 목록과 메타데이터를 작성했으며, 3차년도에는 그 결과물들을 토대로 결과보고서와 최종 DB를 구축하여 기초학문자료센터로 제출했다. 자료의 DB는 PDF/A로 변환된 텍스트 자료, 이미지 자료(jpg),

---

55 한국연구재단 보고서 상세정보 웹페이지, "박정희 시대 '새마을운동' 아카이브의 체계적 DB구축", https://www.krm.or.kr/krmts/link.html?dbGubun=SD&m201_id=10026148&local_id=10034905

영상 자료(mp4), 323건의 음성 자료(mp3)로 구축되었다.[56]

또한 우석대학교 스포츠기억문화연구소에서는 2015년부터 3년간 수행한 "한국 올림픽의 사회적 기억 관련 자료의 수집 및 DB구축"연구가 있다. 이 연구는 역대 올림픽 메달리스트 및 코칭 스태프를 대상으로 구술 채록을 실시함으로써 한국 올림픽 역사를 체계적으로 정립하고자 했다. 한국연구재단으로부터 6억 원을 지원받았으며, 구술 채록 결과물인 원자료 및 소장자료를 DB로 구축하여 기초학문센터로 자료를 이관했다.[57] 이 연구를 통해 올림피언 구술 채록 및 관리 매뉴얼을 제작했으며, 자문단 및 온라인과 오프라인 설문조사를 바탕으로 올림픽 주요 이슈 및 구술 대상자를 선정했다. 1차년도에는 20명, 2차년도에는 50명, 3차년도에는 32명을 대상으로 각 3회에 걸쳐 구술 채록을 실시했다. 이때, 영상카메라와 디지털 카메라, 보이스 레코더, 휴대용 스캐너, 핀 마이크 등의 장비를 사용하여 영상, 음성, 이미지 문서자료를 수집했다. 구술 채록 참가자는 <올림피언 구술 채록 전문가 세미나>를 통해 구술채록사업에 관한 진행성과 및 경과보고를 공유하고, 구술 채록 과정에 필요한 사전교육을 받았다. 각 구술 채록의 결과는 대회별, 종목별, 대상자 별로 정리하여 분석했다. 자료 수집 이후에는 영상자료와 음성자료를 활용하여 구술 녹취문을 작성했으며, 구술 녹취문은 면담내용을 그대로 텍스트로 전환했다. 수집된 영상, 음성, 문서, 이미지 자료는 전자화 과정을 수행했다. 그리고 구술자 총 102명의 최종 수집 자료의 정리와 검증 과정을 진행한 후 연구자와 자문단을 통해 DB 구축 후 서비스할 자료에 대한 선별과 검증을 실시했다. 또한 자료목록을 작성한 후 최종 수집된

---

56 한국연구재단(2018). 2014년 선정 토대연구지원사업 결과보고서, https://www.krm.or.kr/krmts/link.html?dbGubun=SD&m201_id=10057777&local_id=10089301

57 한국연구재단(2019). 2015년 선정 토대연구지원사업 결과보고서, https://www.krm.or.kr/krmts/link.html?dbGubun=SD&m201_id=10064039&local_id=10091796

7,353건의 구술 채록 자료 및 기타 관련 기록에 대한 DB를 설계하여 한국연구재단에 제출했다. 해당 DB는 매체별, 인물별, 대회별, 종목별 검색이 가능하도록 식별코드를 구분했다.

② 활용 및 서비스

한국연구재단의 기초학문자료센터에서 제공하는 토대연구의 DB는 유형별 통합검색, 자료학 DB, 사전학 DB, 총서학 DB로 범주를 구분하고 있으며, 각각 'DB 소개'와 'DB 이용'이라는 링크를 별도의 페이지로 제공하고 있다. 구술 자료에 대한 DB는 자료학 DB에 분류되어 있는데, DB 소개는 각 토대연구의 결과로 제시한 DB로 연계되어 각 DB에 대한 설명을 기술하고 있으며, DB 이용은 DB 검색페이지로 연계하고 있다.

"박정희 시대 '새마을운동' 아카이브의 체계적 DB구축" 연구에서 제시한 DB[58]에서는 803개의 생산처에서 제공된 10,197건의 기록물에 대한 기본검색과 형태별·유형별·생산처별로 분류된 브라우징 검색을 통한 접근을 지원한다. 검색결과의 리스트는 원제목, 형태, 유형, 생산처, 생산일자, 원문(PDF)로 목록화하여 보여주며, 원문이 있는 경우 별도의 로그인 절차 없이 누구나 해당 자료를 즉시 열람할 수 있다. 구술 영상자료 또는 음성자료는 원자료를 공개하지 않고, 구술녹취 상세목록의 일부만 제공하고 있다.

그리고 "현지조사를 통한 중앙아시아 고려인의 전통생활문화 총서 및 DB 구축" 연구 결과로 생성된 DB[59]는 기본검색을 제공하고, 브라우징 검색에서는 주제별대분류(축제문화, 예술문화, 생활문화, 기타), 주제별중분

58 한국연구재단 토대연구DB, 박정희 시대 '새마을운동' 아카이브 체계적 DB구축, https://ffr.krm.or.kr/base/td009/intro_db.html

59 한국연구재단 토대연구DB, 현지조사를 통한 중앙아시아 고려인의 전통생활문화 총서 및 DB 구축, https://ffr.krm.or.kr/base/intro_db.html?TD=066

류, 주제별소분류에 따른 검색기능이 있다. 자료유형은 이미지(5,075건), 음향자료(38건), 영상자료(314건), 구술 자료(389건), 기타자료(94건)로 구분되며, 구술 자료는 기본 목록정보(부가기호, 파일명, 시간, 시기, 연도, 장소, 관련입수자료, 비고, 세부 내용, 키워드, 간략해제)를 제공하고 있다. 원문자료를 접근할 수 있는 링크는 제공하고 있지만, 접속이 불가한 상태이다. 이외에 DB에서는 확인할 수 없지만, 연구팀에서 수집된 구술 자료를 분석하여 『중앙아시아 고려인 전통생활문화: 카자흐스탄』, 『중앙아시아 고려인 전통생활문화: 우즈베키스탄』의 총서 2권을 출간했다.[60]

"한국 올림픽의 사회적 기억 관련 자료의 수집 및 DB구축" 연구에서 구축한 DB[61]는 문헌(1,967건), 이미지(5,040건), 영상(296건), 음성(308건)으로 구성되어 있다. DB에서 제공하는 웹 검색은 기본검색 방법과 브라우징 검색으로 나뉜다. 기본검색 방식은 사용자가 항목을 지정하고 키워드를 입력하여 데이터를 찾는 방식으로, 전체검색, 대회명, 종목명, 이름, 매체유형, 지도자/선수로 항목을 구분하고 있다. 브라우징 검색은 사용자가 대분류 및 중분류에 따른 키워드를 클릭하여 데이터를 검색하는 방식이다. 브라우징 검색은 하나 이상의 분류를 포함하는 데이터를 보여주며, 검색하고자 하는 매체를 선택할 수 있는 방식으로 구성된다. 영상으로 분류된 구술 자료를 검색하면, 기본정보에 대한 목록을 확인할 수 있다. 목록의 내용은 자료 구분, 기록명, 매체유형, 연도, 대회, 시즌, 종목, 도시, 일반 핵심어, 설명, 성별, 공개 여부, 지도자/선수, 영상 차수, 영상 시간, 영상 내용 핵심어, 영상 내용 요약, 영상 내용 상세 정보 등으로 항목을 구분하고 있다. 그러나 구술 자료(음성, 구술자신상기록부, 면담일지,

---

60 한국연구재단(2018). 2014년 선정 토대연구지원사업 결과보고서, https://www.krm.or.kr/krmts/link.html?dbGubun=SD&m201_id=10057777&local_id=10089301

61 한국연구재단 토대연구DB, 한국 올림픽의 사회적 기억 관련 자료의 수집 및 DB 구축, https://ffr.krm.or.kr/base/intro_db.html?td=084

구술 자료 상세목록, 사진)는 모두 비공개로 제한하고 있어 해당 사이트 내에서 원자료를 열람하는 것은 불가능하다. 이외에 연구팀에서는 수집된 자료를 바탕으로, 『구술로 읽는 한국 올림피언 이야기 1, 2』, 『토크콘서트 1, 2, 3, 4, 5』를 출간했다.

(10) 국가보훈처[62]

① 수집 목적 및 수집 과정[63]

국가보훈처는 민족정기 선양사업의 일환으로, 2001년부터 매년 생존 독립유공자에 대한 독립운동 관련 구술 자료 수집사업을 수행해왔다. 이는 독립운동가의 명예선양 및 역사적 기록을 보존하기 위한 목적에서 시작되었다. 구술사업은 사업자 공모를 통해 "박사과정 수료 이상의 한국 근현대사 및 독립운동사 관련 연구자 또는 이에 준하는 사람"으로 면담자를 구성하여 독립유공자의 전 생애, 특히 해방 전 독립운동 공적에 중점을 둔 내용을 녹취문 기준으로 300매(200자 원고지 기준)이상 수집했다. 구술 채록은 구술자 사례비(50만 원) 및 교통비를 포함하여 1인당 5백만 원 수준의 예산이 책정되었으며, 구술 대상자들은 애족장, 애국장, 건국포장, 대통령표창 등 훈격을 가진 자로, 일제강점하에서 학생운동, 국내항일, 광복군으로 활동했던 11인 이하의 유공자들로 구성되었다. 구술사업의 결과물에는 요약 및 편집을 가하지 않은 완전한 녹취문과 출력물 1부, 해석 및 각주가 표기된 녹취문 및 출력불 1부, 음성파일(MP3), 구술자 이력서, 구술 자료 공개 및 이용 허가서, 구술자 사례비 영수증, 구술자 최근사진 2매가 포함되었다.

---

62 국가보훈처, https://www.mpva.go.kr/mpva/index.do

63 국가보훈처(2014,1). (공고 제2014-5호) 생존 독립유공자 구술채록사업자 공모 요강.
국가보훈처(2015.1). (공고 제2015-3호) 생존 독립유공자 구술채록사업자 공모 요강.

국가보훈처는 광복 70주년을 맞아 독립운동가의 명예선양 및 역사적 기록을 보존키 위해 생존 애국지사 구술 자료집을 제작·발간했다. 구술 자료집 제작을 위해 광복군 활동을 한 이윤장 애국지사를 비롯해 광복군, 국내항일, 일본방면, 학생운동 등에서 활동한 19명의 독립유공자를 선정했고 생존 애국지사들의 전 생애, 특히 해방 전 독립운동 활동 등에 대한 증언을 채록했다. 이외에도 6·25 참전 유공자의 전쟁 경험담도 채록하여 자료집으로 발간하는 것을 추진하고 있다. 예를 들면, 기록으로 남기는 6·25전쟁의 기억, 8년 6개월 포병 박막동 할아버지 구술 채록이 있다. 전북 임실 출신의 6·25 참전군인 박막동 씨는 1929년생으로 1951년 7월 30일 제주도 제1훈련소에 입대해 대구보충대를 거쳐 10포병단으로 전방에서 휴전을 맞았는데 6·25전쟁을 포함해 모두 8년 6개월간 포병 생활을 한 경험담을 담고 있다. 6·25 참전용사 중 생존자는 2021년 6월 기준으로 6만9,000여 명으로 1년 전 8만4,000여 명이었던 것에 비해 크게 줄었다. 참전용사 평균 연령이 이미 90세를 넘긴 만큼 '전쟁 유산'으로서 이들의 구술 영상을 확보할 수 있는 시간이 매우 촉박한 상황이다.[64]

② 활용 및 서비스[65]

국가보훈처에서 전개한 생존 독립운동가들의 구술 자료 수집사업은 4권의 자료집으로 간행되었다. 이 중 2002년에 출판된 『독립유공자증언자료집 1권』과 『독립유공자증언자료집 2권』은 국가보훈처 공훈전자사료관의 원문사료실 원문사료 조회 메뉴에서 내용을 공개하고 있다. 독립유공자 증언자료집은 광복군, 학생운동, 중국방면, 일본방면, 국내항일

64 손효주 (2021.7.21.) 참혹한 전쟁의 기억, 희생과 헌신…참전용사의 구술을 확보하라, https://www.donga.com/news/Culture/article/all/20210721/108072595/1

65 국가보훈처 공훈전자사료관, https://e-gonghun.mpva.go.kr/user/index.do

등 총 5개의 범주로 구분하여 인물별로 정보를 제공하고 있다.

- 『독립유공자증언자료집 1권』(2002)
- 『독립유공자증언자료집 2권』(2002)
- 『독립유공자 구술 자료집 1. 소년, 구국의 길을 찾다』(2015) 10명
- 『독립유공자 구술 자료집 2. 우리는 광복군, 조국의 영원한 용사』(2015) 10명

자료집의 내용은 별도의 로그인 절차 없이 누구나 접근할 수 있다. 제공되는 상세정보로는 구술자의 인적사항 및 독립운동 공적, 면담자, 면담일시 및 장소를 서두에 제시하고, 면담 내용을 녹취록의 형태로 기술하고 있으며, 내용상 부연이 필요한 부분은 면담자가 각주로 해당 내용을 표기하는 방식을 취하고 있다. 녹취문은 파일로 저장하거나 인쇄할 수 있는 기능과 독립운동사연표를 별도로 확인할 수 있는 기능을 제공하고 있다. 그러나 구술 원자료는 공개하고 있지 않다.

(11) 독립기념관 한국독립운동사연구소[66]

① 수집 목적 및 수집 과정[67]

한국독립운동사연구소는 독립기념관의 목적을 달성하고 한국독립운동사를 체계적으로 연구하기 위해 1987년 2월에 설립된 독립기념관의 부속기관이다. 독립기념관 한국독립운동사연구소는 국내외 독립운동 관련 자료를 수집하고 사적지에 대한 조사와 연구를 수행하며, 학술회의

66 독립기념관 한국독립운동정보시스템, https://search.i815.or.kr/main.do
67 독립기념관 한국독립운동사연구소 (2011). 생존 독립유공자 구술 자료 수집 공모요강

및 월례연구발표회 개최, 학술논문집 발간, 자료총서 발간 등 한국독립운동의 정신과 가치를 학술적으로 연구하여 독립운동 연구를 선도하고자 하는 목표를 갖고 있다.[68]

한국독립운동사연구소도 국가보훈처와 동일하게 생존 독립유공자의 구술 자료 수집사업을 전개해왔다. 일제 강점하에서 항일 투쟁한 생존 독립유공자들의 기억과 경험을 구술로서 기록하여 데이터베이스화하고, 이를 역사연구와 교육에 활용하는 동시에 국가 보훈활동에 대한 정보화 사업의 기초 자료로 사용하고자 본 사업이 진행되었다. 면담자는 생존 독립유공자 구술 자료 수집 공모에 응모한 사람으로, 응모자격은 "석사 학위 이상의 한국근현대사 및 독립운동사 관련 연구자 또는 이에 준하는 사람"으로 제한했으며, 구술 대상은 18인 이하의 생존 독립유공자로 구성되었다. 예산은 구술자 사례비(50만원) 및 교통비를 포함하여 1인당 4백~5백만 원 수준으로 책정되었으며, 구술 내용은 구술 대상자의 전 생애를 대상으로 하되, 8.15 이전 독립운동 공적을 중심으로 하고 면담은 상견례를 포함하여 3차례 이상 수행했다. 분량은 녹취문 기준으로 300매 이상을 수집했으며, 이외의 수집은 6mm DV 카메라(마이크·무선마이크 사용) 및 DVD 녹화, 음성파일 녹음, HWP 파일을 작성토록 했다.

특히 한국독립운동사연구소에서는 면담자를 대상으로 <독립유공자 구술 자료 작성 지침서>를 제공하여 유의사항, 최종 성과물 제출, 구술자 인터뷰 설문지 내용, 참고사항 등을 숙지하도록 했으며, 세부적인 구술자 인터뷰 설문지의 내용은 "인적사항, 독립운동 참여 과정(참여 계기, 참여 시기, 참여 단체 및 운동), 독립운동 진행 과정(활동지역, 이동 과정, 함께 활동한 동지들, 재판 및 징역), 독립운동 정황(일제의 식민지정책, 독립운동에 대

68 독립기념관 > 소개 > 주요사업 > 연구사업, https://i815.or.kr/2018/introduction/researchBusiness.do

한 인식, 당시 가문 및 가족의 상황, 해방 직전의 상황), 해방 이후의 내용(해방 이후 거취, 독립운동에 대한 소감, 독립유공자로서 후세에 바라는 것, 국가보훈처 공훈 사항)"으로 구분하여 채록하도록 구체화했다.

최종 성과물은 기본적으로 디지털 비디오로 통일된 녹화테이프를 제출하고, 테이프 순서별로 녹화시기와 주요 내용이 소개된 녹화테이프 상세목록과 요약이나 편집을 가하지 않은 완전한 형태의 녹취문, 구술자 이력서, 구술자 사례비 영수증, 구술자 최근 사진 2매로 구성되었다. 이외에 자료의 공개나 출판 시 있을 수 있는 소송에 대비하여 구술 자료 공개 및 이용허가서를 제출하도록 했다.

② 활용 및 서비스[69]

수집된 구술 자료는 독립기념관의 한국독립운동정보시스템에 공개되어 있다. 구술 자료는 시스템 내 소장자료의 동영상류 메뉴 중 카세트테이프류와 릴테이프류, CD류(녹취문)로 분류되는 범주에 속해있다. 2021년 1월 기준으로, 총 12건의 구술역사자료가 카세트테이프류에 포함되어 있으며, 2건의 증언채록테이프가 릴테이프류에 소장되어 있다. 또한 CD류에는 2007년과 2008년에 수행된 구술 자료에 대한 녹취문을 연도별 컬렉션으로 소장하고 있다. 각 페이지에는 "자료명, 상세내용(자료번호, 수량, 유형, 재질, 재원, 시대, 생산자, 생산처, 생산년도, 색인어), 자료내용"으로 정보를 구분하고 있다. 해당 페이지에서는 자료의 개요에 대한 목록만 간략히 제공할 뿐 실제 구술 원자료는 열람할 수 없으며, 구술 자료 기술에 관한 상세 부분도 다루고 있지 않다. 수집된 구술 자료는 일제강점기하에서 광복군, 학생운동에 참여한 26인의 구술내용을 바탕으로, 독립운동가 구술 자료 총서인 『독립운동가의 삶과 회상』이라는 제목으

69 독립기념관 한국독립운동정보시스템, https://search.i815.or.kr/main.do

로 2012년(1권, 2권)과 2013년(3권, 4권)에 걸쳐 총 4권의 단행본으로 출간되었으며, 해당 자료는 독립기념관 내 도서관을 방문하여 자료이용신청서 및 도서열람신청서를 작성한 후 담당자의 안내에 따라 열람이 가능하다. 본 자료는 독립기념관에서 발간한 자료이자 제작물이라는 특성상 대출은 불가하며, 필요에 따라 장당 100원의 이용료에 따른 복사서비스를 이용할 수 있다. 이외에 영상물의 경우에는 자료열람신청서를 작성·제출한 후 관내 지정된 장소에서 열람할 수 있으며, 영상물은 점당 2만원, 녹취문에 대한 복사료는 면당 100원의 이용료가 부과된다.[70]

한편 독립기념관은 사이트 내 저작권정책을 명시함으로써 독립기념관에서 저작재산권의 전부를 보유한 저작물은 별도의 이용허락 없이 무료로 자유롭게 이용할 수 있지만, 독립기념관이 저작권 전부를 갖고 있지 아니한 자료의 경우, 반드시 해당 저작권자의 허락을 받을 것을 분명하게 정하고 있다. 또한 단순 열람 외에 무단 변경, 복제·배포, 개작 등의 이용은 금지하고 있다.[71]

(12) 국방부 군사편찬연구소[72]

① 수집 목적 및 수집 과정

국방부 군사편찬연구소는 2000년 9월 1일 국내 유일의 군사사 연구편찬을 위해 창설된 전문기관으로, 1964년에 발족한 국방부 전사편찬위원회가 수행했던 6·25전쟁 편찬사업의 성과를 토대로 군사사 연구편

70 독립기념관 자료관리규정 제26조 내지 제33조의1

71 독립기념관 저작권정책, https://i815.or.kr/2018/guide/copyright.do

72 국방부 군사편찬연구소, https://www.imhc.mil.kr/user/indexMain.action?siteId=imhc

찬의 기능을 강화하고 있다.[73] 군사편찬연구소에서 수집한 구술 자료는 1964년부터 1973년까지 있었던 베트남전쟁에 참여한 주월사령부와 맹호부대, 비둘기·십자성·백구·공군지원단에 근무했던 분들과 청룡부대와 백마부대 참전용사의 증언, 1995년부터 1996년까지 앙고라 유엔평화유지단으로 파병된 대한민국 공병부대 장병들의 증언, 1993년부터 2년간 소말리아 유엔평화유지단으로 파병되었던 대한민국 상록수부대 장병들의 증언 등이 있다.

② 활용 및 서비스

군사편찬연구소에서는 1964년부터 1973년까지 있었던 베트남전쟁에 참여한 주월사령부와 맹호부대, 비둘기·십자성·백구·공군지원단에 근무했던 분들의 증언을 『(증언을 통해 본)베트남전쟁과 한국군 1』(2001)로 편찬하고, 청룡부대와 백마부대 참전용사의 증언 233편을 『(증언을 통해 본) 베트남전쟁과 한국군 2』(2002)로 출간했다. 또한 청룡부대 및 전쟁의 교훈편으로, 『(증언을 통해 본) 베트남전쟁과 한국군 3』(2003)을 편찬하여 남베트남의 패망원인 등 전쟁의 교훈을 알리고자 했다. 이외에 2019년에는 『앙골라 유엔평화유지단 대한민국 공병부대 증언록』을, 2020년에는 『소말리아 유엔 PKO 파병 상록수부대 증언록』을 각각 발간했다.[74] 현재 군사편찬연구소 사이트에는 기관에서 발간한 간행물에 대한 간략한 소개와 목차만 제공하고 있으며, 구술 원자료는 공개하지 않는다. 간행물에 대한 세부 내용은 연구소 자료실을 방문해야만 열람이 가능하다.

---

73 국방부 군사편찬연구소 > 연구소 소개, https://www.imhc.mil.kr/user/indexSub.action?codyMenuSeq=70384&siteId=imhc&menuUIType=top

74 국방부 군사편찬연구소 > 정보자료실 > 간행물 소개, https://www.imhc.mil.kr/user/indexSub.action?codyMenuSeq=70543&siteId=imhc&menuUIType=sub

(13) 국가기록원[75]

① 수집 목적 및 수집 과정

국가기록원은 행정안전부 산하기관으로, 국가 주요기록물을 수집하여 체계적으로 보존·관리하고, 대국민 기록정보를 제공하여 지식정보사회를 선도하는 것을 지향하고 있다. 또한 기록문화 확산을 위한 다양한 활동을 전개하고, 환경변화에 부응한 기록관리 정책 및 제도를 운영하고, 각급 기관과 협력하고 지원하는 활동을 담당하고 있다.[76] 국가기록원은 공공기록물 이외에 주요 민간기록물에 대한 수집활동도 동시에 수행하고 있는데, 구술 자료가 이 범위에 포함된다. 현재 국가기록원 홈페이지를 통해 확인할 수 있는 구술 자료 중 구술사의 기능을 하는 자료로 한정해볼 때, '일제강점하강제동원피해진상규명위원회'와 '대일항쟁기가강제동원피해조사및국외강제동원희생자등지원위원회'에서 2001년부터 2010년까지 수집되어 이관된 1,306건의 녹음, 동영상류와 정부간행물[77]로서 구술 자료전집 또는 구술 기록집에 해당하는 자료가 221건이 있다.[78]

② 활용 및 서비스

국가기록원에서 소장하여 관리하고 있는 구술 자료 중 녹음, 동영상류는 모두 비공개로 제한되어 있으며, 그에 따라 원문서비스도 제공되지

---

75 국가기록원, https://www.archives.go.kr/next/viewMain.do

76 국가기록원 > 기관소개 > 목표 및 임무, https://www.archives.go.kr/next/organ/vision.do

77 생산기관: 제주특별자치도, 국립무형유산원, 국립국악원, 국사편찬위원회, 부산광역시, 일제강점하강제동원피해자진상규명위원회, 대통령기록관, 특허심판원, 국립국악원 남도국악원.

78 국가기록원 구술 자료 검색 결과, https://www.archives.go.kr/next/search/searchTotalUp.do?selectSearch=1&upside_query=%EA%B5%AC%EC%88%A0

않는다. 국가기록원 사이트를 통해서 '철 제목, 관리기관, 보존기간, 기록물유형, 매체유형, 유형, 표현형태, 기록물건등록번호, 생산등록일자, 서고정보, 공개구분'과 서비스권자에 해당하는 '기여자 정보'에 한하여 상세정보를 확인할 수 있다.

(14) 행정안전부 과거사관련업무지원단[79]

① 수집 목적 및 수집 과정

행정안전부 과거사관련업무지원단은 「과거사 관련 권고사항 처리 등에 관한 규정」 제5조에 따라 2001년부터 운영되고 있는 행정안전부 소속 기관이다. 현재 '대일항쟁기강제동원피해조사및국외강제동원희생자등지원위원회(이하, 대일항쟁기피해조사위원회)', '제주4·3위원회', '노근리 및 거창사건 등 위원회', '민주화운동관련자명예회복및보상심의위원회', '진실·화해를위한과거사정리위원회', '친일반민족행위진상규명위원회' 등 폐지된 각 기관이 운영하던 홈페이지를 2016년에 통합하여 과거사 관련 정보의 접근성을 높이고 있다. 이상의 위원회들은 2001년부터 구술 채록 관련 활동을 전개해왔지만, 그 결과물을 일반인에게 공개하는 경우가 많지 않다. 일례로, 일제강점하강제동원피해진상규명위원회에서는 2005년부터 2014년까지 일제 강제동원 생존자를 대상으로 2,021건의 구술 채록을 진행했지만,[80] 과거사관련업무지원단 홈페이지를 통해 확인할 수 있는 구술 자료의 수집현황은 없으며, '알림마당'의 보도·발간 자료 게시판과 각 위원회의 자료실 및 기타 게시판을 통해 구술 기록집 발간 소식 일부만 확인할 수 있다. 해당 페이지를 통해 파악되는 구술

79 행정안전부 과거사관련업무지원단, https://pasthistory.go.kr/

80 하단비(2020.10.12.). 일제 강제동원 생존자 94.6%가 90대 이상…"구술채록 시급". 뉴스1, https://www.news1.kr/articles/?4083975

자료는 강제동원구술 기록집으로, 일제강점하강제동원피해자진상규명위원회에서 2005년부터 2009년까지 간행한 11권의 단행본[81]과 일본어 번역본 2권[82]이 있으며, 2013년에 대일항쟁기피해조사위원회에서 출판한 위안부 피해자 구술 기록집 『들리나요? 열두소녀의 이야기』가 있다. 여기에는 12명의 일본군 위안부 피해 여성과 1명의 시민단체 운동가를 포함한 총 13명의 구술이 수록되었고,[83] 2014년에는 영문판 『Can You Hear Us?: The Untold Narrative of Comfort Women』을 발간했다.[84]

② 활용 및 서비스

현재 각 과거사 관련 위원회에서 제작한 구술 자료집은 과거사관련업무지원단을 통해서 열람할 수 없다. 「공공기록물 관리에 관한 법률」 제25조 및 「공공기록물 관리에 관한 법률 시행령」 제58조와 국가기록원에서 배포하는 「폐지(한시)기관 기록물 관리지침(2005/2020)」에 따라 폐지기관의 기록물이 국가기록원으로 이관되고 있어서 국가기록원을 통해 해당 자료집을 이용할 수 있다. 또한 일부 자료집은 국내 주요 공공도서

81 『당꼬라고요?』(2005), 『검은대륙으로 끌려간 조선인들』(2006),『똑딱선 타고 오다가 바다 귀신 될 뻔 했네』(2006)(일본번역본, 2019), 『가긴 어딜가? 헌병이 총들고 지키는데』(2006), 『갑자·을축생은 군인에 가야 한다』(2006), 『수족만 멀쩡하면 막 가는거야』(2007), 『시베리아 억류 조선인 포로의 기억.1』(2007), 『지독한 이별: 사할린 이중징용 진상조사 구술 기록』(2007), 『조선이라는 우리나라가 있었구나』(2008)(일본번역본, 2019), 『굴 파러 군대 갔어!』(2008), 『(아홉머리 넘어)북해도로: 홋카이도 강제동원 피해 구술 자료집』(2009).

82 일제강제동원피해자지원재단(2019.12.18.). 재단, 강제동원 진상규명 및 국내외 학술연구 자료 보급을 위한 「일제 강제동원 수기집 및 구 위원회 책자 일본어판」 발간. 보도자료.

83 대일항쟁기강제동원피해조사 및 국외강제동원희생자등지원위원회(2013.2.27.). 일본군위안부 구술 기록집 『들리나요? 열두 소녀의 이야기』 발간. 보도자료.

84 대일항쟁기강제동원피해조사 및 국외강제동원희생자등지원위원회(2015.1.5.). 한국정부 최초 위안부 피해자 구술 기록집 영문판 『Can you Hear Us?: The Untold Narrative of Comfort Women』 발간. 보도자료.

관, 미주 한인 교포 및 미주지역의 주요기관과 도서관, 주요인사 등에 배포됨에 따라 해당 기관을 방문하여 자료를 확인할 수 있다.

(15) 국립국어원[85]

① 수집 목적 및 수집 과정

국립국어원은 국어의 발전과 국민의 언어생활을 향상하는 연구산업을 추진하고 체계적인 정책 수립의 기반을 마련하기 위해 1991년에 설립된 문화체육관광부 소속 기관이다. 국립국어원은 지역어 조사 및 보존사업의 일환으로 2004년부터 소멸 위기에 처한 국내외 권역별 지역어 조사사업에 착수하여 2013년까지 10년에 걸친 조사사업을 수행했다. 조사지역은 북한(9개 지점)과 국내외 13개의 지점으로 구분하여 권역별 지역어를 조사했으며, 그 결과는 『지역어 조사 질문지』(2006)와 <지역어 구술 자료 총서(1집 11권, 2집 10권)>로 발간되었다. <지역어 구술 자료 총서>는 해당조사지역 토박이들의 구술내용을 그대로 기록한 것으로, 경기 포천, 경기 화성, 강원 양양, 충북 청원, 충북 제천, 충남 논산, 대전 서구, 전북 무주, 전남 진도, 전남 곡성, 경북 청송, 경남 창원, 경남 창녕, 제주 서귀포 호근, 제주 한경 지역 등의 국내 편을 비롯해 중국 길림성과 중앙아시아 등의 해외 편이 각각 단행본 형태로 제작되었다.[86] 이때 수집된 구술 자료의 일부는 편집된 형태로 온라인 서비스를 제공하고 있다.

② 활용 및 서비스

국립국어원에서 수집한 구술 자료는 현재 국립국어원의 “지역어 종합

---

85 국립국어원, https://www.korean.go.kr/

86 국립국어원 > 소개 > 국립국어원 20년사 > 성과 > 국어실태조사/지역어조사, https://www.korean.go.kr/niklintro2/20years05_03_05.jsp

정보"[87]에서 일부 서비스되고 있다. 지역어 종합 정보는 현재 시범 운영되고 있으며, 구술 자료는 '지역어 이야기 자료'에서 주제 분류에 따른 검색을 통해 접근이 가능하다. 검색 가능한 주제 분류 목록은 자료실을 통해 엑셀(.xlsx) 형태로 제공되고 있는데, 검색창에 해당 주제를 찾아서 기입해야만 해당 내용을 확인할 수 있다. '내용 찾기'를 통해 주제를 검색하면, '조사지역, 조사연도, 제보자 성별 및 나이'에 관한 항목이 제시되고, 원문 보기를 통해 일부자료에 대한 전사 자료 원문을 열람할 수 있다. 또한 '이야기 자료 듣기'를 통해 조사지역, 조사연도, 제보자 성별, 나이, 주제를 상세 검색하여 내용을 열람할 수도 있다. 이때, 열람은 별도의 로그인 절차 없이 누구나 접근할 수 있으며, 제보자와 조사자 간의 면담내용을 음성으로도 확인할 수 있다.

(16) 국립국악원[88]

① 수집 목적 및 수집 과정

국립국악원은 1951년 4월에 개원하여 신라의 음성서(音聲署)·고려의 대악서(大樂署)·조선의 장악원(掌樂院)·이왕직아악부로 이어지는 전통을 계승하여 오늘날까지 천여 년의 전통과 역사를 가진 국립예술기관이다. 국립국악원은 문화체육관광부 소속 기관으로, 서울의 본원을 비롯하여 남원의 민속국악원, 진도의 남도국악원 그리고 부산국악원에 지역 거점을 두고 전통예술의 온전한 보존과 계승, 전통에 기반을 둔 창조적 노력을 지속해 오고 있다. 공연 경쟁력 제고 및 생태계 활성화, 국악 교육 활성화 기반 조성과 대중적 확산, 국악 전승의 체계화 및 세계화라는 전략

87 국립국어원 지역어 종합 정보, https://dialect.korean.go.kr/dialect/
88 국립국악원, https://www.gugak.go.kr/site/main/index001

아래 고품질 온라인 콘텐츠를 제작하여 보급하고 국악학 연구 기반을 강화하는 한편 전시·체험 활성화 및 국악자료 활용을 증대하는 등 다양한 추진 과제를 안고 있다.[89]

국립국악원 안에는 국악아카이브가 있는데 전통 음악, 무용, 연희 및 창작 국악에 이르는 국악 자원을 조사·수집·관리·보존하고 있다. 국립국악원에서 수행하는 연간 1,200여 회 이상의 공연·연구·교육활동의 결과물은 물론 민간의 자료를 망라하여 생산·수집한 기록물은 동영상, 음향, 이미지, 텍스트 자료 등 38만여 점에 달한다. 국악아카이브는 수집한 자료의 세부 정보를 정리하고 디지털변환을 한 후, 원본과 복제본을 항온항습실에 안전하고 체계적으로 보존하고 있으며 저작권을 확보한 자료를 선별 가공하여 인터넷을 통한 열람 서비스를 제공하고 있다. 국악자료는 세계유일의 문화 자원이므로 국악아카이브는 정부기관 및 민간, 나아가 국외에 산재하는 국악 자료 및 정보를 집대성하고자 하는 목적을 갖고 있다. 이를 기반으로 관련기관과 온라인 네트워크를 구축하고, 감상과 연구 등 국악 자료를 원하는 사람들이 쉽고 깊이 있게 유일의 문화자원을 공유하는 창이 되고 있다.

국립국악원은 2009년부터 원로국악인 구술채록사업을 시작했는데 원로국악인을 선정하여 그들이 경험한 예술사적 사건과 생애를 기록하여 <국립국악원 구술총서>로 발간하기 시작했다. 그러므로 국립국악원에서 수집한 구술 자료는 원로 국악인의 삶과 예술세계에 관한 것으로, 구술 원자료가 아닌 단행본 및 연구자료의 형태로 구술 자료를 생산하고 있다. 2011년 제1권으로는 국악학 연구에 큰 업적을 남긴 소암 권오성과 현정 이보형, 두 원로학자의 이야기를 담고 있다. 소암 선생은 학문의

---

89 국립국악원 > 소개 > 주요사업 및 비전, https://www.gugak.go.kr/site/homepage/menu/viewMenu?menuid=001005002&lang=ko

경계를 넘나들며 한국음악학의 영역을 확장해왔고 현정 선생은 기층 음악문화의 현장 연구를 일생의 화두로 삼고 이 분야를 한결같이 열정적인 행보를 보여주어 이들의 삶과 연구 여정은 후학들에게 큰 울림으로 전해지고 있다. 현재까지 생산된 구술 자료는 2011년부터 2020년까지 발간된 <국립국악원 구술총서> 22권, 『구술로 만나는 마당극 ①~⑤』(2011) 5권, 2013년부터 2019년까지 제작된 <국립국악원 한민족음악총서> 8권과 기타 구술 채록 연구 등으로 구분된다.

국립국악원의 원로국악인 구술채록사업은 부족한 근·현대 국악사의 기록과 자료를 보충하고 문헌 중심의 역사 서술에 편중된 우리 예술사 연구의 한계를 극복하는 새로운 역사 쓰기의 한 가지 방법이 되고 있다. 이렇게 국립국악원은 근·현대 국악사 정립의 소명을 갖고 악·가·무를 포괄하는 국악계 전반의 예술가에 대한 구술채록사업을 지속적으로 진행하여 구술총서를 통해 근·현대 국악사 연구의 새로운 활로를 여는 데 기여하고 있다.

② 활용 및 서비스

국립국악원에서 생산된 구술 자료는 '연구/자료–학술연구–아카이브 연구 또는 한민족음악총서'[90]에서 전문 미리보기 및 전문 다운로드를 할 수 있으며, 관내 국악자료실 방문을 통해서도 열람 가능하다. 국악자료 검색 시 제공되는 정보는 청구기호, 등록번호, 발행사항, 형태사항, 표준번호/부호, 매체구분, 자료실, 주기사항(목차 또는 기본 내용), 총서사항 등이다.[91] 제공되는 구술 자료를 활용하고자 할 경우에는, 공공누리 제4유

---

90 국립국악원 > 연구/자료 > 학술연구 > 아카이브 연구 시리즈, https://www.gugak.go.kr/site/program/board/basicboard/list?boardtypeid=26&menuid=001003002012

91 국립국악원 > 연구/자료 > 국악자료실, https://www.gugak.go.kr/site/homepage/menu/viewMenu?menuid=001003004001&lang=ko

형 따라 출처표시, 사업적 이용금지, 변경금지라는 조건을 지켜야 한다.

(17) 국립남도국악원[92]

① 수집 목적 및 수집 과정

전라남도 진도군에 위치한 국립남도국악원은, 2004년 7월에 개원하여 남도 진도(珍島)의 국악 전문연수, 공연, 체험, 연구 등 국악보급 활동과 국악을 통한 건전한 여가문화를 선도하는 문화체육관광부 산하기관이다. 국립남도국악원은 남도 국악인에 대한 구술 자료를 채록하여 단행본의 형태로, <국립남도국악원총서> 중 『채정례의 삶과 예술』(2005), 『김귀봉의 삶과 예술』(2005), 『유점자의 삶과 예술』(2007), 『진도의 농악과 북놀이』(2009)를 출판했다. 구술 원자료는 공개하지 않고 있으며, 구술 자료 수집 및 관리에 관련된 정보도 홈페이지를 통해 파악할 수 없다.

② 활용 및 서비스

국립국악원에서 발간한 구술 자료집은 국립남도국악원 내 자료실을 방문하여 열람하거나 국립국악원 국악자료실을 비롯한 국내 주요 도서관을 통해 이용할 수 있다.

(18) 국립부산국악원[93]

① 수집 목적 및 수집 과정

국립부산국악원은 2008년에 개원한 문화체육관광부 산하기관으로, 부산 및 영남권의 전통공연예술의 보전과 창조적 계승을 목표로 공연물

---

92 국립남도국악원, https://jindo.gugak.go.kr/site/main/main.do

93 국립부산국악원, https://busan.gugak.go.kr/main.do

을 제작하고, 국악교육과 연구를 촉진시키는 역할을 수행하고 있다. 국립부산국악원에서는 영남권 국악인들의 구술을 채록하여 2009년부터 2016년까지 간행물의 형태로 구술 자료를 제작했다. 구술 자료는 총 6권으로, <국립부산국악원총서> 중 『김진홍의 삶과 예술』(2009), 『청화당 김온경의 삶과 예술』(2010), 『문장원의 삶과 예술』(2011), 『근현대 부산국악사1』(2014), 『근현대 부산국악사2』(2016)와 영남공연예술자료집 제4집으로 『강문득의 삶과 신조』(2014)가 발간되었다.

② 활용 및 서비스

총서로 발간된 국립부산국악원의 구술 자료집은 통합검색에서 "구술"을 검색하면, 구술 자료집을 PDF 파일로 다운받을 수 있는 첨부파일을 확인할 수 있으며, 홈페이지의 연구/자료에서 간행물을 선택한 후 원하는 자료에 대한 "자료신청"을 하면 신청 시 기입한 이메일로 해당 자료를 제공받을 수 있다.[94]

(19) 국립무형유산원[95]

① 수집 목적 및 수집 과정

국립무형유산원은 2014년에 개원한 문화재청 소속기관으로, 무형문화유산의 보존, 전승, 연구, 조사, 기록관리, 보급 및 진흥에 관한 업무를 관장하고 있다. 국립무형유산원은 무형문화재의 기능과 예능을 중심으로 영상과 도서출판을 하는 기록화 사업을 추진해왔다. 특히 국가무형문화재 보유자, 명예보유자 등 전승자들의 생애사 및 구술사를 채록하여

94 국립부산국악원 > 연구/자료 > 간행물, https://busan.gugak.go.kr/portal/publication/list.do?classification=A&mId=0302010000

95 국립무형유산원, https://www.nihc.go.kr/

고도의 기능과 예능에 도달하기까지의 길고 다양한 과정을 구술로 채록하여 가시성을 확보하고 보전된 무형의 전통지식을 담아내고자 했다. 이에 구술채록사업은 2011년 기획연구의 형태로 시작하여 매년 1억 9천만 원의 예산을 지원받아 구술 채록을 실시하고 있으며, 현재 구술 자료는 녹음자료와 전사본, 구술 원자료를 스토리텔링 방식으로 소개하는 총 40권의 자서전을 제공하고 있다.[96]

국가무형문화재 전승자 구술 자서전은 전승자들의 전승 과정은 물론, 출생과 결혼 등 평범한 일상 속 삶의 이야기들을 중심으로 제작했다. 독자에게 직접 말하듯 기록한 문체 속에서 보유자로서의 삶뿐만 아니라 한 사람의 인간으로서의 면모도 들여다볼 수 있으며, 당시의 시대적·역사적 상황, 주요 인물과 예술 종목에 대한 소개도 곁들여 독자들이 쉬우면서도 깊이 있게 이해할 수 있도록 구성했다. 구술자들 대부분은 1920~30년대에 태어난 고령자들로 그들이 살아온 시기는 일제 강점기와 3·1운동, 8·15광복과 한국전쟁, 새마을운동과 대한민국의 폭발적 경제성장 등 대한민국의 근현대사를 관통하고 있다. 따라서 이들이 들려주는 삶의 이야기는 대한민국의 생생한 역사이자 기록이며, 그 현장을 지나온 사람들의 증언이다.

자서전에는 한산모시짜기(국가무형문화재 제14호) 고(故) 문정옥 명예보유자 등 기술 분야 2명과 강릉농악(국가무형문화재 제11-4호) 정희철 보유자, 진도다시래기(국가무형문화재 제81호) 강준섭 보유자 등 공연예술 분야 9명, 좌수영어방놀이(국가무형문화재 제62호) 김태롱 보유자 등 놀이 분야 2명과 의례 분야 위도띠뱃놀이(국가무형문화재 제82-3호) 김상원 보유자 등 총 14명의 국가무형문화재 전승자들의 이야기가 담겨 있다.

---

96 정연경 외(2019). 『국립중앙도서관의 구술 자료 수집 타당성 및 제도 개선 방안 연구』, pp. 33-34; 국립무형유산원 > 학술연구 > 연구사업 > 구술채록 소개, https://www.nihc.go.kr/index.9is?contentUid=ff8080816f40a80f016f7f3164dc0ec8

6·25전쟁에 학도의용군으로 강원도 영월 전투에 참전하여 동료들이 전멸하는 위기 속에서 총알이 뺨에서 귀 뒷머리로 관통하는 총상을 입고 사경을 헤매면서도 삶에 대한 처절한 의지로 끝끝내 살아남아 궁중무용의 전통을 계승하고 이론적 체계를 확립한 '처용무(국가무형문화재 제39호) 김용 보유자', 전쟁 중 피난길에 남편을 잃고 여자의 몸으로 혼자서 사업에 뛰어들어 사업가로 승승장구하여 자식들을 올곧게 키워내고 전통문화의 후원자이자 전승자로서도 굵은 삶을 살다간 '북청사자놀음(국가무형문화재 제15호) 고(故) 이근화선 명예보유자' 등 전승자들이 들려주는 이야기는 한 사람의 인생사이자 대한민국 현대사로 무형문화재가 지닌 전통문화의 감동을 고스란히 전하고 있다. 국립무형유산원은 매년 8명의 구술 채록을 새롭게 추진하여 구술 채록과 자서전 발간 사업을 지속적으로 확대할 예정이다.

기록화 사업은 주로 무형문화재가 지니는 역사성, 학술성, 예술성 등을 영상과 도서 형태로 수집하고 있는데, 무형문화재의 경우, 그 분야가 다양하고 전문성이 강하며 독특하다는 점에서 철저한 사전조사가 필요하다. 그래서 해당 분야에 대한 전문가가 면담자로 참여해야 하며 구술 채록한 내용은 자서전 형태로 발간하고 있다. e-book으로도 서비스를 제공하지만, 녹음자료 및 전사본은 비공개하고 있다. 특히 녹음자료 내 구술자들의 무형문화 지식 외 사적인 요소들, 인간관계에 대한 구술 내용이 포함되어 있어 비공개로 처리하고 있으며 구술자서전은 구술자와 면담자의 검수를 거친 공개용 편집본이다. 구술자들의 사망 후에도 유족 및 구술에 언급된 인물이 있기 때문에 원자료는 공개하지 않는 원칙을 갖고 있다. 국립무형유산원의 구술 채록 자료 및 성과는 무형문화재 분야에 대한 학술연구 촉진, 전승자에 대한 인적정보 구축을 통한 무형문화재 보존관리, 자서전 등 콘텐츠 개발로 무형문화재 가시성 및 위상 제고 등에 기여하고 있다.

② 활용 및 서비스

구술채록사업을 통해 수집한 자료 중 녹음자료와 전사본은 구술자 및 제3자의 개인정보 보호를 위해 비공개로 제한하고 있으며, 구술자서전은 면담자의 검수를 거친 공개용 편집본이라는 점에서 전체 공개로 제공하고 있다.[97] 구술채록사업을 소개하는 페이지에서 구술자서전 원문보기를 선택하면, "국립무형유산원 무형유산 디지털 아카이브"[98]에서 해당 원문을 열람할 수 있는 페이지로 연결된다. 열람을 희망하는 자료를 선택하면, 기본적으로 구술자의 사진과 구술자명, 부제, 채록년도, 채록장소, 조사면담, 범주에 대한 정보가 제공되고, 전승자 연보를 상세하게 보여준다. 원문은 자서전의 표지와 함께 목차별로 원문보기가 가능하며, 해당 원문을 PDF 파일로 다운로드할 수 있는 기능을 제공하고 있다. 해당 서비스는 별도의 로그인 없이 누구나 이용 가능하며, 공공누리 표기 및 CCL을 원문보기 상단에 배치하여 활용을 위한 조건을 명시하고 있다.

(20) 대한민국역사박물관[99]

① 수집 목적 및 수집 과정

대한민국역사박물관은 문화체육관광부의 소속기관으로서, 대한민국 근현대 역사자료의 수집, 보존, 조사, 연구, 전시, 교육 및 교류에 관한 사무를 관장하고 있다. 최근 대한민국역사박물관에서는 현대사 구술 채록 프로그램으로, 2019년에 <토크콘서트: 한국 현대사를 만나다>를 총 4회 진행했으며, 2020년에는 <대한민국역사박물관 현대사 공개구술>이

97 정연경 외(2019). 『국립중앙도서관의 구술 자료 수집 타당성 및 제도 개선 방안 연구』, pp. 33-34.

98 국립무형유산원 무형유산디지털 아카이브 > 구술채록, https://www.iha.go.kr/service/record/class_treasure_record_list.nihc?content_type=GT01000002

99 대한민국역사박물관, https://www.much.go.kr/

라는 테마로 총 5회에 걸쳐 공개구술을 진행했다.

<토크콘서트: 한국 현대사를 만나다>

- 2019년 7월 24일, 채현국, 나의 청춘시대
- 2019년 9월 18일, 내 인생 다시, 봄날: 강원도 상동 탄광마을 이야기
- 2019년 11월 20일, 김수용, 한국영화에 남긴 발자취: 1950~1960년대
- 2019년 12월 11일, 우리가 마주한 3·1운동 100년

<대한민국역사박물관 현대사 공개구술>

- 2020년 9월 4일, 용기내어 남기다, 듣다
- 2020년 8월 11일, 녹두서점의 오월
- 2020년 10월 16일, 여성의 목소리로 듣는 5·18
- 2020년 11월 20일, 전쟁고아와 함께 한 삶
- 2020년 11월 28일, 유종호 교수가 들려주는 6·25전쟁의 기억

또한 대한민국역사박물관은 기증자로부터 구술 영상을 수집하여 서비스용 영상을 일반인에게 공개하고 있으며, 미국 평화봉사단으로부터 한국에서의 경험과 기억을 구술을 수집하여 『미국 평화봉사단: 한국에서의 경험과 기억』(2016)을 출판했다.

② 활용 및 서비스

대한민국역사박물관에서는 "현대사 디지털아카이브"[100]를 구축하여 본 기관에서 수집한 소장자료들의 이미지와 관련 정보에 대한 통합검색을 지원하고 있다. 박물관에서 수집한 구술 자료는 '박물관 아카이브–구

---

100 대한민국역사박물관 현대사 디지털아카이브, https://archive.much.go.kr/index.do

술 영상'에서 확인 가능하다. 2021년 10월 기준으로, '말로 기록하는 IMF의 기억', '국가과학기술발전을 이끈 주역들', '제2공화국과 한국의 민주주의', '6.29선언 관련 주요인사'라는 주제 아래 다수의 구술 영상과 16건의 기증자 구술 영상을 구술자별로 열람할 수 있다. 해당 영상들은 기증을 통해 수집된 자료로, 개인별 구술 영상을 선택하면 촬영연도, 자료연대, 생산기관, 사업개요, 소개의 글, 키워드가 간략히 제시되고, 6-7분 내외로 구분한 주제별 영상이 제공된다. 해당 영상들은 모두 별도의 로그인 없이 접근할 수 있으며, 이용자가 영상을 다운로드할 수 있는 기능을 추가적으로 제공하고 있다. 다운로드를 하기 위해서는 '활용정보입력'을 통해 활용분야, 활용목적, 활용시기를 밝히고, 공공누리 유형에 따른 이용 약관에 동의하는 과정을 거쳐야 한다. 박물관에서 제시하는 이용약관의 내용은 "제공한 자료의 저작권 및 기타 법적 권리는 대한민국역사박물관에 있으며, 공공누리 제1유형(출처표시)과 제2유형(출처표시 + 상업적 이용금지)의 경우 원본의 제작방향을 해치지 않는 범위 내에서 편집 활용이 가능함"을 밝히고 있다. 또한 결과물에 대한 자료 제공처는 대한민국역사박물관 현대사아카이브로 명시할 것을 요구하고, 허가된 목적 외 타 용도로 사용할 수 없는 동시에 재사용 시에는 반드시 재허가를 받아야 함을 명시하고 있다. 해당정보를 모두 확인하고 나면, 서비스용 구술동영상을 mp4의 형태로 제공받을 수 있다.

(21) 국립한글박물관[101]

① 수집 목적 및 수집 과정

국립한글박물관은 문화체육관광부 산하기관으로, 2014년에 개관했

101 국립한글박물관, https://www.hangeul.go.kr/main.do

다. 국립한글박물관은 한글에 대한 이해를 확장하고, 한글과 다양한 분야의 융합을 실험하는 전시 공간을 제공하는 동시에 한글의 원리를 체험하고 한글을 배울 수 있는 문화적 공간을 지향하고 있다.[102] 또한 국내외 분산되어 있는 한글자료를 조사, 수집, 연구하는 업무를 수행하고 있는데, 국립한글박물관에서는 한글문화발전에 기여한 인물들의 삶과 경험을 구술로서 기록하는 '한글문화인물 구술 기록 사업'을 2015년부터 진행하여 수집된 구술 기록을 디지털한글박물관을 통해 공개하고 있다.[103] 구술채록사업은 연구용역을 통해 진행했으며, 매년 5억 이하의 예산을 바탕으로 9명 내외의 구술을 채록했다. 최종결과물은 영구보존용 DVD와 백업용 외장하드, 구술 기록 개요, 구술자 신상기록부 등을 포함하는 문서기록(보존용·서비스용), 연구결과보고서 등으로 구성되었다.[104] 또한 <한글문화인물구술총서>로 『2015 한글을 듣다』, 『2016 한글을 듣다』를 발간하여, 1세대 국어학자, 검인정 교과서 출판에 기여한 교육자, 전자출판 관련자, 한글정보화 관련 기여자, <겨레말큰사전> 편찬자 등 한글 문화에 공로가 있는 총 59명의 인사들을 대상으로 185시간의 구술 기록을 채록한 자료집을 제작했다.[105]

② 활용 및 서비스

'한글문화인물 구술 기록 사업'을 통해 수집된 구술 기록은 디지털한글박물관을 통해서 서비스되고 있다. 디지털한글박물관[106]은 국어사 자

102 국립한글박물관 > 박물관 소개 > 인사말, https://www.hangeul.go.kr/html/introduce/museumMessage.do?curr_menu_cd=0101010000

103 국립한글박물관 전시운영과 자료관리팀(2019.4.8.). 한글 속 삶과 경험의 기록, 구술로 만나다. 보도자료.

104 국립한글박물관 한글문화인물 구술 기록 사업 제안서(2017-2020).

105 국립한글박물관 전시운영과(2020.12.24.). 한글문화 속 숨어 있는 이야기를 듣다. 보도자료.

106 디지털한글박물관, https://archives.hangeul.go.kr/

료 외에 소장자료 총서, 한글 주요 인물 구술 채록, 글꼴 아카이브 등 관련 정보를 제공하고 있다. 특히 국어사 및 정보화 분야의 한글 관련 주요 인물 구술 채록 결과물은 촬영영상과 녹취문 자료, 한글 글꼴 관련 원자료 등 다양한 형태의 구술 자료를 담고 있다.[107] 현재 서비스되고 있는 구술 자료는 총 46건으로, '박물관 생산자료 아카이브-구술'에서 연도별로 개인 구술을 구분하고 있다. 해당 자료를 선택하면, 구술자의 사진과 면담기간 및 장소가 명시되어 있고 구술자에 대한 설명을 비교적 상세하게 기술하고 있다. 기록물은 회차별 구술 기록을 분류하고, 해당 회차를 선택하면 구술자 정보로서 구술자, 소속 및 직위, 구술자 설명을 개괄하고, 구술정보에는 면담자, 촬영자, 구술일자, 구술 장소, 구술회차, 구술시간, 주요인물, 검색어를 제시하고 있다. 구술 영상은 구술자의 생애사 및 주제사에 바탕을 둔 세부 내용을 선택하면 해당 영상이 실행되는 구조로 서비스용 영상을 제공하고 있으며 별도의 절차 없이 누구나 시청할 수 있다.

국립한글박물관은 구술 기록이 가지는 가치와 구술자들의 어투를 훼손하지 않는 방향에서 그동안의 구술 면담한 말을 글로 바꾸는 작업을 시도했고 『한글문화인물구술총서 I 』과 『한글문화인물구술총서 II 』를 발간했다.[108] 총서 I 『한글을 듣다』에서는 1세대 국어학자이자 한국 국어문법의 기틀을 마련하신 이기문 선생님을 비롯하여 광복 이후 검인정 교과서 출판의 선두에서 문자 교육에 공헌하시고, 전자출판의 초석을 닦으신 이기성 선생님의 목소리를 담았고, 1980년대 말에서 1990년대 초 한글 정보화에 앞장선 강태진, 안대혁, 박현철 선생님의 목소리를 담는 구술

107 국립한글박물관 자료관리팀(2016.6.15.). 디지털한글박물관 새 입고 이전. 보도자료.

108 국립한글박물관, 발간자료, https://www.hangeul.go.kr/bbs/publicBbsView.do?curr_menu_cd=0105050000&pageIndex=1&bbs_id=4&bbs_no=91&mode=&search_type=title&search_text=

기록도 실었다. 총서 II 『한글을 듣다』에서는 음운론 연구의 기초를 닦으신 1세대 국어학자 강신항 선생님, 한국학과 한국문화의 우수성을 해외에 알리신 김석득 선생님, 책, 간판, 영화자막 등에서 한글이라는 문자가 표현될 수 있도록 공헌하신 김상구, 김화복, 이남흥 선생님의 업적을 기록했다. 그리고 한글문화사적으로 아주 중요한 사건인 '<겨레말큰사전> 남과 북 공동 편찬'을 주제로 사전편찬과 관계된 여러 선생님들의 이야기를 집중적으로 기록했다. 『한글문화인물구술총서』는 국립한글박물관 조사·연구–발간자료에서 원문 전문을 다운로드받을 수 있다.

(22) 국민체육진흥공단 국립체육박물관추진위원단[109]

① 수집 목적 및 수집 과정

국립체육박물관은 국민체육진흥공단 소속으로, 한국체육의 가치와 문화가 소통하고 성장하는 허브로서 체육유물을 체계적으로 관리하고 대한민국 체육역사를 전승하며 체육문화를 향유한다는 목적 아래 2023년 건립을 앞두고 있다. 2015년에 국회로부터 국립체육박물관 건립에 관한 예산을 편성 받아 2016년 9월 국립체육박물관건립추진단을 발족한 후 박물관 건립을 위한 활동을 전개하고 있다.[110] 국민체육진흥공단은 2016년부터 대한민국 체육사를 관리하고 전승하고자 기념사업실 전시준비팀(TF)과의 협업을 통해 선수부문, 지도자부문, 행정가부문 등 매년 대한민국 스포츠 발전에 기여한 인물 10인에 대한 구술 기록을 매년 채록하고 있다. 사업기간은 약 6개월에 걸쳐 진행되었으며, 약 8천만 원의

---

109 국민체육진흥공단 국립체육박물관, https://88olympic.kspo.or.kr/Museum_New/index.asp#none

110 국립체육박물관 박물관소개, https://88olympic.kspo.or.kr/Museum_New/contents/introduce/guide.asp

예산이 지원되었다. 2020년까지 총 40명의 인사들에 대한 구술채록사업을 수행했으며(2019년 제외), 구술채록사업은 구술 대상자와의 사전면담, 소장자료 탐문, 영상촬영(4시간 이상), 윤문, 전문가 감수를 통해 완료했다. 구술채록사업의 결과로서 구술 자료는 최종적으로 촬영 원본(4K, 초고화질 UHD 해상도/ 보존용 카메라 원본데이터), 보존용 영상(mp4), 개별 편집영상(총 50분 내외, 1인당 10분 내외), 현장스케치 편집영상(총 15분 이내, 1인당 3분 이내), 구술 채록 결과 편집 영상(5분 이내), 사진(총 120컷 이상, 1인당 20컷 이상의 고화질), 구술 채록 자료집(구술자 1인당 35페이지 내외, 보존용/열람용), 전자책(E-book), 구술 채록 매뉴얼, 사업결과 보고서 등이 생산되었다.[111]

② 활용 및 서비스

그간 국립체육박물관에서 수집된 구술 자료는 홈페이지 내 '사이버박물관-구술채록'[112]에서 서비스용 영상을 확인할 수 있다. 대한민국 스포츠 발전에 공헌한 인물을 선정하고 구술 기록화함으로써 대한민국 체육사를 관리 및 전승하고자 2021년 10월 10일 기준 총 34명의 구술 영상에 대한 서비스를 제공하고 있으며 해당 영상(15분 이내)은 유튜브와 연계된 구조를 보이고 녹취록이나 상세목록은 별도로 제공되지 않는다. 이외에 구술 자료집은 '홍보자료-도서자료'[113]에서 공개되어 있어 자유롭게 접근하여 다운로드할 수 있다.

---

111 국민체육진흥공단 기념사업실 전시준비팀(TF). 2020년도 스포츠발전 공헌자 구술채록 사업 제안요청서.

112 국립체육박물관 사이버박물관-구술채록, https://88olympic.kspo.or.kr/Museum_New/contents/museum/talk_recording_list.asp

113 국립체육박물관 홍보자료-도서자료, https://88olympic.kspo.or.kr/Museum_New/contents/data/book_list.asp

(23) 동학농민혁명기념재단[114]

① 수집 목적 및 수집 과정

동학농민혁명기념재단은 2004년에 제정된 「동학농민혁명 참여자 등의 명예회복에 관한 특별법」에 따라 설립된 문화체육관광부 산하기관으로, 기념일 제정, 참여자 조사 및 유족등록, 기념공원 조성, 관련 기록물 유네스코 세계기록물 등재 등 적극적인 활동을 전개해왔다. 동학농민혁명 기념관 및 자료관을 운영하고, 관련 기념사업과 추모사업을 수행하고 있다. 또한 동학농민혁명 관련 자료의 수립, 관리, 보존, 전시, 교류사업을 다방면으로 추진하고, 동학농민혁명 참여자 및 유족을 위한 명예회복사업도 담당해왔다. 이외에 유적지 정비사업과 동학농민혁명연구소 설립 및 동학농민혁명 정신의 계승 목적에 부합한 사업을 진행했다. 그중 연구조사부에서는 동학농민혁명 참여자 및 유족을 대상으로 2009년부터 구전자료 증언록 및 영상증언록 제작 사업을 수행했다.[115] 그 결과 동학농민군 후손 60여 명의 증언을 담은 『다시 피는 녹두꽃2』(1994)와 『전봉준과 그의 동지들』(1997), 『다시 피는 녹두꽃: 115만에 전해주는 이야기: 동학농민혁명 유족들이 전하는 고통과 자부심의 영상증언록』(DVD 6매 포함, 2010), 『다시 피는 녹두꽃 1: 동학농민혁명 구전자료 영상증언록』(DVD 2매[273분] 포함, 2010), 『다시 피는 녹두꽃 2: 동학농민혁명 구전자료 영상증언록』(DVD 3매[308분] 포함, 2011), 『다시 피는 녹두꽃 3: 동학농민혁명 구전자료 영상증언록』(DVD 3매[212분] 포함, 2012)을 발간했다.[116]

---

114 동학농민혁명기념재단, https://www.1894.or.kr/main_kor/index.php

115 정연경 외(2019). 『국립중앙도서관의 구술 자료 수집 타당성 및 제도 개선 방안 연구』, pp. 54-55.

116 동학농민혁명 재단동정, https://www.1894.or.kr/main_kor/m_2_2_1.php?mc=1|2|1

② 활용 및 서비스

동학농민혁명기념재단은 동학농민혁명 관련 주요 문헌과 국역총서, 연표 및 일지, 증언록 등 관계 자료에 대한 데이터베이스인 '동학농민혁명 종합지식정보시스템'을 구축하여 운영하고 있다. 동학농민혁명기념재단에서 수집한 구술 자료는 동학농민혁명 종합지식정보시스템의 '증언록'에 수록되어 있다.[117] 증언록 세션에서는 자료를 증언록과 영상증언록으로 구분하고, 증언록의 경우 증언 대상 인물을 지역별로 분류하여 구술제목과 대상 인물, 증언 인물에 대한 정보를 제공한다. 상세목록을 선택하면, 대상 인물에 대한 설명(대상 인물, 증언 인물, 가계도, 정리자, 출전)과 간략하게 정리된 증언의 내용을 하단에 기술하고 있다. 영상증언록의 목록에서는 제목, 참여자, 유족에 대한 항목을 제시하고, 상세내용에서는 유튜브로 연계되는 증언영상을 제공하고 있다.

(24) 여성가족부[118]

① 수집 목적 및 수집 과정

여성가족부는 "여성정책의 기획·종합 및 여성의 권익증진, 청소년의 육성·복지 및 보호, 가족과 다문화 가족정책의 수립·조정·지원, 여성·아동·청소년에 대한 폭력피해 예방 및 보호"를 목적으로, 다양한 정책들을 반영한 활동을 전개해오고 있다. 특히 여성가족부는 일본군 '위안부' 피해자들의 명예 회복과 위안부 실태를 알리기 위해 사이버 역사관인 '일

&sub=list&sub2=view&rid=75&start=0&Keyword=영상증언록; 학술연구정보서비스 검색, https://www.riss.kr/index.do

117 동학농민혁명 종합지식정보시스템 증언록, https://www.e-donghak.or.kr/dirFrameSet.jsp?item=wit

118 여성가족부, https://www.mogef.go.kr/

본군 위안부 피해자 e-역사관'을 운영하여 피해자분들의 육성증언과 관련 역사적 사료 및 자료를 제공해왔다. 그러나 e-역사관은 2020년 12월 31일로 운영이 종료되었으며, 해당 자료는 현재 일본군'위안부'문제연구소의 아카이브814로 자료를 이관 중에 있다.[119] 일본군'위안부'문제연구소는 '위안부' 문제에 관하여 체계적이고 전문적인 조사와 연구, 그리고 국민의 이해를 돕는 교육과 홍보를 수행하기 위해 2018년 8월 한국여성인권진흥원에 개소했으며, 일본군 '위안부' 문제에 관한 지속적인 조사와 연구를 통해 위안소가 운영되었던 상황을 이해하고 국민들이 일본군 '위안부' 문제에 쉽게 접근할 수 있도록 관련 자료를 수집·정리하여 제공하고 있다.[120]

② 활용 및 서비스

여성가족부에서 수집한 일본군 '위안부' 피해자분들의 육성증언은 현재 일본군'위안부'문제연구소로 자료가 이관되고 있어서 기존에 운영되었던 일본군'위안부' 피해자 e-역사관 유튜브 채널[121]을 통해 서비스용 영상(총 24건)을 확인할 수 있다. 유튜브 계정으로 공개되고 있어 별도의 녹취록이나 상세목록은 제공하지 않으며, 생산정보에 대한 사항도 확인할 수 없다. 향후 e-역사관이 제공하던 일본군 '위안부' 피해자 자료가 정비를 거친다면, 아카이브814에서 이용이 가능할 것이다.

---

119 일본군'위안부'문제연구소 아카이브814, https://www.archive814.or.kr/About_Notice/view/5363

120 일본군'위안부'문제연구소, https://www.archive814.or.kr/About/Define

121 일본군'위안부'피해자 e-역사관 유튜브 채널, https://www.youtube.com/channel/UCmx03_BHx-IVzjTCAmncuAA/featured

(25) 국립여성사전시관[122]

① 수집 목적 및 수집 과정

국립여성사전시관은 "역사 속 여성의 역할을 조명하고 역사발전에 기여한 여성인물을 발굴"하기 위해 설립된 국내 최초의 국립 여성박물관이다. 2002년 서울 여성플라자에서 개관했고, 2014년 정부고양지방합동청사로 이전하여 운영되고 있다. 여성의 삶과 경험을 기억하고 기록하여 역사화하기 위해 여성가족부가 운영하고 있는 기구이다. 성평등역사문화의식을 확산시키기 위해 전시와 교육, 유물 수집과 보존 등 다양한 활동을 수행하고 있으며, 구술 자료도 '한국전쟁 참전 여군, 방역 관련 여성 의료인, 예술인, 방송인, 기업인, 서독파견간호사, 버스기사, 프로그래머, 시장상인, 해녀, 가사도우미, 여성독립유공자, 교육자' 등 다양한 직종에 종사한 여성들의 목소리를 사료로서 수집하고 있다. 2003년의 <가족과 호주제-호주세 폐지, 행복한 가족으로 가는 지름길>을 시작으로 국립여성사전시관은 <여성과 노동, 일상 새로운 상상>, <일본군 '위안부' 피해자 기억을 넘어 평화를 품다> 등 여성과 관련된 사회적 이슈를 다루는 전시를 기획했다. 여성사전시관의 상설 전시가 여성의 역사를 전반적으로 보여준다면 기획 전시는 여성의 역사를 동시대의 사회적 이슈와 함께 다룬다.

② 활용 및 서비스

구술 자료는 국립여성사전시관 홈페이지 내 '여성사자료실-구술 자료'[123]에서 확인 가능하다. 2021년 10월 10일 기준으로 64명의 구술 자

122 국립여성사전시관, https://eherstory.mogef.go.kr/#

123 국립여성사전시관 > 여성사자료실-구술 자료, https://eherstory.mogef.go.kr/PageLink.do

료가 올라와 있으며 구술자를 선택하면, 5분 이내의 동영상이 유튜브를 통해 재생되며, 우측에는 영상에 대한 녹취록을 메모의 형태로 제시하고 있다. 그러나 구술 자료에 대한 상세목록이나 구술자 및 면담자 정보 등 생산이력에 대한 맥락정보는 별도로 제공되지 않는다. 국립여성사전시관에서 2020년 9월 4일부터 2021년 2월 27일까지 진행되었던 기획전시 <방역의 역사, 여성의 기록>은 감염병과의 전쟁이라는 역사 속에서 감염병과 맞서 싸운 여성들의 모습을 보여주었다.[124] 이 기획전시는 팬데믹 상황과 밀접한 관련이 있는 전시로, 유물을 통해 과거 방역의 역사 속 여성의 역할과 2020년 현재 방역 현장에서 활동하고 있는 여성들의 모습을 보여주었다. 질병과의 전쟁에서, 보이지 않는 곳에서 묵묵하고 치열하게 질병과 싸운 여성들을 기억한다는 취지로 기획된 이 전시는 총 4부로 구성되어 감염병에 맞선 여성들의 모습을 소개했고 3부 <여성, 감염병에 맞서다>에서 우리에게 익숙한, 현재 진행 중인 코로나19 상황 속 여성의 활동을 다루었다. 전시실에는 감염병 관련 분야에서 활동하고 있는 여성들의 인터뷰 구술 자료가 영상의 형태로 전시되었고 응급의료센터장, 병원감염관리자 등 의료계에서 활동하고 있는 여성들과 면 마스크 만들기 운동을 하고 있는 여성환경연대 활동가, 방역소독 전문가 등 각자의 방식으로 코로나19에 대응하고 있는 이들의 목소리를 보고 들을 수 있었다. 그동안 크게 주목받지 못했던 여성들의 노동에 초점을 맞추고 기관에서 직접 수집한 구술 영상을 활용했다는 점에서 전시가 특별하다는 평가를 받았다.

124 도혜원(2020.12.11.). 감염병과의 싸움, 여성의 역사 [시각예술], https://www.artinsight.co.kr/news/view.php?no=51188

2) 지방정부기관과 산하기관

(1) 서울역사박물관[125]

① 수집 목적 및 수집 과정

서울역사박물관은 1985년 서울시립박물관 건립 계획으로 시작하여 서울의 역사와 전통문화를 정리하여 서울에 대한 이해와 인식을 강화하는 한편 서울시민과 서울을 찾는 내외국인에게 서울의 문화 및 체험을 공유하는 것을 목적으로 2002년에 개관한 서울시의 문화기관이다. 수도 서울의 장소와 역사와 기억을 저장하는 도시역사박물관이며 서울의 유물과 도시유적과 역사가옥을 보호하고 전시하는 기관이다. 본관과 한양도성박물관, 청계천박물관, 동대문역사관·운동장기념관, 경교장, 백인제역사가옥, 경희궁, 공평도시유적전시관, 돈의문역사관 등 다수의 분관으로 구성되어 있으며 각 분관은 사산과 한양도성, 개천과 도시생활, 도시조직과 유적, 역사가옥과 시대 등 각각 독특한 장소성과 가치를 갖고 있다. 서울의 전통문화와 역사를 보존하여 시민들의 문화적 정체성을 확립하고 애향심 고취하고 사라져 가는 문화유산을 수집, 보존함으로써 도시로서 서울의 역사와 문화를 종합적으로 연구하고 전시하고 있다. 또한 시민들에게 문화향수와 평생교육의 기회를 제공하여 서울의 역사와 문화에 대한 이해와 인식을 심화시키고 서울을 대표하는 문화기관으로서 서울의 이미지를 제고하여 세계 속의 서울의 위상을 높이고 있다. 서울의 장소와 역사와 기억을 저장하기 위해서 서울역사박물관은 구술 자료를 수집하고 있다. 이를 통해 서울학 연구의 지식 정보 중심이 되고 다음 세대에 오늘을 전하는 기억의 저장고가 되고 있다.

---

125 서울역사박물관, https://museum.seoul.go.kr/

특히 서울역사박물관 학예연구부 조사연구과에서는 '서울생활문화자료조사'를 담당하여, 2007년 보광동 조사를 시작으로 서울의 특징적 장소 및 재개발 사업 등 급변하고 있는 지역의 각종 자료를 수집해왔다.[126] 구술 자료도 서울생활문자료조사의 일환으로 수집되었는데, 그 결과물로 『서울미래유산기록』, 『서울생활문화자료조사』, 『서울역사박물관 도시성장 구술사 시리즈』 등 총 41권(번역본 6권 포함)의 보고서와 단행본이 발간되었다.[127]

서울역사박물관은 기획 전시로 구술 자료를 주로 활용하면서 2018년에는 청년문화의 중심지이자 서울의 부도심인 신촌을 재조명하는 "청년문화의 개척지, 신촌" 전시를 기획전시실에서 개최했다. 이를 위해 신촌의 골목을 기억하고 있는 청년들의 이야기를 회상하며 구술로 담았다. 특히 신촌파 뮤지션들의 공간들이고 신촌 문화를 상징하는 곳 중의 하나가 록카페였는데 이 록카페는 신촌에서 시작하여 1990년대 다른 지역으로 퍼져나갔다. 그 당시 록카페를 운영했던 사람의 구술을 담아서 전시에서 사진과 함께 그 당시의 모습을 전해 들을 수 있게 했다. 이렇게 신촌은 청년들에 의해 새롭게 거듭나는 곳이었는데 2000년대부터 신촌이 활력

---

126 서울역사박물관 > 박물관소개 > 조직/직원 > 조사연구과, https://museum.seoul.go.kr/www/intro/introOrg/introOrg6110653_work.jsp?sso=ok

127 『낙원떡집』(2020), 『연지·효제』(2019), 『반포본동』(2019), 『북촌 11가의 오래된 기억』(2019), 『북촌: 경북궁과 창덕궁 사이의 터전』(2019), 『대치동』(2018), 『홍대앞』(2018), 『청파·서계』(2017), 『신촌』(2017), 『인현동』(2016), 『후암동』(2016), 『황학동』(2015), 『신림동』(2015), 『건설시대의 서울』(2015), 『성수동』(2015), 『남대문시장』(2014), 『마장동』(2014), 『가리봉동』(2014), 『104마을』(2012), 『동대문시장: 광장, 중부, 방산』(2012), 『청량리』(2012), 『(불이 꺼지지 않는 패션 아이콘)동대문시장』(2011), 『명동: 공간의 형성과 변화』(2011), 『창신동:공간과 일상』(2011), 『이태원: 공간과 삶』(2010), 『아현뉴타운 조사보고서1』(2010), 『길음동 사람들』(2010), 『도심 속 도심 상공인들의 생활문화 상공인 마을 2』(2010), 『왕십리뉴타운 조사 보고서2』(2009), 『안산자락, 고갯마을 북아현2』(2009), 『가재울 삶 그리고 이야기』(2009), 『강남 이야기로 보다』(2009), 『서촌 조사보고서1』(2009), 『보광동 사람들, 보광동2』(2008).

을 잃어가고 있음을 보며 다시 한 번 신촌의 재건과 부흥을 염원하는 시간을 갖고 청년문화의 중심지인 신촌이 다시 태어나기를 바라며 구술 전시를 진행했다.

② 활용 및 서비스

지역조사의 일환으로 수집된 서울역사박물관의 구술 자료는 기본적으로 홈페이지의 '학술·자료–발간도서'에서 별도의 로그인 없이 e-book으로 원문을 열람하거나 PDF 파일로 전문을 다운로드할 수 있다. 또한 서울역사아카이브[128]의 '서울생활문화자료조사'에서 자료소개와 지역별 또는 조사연도별로 원하는 자료를 확인할 수 있다. 사진, 지도, 영상물, 문서 등 다양한 자료가 전시되어 있는데, 이 중 구술 자료는 발간도서에서 제공하는 자료로 연결하거나 영상물을 통해 편집된 서비스용을 열람할 수 있다. 이외에 영상물의 자막을 제공함으로써 타임라인에 따른 구술사들의 내용도 확인할 수 있지만, 구술 자료에 대한 기본정보 및 상세목록은 파악할 수 없다. 한편 해당 아카이브의 자료를 활용하기 위해서는 서울역사박물관에서 제시하는 공공누리 유형을 준수해야 하며, 이를 위반할 경우 이용허락이 종료된다는 안내를 별도로 제시하고 있다.

(2) 서울역사편찬원[129]

① 수집 목적 및 수집 과정

서울역사편찬원은 1949년 서울특별시 시사편찬위원회로 시작하여 서울시의 역사사료 수집, 조사와 연구 및 편찬에 관한 사항을 추진하기

128 서울역사박물관 > 서울역사아카이브, https://museum.seoul.go.kr/archive/NR_index.do

129 서울역사편찬원, https://history.seoul.go.kr/

위해 1995년에 출범한 서울시 소속의 기구이다. 서울의 역사성과 문화적 가치를 알리고자 힘쓰는 곳으로 살아 있는 역사지식을 전문 연구자 및 일반시민들과 공유하고 독립 출범 이후에는 강좌와 답사의 확대 운영은 물론 서울 근현대사 사료의 발굴과 편찬, 서울역사 중점연구총서 발간 등의 여러 사업들을 확장하여 시행하고 있다. 서울역사편찬원에서는 홈페이지를 통해 시민들에게 서울역사편찬원이 발간한 자료들을 쉽고 편하게 검색할 수 있는 서울역사아카이브 시스템을 제공하고 있으며 이를 통해 귀중한 연구 성과들을 시민들에게 전하고 더욱 편리하게 다양한 사업에 참여할 수 있다. 서울역사편찬원의 역할과 기능은 4가지로 시사의 편찬, 발간 및 사료의 조사연구, 시사 발간을 통한 시정홍보 및 서울 문화의 계승발전, 서울 역사의 자료 수집 및 체계적 정리 보존, 시민을 위한 서울 역사 교육이다. 서울역사편찬원은 서울역사연구의 기초사료기반 구축을 목적으로, 2009년부터 서울시의 변화상과 서울개발정책 관계자, 서울시민 및 퇴직공무원들의 기억과 경험에 대한 구술 채록을 수행해왔다. 현재 수집된 구술 자료는 서울역사구술 자료집 단행본의 형태로 총 12권이 제작되었다.[130]

서울역사편찬원이 수행하는 <서울역사구술채록사업>은 외부용역을 통해 진행하며, 서울역사편찬원에서 제시하는 주제사(시정사, 주제사, 생애사)별로 구술채록을 진행해왔다. 시정사는 주제사 및 생애사 등 구술채록 영역을 지정하고, 시정사는 역대 시장 재임기 시정활동·조직변천, 분야별 업무, 시의회 등 서울시정에 관한 내용을 다룬다. 주제사는 직업

130 『구두 한 켤레에 일생을 담다-염천교의 구두장인들』(2021), 『서울 상인들의 시장통 이야기』(2020), 『유치천장을 넘다-서울시 여성공무원의 일과 삶』(2019), 『땡땡땡! 전차여 안녕!』(2018), 『꿈을 만든 사람들-희망이 된 아이들』(2017), 『미싱은 잘도 도네 돌아가네』(2016), 『영등포 공장지대의 25시』(2013),『임자, 올림픽 한번 해보자!』(2013), 『사대문 안 학교들-강남으로 가다』(2012), 『서울 사람이 겪은 해방과 전쟁』(2011), 『서울 나는 이렇게 바꾸고 싶었다』(2011), 『서울 토박이의 사대문 안 기억』(2010).

별 분야, 시대별 주요 이슈 등 시민생활의 변화와 관련된 주제이며, 생애사는 서울시 각 구별로 40년~50년 이상 거주한 고령의 토박이 시민의 생애사를 채록한다.

2021년의 사업은 제1주제(주제사)로 그때 그 세운상가 사람들로 채록 건수 5건/25시간, 제2주제(생애사)는 서울시와 나의 인생(강북구)로 채록 건수 5건/25시간을 반드시 해야 한다.[131] 이 주제는 해당 구의 현황을 조사하고 생활권역을 구분하여 구술 채록 계획을 수립하고 사전조사보고서를 구술 채록 의뢰 후 60일 이내에 원고지 60매 내외로 구술 섭외 대상자 명단, 예비 질문지 등 구술 채록 진행을 위한 서류가 포함해서 제출해야만 한다. 최종 결과물로는 외장하드 1식에 녹취록 및 제반서류, 구술 동영상 및 음성파일, 자료 출력본(녹취록, 제반 서류 등)도 각 3부씩 제본하여 제출해야 하며 동의서 원본은 반드시 별도 제출해야만 한다. 서울역사구술채록사업의 결과물에 대한 모든 저작권은 서울역사편찬원에 귀속되며, 향후 연구를 목적으로 결과물을 활용하고자 할 경우에는 반드시 본 편찬원의 동의를 얻어야 한다.

사업별 기간은 각기 상이하나 약 9개월의 기간 동안 추진되었으며, 예산은 약 4천만 원 정도가 책정되었다. 구술 채록은 1인당 5시간(회당 면담 최소 2시간 이상)으로 정하고, 면담자는 주제별로 1-2명을 선발하고 있다. 면담자는 기본적으로 최근 5년간 국·공립기관에서 발주한 구술채록사업에 참여한 경력이 있는 사람 중 구술 채록 주제와 관련된 시기 및 분야의 석사학위 소지자 이상의 전공자이거나 구술 자료 수집 경험이 최소 3년 이상인 자 또는 구술 채록한 결과물을 활용하여 연구논문, 보고서,

---

131 서울역사편찬원, 학술공지. 2021년도 서울역사구술채록사업 면담책임자 공고(2차), https://history.seoul.go.kr/nuri/bbs/bbs.php?sub_type=view&b_idx=73&pidx=&didx=117&bs_idx=117&s_where=&s_text=&search_status=&s_cate=&s_recom=&s_year=&s_month=&s_day=&page_num=1

저서 등을 발간한 경험이 있는 사람이어야 한다. 최종 결과물은, 각 구술자별로 녹취록 및 제반서류, mp3 구술 음성 파일을 포함한 CD 또는 DVD 및 출력본을 제출해야 한다. 이때, 동의서 원본은 별도로 제출할 것을 규정하고 있다.[132]

② 활용 및 서비스

서울역사편찬원의 구술 자료는 현재 홈페이지의 '서울역사 깊이읽기-구술로 보는 서울 역사'에서 내용을 확인할 수 있다.[133] 해당 페이지에서는 서울역사편찬원에서 제작한 12권의 단행본을 epub을 이용하여 열람서비스를 제공하고 있다. 작성자, 발행처, 발행일, 페이지수, 열람수, 키워드, 자료소개, 차례에 대한 기본정보를 제공하고 있으며, epub에서는 원문에 대한 전문을 제공하되 전체 다운로드는 불가하다. 다만, 일부 페이지에 대한 인쇄는 가능하며, 검색, 북마크, 슬라이드쇼, 공유 기능을 별도로 제공하고 있다. 또한 서울역사편찬원 자료실을 통해 해당 자료를 이용할 수 있다.

(3) 부산광역시사편찬위원회[134]

① 수집 목적 및 수집 과정

부산광역시사편찬위원회는 1962년 7월에 발족하여 1988년 9월에 부산직할시사편찬위원회가 설치되었으며 2009년 10월에 부산광역시사편찬위원회 민간인 전문가 체제로 변경되었다. 부산광역시사편찬위원회는 부산지역사의 체계적인 정립과 연구, 대중화를 위해 부산광역시 조

132 서울역사편찬원. 2017-2020년 서울역사구술채록사업 면담책임자 공고.

133 서울역사편찬원 구술로 보는 역사, https://history.seoul.go.kr/list/?u=26

134 부산광역시사편찬위원회, https://www.bssisa.com/

례에 근거하여 운영되는 부산시 산하 기관이다. 그간 부산역사에 대한 종합적이고 체계적인 정리 작업을 통해 부산지역사 정립을 위한 성과들을 축적해왔다. 주요기능은 부산시사의 편찬·발간 및 사료의 발굴·조사·연구·보급 활동과 부산지역사와 지역문화의 계승·발전에 관한 연구 및 보급이다. 부산의 역사 연구에 필요한 각종 자료를 조사, 수집, 보존하고 이를 통해 부산의 역사성과 문화적 가치를 알리는 데 힘쓰고 있다. 부산사료총서, 부산구술문화총서, 부산근현대구술자료집, 시정자료집 등 구술 자료를 특히 많이 수집하며 부산근현대구술자료집과 부산시정자료집을 적극적으로 발행하고 있다. 부산지역 근현대사에 관련된 구술 자료를 채록하여 문헌 자료의 제약을 극복하고 보완할 수 있는 역사자료를 생산함으로써 부산의 근현대사자료를 체계적으로 정리 보존하고 있으며 부산지역 생활사 관련 자료를 발굴하여 부산의 역사성과 문화적 가치를 알리고 있다.

대표적으로 부산의 역사와 문화 연구논문집인 『항도부산』을 발간하고, 부산관련 전근대 자료를 국역 보급하는 <부산사료총서>와 부산지역의 설화 및 민요자료를 집대성한 <부산구술문화총서> 및 부산시정의 주요내용을 정리한 시사자료 등을 발간했다.[135] 특히 구술 자료는 지역 주민의 생활사를 담은 것으로 2010년부터 구술 채록을 수행해왔다.[136] 2010년에 진행한 안창마을 생성과 주민생활변천 구술사업은 한국전쟁기 형성된 안창마을(부산진구 및 동구 소재)의 생성 과정과 주민생활 변천을 구술 자료 조사·수집을 통하여 체계적인 역사자료로 보존하고 연구자료를 제공하고자 진행되었다. 안창마을은 한국전쟁기 피난민들이 모여들면서 형성된 촌락으로 수정산 아래를 가르는 호계천을 중심으로 좌

135 부산광역시사편찬위원회> 소개, https://www.bssisa.com/html/sub01_02.asp

136 정연경 외(2019). 『국립중앙도서관의 구술 자료 수집 타당성 및 제도 개선 방안 연구』, pp. 56-57.

우로 나눠진 분지형에 위치하며 수정산 안쪽골짜기에 위치한 지리적 여건으로 인해 안쪽이라는 의미의 안창마을로 불렸다. 1980년대부터 오리고기집이 선보여 2000년대에 들어 유명세를 탔으며 90% 이상이 무허가 단층슬레이트 가옥이며 좁은 골목길이 미로처럼 퍼져 있는 근대도시 부산의 대표적 자연마을이다. 면담·구술을 통한 안창마을의 생성 과정, 주민생활변천사에 관한 자료를 조사하고 수집했으며 이로써 안창마을 사람들의 구술 자료를 역사자료로 체계적으로 정리하고 보존할 수 있게 되었다. 사업기간은 5개월이었으며 안창마을 생성 과정 관련 면담, 구술 자료조사, 수집, 안창마을 주민생활변천과 특성 관련 면담, 구술 자료조사, 수집, 조사, 수집된 구술 자료의 텍스트 파일, 동영상 파일, 녹취록 작성 등을 통한 조사, 수집 자료의 보고서 및 파일 제작, 수집된 구술 자료의 활용방안까지 연구가 진행되었다.

2011년에는 물만골 마을의 생성과 주민생활변천 구술 자료 수집이 유사하게 진행되었다. 물만골은 한국전쟁기 피난민들이 모여들면서 형성된 촌락으로 황령산 남서방향 분지로 약 10만평의 분지형에 위치한 마을이다. 물만골은 예전부터 물이 풍부하다고 하여 '물이 많은 골'이라는 뜻의 물만골로 불리었는데, 1953년 농장(방목장)의 설치로 마을의 형성이 시작되어 1960년대 25세대, 1970년대 초에서 1970년대 말까지 초량지역 철거민들의 유입과 1980년대 초 공업화 진행 과정에서 농촌인구의 유입 등으로 280세대로 급격히 늘어났으며, 1992년 10일간의 장기철거투쟁당시 385세대까지 증가, 2011년에는 450세대에 이르렀다. 마을의 대부분이 단층슬레이트 가옥이며 좁은 골목길이 미로처럼 펴져 있는 부산의 대표적 생태·자연마을이다. 이러한 마을 중심의 구술 채록은 부산이란 지역의 향토사에 풍부한 자원이 되었다. 구술동의서, 면담후기, 녹취문 작성원칙, 면담일지, 구술 자료 공개·이용 허가서, 구술자 신상카드, 면담자 신상카드, 라벨링 양식까지 구술 과정에서 나온 원자료의 틀을 제공했는데, 이를 기록한 원자료의 보존이 얼마나 제대로 이루어지고 있는지는 확인이 어려운 상황이다.

이후 편찬된 부산근현대구술 자료집은 제1권 감전동 사람들 이야기, 제2권 학장동 사람들 이야기, 제3권 닥밭골 사람들 이야기, 제4권 매축지 마을 사람들 이야기, 제5권 아미동 비석마을 사람들 이야기, 제6권 임기마을 사람들 이야기, 제7권 남산동마을 사람들 이야기의 생활사 및 주민 생애사를 다루고 있다. 부산의 다양한 마을의 생활상 및 주민생애사 구술채록사업을 2018년부터 지속적으로 진행한 결과물로 발행되고 있다. 아미동 비석마을 사람들 이야기는 그 마을에 정착하게 된 계기가 다양한 사람들을 대상으로 구술을 진행했다. 한국전쟁이나 산업화 시기에 타 지역에서 부산으로 이주해온 사람들이 다수 생존해있는가 하면 윗대에서 이 마을에 정착한 이유로 여기서 성장한 사람들이 구술 대상자였다. 그래서 구술자의 출신 지역을 보면 강원도 강릉, 경북 포항, 전남 여수, 전남 통영, 남해, 거창, 일본 히로시마에서 태어난 귀환동포 등 다양하다. 이러한 사항은 부산의 도시가 성장해나가는 과정에서 발견할 수 있는 일반적인 유형으로 비석마을은 이주민의 마을이라고 해도 과언이 아니며 구술을 통해 그들의 이주와 부산 생활을 접할 수 있게 해주고 있다. 해당 자료집은 부산 근현대 구술 자료 수집 용역을 통해 각각 10명의 구술자를 대상으로, 마을 생성 과정과 주민생활 변천에 관한 내용을 담고 있으며 구술 녹취문 핵심 내용만을 발췌하여 편집했다. 자료집은 각 구술자로부터 사전에 자료이용 및 도서발간에 대한 동의를 받은 후에 발간했으며, 구술내용 중 사실확인 또는 독자의 이해를 돕기 위해 부연이 필요한 부분은 각주로 표시하고 뒷부분에 구술 자료에 대한 해제를 수록했다.[137]

137 부산광역시사편찬위원회(2018). 감전동 사람들 이야기; 부산광역시사편찬위원회(2018). 학장동 사람들 이야기.

② 활용 및 서비스

부산광역시사편찬위원회의 구술 자료는 공공도서관과 연구기관에 무료로 보급했으며, 부산광역시사편찬위원회 홈페이지를 통해 자료를 제공하고 있다. 홈페이지 내 '자료실-부산근현대구술 자료집'[138]에서 원문에 대한 전문을 PDF 파일로 다운로드할 수 있으며, 별도의 로그인 없이 누구나 자유롭게 이용할 수 있다.

(4) 부산민주항쟁기념사업회[139] 민주주의사회연구소[140]

① 수집 목적 및 수집 과정

부산민주항쟁기념사업회는 4·19혁명과 부마민주항쟁, 5·18민중항쟁, 6월민주항쟁으로 이어져온 민주화운동을 평가·정리하고 그 정신을 기념·계승하는 단체이다. 1989년 '부마민주항쟁기념사업회'로 창립했으며 1994년 사단법인등록, 1997년 '사단법인 부산민주항쟁기념사업회'로 개칭했다. 부산민주항쟁기념사업회는 부산시로부터 민주공원을, 중구청으로부터 보수동책방골목문화관을 수탁·운영하고 있으며 부설기관으로 '민주주의사회연구소'와 '민주시민교육원'을 두고 있다.

민주주의사회연구소는 민주운동사를 연구·정리하고, 우리나라의 민주주의 발전과 대안을 모색하는 데 기여하기 위해 부산민주항쟁기념사업회 내 부설된 연구소로, 각종 학술행사의 개최 및 연구 결과물을 발간하고 있으며 국내외 연구단체와의 연대사업도 진행하고 있다. 이렇게 민주주의 역사적 교훈을 통하여 이 시대의 현재와 미래에 대한 전망을 세워나가기

---

138 부산광역시사편찬위원회 자료실-부산근현대구술 자료집, https://www.bssisa.com/board09/list.asp

139 부산민주항쟁기념사업회, https://ohminju.or.kr/introduce/intro_ci.aspx

140 민주주의사회연구소, https://www.minsayeon.org/01/sub01_01.php

위해 부산지역의 민주화운동의 역사를 현재화시키고, 대중화하는 교육을 통하여 시민들에게 책임 있는 지역 발전과 건강한 문화 창달의 대안을 제시하고 있다. 특히 국내·외 정세변화의 흐름에 대한 올바른 판단과 함께 통일 이후의 한국사회에 대한 전망과 지역사회의 발전을 모색하며, 구체적인 대안을 제시하고 항상 새롭게 실천하는 사회운동의 발전 방향에 대한 연구를 통하여 지역 연대의 장을 마련하는 주체가 되고 있다.

주요 사업 중의 하나가 사료 수집으로 사료보존실은 해방 이후 민주화운동 역사와 관련된 모든 사료를 수집, 정리, 보존하고, 시민, 학생, 연구자들에게 전시, 열람할 수 있도록 하여 민주화운동의 역사적 의의와 현재의 과제를 마련하고 민주주의 교육의 기초를 제공하기 위한 목적으로 운영하고 있다. 연구소에서는 1979년 부마민주항쟁의 진실을 규명하는 구술 증언 채록을 하여 『치열했던 기억의 말들을 열다』라는 증언집을 2013년에 출간했다. 2006년부터 2012년까지 총 134시간에 걸친 구술 증언인데 온라인 서비스는 이루어지지 않고 있다. 사료실에는 사회운동 관련 15,000여 건의 문헌과 2,000여 건의 공판 자료, 70여 건의 사진, 영상물 등 중요 사료가 있는데, 항온항습기와 문서보존처리시스템의 설치로 최적의 보전 환경을 유지하고 있다. 이외에도 상설전시실 수장고에는 회화, 조각, 판화 등 민중미술 작품 650여 점을 비롯하여 민주화운동 관련 전시자료가 보존되어 있으며, 항온항습기와 할론 소화기 등이 설치되어 있다.

② 활용 및 서비스

부산민주항쟁기념사업회에서 생산한 구술 자료는 현재 2권의 발간자료가 있는 것으로 알려져 있으나 홈페이지를 통해 접근할 수 있는 자료는 없는 상태이다. 다만, 홈페이지 내 '민주주의 아카이브'[141]에서 민주화운동기념사업회 아카이브와 5·18기념재단 아카이브로 연계하여 관련

자료들을 열람할 수 있는 기능을 제공하고 있다.

(5) 부마민주항쟁기념재단[142]

① 수집 목적 및 수집 과정

부마민주항쟁기념재단(이하 부마재단)은 유신독재에 항거한 부산과 마산의 민주주의 투쟁 정신을 기념 계승하여 민주주의와 사회발전에 이바지하기 위해 설립되었다. 부마민주항쟁정신을 정립, 계승하는 진상규명 작업과 부마민중항쟁정신에 관한 교육 확대와 문화 콘텐츠를 개발하여 운영하며 국내외 연대와 교류 협력을 강화하고 있다, 학술 연구 및 사료사업으로 부마민주항쟁 관련 문건, 구술, 사진, 영상, 박물 사료 등을 수집하고 데이터베이스를 구축하여 인터넷을 통해 사료의 목록과 디지털 원본, 콘텐츠 등을 서비스하고 있다. 더불어 국내외 민주화운동 사료 소장 기관들과 교류·협력 사업을 진행하고 있다. 이와 관련하여 부마민주항쟁 관련 전방위적 사료 수집, 부마민주항쟁 관련 문헌 자료 해제, 부마민주항쟁 사료 시스템 구축을 했다.

부마민주항쟁기념재단은 2019년에 부마민주항쟁 40주년을 맞아 '부마민주항쟁 구술 자료 상세목록집'을 발간했다. 부마민주항쟁 40주년을 돌아보고 부마민주항쟁 진상규명과 학술사업의 일환으로 발간된 본 자료집은, 국내의 민주화운동 관련단체 및 연구기관에서 2002년부터 2018년까지 생산했던 부마민주항쟁 구술사업을 전수 조사한 결과물이다. 조사 결과, 국사편찬위원회, 민주화운동기념사업회, 5·18기념재단, 부산민주항쟁기념사업회, 부마민주항쟁기념사업회는 총 230여 명의 부

141 부산민주항쟁기념사업회 > 민주주의 아카이브, https://www.demopark.or.kr/main/sub_archive.asp

142 부마민주항쟁기념재단, https://buma1979.or.kr/

마민주항쟁 참가자들로부터 구술 채록을 했다. 특히 부마민주항쟁기념재단은 부산민주항쟁기념사업회와 상호자료제공 업무협약을 맺어 총 155명의 부마민주항쟁 참가자들에 대한 구술 자료를 수집했다.[143] 2020년에 제1차년도 부마민주항쟁 관련자 구술수집사업이 6개월에 4,800만 원으로 진행이 되었고 2021년에도 2차년도 부마민주항쟁 관련자 구술수집사업이 6개월에 4,000만 원으로 공고되었다.

② 활용 및 서비스

수집한 방대한 양의 구술 자료를 한눈에 보기 쉽도록 고민하여 '구술 자료 상세목록표'라는 일종의 요약본을 만들어냈다. '구술 자료 상세목록 자료집'은 부마민주항쟁 참가자의 기억을 간결하고도 생생하게 담았다. 이러한 자료는 제대로 된 진상 규명과 참여자들의 명예회복의 초석이 되고 있으며 각 기관에 산재해 있던 부마민주항쟁 관련 구술 자료의 전수조사를 계기로 꾸준히 이어질 부마민주항쟁 구술채록사업의 토대가 되고 있다.

또한 부마아카이브(BUMA Archives)는 부마민주항쟁기념재단이 1979년에 부산과 마산에서 발생한 부마민주항쟁의 현장과 기록을 담은 디지털아카이브로 재단은 2019년 개방형 디지털아카이브인 부마아카이브를 구축했다. 부마아카이브는 한국현대사의 4대 민주화운동인 부마민주항쟁의 기억과 기록을 정리해 역사화하고 있으며 부마아카이브의 사료 라이브러리에서는 문서, 신문, 구술, 시청각으로 기록물을 제공한다. 특히 구술기록으로 항쟁 당시 102명의 시민들의 기억을 담고 있다.[144]

---

143 김영동(2019.11.17.). 부마민주항쟁 구술 자료 목록집 발간. 한겨레, https://www.hani.co.kr/arti/area/yeongnam/917290.html

144 부마아카이브 > 부마를 말하다, https://buma1979.com/portal/bumaOral/view.do?oral_id=112

(6) 5·18기념재단[145]

① 수집 목적 및 수집 과정

5·18기념재단은 5·18민주화운동 정신을 계승 발전시켜 국가와 지역사회의 발전에 이바지하기 위한 목적으로 1994년 8월 30일 뜻을 같이하는 광주시민, 해외동포, 온 국민의 기금과 관련 피해자들의 보상금 출연 등으로 설립되었다. 2005년부터 국비 보조사업인 광주, 민주, 평화, 인권 사업을 추진해오고 있으며 사업은 크게 기념 사업, 5·18 문화예술사업, 교류협력사업, 교류사업, 학술사업으로 구분하여 진행하고 있다.

구술 채록은 일반 시민들이 목격한 사실과 항쟁을 겪은 가족들이 살아왔던 가족사 등 일반 시민들의 삶 속에 자리하고 있는 5·18 민주화운동에 대한 기억들을 발굴하는 작업으로 2005년부터 국비보조사업인 <광주 민주, 인권, 평화 지원 사업>을 추진해오고 있으며, 주요사업으로는 기념사업, 5·18문화예술사업, 교류협력사업, 교육사업, 학술사업 등으로 구분된다.[146] 2005년~2006년에는 『5·18의 기억과 역사 1·2권』이 교육가와 사회활동가의 구술 채록으로 2권 나왔다. 그리고 2006년 구술 생애사 채록 결과보고서와 함께 천주교광주정의평화사제단의 채록과 구술 전사 보고서가 나왔다. 2007년에도 구술 생애사 채록 결과보고서가 나오고 5·18민주화운동 구술 자료 전사 및 구술 자료 수집이 나왔다. 2008년에는 구술 생애사 및 사건 구술 결과보고서와 구술 자료 수집 보고서로 5·18민중항쟁 구술 목록집 발간 사업보고서가 왔으며 『공직자의 시선을 통해 본 5·18』이 나왔다. 2011년에는 사료 구술 자료 수집 단행본을 발간하고 5·18민중항쟁 구술사료 목록집 발간 사업으로 『최후

145 5·18기념재단, https://www.518.org/nmain.php

146 5·18기념재단 > 재단소개 > 설립배경, https://www.518.org/nsub.php?PID=060101

항쟁의 의미와 증언의 소명 :1980년 5월 26일-27일 전남도청을 중심으로』가 연구지원을 통해 구술 자료를 수집하고 보고서가 나오게 되었다.

5·18기념재단은 조직 내 '고백과 증언센터'를 구성하여 왜곡대응 및 진실 알리기를 위한 면담 및 구술 채록, 녹취, 현장조사 등을 수행하고 있다. 지난 몇 년간 <5·18기록물 수집사업>으로, 광주·전남 및 전국의 여성들의 구술을 수집했는데 그 목적은 5·18 당시 여성 관련 구술이 매우 적고 구술이 가능한 증언 대상자의 나이가 연로해짐에 따라 더 늦기 전에 여성 구술을 확보하고, 5·18 당시 여성 단체로서의 송백회의 활동 소회와 의미를 되새기는 것이었다. 이외에도 2006년부터 5·18민주화운동과 관련된 주제의 구술을 채록하여 수집하고 있다.[147]

구술 기록은 외부용역을 통해 진행되며, 사업별로 수집과제들이 제시된다. 사업의 참여자는 5·18민주화운동에 대한 이해를 가진 책임연구원(박사학위 소지자) 1인 이상과 공동연구원 2인 이상으로 구성된 연구팀으로, 구술 채록 경험이 있는 사람으로 구성된다. 사업별로 약 5개월 간 3천만 원의 예산이 지원되며, 최종 결과물은 수집자료 개요, 면담일지, 질문지, 면담후기, 상세목록, 녹취문, 구술 대상자 사진(구술현장), 기초 자료 목록을 포함하는 구술 기록 수집 최종보고서 DVD, 구술 동영상·음성파일, 구술 녹취문, 구술자 사진을 포함하는 구술 기록 DVD, 동영상 촬영 원본(6mm 테이프), 자료 이용·공개허가서, 구술자·면담자 신상카드, 구술자 사례비 영수증 등 구술 과정에서 생산되는 모든 자료 일체를 제출해야 한다.[148] 또한 5·18기념재단에서는 5·18 구술 자료 목록집을 발간

147 5·18기념재단 > 주요사업 > 5.18기록물 수집, https://www.518.org/nsub.php?PID=0302; 정연경 외(2019). 『국립중앙도서관의 구술 자료 수집 타당성 및 제도 개선 방안 연구』, pp. 56-57.

148 5·18기념재단(2013.4.1.). 2013년 5.18민주화운동 기술기록 수집 공모, https://www.518.org/nsub.php?PID=0201&page=&category=&searchText=구술&searchType=all&action=Read&idx=1919

하여 구술 자료를 검토하고 구술 자료목록집 구성 및 구술 자료 목록을 정리하는 업무를 추진했다.[149] 수집된 구술 자료는 <기억과 역사 시리즈> 구술 자료집으로, 2006년 제1권 교육가 편을 시작으로 제2권 사회운동가 편, 제3권 농민 운동가 편, 제4권 공직자 편, 제5권 천주교 편, 제6권 사회활동가 편, 제7권 기독교 편, 제8권 불교·원불교 편, 제9권 송백회 편과 2020년에 발간된 제10권 간호사 편이 있다.[150]

유네스코는 2011년 5월 25일 5·18민주화운동 기록물의 세계기록유산 등재를 최종 발표했다. 등재기록물은 5·18민주화운동을 진압한 군과 중앙정부 등 국가기관이 생산한 자료와 군 사법기관의 수사기록·재판기록, 김대중 내란 음모사건기록, 시민성명서, 사진·필름, 병원치료기록, 국회 청문회 회의록, 피해자 보상자료, 미국 비밀해제 문서 등 4,271권(858,900여 페이지)의 기록 문서철과 필름 2,017개의 기록물이 포함된 방대한 기록이다. 5·18민주화운동 기록물 유네스코 세계기록유산 등재는 자신과 가족의 생명을 지키기 위해 불의한 국가권력에 저항했던 광주 시민들의 고귀한 희생정신을 인권과 민주주의에 대한 확고한 신념으로 이를 국제사회가 공인한 것이며, 5·18민주화운동에서 나타난 인류의 보편적 가치인 인권, 민주, 평화의 정신을 지구촌 모든 사람들과 공유할 수 있다는 데 큰 의의가 있다. 5·18의 역사성과 한국의 민주화 과정을 담고 있는 기록물이 '유네스코 세계기록유산'으로 등재되어, 동아시아의 작은 분단국가 대한민국에서 군사정권의 폭압에 대항한 시민들의 분노, 눈물 그리고 용기 등이 세계 사람들에게 전해질 것이다. 이를 계기로 5·18민주화운동은 전 세계가 인권·민주주의·법치 등 인간의 양도할 수 없는 가

---

149 5·18기념재단(2009.5.4.). 5.18구술 자료 목록집 발간 관련 채용 공고, https://www.518.org/nsub.php?PID=0201&page=1&category=&searchText=구술&searchType=all&action=Read&idx=1658

150 5·18기념재단(2020.5.19.). 5·18민주화운동 당시 간호사 구술 증언집 발간. 보도자료.

치로 가슴에 새기고 정의를 지향하는 인권 교육의 중요한 도구가 될 것이다.[151]

5·18기념재단은 재단이 수집 보존하고 있는 중요 기록물을 전시하고 기록관을 공개하는 행사를 2012년 5월 11일부터 25일까지 5·18기념재단 기록관에서 진행했다. 이 공개 행사에서는 광주 투입 특전사 병력을 언급한 미 국방부 문서와 해외 동포의 5월운동 자료 등 그동안 잘 알려져 있지 않은 기록물을 소개하며, 광주청문회에서 증언한 전두환의 증언문과 서면답변문, 1980년 당시 전투상보와 상황일지, 검시조서를 직접 열람할 수 있었다. 그리고 그 행사 기간 중에 구술 채록 현장 체험을 5월 15일~20일, 오후 1시~5시까지 재단의 기록관 및 야외마당에서 진행했다. 구술채록 현장체험은 시민과 학생 38명이 5월을 직접 경험한 세대는 당시의 참혹함과 공동체 정신을 증언했고 나중에 5·18을 알게 된 학생들은 5·18에 대한 그들의 생각을 솔직히 말했다.[152]

최근 5·18기념재단은 2021년 11월 10일부터 2022년 2월 28일까지 5·18기념문화센터 지하 1층 전시실에서 5·18과 여성에 관한 자료를 활용한 아카이브 전시 <사라지고, 살아지고>를 개최하고 있다. <사라지고, 살아지고>는 5·18에 대한 서술이 국가폭력에 대항하여 책임자 처벌, 진상규명 등 사건 중심으로 진행되면서 시민군(남성)을 중심으로 진행되어, 상대적으로 보조적인 역할로 치부된 여성의 활동을 조명해보고자 기획되었다. 이번 전시는 5·18민주화운동 당시 주목받지 못했던 여성의 활동이 사라진 것이 아닌, 현재까지 이어져왔으며 다양한 실천과

---

151 5·18기념재단 > 5·18민주화운동 > 유네스코 세계기록 유산, https://wwww.518.org/nsub.php?PID=0103

152 5·18기념관 > 알림·홍보 > 보도자료, https://wwww.518.org/nsub.php?PID=0202&page=38&category=&searchText=&searchType=&action=Read&page=38&idx=238

연대를 계속하고 있음을 보여주었다. 전시는 크게 총 4개의 섹션으로 구성되었는데, 첫 번째는 '숨겨진 자, 말 없는 자, 그들은 역사의 주인공이 될 수 없나요?'로 항쟁 당시 사진 속 여성의 활동을 확인하고, 관련된 여성의 증언 등을 소개하여 사라진 여성들을 다시 불러오고자 했다. 두 번째는 '우리 여성도 남성과 똑같은 시민이다.'로 5·18항쟁에 참여했던 여성들의 증언을 영상으로 재구성했다. 세 번째는 '가족, 어머니: 5·18의 이미지'로 5·18 기록 속에 반복적으로 등장하는 여성(가족, 어머니)의 이미지와 그 이미지가 만들어낸 시선들을 검토했다. 이러한 이미지는 5·18을 확산시키는 촉매제이기도 했지만, 전통적 가족 이데올로기를 강화하는 것이기도 했다. 네 번째는 '우리의 항쟁은 계속되고 있다–우리는 광주의 여성이다.'로 5·18항쟁을 전후한 여성들의 활동과 관련 자료를 아카이빙하여 그들이 살아내고 있는 현재의 다양한 실천들을 소개했다. 그리고 에필로그(관람객 참여형 전시)에서는 항쟁 당시 송백회가 만들었던 리본을 만들어보는 체험을 통해 세월호, 코로나 등 사회적 참사와 재난 속에서 희생자를 애도하고 내일의 염원을 표현할 수 있게 했다.[153]

② 활용 및 서비스

현재 5·18기념재단은 수집한 구술 자료를 바탕으로 DB를 구축하고 있다. 2020년 11월 3일 기준으로 홈페이지 내 '자료마당' 5·18증언록 영상다큐를 유튜브와 연계하여 '고백과 증언: 5·18진상규명을 위한 당신의 목소리에 귀를 기울입니다'라는 주제 아래 97개의 영상물을 제공하고 있으며,[154] <기억과 역사 시리즈>로 발간한 구술 증언집과 2002년

---

153 5·18 기념재단 > 알림공고 > (전시)5·18과 여성 아카이브 전시 <사라지고, 살아지고>(~2022.2.28.), https://www.518.org/nsub.php?PID=0201&page=&category=&searchText=&searchType=&action=Read&idx=2664

154 5.18기념재단 > 자료마당 > 5.18증언록 영상다큐, https://www.518.org/nsub.

부터 2018년까지 국사편찬위원회, 민주화운동기념사업회, 부마민주항쟁기념사업회, 부산민주항쟁기념사업회와 공동으로 발간한 『부마민주항쟁 구술 자료 상세목록집』이 있다. 발간된 책을 열람하기 위해서는 재단으로 전화 문의를 해야 한다.

(7) 제주4·3평화재단[155] 및 제주4·3연구소[156]

① 수집 목적 및 수집 과정

제주4·3평화재단은 「제주4·3사건 진상규명 및 희생자 명예회복에 관한 특별법」에 의해 2008년에 설립된 공익적 목적의 법인이다. 주요사업으로는 4·3사건 희생자추모사업 및 유족복지사업, 문화·학술사업, 국·내외 평화교류사업, 4·3사료관 및 평화공원 운영관리 등을 수행하면서 다양한 활동을 이어가고 있다. 제주4·3평화재단은 "4·3해결과 교훈 계승의 구심"을 비전으로 유족 복지 및 4·3평화정신을 선양하는 다양한 사업들을 추진하고 있는데, 이를 통해 갈등과 반목의 대립구도를 뛰어넘어 화해·상생의 공동체 정신을 구현하고 있다.

한편 제주4·3연구소는 1987년 한국사회의 민주화운동이 시작되면서 그동안 금기시됐던 4·3 진상규명 운동이 싹트기 시작하여 제주도 내외의 뜻있는 인사들이 모여 1989년에 개소한 후 4·3의 진상규명과 명예회복운동을 추진하며 관련 연구 활동 및 실천운동을 개진해왔다. 제주4·3연구소는 제주공동체를 완전히 폐허로 만든 4·3의 진상규명과 명예회복운동의 시작과 정점에서 지난 30년간 각고의 연구 활동과 실천운동의 중심에 서왔다. 음산한 권위주의 철권정치 하에서 4·3의 역사적 진실

php?PID=040208

155 제주4·3평화재단, https://jeju43peace.or.kr/

156 제주4·3연구소, https://www.jeju43.org/

과 도민의 명예회복, 그리고 이를 통한 민주사회의 건설과 조국통일의 기여가 그 당시 연구소의 활동 목표였다.

그동안의 연구 성과로는 증언채록집, 4·3유적지 발굴과 홍보, 4·3연구소, 4·3기행, 4·3인물찾기, 4·3 관련 신문자료집, 수행증언채록, 4·3 문화운동연구 등 20권의 단행본과 각종 자료집을 발간했다. 특히 구술 자료집은 제주4·3평화재단과 1989년 『이제사 말햄수다 1, 2』를 발간하면서 1,000여 명이 넘는 4·3 경험자를 대상으로 구술 채록을 남겨왔다. 연구소에서 출간한 『무덤에서 살아나온 4·3 수형자들』(2002)이라는 증언집은 진상규명을 위한 증거자료로서 구술 증언의 출간에서 더 진화하여 증언 채록 과정, 녹취, 편집 등의 과정에 대한 고민을 반영했다.

제주4·3연구소는 구술 채록이라는 방식으로 살아남은 자들의 기억을 통해 평화의 섬 제주의 안타까운 역사를 기록했다. 2004년부터 2008년까지 진행한 '제주4·3 1000인 증언채록 사업' 과정에서 녹취한 1,028명의 증언을 채록했고, 이를 바탕으로 <제주4·3 구술 자료 총서>를 지난 2012년부터 발간해오고 있다. <제주4·3 구술 자료 총서>의 결과물로 『갈치가 갈치 꼴랭이 끊어 먹었다 할 수밖에』(2010), 『아무리 어려워도 살자고 하면 사는 법』(2010), 『산에서도 무섭고 아래서 무섭고 그냥 살려고만』(2011), 『지금까지 살아진 것이 용헌거라』(2011), 『다시 하귀중학원을 기억하며』(2013), 『빌레못굴, 그 끝없는 어둠 속에서』(2013), 『만벵듸의 눈물』(2015), 『가리방으로 기억하는 열두 살 소년의 4·3』(2015) 등을 출판했다. <제주4·3 구술 자료 총서> 제7권 『만벵듸의 눈물』(2015)은 제주시 한림읍 출신 4·3 생존자 13명의 구술을 정리한 책이다. 한림읍은 한림중학생 공개총살 사건이 일어난 지역이다. 1948년 11월16일, 제9연대 군인들이 한림중학교 운동장에 학생과 주민들을 강제로 집합시키고 한림중학교 3학년 학생 4명(강두형, 이경혁, 좌태봉, 김계준)을 공개 총살했다. 중산간마을에서 초토화 작전이 벌어져 많은 인명들이 학살되기 시작할 즈음인 이때, 총살 장면을 처음 목격한 학생과 주민들은 동생 같고, 자식 같은 아이들이 죽는 처참한 장면에 모두 눈물을 흘렸다고 증언하고 있다. 4·3의 광풍이 그들의 소년기를 덮쳤고, 가족사를 폭풍처럼 뒤흔들어버려서 그 시기를 살았던 이들이 가슴속에 품었던 말을 토해낸 지 이미 7~8년, 그들은 이미 고인이 되었거나 황혼의 시간을 보내고 있다. 하지만 그들의 이야기는 끝나지 않고 있어서 자신들의 형님이 가족이 친척이 왜 그렇게 죽어야만 했는지 공권력에 의해 희생된 과정이 규명되고 밝혀지기를 원한다.

제8권 『가리방으로 기억하는 열두 살 소년의 4·3』(2015)은 제주시 한경면 출신 생존자 13명의 구술을 정리해 엮은 책이다. 이들의 아픔도 앞서 소개한 책 『만벵듸의 눈물』(2015)에 등장하는 제주시 한림읍 생존자들과 다르지 않으며 그 시절을 고통 속에서 살아갔던 사람들은 아직도 제주4·3을 이야기하고 있다. 사람들이 왜 공권력에 의해 죽어야만 했는지, 왜 운동장에 세워 무고한 사람들을 총으로 쏴 죽였는지, 왜 시신조차 알아볼 수 없어 치아로 신원을 확인해야만 했는지, 왜 이 모든 이야기들에 대해서 오랫동안 제주 사람들이 입을 닫고 살아야 했는지, 그들은 아직 나라의 대답을 듣지 못했다. 오래도록 역사의 상처를 동여매고 살았던 이들의 생은 그 자체가 국가 공권력에 의한 트라우마임을 다시 한 번 확인할 수 있게 한다.

구술 총서는 그들의 증언, 그리고 밝혀져야 하는 진실을 이야기한다. 진실이 규명되지 않고, 아픔이 봉합되지 않은 채 흘러가는 사회는 언제 어디서 닥칠지 모르는 사회의 아픔에 성숙하게 대응할 수 없기에 정부뿐 아니라 많은 사람들이 그들의 이야기에 귀 기울여야 할 이유가 있다. 이러한 총서가 이 사회를 살아가는 사람들에게 밝혀지지 않은 역사와 희생된 사람들의 이야기를 들을 수 있게 해주고 그들의 이야기는 계속 이어져나가게 해주기 때문에 제주4·3연구소의 작업은 진행 중이다.

2019년에는 연구소 30년의 역사를 기록한 『제주4·3연구소 30년, 서른해의 기록』(이하 30년사)을 펴냈는데, 연구소 창립 30년은 4·3 진상규명운동사이기도 하다. 연구소 홈페이지의 4·3관에는 4·3증언이 있는데, 그 안에는 구술 채록한 사람과 그들의 구술이 실려 있다. 최근에는 <4·3생활사총서>로서 『4·3과 여성, 그 살아낸 날들의 기록』(2020)을 출판했다.[157] 제주4·3연구소는 구술 자료총서 및 생활사총서를 발간하는 업무가 제주4·3연구소의 주력사업 중 하나라는 점에서 향후 더 많은 구술 자료집을 발간할 예정이다.[158]

② 활용 및 서비스

제주4·3평화재단과 제주4·3연구소에서 발간한 <구술 자료 총서> 중 1권부터 4권까지는 비매품으로, 주요 공공도서관 및 관련 단체에 배포했다. 그에 따라 해당 자료를 열람하기 위해서는 제주4·3연구소에 문의하거나 자료가 배부된 관련 단체 및 공공도서관을 방문해야 하는데, 5권부터는 온라인 및 오프라인 서점에서 구입할 수 있다.

제주 4·3아카이브는 메이데이로 알려진 'May Day in Cheju-do'(1948) 원본영상과 형무소 및 후유장애 등 주제별 증언영상과 제주MBC에서 제작한 '4·3증언 나는 말한다'(2001) 등 미디어 자료와 1945년부터 1961년까지의 4·3관련 자료집 원문 및 1988~2015년 4·3신문자료

---

157 김태연(2012.3.13.). "살아진 것이 용헌거라" 제주4·3 한(恨) 고스란히 담긴 채록집. 제주의 소리, https://www.jejusori.net/news/articleView.html?idxno=112387; 김태연(2013.4.11.). 죽어서도 못 잊을, 제주 4·3 날것 그대로의 얼굴. 제주의 소리, https://www.jejusori.net/news/articleView.html?idxno=128153; 한울엠플러스 공식 블로그(2019.4.3.). "제주 4·3사건을 아십니까?", https://blog.naver.com/hanulnew/221504448762l: 진선희(2019.12.17.). 제주4·3과 여성-그 살아낸 날들의 기록. 한라일보, https://m.ihalla.com/article.php?aid=1576576757669035036

158 한승동(2013.4.24.). "씨 전정 못허게…허멍 두드렸어요" "어린아이의 다리를 잡아 바위에…". 한겨레, https://www.hani.co.kr/arti/culture/book/584432.html

집 기사 등 4·3사건 관련 자료 약 1만 2,000여 건을 온라인에서 검색할 수 있다. 이밖에 <난민정착 보고서>, 국가기록 자료집, 4·3진상조사보고서 등 문헌 자료도 제공하고 있다. 다른 유형의 자료로는 동영상 1,881건, 사진 638장, 음향 12건, 신문16,560장, 기타 94건의 자료가 구축되어 있다.

(8) 대구여성가족재단[159]

① 수집 목적 및 수집 과정

대구여성가족재단은 대구시의 여성가족정책 연구개발과 성평등 사회를 실현한다는 목표 아래 2012년 「대구광역시 여성가족재단 설립 및 운영지원 조례」를 제정하여 설립된 기관이다. 대구여성가족재단에서는 기록 및 자료가 상대적으로 취약한 대구 여성들의 이야기를 2014년부터 수집해왔으며, 그 결과물은 <대구여성생애구술사> 자료집으로 발간되고 있다. 2014년은 '섬유', 2015년 '시장', 2016년 '의료', 218년 '패션·미용', 2019년 '방문판매', 2020년 '집[家]'의 키워드로 대구의 역사와 여성의 삶이 교차하는 부분을 집중적으로 담아내고 있으며, 2021년에는 '교육'을 키워드로 구술 채록을 추진했다. 구술자는 공개 모집을 통해 모집하며, 모집 공고 시 인터뷰에 따른 소정의 인터뷰 비용을 제공하고 해당 구술 내용은 책으로 발간된다는 내용을 명시하고 있다. 구술을 자원하는 사람은 기관의 이메일 또는 전화로 문의하여 신청할 수 있다.[160]

---

159 대구여성가족재단, https://www.dwff.or.kr/

160 최현지(2021.2.1.). 대구여성생애구술사 주인공을 찾습니다. 여성신문, https://www.womennews.co.kr/news/articleView.html?idxno=207000

② 활용 및 서비스

대구여성가족재단에서 수집한 구술 자료는 모두 비매품으로 총 7권의 책이 발간되었다. 구술 자료는 현재 대구여성가족재단 홈페이지의 '대구여성아카이브' 여성생애구술사에서 일부 내용을 확인할 수 있다. 사업별 및 개인별로 총 45건의 구술자 소개, 한줄 이야기, 구술자 연보, 자료집의 프롤로그 스캔페이지를 제공하고 있지만, 이외에 생산자 및 생산이력과 같은 기본정보나 상세목록은 파악할 수 없다. 또한 자료집의 원본과 구술 원자료 역시 홈페이지를 통해 확인할 수 없는 상태이다.[161]

(9) 대구광역시 중구 도심재생문화재단[162]

① 수집 목적 및 수집 과정

대구광역시 중구 도심재생문화재단은 도심이 살아야 도시가 산다는 생각으로 공공디자인을 통한 도심재생과 시민이 모두 참여하고 향유할 수 있는 문화기반을 마련하고 중구를 새롭게 살리기 위해 2008년에 만들어진 문화재단이다. 그간 대구광역시 중구 도심재생문화재단은 주민참여 도시대학 운영, 근대문화체험관 조성 및 운영, 도심활성화를 위한 학술연구논문 공모, 주민리더 역사문화 아카데미 운영, 패션주얼리 전문타운 운영, 향촌동 활성화 프로그램 등 다양한 사업을 추진해왔다.

그중 2012년부터 2017년까지 '대구 중구의 재발견, 생애사열전 100선 사업'을 실시하여 대구 토박이들의 삶을 구술 채록을 하여 자술생애사로 단행본을 출간하는 '구술(자술) 생애사 열전 100선 사업'을 추진했다. 사업별로 공모 및 설문조사를 통해 6명의 대상자를 선정한 후 면담

161 대구여성가족재단 > 대구여성아카이브 > 여성생애구술사, https://www.dwff.or.kr/pages/board/list.php?board_sid=15

162 대구광역시 중구 도심재생문화재단, https://djdrcf.or.kr/

과 채록을 실시했고, 자서전 쓰기 아카데미를 운영하여 생애기록에 대한 자술도 진행했다. 이 사업은 중구 근·현대사의 주요 내용을 증언할 수 있는 70세 이상의 어르신들 100인이 중구의 역사와 문화를 재조명하고 지역 정체성을 구축하기 위해 '구술 채록'과 '생애사 자서전쓰기 아카데미'를 통해 책으로 발간하는 사업이었다. 구술 자료에 관한 사업은 '생애사 구술 아카이브 구축사업'으로 진행하면서 연간 2천만 원의 예산을 지원하여 약 8개월간 채록했으며, 연계사업으로 '생애사 자서전 쓰기 아카데미'를 운영하면서 책자발간 비용을 포함한 3천만 원의 예산을 사용했다.[163] 구술채록사업의 결과물은 약 40건의 구술 자료를 포함한 자서전으로 약 100권의 구술 자료가 생산되었다.[164]

2012년에 시작한 생애사 열전 모집은 1910년대 이후 한국전쟁과 산업화 시대의 중구의 근대 역사문화 모습을 기억하거나 특정 직업이나 공간 등 생활상을 이야기할 수 있으며 개인기록·사진 등의 자료를 소장하고 있는 70세 이상 남·여를 대상으로 구술 생애사 6명, 자술 생애사 20명 등 총 26명을 모집하고, 2014년까지 매년 30여 명씩 총 100명을 선정할 계획을 세웠다. 이 사업은 구술 및 자술 생애사 방법으로 추진했으며 구술 생애사는 자술이 불가능한 사람에 대해 전문기관의 생애구술사가 대상자와의 직접 면담을 통해 구술내용을 채록한 뒤 생애사를 기록했다. 자술 생애사는 재단에서 운영하는 '생애사 쓰기 아카데미'를 통해 전문가에게 교육을 받은 뒤 본인의 생애사를 직접 작성해 연말에 자서전 형식의 1인 1책으로 발간, 평범한 사람들의 뜨거운 생애 기록물이면서

---

163 대구광역시 중구 도심재생문화재단 > 지난 재단사업(2012년-2017년 재단사업), https://djdrcf.or.kr/%ec%a7%80%eb%82%9c-%ec%9e%ac%eb%8b%a8%ec%82%ac%ec%97%85/

164 정연경 외(2019). 『국립중앙도서관의 구술 자료 수집 타당성 및 제도 개선 방안 연구』, pp. 56-57.

역사자료로 활용하고 있다. 참여 대상은 중구 어르신에서 대구 시민으로 확대되어 여러 분야의 원로 예술가들도 참여할 수 있게 되었다. 발간된 책은 대한민국역사박물관, 국회도서관, 국립중앙도서관, 지역의 주요 도서관, 대학교 등에 비치돼 지역의 생활문화를 연구하는 이들에게 의미 있는 자료로 제공되고 있다.

2018년에는 2012년부터 시작한 '생애사열전 100선 사업'을 6년 만에 완성했다. 이 사업은 30년 이상 중구에 거주한 70대~80대 노인들이 겪은 일제 강점기와 6·25전쟁, 산업화시대 이야기를 책으로 엮은 것이다. 6년간 105명의 이야기를 담아 100권을 출간했다. 책 주인공은 평범한 이웃 할아버지와 할머니들로 2016년부터는 참여 대상을 대구 시민으로 확대했다. 다양한 분야의 예술가도 동참해 내용이 더 풍부해져서 대구 양장(洋裝)계 산 증인이라고 하는 이종정 씨, 교동시장 역사나 다름없다는 장병남 씨, 불편한 몸으로 유도 공인 6단 유단자로 산 전병태 씨 등 22명 생애사를 추가해 100선을 마무리했다.

격변기의 역사, 생활, 정치, 종교, 교육 자료를 담고 있어 도심 재생에 인문학을 가미하는 기반이 되고 있는데, 생애사 사업에 참여해 소중한 삶의 기억을 나눈 사람들은 대구시립교향악단 창단 멤버인 김종수(1938년생) 씨, 6·25참전 소년병 윤한수(1935년생) 씨와 하명윤(1932년생) 씨, 중구에서 30년 동안 생활한 이건(1943년생) 씨, 파티마병원 정형외과장으로 근무했던 김홍태(1939년생) 씨, 대구교향악단 창단 지휘자이였던 이기홍(1926년생) 씨, 6·25전쟁 당시 월남한 강애자(1941년생) 씨, 박문자(1940년생) 씨, 한국인 야스쿠니신사 합사 반대를 위한 유족대표로 활동 중인 김문영(1942년생) 씨, 인자한 어머니로 한평생 사셨던 김태연(1940년생) 씨, 내방가사와 문학을 사랑하는 김화자(1942년생) 씨, 양복기능대회 수상자였던 박귀찬(1940년생) 씨, 영남일보 기자로 지역 언론인의 삶을 살아 온 박용규(1938년생) 씨, 초등학교 졸업의 학력으로 판사와 국회의원을 지낸 박헌기(1935년생) 씨, 중구 골목골목의 기억을 고스란히 간직하고 있는 이연화(1944년생) 씨, 교육음악가로서 무지개 인생을 살고 있는 석진환(1933년생) 씨, 교육자로서 평생 배움과 나눔을 실천하고 있는 최상순(1938년생) 씨다.

경남 산청 출신인 박귀찬(77) 씨는 18세 때 반월당 양복점에 취직하면서 중구에 정착한 삶을 '양복으로 시작해서 봉사로 끝내다'라는 제목으로 출간했다. 1967년 국제기능올림픽 대구 대회에서 2위에 입상하고 이듬해 양복점을 개업하는 과정을 보여준다. 대구시립교향악단 초대 지휘자를 지낸 이기홍(91) 씨와 아내 최진현(87) 씨는 '대구에서 음악과 동행한 삶의 자취'에 1950년대부터 대구에서 음악인으로 살아온 세월을 담았다. 1970년대 대구의 연초 공장 주변 이야기를 쓴 김태연 씨(85·여)는 '차암(참) 아름다운 세상이제'에서 주부로 살면서 자녀를 키운 이야기를 가족의 도움을 받아 기록했다. 신구자 씨(76)는 '학원 민주화를 외친 여성, 호주의 사업가로'라는 제목으로 출간했다. 대구 수창초교와 경북대사대부중, 경북여고를 다니던 시절 주변 상황과 당시 교복, 학교 풍경을 엿볼 수 있다. 신 씨는 경북여고 학생회장으로 2·28민주운동에 참가한 이야기도 담담하게 풀어냈다. 학교 측이 정치 유세 참여를 막으려고 일요일 등교시킨 뒤 강당에 가둔 일과, 다른 학교 고교생들과 함께 반월당과 방천으로 시위를 하러 가다 경찰에 연행된 일 등을 생생하게 썼다. 신 씨는 1980년 호주로 이민을 간 뒤 사업가로 성공했으며 책을 완성하기 위해 대구를 찾아 막바지 책 정리에 열정을 쏟았다. 전병태(76) 시각장애인협회 중구지회장은 '흔들림 없는 꼿꼿한 무도인'에서 금호호텔과 동인호텔 등 1960년대, 70년대 중구지역 호텔에서 안전 요원으로 근무했던 모습을 풀어냈다. 경북 의성 출신인 그는 초등학교 2학년 때 6·25 전쟁을 겪었고, 19세 때 외삼촌이 운영하는 음식점에 취직하면서 대구에 정착했다. 그 무렵 유도를 배운 전 회장은 공인 6단을 따고, 태권도,

합기도, 권투, 국선도 등 여러 종목을 터득했다. 젊은 시절 눈에 가시가 찔린 후유증으로 시력을 잃어 한동안 방황하기도 했지만 역경을 극복하고 2012년부터는 시각장애인협회 지회장을 맡아 새로운 삶을 살고 있다. 김옥순(89) 씨는 '대구 의상실, 그 역사를 풀어쓰다'에서 원단 소매업과 양장점, 여성복 디자이너의 삶을 보여준다. 장병남(87) 씨는 '한국사와 함께한 시장의 기억'에 중구 교동시장에서 55년간 미군 물품 가게를 운영했던 세월을 담았다. 채종은(84) 삼천리버스 대표는 '대구의 시내버스 초석을 다지다'에서 근대 버스 모습과 시대상을 기록했다. 50년 동안 동성로에서 약국을 경영하는 김숙자(73) 씨, 반세기에 걸쳐 남산4동 건강지킴이 역할을 자처해온 이기봉(79) 씨, 종로·장관동 등 어린 시절의 이야기를 기록한 최태호(73) 씨 등의 이야기를 만나볼 수 있다. 일제 강점기, 6·25전쟁, 산업화시대 등을 견디며 살아남은 이들의 삶을 통해 생활, 문화, 정치, 종교, 교육 등 대구의 근·현대사를 오롯이 담아내었다.

중구는 이 사업의 결실이 세대간 소통에 도움을 줄 수 있는 방안으로 개발할 예정이며 도시의 역사 찾기와 근대골목투어 코스에 우선적으로 활용하고 있다. 지역민들의 참여를 통한 생애사 기록사업이 대구 원도심인 중구의 역사와 문화에 대한 관심과 애정, 이해의 폭을 넓히고 있으며 다양한 콘텐츠 아카이빙을 통한 지역의 정체성 확립과 근대역사문화벨트 관광활성화에 기여할 것으로 보았다. 도심재생문화재단의 70세 이상 어르신들 생애사 기록 사업은 중구 역사와 문화를 잘 이해할 수 있도록 돕고 도심재생사업이 더욱 풍성해지고 인문정신의 밑거름이 되었다. 무엇보다도 지역민이 참여하는 생애사 기록사업은 대구의 원도심인 중구의 역사와 문화에 대한 이해의 폭을 넓히고 지역의 정체성을 확립하는 소중한 자료가 될 것이며 생애사 사업은 세대를 잇는 다리 역할을 하면서 도시의 역사 관광 자원 등에 가치 있게 활용할 수 있다. 이제 생애사(生涯史) 열전 사업을 마무리하고 사업 결과물은 구술 자료를 도심 재생과 도심 역사 찾기, 대구 골목투어 코스 접목 등 본격적인 관광 자원으로 활용되고 있다. 삶의 기록은 인생의 가치를 높이고 지역의 역사를 가꾸는 씨앗이 될 것이다.

② 활용 및 서비스

대구광역시 중구 도심재생문화재단에서 수집한 구술 자료는 현재 홈페이지 내 일부만 서비스되고 있다. 재단아카이브의 간행물[165]에서 10건의 생애사 자료집을 열람하고 다운로드할 수 있지만, 이외의 자료는 확인할 수 없다.

(10) 인천연구원[166]

① 수집 목적 및 수집 과정

인천연구원은 인천광역시 시정 전반에 대한 현실적이고 체계적으로 연구, 조사, 분석하여 지역현안에 대한 다양한 정책대안을 개발하기 위해 1995년 「인천광역시 21세기 연구센터 설립 및 운영조례」 제정에 따라 설립된 연구기관이다. 인천연구원의 도시정보센터는 <도시인문학센터>사업과 한중DB사업, 신규 사업인 <도시정보시스템 구축사업>을 수행하기 위해 설치된 기구로, 2013년부터 구술 자료를 생산해왔다. 인천에서 살아온 시민의 생활사를 복원하는 자료의 일환으로, 인천시민들의 이야기를 구술로 채록하여 소멸위기에 있는 인천 근현대사 생활사, 도시 변화상, 해양 생활사 등 주제별로 연1회 발간하고 있다. 제1권 『파도 위의 삶, 소금밭에서의 생』(2013)은 안강망 어선의 기관사를 살아온 김재

165 대구광역시 중구 도심재생문화재단 > 재단아카이브 > 간행물, https://djdrcf.or.kr/%ea%b0%84%ed%96%89%eb%ac%bc/

166 인천연구원, https://www.ii.re.kr/

근 씨와 대한염업 남동 염전의 노동자로 살아온 김동안 씨의 생활사를 담았다. 제2권 『검바위 사람들』(2014)은 인천 서구에서 장기 거주한 주민들(이상진, 양범석 할아버지, 김귀분 할머니)의 생애사를 담았다. 제3권 『숭의동 목공장인』(2015)은 30년 이상을 목공예 장인으로 살아온 원철성 씨와 40년 목공장인으로 살아온 진교욱 씨의 생애를 담았다. 제4권 『도원동의 철공장인』(2016)은 인천 중구 도원동에 위치한 인일철공소의 송종화 씨, 대장장이 김일용 씨, 철공일을 천직이라 생각하는 나종채 씨의 생애를 그렸다. 제5권 『주물공단의 개척자들』(2017)은 인천 서구 경서동의 경인주물공단 조성 당시부터 현재까지 주물 공장을 운영하는 장인 세 명의 생애사를 담았다. 기술공에서 시작해 경영자가 된 김기태 씨, 프레스 일에서 시작해 주물 공장을 운영하는 김상식 씨, 경인주물공단조성 추진위원회 초대 이사장을 지낸 송승영 씨의 이야기다. 지난 30여 년 이상을 주물 장인으로 살아온 세 명의 장인들이 주물업을 시작하게 된 계기, 주물업의 변천사, 민간업체들이 모여 공단을 조성하게 된 과정 등이 적혀 있다. 홍승연 연구원이 구술 채록 및 면담을 진행했고, 문계봉 시인이 녹취문을 쉽게 읽을 수 있는 문장으로 다듬었다. 인천연구원 도시정보센터는 인천의 공간정보, 경제, 사회, 교통 문화 등 도시정보를 수집·조사·연구해서 이를 토대로 인천의 문헌, 역사, 생활, 문화, 인물 등 인천이 간직한 고유 자산을 발굴 및 디지털화할 예정이다.[167]

② 활용 및 서비스

인천연구원에서 발간한 구술 자료집 <인문도시연구총서>는 인천연구원 자료실, 국립중앙도서관 및 인천 관내 공공도서관에서 확인할 수 있다.

---

167 윤종환(2019.9.23.). 인천시민 구술 생애사 <주물공단의 개척자들>, https://www.incheonin.com/news/articleView.html?idxno=50657

(11) 울산연구원 울산학연구센터[168]

① 수집 목적 및 수집 과정

울산연구원의 시작은 울산발전연구원으로 2001년에 설립된 울산광역시 출연기관이다. 2020년 6월 '울산연구원'으로 기관명을 변경하여, 시정 발전과 목표 실현을 위해 다양한 정책 개발과 자문을 수행하고 있다. 울산학연구센터는 2006년 3월에 개소하여 울산을 구성하는 사람, 자연, 산업, 역사 등의 연구를 수행함으로써 도시 정체성을 확립하고 지역민들의 자긍심을 고취하는 역할을 담당하고 있다. 주요업무로는 연구발간사업, 연구조성사업, 교육사업, 지역학 연구방법론 구축, 협력 네트워크 구축, 지역문화의 창달과 예술진흥 등이 있다.[169] 울산연구원은 울산의 근로자, 염부, 해녀 등을 대상으로 2013년부터 2017년까지 구술자료를 수집했다.[170] 울산학연구보고서로 제작된 자료집으로는, 『구술로 그려낸 기억 속의 울산』(2018), 울산 옛터비에 담긴 기억들–이주민 이야기』(2018), 『울산의 쟁이들: 장도·붓·벼루 무형문화재 구술 생애사』(2019), 『바다와 더불어 살아온 일생 울산해녀 이야기』(2015), 『울산 염부들의 구술사, 울산 소금이야기』(2014), 『울산 근로자들의 생애사』(2013), 『울산 대기업 근로자들의 여가문화』(2007), 『현대 울산인의 삶과 문화』(2006) 등이 있다.

울산은 1962년 공업단지로 지정되고, 시로 승격하면서 많은 변화를 겪은 도시이다. 이러한 변화의 과정을 직접 목격한 울산 사람들은 그 변

---

168 울산연구원, https://www.uri.re.kr/

169 울산연구원 > 조직 및 인원 > 울산학연구센터, https://www.uri.re.kr/about/about_view.php?part_code=163

170 정연경 외(2019). 『국립중앙도서관의 구술 자료 수집 타당성 및 제도 개선 방안 연구』, pp. 56-57.

화를 어떻게 기억하고 있는지를 개인의 기억을 따라가 보았다. 그 기억은 매우 주관적이라서 실제의 모습과는 다르게 기억될 수 있다. 그러나 이러한 개인의 기억은 그들의 실제적 경험을 반영하고 있는 것이므로, 구술된 기억을 살아 있는 역사로 보았다. 좀 더 오래된 과거의 모습과 그에 대한 기억을 자료화하는 작업으로 『구술로 그려 낸 기억 속의 울산』은 2016년 10월부터 2017년 11월까지 인생의 대부분을 울산에서 생활하신 10명을 만나 그들의 기억을 기록했고 기억 중 일부를 가려내어 엮은 것이다.[171]

② 활용 및 서비스

울산연구원에서 발간한 자료는 현재 홈페이지 내 '연구성과물'의 울산학연구보고서에서 별도의 로그인 없이 원문에 대한 전문을 다운로드할 수 있으며,[172] 울산의 지역학 관련 단체 및 기관과 도서관 등에 배부함에 따라 해당기관에 방문함으로써 열람할 수 있다.

(12) 수원박물관[173]

① 수집 목적 및 수집 과정

수원박물관은 125만 수원시민들에게 문화, 교육, 공간을 제공하여 역사적 정체성을 확립하고 문화관광 기반 구축을 위해 2003년 건립된 기관이다. 현재 수원의 유구한 역사와 문화를 다양하게 보여주는 수원역사

---

171 울산연구원. 울산학연구보고서. 구술로 그려낸 기억 속의 울산, https://www.uri.re.kr/bbs/board.php?bo_table=ulsan_report&wr_id=199

172 울산연구원 > 연구성과물 > 울산학연구보고서, https://www.uri.re.kr/bbs/board.php?bo_table=ulsan_report

173 수원박물관, https://swmuseum.suwon.go.kr/

박물관과 지방자치단체 최초로 건립한 한국서예박물관으로 구성되어 있다.[174] 수원박물관에서는 수원의 근현대 지역사 자료를 수집하고, 조사 대상 지역의 환경, 문화, 역사, 생태, 일상 등에 대한 기초 자료를 확보하기 위해 2001년부터 구술 자료를 수집해왔다. <마을조사 및 구술 채록> 사업으로 진행된 구술 채록은 6개월간 약 7천2백여만 원의 예산이 책정되었다. 사업의 결과는 최종보고서 및 마을지, 증언자료집 최종원고, 연구 관련자료, 구술 채록 조사카드 등 구술 과정에서 생산된 자료로 구성되었다.[175] 수원박물관에서 수집된 구술 자료는 <수원 근현대사 증언자료집>으로 제작된 총 11권의 증언자료집이 있다.

② 활용 및 서비스

<수원 근현대사 증언자료집>은 현재 수원박물관 홈페이지 '자료실' 발간도서-총서-증언자료집에서 목록의 일부를 확인할 수 있으나 원문에 대한 열람은 불가하며, 공공기관의 경우에만 공문으로 요청하여 원문 PDF를 제공받을 수 있다. 일반인은 관내 자료정보실에 방문하여 원하는 자료집을 열람할 수 있다. 이때, 관내 열람만 가능하며 대출은 불가하다.[176]

(13) 삼척시립박물관[177]

① 수집 목적 및 수집 과정

삼척시립박물관은 삼척과 강원남부 지역의 문화 유적 및 민속문화 자료, 각종 향토유물을 전시하여 향토사 및 민속문화연구와 교육의 장으로

174 수원박물관 > 박물관연혁, https://swmuseum.suwon.go.kr/sub.jsp?mnuid=sm0603
175 수원박물관(2014). 수원박물관 마을조사 및 구술채록 민간위탁 과업지시서
176 수원박물관 > 자료실 안내, https://swmuseum.suwon.go.kr/sub.jsp?mnuid=sm050101
177 삼척시립박물관, https://www.samcheok.go.kr/specialty/00468/00891.web

활용하기 위해 2003년에 개관한 삼척시 문화기관이다. 삼척시립박물관은 조사연구사업의 일환으로, 『삼척의 구술현대사1』(2016)과 『삼척의 구술현대사2』(2018)를 발간했다. 『삼척의 구술현대사1』에 수록된 내용은 개인 생애사와 삼척지역의 정치, 경제, 사회, 문화, 산업, 보건 의료 등 삼척의 근현대사가 담겨져 있으며, 『삼척의 구술현대사2』는 삼척지역의 원로인 김일동 선생의 구술을 통해 죽서문화제 위원장과 같은 사회활동, 국회의원과 삼척시장 등 공직 활동에 대한 현대사의 내용으로 기술되었다.[178]

② 활용 및 서비스

삼척시립박물관에서 제작한 구술 자료집은 주요 박물관과 도서관, 관내 관련기관 단체를 통해서 열람할 수 있다. 또한 삼척시립박물관은 현재 별도의 홈페이지를 운영하고 있지 않고 있어 온라인을 통한 서비스 현황을 파악하는 것도 불가능하다.

(14) 청주시문화산업진흥재단[179]

① 수집 목적 및 수집 과정

청주 시민이 주도하는 기록문화 창의 도시를 지향하는 청주시문화산업진흥재단은 2001년 2월 청주시문화사업단으로 발족하여 한국공예관으로 개관한 후 당해 12월 청주시문화산업진흥재단으로 확대 개편하여 문화도시, 문화예술, 문화산업, 비엔날레 등 다양한 사업을 전개하고 있

178 박현철(2016.9.3.). '삼척의 구술현대사'발간. 강원도민일보, https://www.kado.net/news/articleView.html?idxno=799673; 진교원(2018.5.29.). 삼척 구술현대사2 발간. 강원도민일보, https://www.kado.net/news/articleView.html?idxno=914005

179 청주시문화산업진흥재단, https://www.cjculture.org/

는 기관이다. 특히 청주시문화산업진흥재단은 청주인문학 아카이브화 1차년도 사업으로 2014년에 성안길 토박이 10명의 구술 채록 자료집인 『청주약국 앞 홍문당』을 발간했다.[180] 또한 청주 테크노폴리스 개발로 인해 사라지는 3개의 마을에 대한 역사와 생활사를 구술 자료집 『월명산으로 소풍, 까치내로 천렵』으로 발간했는데, 이때 ㈜청주테크노폴리스와 공동으로 역사, 민속, 한국고전 등 각 분야 전문가로 구성된 조사단을 통해 새로운 사료발굴과 연구를 착수했으며 마을의 공간과 명소, 다양한 이야기를 구술 자료집으로 발간했다.[181] 이외에 지역 토박이 어르신들의 구술을 토대로 제작한 『남주동·남문로 이야기 근대 청주의 자화상』(2016)이 있다.[182]

② 활용 및 서비스

청주시문화산업진흥재단에서 발간한 구술 자료집은 청주문화도시DB[183]에서 확인할 수 있다.'문화아카이빙'의 E-book으로 접속하면, 해당 자료집을 열람할 수 있다. 이때, 로그인 절차를 거쳐야만 해당 자료에 대한 내용을 확인할 수 있으며, 로그인 시 PDF 파일에 대한 다운로드도 가능하다.[184]

---

180 청주시문화산업진흥재단 언론속의 재단(2014.1.14.). [보도자료] 『성안길 스토리텔링북』 첫 선 보여, https://www.cjculture.org/home/sub.php?menukey=473&mod=view&no=1613

181 청주시문화산업진흥재단 언론속의 재단(2014.7.21.). [보도자료] 청주테크노폴리스 예정지 옛 모습 담은 구술집 발간, https://www.cjculture.org/home/sub.php?menukey=473&mod=view&no=1653

182 청주시문화산업진흥재단 언론속의 재단(2016.4.18.). [보도자료] 남주동·남문로 이야기 모음집 '근대 청주의 자화상' 발간, https://www.cjculture.org/home/sub.php?menukey=473&mod=view&no=4281

183 청주문화도시DB, https://www.cjculture42.org/

184 청주문화도시 > 문화아카이빙 > E-book, https://www.cjculture42.org/sub.php?code=53

(15) 충북여성재단[185]

① 수집 목적 및 수집 과정

충북여성재단은 충북의 성평등 문화 확산을 위한 교육 및 정책연구의 거점으로서 성평등 문화 확산을 위한 맞춤형 교육을 실시하고 지역여성과 가족정책 개발을 위한 현장기반의 연구를 추진하기 위해 2017년에 출범한 기관이다. 충북여성재단에서는 2016년부터 2020년까지 충북여성사에 대한 구술 채록을 실시해왔다. 그 결과물은 <충북여성생애구술사>로, 『연초 산업과 여성의 삶』(2016)과 『전통시장에 얽힌 충북여성의 삶, 육거리 시장으로 흐르다』(2018), 『대농방직 여성 노동자의 삶–솜뭉치에서 일궈낸 배움의 꿈』(2020)으로 발간되었다.

② 활용 및 서비스

충북여성재단에서 발간한 <충북여성생애구술사> 시리즈는 현재 홈페이지의 '정책연구' 내 충북여성아카이브에서 전문을 열람하거나 다운로드할 수 있다.[186] 해당 페이지는 누구에게나 공개되어 있으며, 제목, 저자, 발행사항 및 목차에 대한 간략한 소개와 함께 발간본을 PDF로 첨부한 게시판의 형태를 띠고 있다. 충북여성재단은 여성 기록 전문가–기초과정 교육을 시작했는데, '여성 기록 전문가–기초 과정'은 상대적으로 사료가 많지 않은 충북지역의 여성사 연구에 필요한 구술 기록을 수집·채록하여 체계적으로 관리할 수 있는 여성 인재를 양성하기 위한 교육이다. 교육은 구술사의 개념과 지역여성사를 시작으로 기록의 방법론, 여성구술 생애사 사례, 충북 여성의 지역학, 근현대사 자료의 해석 등의 내

---

185 충북여성재단, https://www.cbwf.re.kr/

186 충북여성재단 > 정책연구 > 충북여성아카이브, https://www.cbwf.re.kr/home/sub.php?menukey=433

용으로 구성된다. 교육 이수자들은 향후 여성사뿐만 아니라 다양한 연구 분야에서 기록 전문가로 활동할 예정이다.[187]

(16) 전주문화재단[188]

① 수집 목적 및 수집 과정

전주문화재단은 전주시민의 문화권과 예술가의 창작권 지원을 실행하기 위해 2006년에 출범한 전주시 산하 문화기관이다. 전주문화재단은 문화적 삶의 질을 확보하고, 예술인의 창작권 지속을 확보하며 공동정책 개발 및 표현의 기회와 개방성을 확대하기 위해 현재 28개의 정책과 사업을 추진하고 있다. 일제 식민시대 전주의 모습을 재현한 『전주 근대생활 조명, 100년(1907~2006): 제1권 일제 식민시대 구술 실록(1907~1945)』을 2007년에 출간했는데 이 책은 일제 강점기를 경험한 전주 출신 77명의 구술과 증언을 바탕으로 전통적 이미지를 간직한 전주가 파괴되고 식민도시로 전락하는 과정과 항일투쟁, 근대생활의 모습 등을 담고 있다. 또한 당시의 문명과 문화를 재현하기 위해 골목골목을 누비며 면면을 기록한 현지 전수조사, 문헌 기록, 240여 장의 사진 등의 자료와 연구 성과물 등도 포함돼 있다.[189] 2008년에는 구술을 통해 광복 이후부터 1950년대까지 전주의 모습을 기록한 『전주 근대생활조명 100년: 제2권 전주의 8·15해방과 6·25전쟁(1945~1960)』을 펴냈다. 광복 이후 좌우 갈등과 빨치산 토벌을 비롯해 6·25전쟁 당시의 처참한 생활상, 전

---

187 충북여성재단. 보도자료. 충북여성재단, '여성 기록 전문가' 양성 나선다, https://www.cbwf.re.kr/home/sub.php?menukey=561&mod=view&no=96&page=5&scode=00000002

188 전주문화재단, https://www.jjcf.or.kr/

189 김정훈(2007.1016). 일제 식민시대 구술실록 전주문화재단 출간, https://www.domin.co.kr/news/articleView.html?idxno=284163&sc_section_code=S1N9

쟁 이후의 사회 문화적 변화가 당시 전주에 살았던 토박이 80여 명의 구술과 250여 장의 자료 사진으로 정리돼 있다.[190] 전주문화재단은 전통문화중심지구 내 주민·단체, 문화-상업시설 등의 실제조사를 통한 변화 과정을 기록화하고 활용하기 위해 2013년부터 전통문화도시 조사·기록화 사업을 실시했다. 전주한옥마을 및 인근 권역의 주민, 예술인, 단체, 문화·상업시설을 전수조사하면서 스토리 발굴에 관한 업무를 진행했다. 구술 자료는 2015년부터 2018년에 걸친 조사 과정에서 수집되었으며, 해당 사업은 전주문화재단 문화사업팀에서 운영하며 실질적인 사업의 수행은 외부용역에서 담당했다. 특히 2018년에는 전주시 10개동 마을 및 선미촌 변화상을 기록하고, 전주예술인의 삶과 예술적 가치에 대한 구술기록을 채록하여 그 결과물을 보고서로 발간했다.[191]

② 활용 및 서비스

전주문화재단에서 수행한 조사·기록화사업의 결과물은 전주문화재단 홈페이지 "자료실"의 마을조사단 DB와 사진·동영상(2012-2016) 세션에서 확인할 수 있다. 마을조사단 DB는 마을별로 마을조사서를 구분하고 있는데, 해당 페이지로 접속하면 보고서의 목차를 제시하고 있으며 하단에 보고서 전문을 다운로드할 수 있는 기능을 제공하고 있다. 별도의 로그인 절차 없이 누구나 이용할 수 있으며, 활용조건으로 공공누리 유형을 저작물에 표시할 것을 명시하고 있다. 구술 자료만을 위한 페이지는 별도로 생성하지 않으며, 보고서 안에서 구술내용을 확인해야 한다.[192] 이외에

---

190 김광호(2008.11.19.). [전북]'전주 근대생활조명 100년' 펴내, https://www.donga.com/news/Culture/article/all/20081119/8659767/1

191 전주문화재단 > 재단사업 > 사업연감 > 2018년 조사·기록화 사업, https://www.jjcf.or.kr/main/jjcf/business/yearbook/year2018/2018_plan2/2018_plan2_1/

192 전주문화재단 > 자료실 > 마을조사단 DB, https://www.jjcf.or.kr/main/jjcf/pds/villagedb/

사진·동영상 세션에서는 마을조사 과정에서 생산한 사진자료를 전시하고 있는데, 구술 채록 과정을 담은 사진도 포함하고 있다. 이 경우, 활동에 대한 내용을 간략하게 기술하면서 사진파일을 공개하고 있다.[193]

(17) 전라북도립국악원[194]

① 수집 목적 및 수집 과정

전라북도립국악원은 국정지표 실현을 위한 지방문화 기반 확충 및 국악의 종합전당 마련, 국악의 보급 연수장 확보 및 국악전문인·후계자 양성, 국악연구의 저변 확대, 지역단위의 필수적 문화의 산실 확보라는 설립취지를 가지고 1986년에 출범한 기관이다. 전라북도립국악원은 2011년부터 <전북의 전통예인 구술사 사업>을 실시하여 전라북도가 지정한 예능보유자를 대상으로 전통예인들의 삶을 기록하면서 호남 살풀이춤의 보유자 최선, 부안농악 보유자 나금추, 판소리 심청가 보유자 이일주, 판소리장단 보유자 이성근 편 등 2020년까지 총 29권의 구술사 자료집을 발간했다.[195] 제29권은 거문고의 계승발전과 후학양성에 힘쓴 전북의 전통예인 구술사로 '거문고 명인 김무길 편'을 발간했다. 김무길 선생의 삶과 예술에 관하여 8회에 걸쳐 현장출장 및 대담조사를 통해 채록했다. 전통사회에서 예술의 사회적 역할은 중요하게 여겨졌지만 예술인의 사회적 지위는 낮아서 전통예인들의 삶과 예술세계는 기록되지 못했는데 전북 전통예인 구술사 채록작업을 통해 그들의 발자취를 더듬어

193 전주문화재단 > 자료실 > 사진·동영상(2012~2016), https://www.jjcf.or.kr/main/jjcf/pds/photo/

194 전라북도립국악원, https://kukakwon.jb.go.kr/

195 박선호(2020.12.30.). 전북도립국악원, 『전북의 전통예인 구술사』 김무길 편 발간. 전북저널, https://www.전북저널.kr/17048

봄으로써 국악 발전의 초석을 다지는 계기가 되고 있다.

② 활용 및 서비스

전라북도립국악원에서 발간한 <전북예인구술사> 자료집은 현재 홈페이지 "연구/자료" 내 간행물의 전북예인구술사 세션에서 확인할 수 있다.[196] 현재 12건의 자료집만 업로드되어 있으며, 해당 자료집은 별도의 로그인 절차 없이 누구나 첨부파일을 PDF로 다운로드하여 열람할 수 있다.

(18) 경북여성정책개발원[197]

① 수집 목적 및 수집 과정

경북여성정책개발원은 지역여성에 관한 제반문제를 종합적이고 체계적으로 조사·연구하고, 지역여성의 능력개발과 사회참여 등 여성정책의 효율적인 개발을 위해 1997년에 개원한 기관으로, 연구사업, 교육사업, 학술행사 및 기타행사 등 다양한 활동을 전개하고 있다. 경북여성정책개발원은 2007년부터 『하고 싶은 말은 태산도 부족이라 I』이라는 구술 자료집을 발간한 후 현재까지 경북 여성들의 다양한 삶을 구술 생애사 자료집으로 제작해오고 있다.[198] 구술자는 사업별로 제보나 추천을 통해서 대상을 선정했으며, 그간 일제 강점기 위안부 피해자, 독립운동가 후손, 파독간호사, 문화예술인, 해녀와 어촌 여성 등 58명의 생애사를 채록해

---

196 전라북도립국악원> 연구/자료> 전북예인구술사, https://kukakwon.jb.go.kr/site/menu/MENU_000000000000506/board/list?site_assets=%2Fassets%2Fsite%2FLET

197 경북여성정책개발원, https://www.forwoman.or.kr/

198 경북여성정책개발원 보도자료(2015.3.). 경상북도. 경북여성정책개발원 『구술 생애사를 통해서 본 경북여성의 삶 II』 발간-하고 싶은 말은 태산도 부족이라. https://www.forwoman.or.kr/promotion/press_release/view/6184?search_keyword=%EA%B5%AC%EC%88%A0&page=1&limit=10

왔다. 2021년 1월에는 여덟 번째 경북여성 구술 생애사 『경북 여성기업의의 삶』을 발간했다. '나는 경북에 있다'라는 부제가 붙은 이 책에는 구미, 경주, 경산, 청송, 칠곡 지역에서 기업을 운영하고 있는 여성 CEO 5명의 진솔한 삶과 생생한 기업경영 허-스토리(Her-story)가 담겨 있다. 가사와 자녀양육에도 소홀할 수 없어 1인 2역, 3역을 담당하며, 부단히 편견과 한계에 맞섰던 다섯 명의 이야기를 따라가다 보면 한 사람, 한 가정이 아닌 수많은 가정을 책임져야 했던 여성기업인들의 깊은 고뇌와 지혜를 만날 수 있다.[199]

② 활용 및 서비스

현재까지 발간된 경북여성 구술 생애사 자료집은 모두 비매품으로, 경북여성정책개발원을 통해서 접근할 수 있다. 홈페이지 내 "경북여성아카이브"의 문헌 자료실을 운영하고 있지만, 현재 구술 자료집의 일부 표지만 업로드되어 있을 뿐 실질적인 원문제공이나 목록정보를 별도로 제공하지 않다. 이에 경북여성정책개발원은 향후 축적된 구술 생애사 자료집을 사람 도서관(Human Library) 및 경북여성사 아카이브 구축 사업 등과 연계할 예정이다.[200]

(19) 해녀박물관[201]

① 수집 목적 및 수집 과정

제주특별자치도 해녀박물관은 제주해녀문화의 보존 및 전승을 위해

199 권은주(2021.1.21.). 경북여성 구술 생애사 '경북 여성기업인이 삶' 발간. 여성신문, https://www.womennews.co.kr/news/articleView.html?idxno=206447

200 경북여성정책개발원(2019.3.26.). 바닷가와 함께 한 삶 들려줄 경북여성을 찾습니다.

201 해녀박물관, https://www.jeju.go.kr/haenyeo/index.htm

2006년에 개관하여 제주해녀들이 남긴 소중한 문화유산을 발굴하고 보존하는 일에 앞장서고 있다. 다양한 전시와 프로그램을 운영하고 있으며, 그 일환으로 해녀들의 구술을 채록하여 자료집으로 발간해왔다. 『제주 해녀옷 이야기』(2013), 『The Story of Jeju Haenyeo Clothing』(2014), 『고등학생이 기록한 제주해녀 이야기』(2016/2017) 등이 있다.[202] 특히 『고등학생이 기록한 제주해녀 이야기』는 제주특별자치도에서 제주해녀 문화 보급의 일환으로 해녀에 관심이 있는 11개교 31명의 제주 지역 고등학생들이 직접 해녀들을 만나 생애사를 조사하고 기록한 결과물이 담겨 있다. 이들이 조사한 해녀들의 생애사에는 첫 물질 이야기에서부터 자식과 가족을 위한 희생정신, 타지 출가 물질 경험담, 불턱·해녀굿 등 해녀들의 공동체 문화 등 학생들이 평소 궁금해 하던 이야기들이 고스란히 기록됐다. 이러한 구술 활동을 통해 학생들이 제주해녀 문화를 새롭게 인식하고 세대간 소통이 이루어져서 앞으로도 청소년들에게 제주해녀 문화를 보전하고 전승할 수 있는 사업을 계속 추진할 계획으로 있다.

② 활용 및 서비스

해녀박물관에서 발간한 구술 자료집은 홈페이지 "소식·참여"의 발간자료에서 E-BOOK의 형태로 제공되고 있다.[203] 해당 자료는 별도의 로

202 제주특별자치도 해양수산국 보도자료(2016.6.14.). 고등학생이 기록한 제주해녀 이야기–제주해녀 생애사 조사에 제주도내 11개 고등학교 31명 참여; 제주특별자치도 해양수산국 보도자료(2014.7.7.). 제주 해녀옷 이야기 영문책자 발간–제주해녀 관련 보고서 지속적으로 영문편 발간 추진 예정; 제주특별자치도 해양수산국 보도자료(2013.1.2.). 제주 해녀옷 변천 과정 담은 책자 발간–제주해녀의 물고중이에서 고무옷까지 변천 과정 조사 발간, https://www.jeju.go.kr/haenyeo/news/media.htm?qType=title&q=%EC%9D%B4%EC%95%BC%EA%B8%B0&act=view&seq=1072866

203 해녀박물관 > 소식·참여 > 발간자료, https://www.jeju.go.kr/haenyeo/news/publish.htm

그인 없이 누구나 접근할 수 있으며, 열람의 기능만 제공하고 있다. 즉, 필요에 따라 페이지에 대한 일부 인쇄가 가능하지만, 전체 출력은 불가하다. 한편 해녀박물관에서는 박물관에서 발행한 책자에 대한 복제를 허용하고 있는데, 이는 복제일 5일 전까지 박물관 자료 복제·열람 허가신청서를 자료관리 담당자에게 제출해야 하며, 접수된 신청서는 저작권 여부, 사용 목적의 적절성 등 내부규정에 따라 심사한 후 박물관 자료 복제·열람 허가서를 발급한다. 복제 자료는 허가된 목적 이외에 사용할 수 없으며, 2차 복제는 불가능하다.[204]

3) 도서관

(1) 경기도사이버도서관[205]

① 수집 목적 및 수집 과정

경기도사이버도서관은 경기도 내 도서관서비스 증진을 지원하고, 책 읽는 문화를 확산시키기 위해 설립된 2001년에 개관한 도서관으로, 도서관간 협력을 기반으로 디지털 정보기술을 활용하여 보다 편리하게 도서관 소장자료를 이용할 수 있도록 지원하고 있다. 또한 경기도와 관련된 지식 정보 자원을 수집하여 보존하고 있으며, 독서교육 프로그램을 만들어 보급하고 도서관 사서들의 역량을 증진시키는 활동에도 참여하고 있다.[206]

---

204 해녀박물관 > 소식·참여 > 자료 수집 및 이용, https://www.jeju.go.kr/haenyeo/news/guide.htm

205 경기도사이버도서관, https://www.library.kr/cyber/index.do

206 경기도사이버도서관 > 도서관 소개, https://www.library.kr/cyber/contents/history/contents.do

경기도는 경기도도서관발전종합계획(2019-2023)에서 새로운 기술 변화를 반영하여 도민의 삶의 질을 높이고 지역 공동체 성장을 촉진하기 위해 경기도사이버도서관의 디지털 아카이브인 <경기도메모리>의 활성화와 지역별 아카이빙 활동 지원을 세부과제로 발표했다. 이를 통해 경기도의 역사 문화유산에 대한 광범위한 접근을 가능하게 하고, 경기도에 대한 지식과 다양한 향유의 기회를 미래세대도 함께 누릴 수 있도록 함으로써 경기도의 역사와 문화유산 정보를 집대성하고, 경기도민의 이야기를 기록화한 일종의 역사문화관으로도 기능하게 하겠다는 것이다(신정아, 2020).

경기도사이버도서관은 <경기도메모리>를 2014년부터 운영하여 경기도민의 지역 목소리를 담아서 경기도 지역의 문화, 행정, 역사 기록물을 광범위하게 수집하여 디지털로 보존하고 모든 사람들이 언제 어디서나 온라인으로 접근하여 공유, 활용하기 위한 아카이브를 구축해왔다. 경기도메모리는 경기도의 다양한 문화자원 기록을 광범위하게 수집, 정리하여 디지털로 보존하고 도서간행물, 문서, 사진, 구술 기록, 개인기록물, 동영상 등 다양한 형태의 자원들을 디지털 형태로 가공하여 서비스하고 있다. 구축현황은 공공기관, 도내 공공도서관, 문화원, 기타 문화재단 등 발간 자료 원문 DB, 사진자료, 동영상 자료 등이 있다.

경기도사이버도서관은 공공기록뿐만 아니라 지역민들의 민간기록물까지 포함하여 직접 참여와 정보 공유를 통해 기록의 소중함을 일깨우고 지역의 역사와 정체성을 일깨우는 기록 유산을 만들고 있다. 이를 위해 경기도 중요 문화자원을 수집하고 연계하며 경기도 문화자원 관리 시스템을 구축하여 핵심 컨텐츠를 개발하고 이를 바탕으로 서비스 확대, 문화자원의 체계적인 안정적 보존, 경기도 문화자원 및 관련 정보를 집성해서 경기도 문화역사관, 문화자원 저장소, 재생산 플랫폼, 문화자원의 허브를 만들겠다는 것이다. 경기도사이버 도서관의 강점은 협력기관이 다양하다는 것이다. 문화원으로는 화성, 하남, 포천, 평택, 파주, 이천, 의왕, 용인, 오산, 연천, 여주, 양평, 양주 등이 있으며 경기도 내의 다양한 도서관과 경기문화재단 같은 문화기관, 그리고 연계 기관으로 문화재청, 국립중앙박물관, 국립민속박물관, 국가기록원, 민주화운동기념사업회, 한국고전번역원, 한국컨텐츠진흥원, 한국정책방송원 등이 있다. 지금까지 31개 시·군 공공도서관, 사회·문화기관, 행정기관 등에서 기록물을 기증받고, 각 기관과의 협업 네트워크를 구축하여 지역의 가치 있는 기록물을 발굴해왔다.[207]

경기도 사이버도서관의 구술 자료 수집 목적은 경기도의 역사와 문화유산의 보존과 기록콘텐츠로 활용하는 것이다. <경기도민 이야기 시리즈>는 경기도라는 공간에서 살아가는 도민들의 삶의 구체적인 모습과 다양한 이야기를 구술 채록하고 콘텐츠로 제작하여 온라인에서 도민들에게 서비스하는 프로젝트이다. 실향민 어르신 10명을 대상으로 진행한'전쟁으로 고향을 떠나온 경기도민 이야기(2015)', 17명이 참여한 '수려선(2015)', 경기북부인들을 구술을 채록한 '경기도민의 삶과 술: 술과 함께 빚어가는 경기도민 이야기(2016)' 등 매해 선정된 주제에 따라 구술 자료를 수집해왔다. 모두 경기도라는 '공간' 안에서 삶을 엮어 살아가는 다양한 경기도민의 이야기를 소개하기 위하여 구술채록사업을 진행한 것이다.

'전쟁으로 고향을 떠나온 경기도민 이야기'는 한국전쟁으로 북쪽 고향을 떠나 경기도에 정착해 살아온 실향민들의 이야기이다. 이 구술 채록은 전쟁으로 인해 삶의 터전이 바뀐 경기도 한국전쟁 실향민 10인을 대상으로 2014년 7월부터 12월까지 수행했는데, 구술 내용은 실향민들의 고향에 대한 기억, 생과 사를 넘나들던 피난 과정, 경기도 정착 과정을 담은 개인의 생애사로 기록했다. 구술에는 황해도에서 태어나 수원에서

---

207 경기도사이버도서관(2018). 경기도 메모리 기억의 도서관. p.16.

조산원을 운영했던 김숙현(94) 할머니 등 실향민 10인의 경험이 '기억–잃어버린 고향의 시간' '부유–생과 사를 넘던 그날들' '정착–뿌리 없는 삶의 고단함' 등으로 나눠 담겨 있다. 실향민의 삶이나 역사적 고통, 기록은 '그들만의 것'이 아니고 그들의 삶은 곧 경기도의 근현대사, 나아가 대한민국 근현대사이기에 경기도에서 삶을 일궈낸 실향민의 이야기를 구술로 남겨 그들의 삶을 기억하고자 한 것이다. 경기도 곳곳에 많은 피난민이 내려와 살았지만 시간이 흘러 당시의 흔적들은 이미 자취를 감추고 1세대 실향민들은 이제 대부분 고령에 접어들어 더 늦기 전에 실향민들의 기억을 기록으로 남겨 다음 세대에 전하기 위해 구술프로젝트를 시작했고 그 결과물이 책으로 출간된 것이다.

'수려선–수원에서 여주까지, 지금은 잊혀진 협궤열차 이야기'는 1930년 부설되어 1972년 폐선될 때까지 42년간 수원과 용인, 이천, 여주를 잇던 경기 동남부 지역의 대표적 열차 노선인 수려선을 이용했던 경기도민의 증언을 2015년에 구술 채록하여 관련 자료들을 수집하고 데이터를 구축하는 작업을 진행한 것이다. 잊혀져가는 근대화의 상징, 수여선의 발자취를 답사를 통해 더듬어보고, 그 선로를 따라 이동하고 살아갔던 당시 지역민의 생생한 구술을 토대로 한 이야기 발굴에 초점을 맞추었다. 수려선은 일제 강점기 시절 쌀과 임산물 수탈로 첫 번째 임무를 시작했는데, 경기 동남부 일대를 가로지르면서 수인선을 통해 인천항과 직접 연결되었기 때문이었다. 태생적 아픔을 겪은 수려선은 1945년 해방 후 경기 동남부 주민들에게 없어서는 안 될 존재가 됐다. 화물 수송이 목적이었지만 열악한 교통 환경에서 수원과 용인을 오가는 학생들의 통학뿐 아니라 동부지역의 농산물을 판매하고 서해안의 해산물을 내륙으로 공급하는 중요한 수단이었다. 그러던 수려선은 1966년 수원~여주간 직행버스 개설과 증가하는 적자로 인해 1972년 3월 31일 폐선됐다. 수려선의 모든 기록이 담긴 '지금은 잊혀진 협궤열차 이야기–수려선'을 통해서 44년 만에 돌아올 수 있었다. '수려선'은 수려선을 직접 운행했던 철도기관사 최수현(88) 할아버지를 비롯해 수려선의 추억을 간직한 노인 17명의 인터뷰 등으로 구성됐다. 개통부터 폐선까지의 각종 사진, 소장품, 문서 등 지금까지 남아 있는 수려선의 흔적들이 빠짐없이 기록으로 남게 됐다. 잊혀져가는 근대화의 상징, 수여선의 발자취를 답사를 통해 더듬어보고, 그 선로를 따라 이동하고 살아갔던 당시 지역민의 생생한 구술을 토대로 한 이야기를 들을 수 있다.

'술과 함께 삶을 빚어가는 사람들'은 고양, 양평, 포천 등 전통주로 유명한 경기 북부지역에서 술과 함께 삶을 살아가고 있는 7인의 인터뷰 기록을 엮은 것이다. 과거부터 현재까지 술에 얽힌 재미있는 일화들—배고파서 술을 만들다 남은 술지게미를 먹었던 이야기, 막걸리 심부름을 다녀오면서 조금씩 맛보다 달달함에 취한 이야기, 본인은 마시지 않지만 매해 남편을 위해 정성스럽게 술을 담그는 아내의 이야기, 가업으로 대를 이어 가는 술도가 이야기, 자신만의 방법으로 술을 개발하는 양조장 이야기 등 다양한 경기도민들의 삶을 구술 자료로 수집했다.

또 다른 구술 자료로 '경기도에 삽니다. 토착민과 이주민'은 경기도라는 '공간' 안에서 삶을 엮으며 살아가는 다양한 경기도민의 이야기를 소개하고 있다. 군포, 김포, 남양주, 동탄, 용인, 파주 등 경기도 여러 지역에서 살아가고 있는 주민들을 만나 그들이 생각하는 고향, 개발과 이주 그리고 경기도에 대한 이야기를 들을 수 있다. 사는 지역에 대한 애착, 자부심, 그리고 아쉬움을 담담하게 이어가는 대화 속에서 모든 구술자가 이야기 하는 특별한 공통점은 다른 건 몰라도 사람들이 좋다는 것, 지역 개발이 되면 편해지는 것도 있지만 정이 점점 더 없어지는 것 같다는 것, 마음 붙이고 사는 곳이 고향이라는 것, 그래서 좋은 사람들과 정을 주고 받으면서 살아가는 '고향'같이 푸근한 곳이 경기도 주민들이 만들어가고 싶은 미래라는 것이다.

2015년에 나온 '전쟁으로 고향을 떠나온 경기도민 이야기'는 전쟁으로 인해 삶의 터전이 바뀐 한국전쟁 실향민 어르신 10인의 살아온 이야기를 수록했으며, 여기에 담겨진 이야기 하나하나가 그 시절을 살아왔던 이들의 삶을 담고 있다. 2021년의 다섯 번째 경기도민 이야기 '도서관과 나' 구술콘텐츠는 도민들의 삶 속에 자리 잡은 도서관 이야기를 주제에 따라 '도서관의 어제와 오늘', '도서관과 나', '도서관을 만나다', '도서관을 읽다', '관련행사'라는 메뉴로 구성했다.[208] 구술 채록은 도서관 이용자와 도서관 관계자 총 11명이 참여했으며 고양, 안산, 용인, 수원, 평택, 파주, 하남 이렇게 총 7개 지역에서 이루어졌다. 이번 콘텐츠는 구술 이외에도 경기도 도서관의 역사, 도서관과 사서의 미래, 도서관 공간의 변화 등 다채로운 이야기들이 시각자료와 함께 담겨 있다. 이러한 구술콘텐츠는 한 개인이 도서관을 매개로 공동체를 형성하면서 삶이 어떻게 변화했는지 살펴보는 것과 동시에 개인과 공동체의 기억과 기록이 또 다른 도서관의 역할을 할 수 있다는 것을 보여주는 사례가 되고 있다. 이렇게 경기도 사이버도서관은 지역 정체성을 강화하고 경기도에서 살아가는 보통 사람들의 잊혀가는 이야기를 기록으로 남기기 위해 다양한 주제로 경기도민 구술 기록을 지속적으로 수집하고 보존해나갈 계획으로 있다. 이러한 구술사업은 공개입찰을 통한 외부용역을 통해 수행하며, 기본적인 매뉴얼을 제공하고 있다. 구술 자료는 인터뷰 현장을 동영상으로 제작하여 단행본으로 출간하며, 원자료는 도서관에서 보관한다. 사업은 연간 5천만 원의 예산이 지원되고 있으며, 주로 기획주제를 중심으로 수집되고 있다.[209]

---

208 이일수(2021.2.17.). 경기도민이야기 '도서관과 나' 구술콘텐츠 서비스, https://www.tookyung.com/news/articleView.html?idxno=187342

209 정연경 외(2019). 『국립중앙도서관의 구술 자료 수집 타당성 및 제도개선 방안 연구』, pp. 41-42.

② 활용 및 서비스

경기도메모리[210]는, 경기도에 관한 기록물에 무료로 접근 및 이용이 가능하며, 고품질의 PDF를 저장하여 사용할 수 있도록 제공되는 온라인 서비스이다. 경기도메모리 아카이브는 경기도 전역을 대상으로 지역별, 시대별, 온라인 전시를 통한 서비스를 제공하고, 검색결과는 자료형태별, 생산자별, 시대 순으로 열람 가능하며, 일반검색과 주제, 지역, 시대, 시기별 검색기능을 지원하고 있다.[211] 구술 자료는 단행본으로 출판하여 국내외 유관기관에 배포하여 온라인 또는 오프라인으로 접근할 수 있다. 신경아(2020)는 2023년에 경기도가 경기도대표도서관을 건립하여 개관할 예정으로 있으며 대표도서관이 건립되면 경기도사이버도서관의 기능과 역할이 이관될 예정이라고 했다. 이러한 흐름에 따라 현재 경기도메모리업무 및 기술 환경 분석을 통해 최적화된 아카이브 시스템을 설계하고 지역 거버넌스 역량을 강화하고자 경기도메모리 아카이브 정보화 전략계획을 수립하고 있으며 이를 통해 경기도의 다양한 민간기록 및 문화유산의 수집에서 서비스에 이르기까지 국내외 기관과 연계하는 아카이브이면서 경기도 지역 기록의 플랫폼으로 자리매김하게 될 것이라고 했다. 2021년부터 이를 위한 '경기도메모리 아카이브 시스템 도입' 용역을 시작해서 다양한 유형의 수집 자원 및 미디어 타입 수용 능력 확보, 경기도메모리가 설계한 자원 관리 목표 업무 프로세스 지원 체계 수립, 경기도 문화자원과 콘텐츠를 통합 서비스하여 도민들의 문화향유, 동시대적 문화유산의 보존, 이를 이용한 문화산업 및 일자리 창출 기회 확대, 2023년 개관 예정인 경기도대표도서관의 위상에 걸맞은 지역적 대표성 및 지역학 기반의 특화 서비스 제공 역량 확보를 위해 노력하고 있다.[212]

---

210 경기도사이버도서관 경기도메모리, https://memory.library.kr/

211 경기도사이버도서관(2018). 경기도 메모리 기억의 도서관, pp. 20-21.

212 경기문화재단. 「경기도메모리 아카이브 시스템 도입」 용역 입찰 공고, https://www.

(2) 파주중앙도서관[213]

① 수집 목적 및 수집 과정

경기도 파주중앙도서관은 파주시청 소속으로, 파주시 대표도서관이다. 파주중앙도서관은 다양한 매체의 수집 자료를 집약적으로 수용할 수 있는 도서관, 박물관, 기록관의 모든 기능이 결합된 새로운 유형의 복합기관인 '라키비움(larchiveum)'을 목표로 하고 있다. 경기도 최초로 '라키비움'을 설치하는 데 필요한 사항을 규정한 「파주시 민간기록물 수집·관리 및 활용에 관한 조례」를 제정했고 민간기록에 관한 조례가 처음 제정되어 2020년 6월부터 시행되고 있다. 파주중앙도서관에서는 지속적이고 안정적인 기록화 사업을 위한 조직인 '기록관리팀'이 2019년 7월에 조직되었다. 총괄 업무를 맡은 팀장과 학예연구사 1명, 기록연구사 1명, 사서 2명, 행정직원 2명 이렇게 총 7명으로 이루어져 있다. 주요 업무는 기록관리 종합계획 수립, 기록물 수집, 평가, 전시, 기록물관리 시스템 관리, DB 구축, 신도시 기록사업 추진, 기록활동가 양성, 시민참여 기록화 사업, 기록관 운영 및 공모전 등 파주 기록화 작업을 총괄하고 있다. 파주중앙도서관 내부에서 이러한 기록사업과 아카이브를 운영, 보조하기 위한 기록관리팀이 있다는 것은 도서관에서 가장 대표적이고 특화된 사례로 꼽힌다.

파주중앙도서관의 구술자료 수집은 '중앙도서관으로서의 역할과 지역사회의 요구를 반영해야 하는 도서관서비스는 과연 무엇일까?'라는 도서관 서비스 측면의 발상에서 시작되었다. 지역사회 사람들 사이에 관계의 밀도를 높이는 방법을 고민했을 때, 당 세대를 살아가는 사람들과

---

ggcf.kr/archives/136942

213 파주시 중앙도서관, https://lib.paju.go.kr/jalib/menu/10003/contents/40001/contents.do

동네에 오래된 사람들의 삶을 소중히 여기는 작업을 해보자라는 생각으로 '휴먼 IN PAJU'를 시작했다. 파주시 내에서 구파주와 신파주 간의 지역 격차가 많이 심한데, 현재 구파주에 있던 인구들이 신파주로 이주하는 현상이 지속되면서 주민들이 갖는 박탈감이 매우 큰 상황이었다. 그리고 파주라는 도시는 역사적·지리적·지정학적으로도 매우 중요한 도시로 역사적으로는 장길산, 임꺽정 등 소설의 배경이 되는 임진강 나루터 등 중요한 공간을 품고 있기도 하다. 그래서 파주중앙도서관은 차별화된 도서관서비스 프로그램으로, 정주하고 있는 사람들의 자부심을 갖게 하는 것이 무엇인지를 고민하게 되었고 그 일환으로 지역 내 40년 이상 살아온 주민들을 대상으로 구술자료를 수집하게 되었다.

그래서 파주중앙도서관은 빠른 도시화 과정 속에 사라지는 것은 무엇이고 기억해야 할 것은 무엇인가를 화두로 잊혀지거나 숨겨진 파주 시민 개인의 목소리를 엮어 또 하나의 작은 역사로 기록하기 위해서 마을아카이브 기획 강좌인 '사라져가는 것들을 기억하기 위하여' 강좌를 2017년 3월 14일부터 4월 18일까지 진행했다. 역사가, 북큐레이터, 스토리텔러, 구술전문가 등 4명의 강사가 아카이브의 개념과 현장에서의 구술기록 방법 및 경험을 소개했고 강좌 수강자 중 희망자를 대상으로 시민채록단을 결성하고, 이들을 통해 지역민들의 구술을 정기적으로 수집하면서 구술자료가 생산되기 시작했다. 시민채록단 성인 12명을 중심으로 월 2회 주기로 시민채록단 모임을 멘토, 작가와 함께 진행했다. 2인 1조로 1명의 구술을 채록했는데, 구술자료 수집은 주민들의 자발적인 지원과 시민채록단 내 기록학 전공자, 출판계 종사자, 역사학 전공자 등이 포함되어 도움이 되었다.

채록단은 파주에서 삶을 이뤄온 사람들과 나눈 대화, 삶, 마을, 기관, 단체들의 역사와 기억을 파주 시민들의 목소리를 기록했고 시민채록단의 결과물은 2019년 '휴먼 IN PAJU : 파주에 살다, 기억하다'라는 주제로 구술자료를 편집한 구술채록집이 단행본으로 나왔다. 구술 채록 대상이 된 인물은 파주에 삶의 터전을 둔 총 10명으로 대장장이 외길 한근수, 파주 문학 초석 이동륜, 흙의 지도자 안광헌, 파주도서관 기초 세운 이달형, 배움의 꿈으로 파주 교육현장을 누빈 김호기, 한 길만을 고집스레 걸어온 마을 이발사 이성원, 짚·풀 공예가인 이재환, 더불어 사는 인생 이영복, 파주만의 특유의 삶을 자신만의 노하우로 실천한 이응천, 한 마을 독특한 삶의 이야기 봉일천 4리 등이다.[214] 전쟁으로 얼룩지고 갈라진 땅에서 생존해내기 위해 삶과의 전쟁을 치러내야 했던 세월, 그 속에서 함께했던 이웃·가족들과의 희로애락에 대한 기억으로 구성되었다. 2019년 7월 '휴먼 IN PAJU 시민채록단사업'이 '전국매니페스토 경진대회(현실에 기반한 전국 시군구의 자치행정 우수 정책사례를 발굴, 공유, 학습, 확산을 모색하는 경진대회)'에서 수상하면서 큰 관심을 모았다.

'장단마을 기록화 사업'은 한국전쟁과 분단으로 인해 사라진 도시 '장단'의 생활에 관한 이야기를 담기 위해 시작했다. '장단마을 기록화 사업'은 파주시 중앙도서관이 기획하고 한국민속학회가 수행했으며, 그 결과물로 파주 DMZ 옛 장단지역 기록화 사업 보고서 「파주 DMZ의 오래된 미래, 장단」을 발간했다. 본래 파주의 북쪽에 자리 잡고 있던 장단군은 한국전쟁으로 인해 삼분의 일이 남한에 속하게 됐다. 이 중 장단면, 군내면, 진동면, 진서면 4개의 면이 파주에 편입되면서 파주는 장단지역의 역사를 흡수하게 됐다. 이 지역의 주민들은 물리적인 공간뿐만 아니라 정서적으로도 장단과 함께 살아가고 있다. 오래된 기억을 가진 옛 장단 사람들의 삶을 기록하기 위해 지난 1년여간 DMZ 내 유일한 마을 대성동마을과 민통선 지역의 통일촌 및 해마루촌, 그리고 파주시와 다른 지역

214 김요섭(2019.8.4.). 서민들의 삶, 파주의 역사가 되다. 경기일보, https://www.kyeonggi.com/news/articleView.html?idxno=2142507

에서 실향민으로 살아가고 있는 사람들의 일상을 담아냈다.[215]

「대성동 DMZ의 숨겨진 마을」은 한반도에 있지만, 누구도 마음대로 출입할 수 없는 비무장지대의 유일한 마을인 대성동 마을의 역사와 문화, 주민의 이야기를 담았다. 파주시 중앙도서관이 기획하고, 소동출판사를 통해 제작되었으며 아프리카돼지열병과 코로나바이러스 감염증 확산 상황에서도, 외부인의 출입이 원천적으로 차단된 이 지역의 마을을 엄격한 통제를 받아가며 수차례 방문하고, 주민을 만나 인터뷰를 하면서 1년여에 걸쳐 완성했다. 대성동의 이장, 마을 원로, 초등학교 교장, 부녀회장, 새마을 지도자 등 주민들의 구술 인터뷰가 실려 있으며, 한때 DMZ에서 복무했던 미군의 기록도 포함되어 있다.[216]

파주시 중앙도서관은 2021년에도 주제별 기록화 사업의 일환으로 도시정비사업이 추진되며 사라지게 될 금촌 재개발지역의 마을 모습과 주민 이야기를 기록하여 「그리운 금촌, 보고플 율목」으로 발간했다. 금촌 재개발지역은 한국전쟁 이후 형성된 파주의 대표적인 근대 도심지역이다. 이번 기록화 사업이 특별한 것은, 외부 전문기관 용역방식에서 벗어나 지역 기록을 주민이 스스로 기록한다는 데 의미가 있는데, 지역주민, 지역활동가, 외부 전문가, 공무원이 민-관 협치 방식으로 지역자료를 수집하는 첫 번째 시도였다. 전체 기획 및 총괄은 중앙도서관 학예연구사가 담당했고 골목길 및 주요 건물 촬영과 마을주민 10명의 구술채록은 시민채록단이 진행했다. 영상촬영과 3D 스캔 및 도면 작성은 외부 전문가가 맡고, 원고 작성에는 중앙도서관, 시민채록단, 전문가, 마을주민이 공동으로 참여했다. 금촌 재개발지역 기록화 사업은 2020년 8월 시작해

---

215 기억의 도서관, 파주시 중앙도서관, https://memory.library.kr/features/libraryandi/library-4.html

216 파주중앙도서관 > 정보광장 > 공지사항, https://lib.paju.go.kr/jalib/20001/bbsPostDetail.do?postIdx=26053

30번 이상 현장을 다니며 사계절 변화를 사진과 영상으로 담았고, 주민 10명의 구술을 채록했다. 또한, 금촌 돌기와집의 100년 된 살림살이와 고서적 약 200여 점을 비롯해 마을주민으로부터 기록물 약 300여 점을 기증받았다. 사라지는 마을이 아쉬워 직접 만든 금촌 재개발지역 지도를 가지고 골목길 투어를 진행해 50여 명의 시민과 함께 금촌 재개발지역을 답사하기도 했다.[217]

이렇게 파주중앙도서관은 시민과 함께 파주에서 삶을 일궈온 사람들의 이야기를 채록해 파주시의 변천사를 기록으로 남기고 있다. 기록되지 않은 파주의 이야기가 발굴되고 기록되는 과정을 통해 서로를 이해하고 지지하게 되면서 도서관은 문화적 치유센터로 지역과 기록에 관심 있는 시민들의 참여가 계속되고 있다. 파주중앙도서관은 기록물 수집과정에 있어 시민과 소통하고 시민을 성장시키는 방향에 주안점을 두고 이를 위해 시민채록단을 꾸림으로써, 시민이 기록의 대상이 아니라 기록의 주체로 참여하도록 이끌어 기록사업의 지속성을 확보해가고 있다.

② 활용 및 서비스

2019년 11월 21일 파주중앙도서관은 도서관 2층 디지털 기록관의 개관 행사로 개관 기념 전시회와 포럼을 개최했다. 지역 문화자원과 공동체 기록을 체계적으로 관리하고 시민의 창의적 활동을 지원하기 위해 파주의 주제별 기록화 사업과 마을 공동체 기록화 사업을 추진하고자 첫 번째 기록화 사업으로 '파주 DMZ를 바라보는 여섯 개의 시선'을 준비했다. 분단과 대결의 상징이며 동시에 평화와 공존의 상징인 DMZ에 대한 다양한 연구 자료와 문서, 사진 등 기록 자료를 종합해놓았다. 특히 디지

217 김요섭(2021.6.3.). 파주시 중앙도서관, 금촌 재개발지역 기록화사업 추진, https://www.kyeonggi.com/news/articleView.html?idxno=236561

털 기록관 안에는 스튜디오가 마련되어 크로마키스크린과 조명, 카메라, 오디오, 비디오 믹서를 갖추어 보다 전문적인 영상을 촬영할 수 있다. 이외에도 편집기, 고화질 대형 스캐너, 필름 스캐너를 구비하여 보다 다채로운 영상도 만들고 필름을 디지털 코드로 변환하여 사진으로 저장한 후 이동식 저장 매체에 담아갈 수도 있다.[218]

2020년 1월 16일에는 '휴먼 IN PAJU'의 11번째 주인공 윤석산 선생님 편으로 일제강점기 시대와 해방, 바로 이어진 6·25전쟁 이야기, 30년대 장단마을과 민간인 통제구역인 통일촌 이야기 등 흥미로운 이야기들을 다루었다. 윤석산 선생님과 만나볼 수 있는 연계 강좌도 준비하여 그때의 생생한 이야기를 들을 수 있게 했고 직접 그리신 6·25 당시 상황의 그림들과 옛 물품 및 사진들까지 파주중앙도서관 1층 커뮤니티 자료실에서 전시되었는데, 2층 디지털기록관에 소장되어 있다.[219]

파주 중앙도서관은 파주의 다양한 상징적 주제들을 발굴해 기록하는 주제별 기록사업을 수행하고 기록물수집공모전, 시민기록네트워크, 시민채록단 운영 등을 통해 시민이 기록의 주체로 참여하는 기록사업의 지속성을 확보하는 데 주력해왔다. 또한 현재는 시민들에게 디지털 기록정보서비스를 제공하기 위한 아카이브 시스템을 준비하고 있으며 파주기록학교 심화과정 운영을 통해 보다 전문성 있는 시민기록활동가들을 양성하고 있다. 2021년에는 선발된 15명 기록활동가들과 함께 파주기록학교 심화과정을 운영하고 있는데, 교하·운정 기록화 사업을 위한 시민기록활동가 양성을 위해 1주에 1회, 세 시간 씩 총 23회 진행되며 교육, 워크숍, 현장 실습 이후 한 권의 이야기 책으로 묶어낼 예정이다.[220]

---

218 이상열(2019.11.15.). '파주 DMZ를 바라보는 여섯 개의 시선' 특별展, https://www.wikitree.co.kr/articles/480963

219 파주시 중앙도서관. [휴먼인파주] 한국 근현대사의 산 증인, 윤석산, https://m.blog.naver.com/pajulibrary/221768957962

그동안 출간된 구술자료집은 비매품으로, 지역 도서관을 통해 열람과 대출을 할 수 있으며 일부는 전시되어 있다. 구술자료의 이용자는 지역 주민들로 주로 고령자층(70대~80대)과 구술자의 친인척 및 지인 등이 방문해서 열람을 하는 편으로 도서관으로서는 새로운 독자층을 발굴할 수 있는 접점이 되고 있다. 수집된 기록들은 개관한 디지털기록관에서 전시 및 기록서비스를 제공하고 있는데 최근 방송, 언론, 연구자 활용과 타 지자체 벤치마킹이 늘면서 더욱 주목받고 있다.

(3) 영종도서관[221]

① 수집 목적 및 수집 과정

인천광역시 도서관발전진흥원이 운영하는 영종도서관은 2009년 3월 15일에 개관을 했는데, 그 당시 영종도서관은 영종도에서는 유일한 공공도서관이었다. 당시 문화기반시설이 적었던 영종도에서 영종도서관의 역할은 단순한 도서관으로서의 역할뿐만 아니라, 지역 내 대표 공공기관으로서 다양한 역할을 기대 받고 있던 상황이었다. 영종도서관은 이러한 도서관 이용자 및 지역주민들의 기대에 부응하기 위해 다양한 문화사업 및 프로그램을 기획·운영했고 개관 5주년이 되던 2014년, 획일화된 지역 개발 사업으로 인해 영종도의 역사적인 기억들이 사라지고 있는 지역사회 문제점에 눈을 돌리게 되었다. 때마침 제2차 도서관종합발전계획(2014~2018)에서도 다양한 요구를 포괄하는 이용자 중심 도서관 서비스 확대 방안의 하나로 지역의 역사·향토자료 콘텐츠 수집·축적 및 창조활동 지원을 제시하고 있었고, 영종도서관은 시시각각 변화하고 있는

---

220 최순자(2021.6.2.). "교하·운정은 당신을 기억합니다.", https://paju.go.kr/news/user/BD_newsView.do?q_ctgCd=1002&newsSeq=582

221 영종도서관, https://www.imla.kr/yj/index.do?scd=3

영종지역의 변천사를 기록하여 지역 주민들이 본인이 살고 있는 지역에 대한 애향심과 자긍심을 가지게 해 지역의 문화적, 역사적 정체성을 확립하고자 영종도 향토/지역자료 수집사업 <온고지신(溫故知新)>을 기획·운영하기로 했다.[222]

지역의 문화가치 창출로 '유네스코 지정 책의 수도 인천'의 성공적 추진을 위해 시작된 영종도 향토자료 아카이브 구축사업은 영종지역의 급속한 개발과 새로운 도시재생사업으로 지역의 역사적 가치나 정체성이 모호해지고 지역의 역사나 문화적 특징을 갖는 다양한 자료가 사라지는 현상이 나타남에 따라 공공성을 띤 영종지역 유일의 도서관인 영종도서관에서 지역의 변화사를 기록해 지역의 문화적, 역사적 정체성을 확고히 하고자 기획한 사업이다. 자료 수집은 개인 및 기관의 기증, 도서관 자생적 아카이브 자료생성(지역 원로 구술 채록 등)으로 이루어졌는데, 수집 자료 범주는 영종도와 관련한 향토 자료, 영종의 지역 색을 나타낼 수 있는 도서, 사진, 물품은 물론, 유·무형자료, 영종도와 관련한 지역주민 개개인의 기록 자료 등이었다. 이러한 사업을 통한 지역 향토자료 수집으로 지역의 주민들에게 소속감을 부여하고 공동체를 강화할 수 있는 계기가 마련되어 지역사회에 긍정적인 발전을 끼치고 있다. 즉, 도서관을 중심으로 도서관 이용자 및 지역주민들의 관심을 모으고, 지역의 문화적·역사적 정체성을 확립하며, 향토/지역자료의 산업화를 위한 기초 자료로 지역에 대한 연구 자료를 제공하여 공공도서관의 역할 및 존재감을 향상시키고 있다. 그 결과, 이 사업에 관해 쓴 논문인 "기억에 향기를 담는다–공공도서관에서의 향토/지역자료 수집사례"가 2016년 제10회 도서관 선진화 현장 발전 우수 사례로 선정되어 문화체육부 장관상 우수상을 받

222 정창교(2015.3.9.). 영종도서관 '책의 수도 인천' 성공 위해 '온고지신' 운영, https://news.kmib.co.kr/article/view.asp?arcid=0009216293

았다.[223]

영종도서관은 계속된 개발로 인해 사라진 옛 자료들을 수집하는 방안으로 '영종도와 관련한 이야기 구술채록사업'을 기획했으며, 이는 영종도 향토/지역자료 수집에서 중요한 방법이기도 하다. 구술 채록은 구술자가 자신의 역사를 말로 풀어내는 작업으로 녹음기를 이용하여 음성을 수집하고, 수집된 자료는 문자기록으로도 작성하여 보관했다. 이러한 구술 채록은 상시 구술 채록과 지역 원로 구술 채록으로 나누어서 사업을 진행하고 있다. 상시 채록은 자료 수집을 위한 지역 주민 및 기관 방문 시 수집되는 자료이며, 지역 원로 구술 채록은 지역 원로를 대상으로 담당자가 직접 방문하여 수집하는 방법이다. 영종도서관 자체적으로 생성하고 수집한 구술 채록 자료로는 개발 이전 영종도의 주요한 생업 수단 중 하나였던 염전에 관한 것으로, 영종도에서 마지막 염부를 하셨던 분의 자택을 방문하여 염전에 관한 이야기 등을 구술로 담아낸 것이 있다.

향토/지역자료의 수집 사업은 단기간 내 성과 혹은 결과물이 나올 수 없으며 많은 사람들의 관심이 있는 분야도 아니다. 하지만 영종도서관은 이 사업을 특화사업으로까지 지정하여 운영하는 이유는 지방자치시대가 시작되면서 사람들이 지역사회라는 것에 관심을 갖게 되었고, 자연스레 향토/지역자료의 수집과 보존, 활용과 연구에 대한 관심 또한 증대되었는데 그에 반해 현대 사회는 급속도로 산업화가 되어가면서 점차 획일화된 문화 속에서 지방 고유의 향토문화 및 정신적 자산은 사라지고 있는 상황이기 때문이다. 이러한 점은 급속한 개발과 새로운 도시재생사업으로 인하여 계속해서 변화되고 있는 영종도에서도 나타났으며 사라져가는 지역의 역사와 문화가 담긴 자료들을 체계적으로 기록하고 수집하여

223 국립중앙도서관 편(2016). 『도서관 현장사례 및 논문: 현장발전 우수사례 및 논문 수상집』. 서울: 국립중앙도서관.

보존하고 연구해야 하는 필요성은 더욱 대두되었다. 이에 영종도서관은 향토/지역자료 수집사업을 기획하여 운영하게 되었으며, 도서관 이용자 및 지역주민들의 긍정적인 기억을 기록화하고 있다. 부족한 인력 및 예산 아래에서도 이 사업이 지역의 문화적·역사적 정체성을 확립시키고 나아가 향토/지역자료의 산업화를 위한 초석이 될 수 있고 공공도서관의 기능을 향상·강화하는 계기가 될 것이라서 영종도서관은 앞으로도 이 사업을 지속적으로 진행해나갈 예정이다.

(4) 평택시립도서관[224]

① 수집 목적 및 수집 과정

경기도 평택시립도서관은 1992년에 비전도서관 개관을 시작으로 팽성, 안중, 지산초록, 진휘, 장당, 오성, 청북, 세교의 9개 공공도서관과 서정, 매봉, 송탄, 포승의 4개 공동 작은 도서관이 운영 중이며 2018년 10월 31일 배다리도서관 개관과 향후 고덕신도시 도서관 건립 등 모든 시민이 보다 편리하게 이용할 수 있는 도서관, 책과 사람, 사람과 사람을 잇는 도서관 서비스 환경을 만들고자 노력하고 있다.[225] 평택시의 구술생애사업은 2015년부터 운영되어 도서관을 중심으로 시민이 주체가 되어 잊혀지기 쉬운 개인의 소소한 일상사를 기록으로 남겨 마을의 역사가 되고 지역의 역사가 되는 아카이빙 작업을 진행해오고 있다. 2015년부터 2018년까지 오성면 어르신들의 기억을 기록한 구술생애사업을 평택지역으로 확장하기 위해 1차 '마을, 이야기가 되다' 프로그램은 '오성마을

224 평택시도서관, https://www.ptlib.go.kr/intro/menu/10002/contents/40001/contents.do

225 평택시도서관 > 도서관 소개 > 인사말, https://www.ptlib.go.kr/intro/menu/10002/contents/40001/contents.do

인물백과사전'을 모티브로 작가의 지도로 수필과 동화창작으로 이야기를 확장하고, 2차 '평택을 기억하다, 기록하다'는 기억수집가가 자유로운 주제로 부모님, 지인, 이웃 등을 인터뷰하고 구술, 녹취, 기록하는 마을기록가 양성과정으로 운영하고 있다. 1, 2차 프로그램의 결과물은 『평택을 기억하다, 기록하다: 평택인물백과사전』으로 출간돼 '출판기념회'를 열고 지역사의 소중한 자료로 보존되고 이야기를 들려주실 어르신 및 구술생애 활동에 관심 있는 시민들의 참여가 이루어지고 있다. <평택을 기억하다 기록하다>는 문화체육관광부가 주최하고 한국도서관협회가 주관하는 '도서관 길 위의 인문학' 공모사업에 선정되어 구술생애사업 및 마을 이야기 프로그램(27회)에 250여 명의 시민들이 참여했다.[226]

평택시립장당도서관[227]은 2014년에 개관한 시립도서관으로, 장당중학교와 효명고등학교, 송탄고등학교, 이충고등학교 등 학교가 많은 지역에 위치하여 학생들의 도서관 프로그램의 참여도가 높은 편이다. 그중 '우리동네 오성, 마을인물백과사전만들기'와 같은 프로그램은 지역의 구술채록사업의 일환으로 청소년들이 학교와 이웃, 마을로 관심을 넓혀갈 수 있는 프로그램으로 운영되고 있다.[228] 평택장당도서관의 구술자료 수집은 지역 주민들에게 도서관을 알리고 이용을 확대하며, 도서관과 마을공동체가 유기적인 관계를 맺을 수 있는 방안의 일환으로 추진하게 되었다. 특히 청소년들에게 건강한 토요문화 활동을 제공하기 위해 '우리 동네, 마을인물백과사전만들기' 프로그램을 매주 토요일 오전 10시~12시에 장당도서관과 오성도서관에서 각각 진행했다. 이 사업은 청소년의 눈

---

226 김영진(2021.5.31.). 평택시립 배다리도서관 길위의 인문학 '평택을 기억하다 기록하다' 운영, https://www.kmnews.co.kr/mobile/article.html?no=82622

227 장당도서관, https://www.ptlib.go.kr/jdlib/index.do

228 배유미(2018.10.19.). 평택 장당도서관의 공간을 만나다. 희망평택(평택시청 공식블로그). https://blog.naver.com/pt_story/221380980481

으로 인터뷰하고 기록하는 내용으로 '통하는 인터뷰'와 '우리는 마을인물기록가' 두 개의 프로젝트로 운영되었는데 이를 통해 청소년들은 가족뿐 아니라 또래와 어른이 다양한 관계를 맺게 되고 기록을 통해 지역사료를 발간하는 의미 있는 작업이 되었다.[229] '우리는 마을인물기록가'는 고등학생 대상으로 16회로 진행되었는데, 역사와 인터뷰 교육 후 '오성면'의 어르신들을 만나 삶의 기억을 기록하여 책으로 발간할 수 있었다. 경기도 오성마을 어르신(오성에서 오랫동안 살아오신 분)을 대상으로 마을 청소년과 자원봉사자가 약간의 교육을 받은 후 마을 어르신들을 대상으로 구술 채록을 수행하게 되었다. 간단한 수집 매뉴얼을 갖고 구술 자료 수집을 진행하게 되었으며, 녹음 자료, 녹취록(녹취록은 구술의 내용을 텍스트로 옮겨서 문맥에 맞게 순서를 조정하고 제목을 붙임), 관련 사진을 수집했다.

2015년부터 2018년까지는 평택시립장당도서관이 중심이 되어 『오성을 기억하다, 기록하다: 오성마을인물백과사전』 1편에서 4편까지 매년 발간했고, 이때 평택지역의 고등학생 청소년이 중심이 되어 구술을 채록하고 함께 엮었다. 2015년과 2016년은 '꿈다락토요문화학교' 공모사업으로 진행했고, 2017년과 2018년은 문화체육관광부와 한국도서관협회가 주관한 '도서관 길 위의 인문학' 공모사업으로 '우리 동네오성, 마을인물백과사전만들기'사업을 운영했다.[230] 사업 성과물인 『오성을 기억하다, 기록하다』는 오성에서 살아온 어르신들과 도서관장의 발자취가 담긴 책으로, 어르신들이 살아왔던 이야기와 옛 추억사진, 사진작가가 촬영한 인물사진, 청소년들의 수업자료 등이 담겨있다. '오성 마을인물 백

229 이기환(2017.7.30.). 매일일보 '오성마을인물백과사전 만들기' 1차 인터뷰 진행, https://www.m-i.kr/news/articleView.html?idxno=330444

230 류계수(2018.5.18.). 평택시, 길 위의 인문학 '오성마을인물백과사전 만들기' 4년차 공모사업선정, https://www.cnn21.co.kr/news/articleView.html?idxno=34286

과사전 만들기'는 오성면에 40년 이상 거주하고 있는 칠팔십 대 어르신을 고등학생 청소년들이 팀별로 인터뷰하고 녹취·풀이해 책으로 편찬하는 구술생애사업이다. 오성면의 역사, 마을도서관, 기억과 기록, 구술사업에 도전, 오성 들녘의 사람들, 어르신들, 평택의 아이들을 다루고 있다. 이는 지역역사 뿐만 아니라 이곳을 근거로 살아온 어르신들의 삶을 청소년들이 소통하면서 이해하는 데 의의가 있다. 이렇게 청소년과 함께 하는 지역 구술은 지역에 소재한 학교에서 참가 학생을 모집하고 관련 수업에 활용하고 홍보하는 방식으로 상호 협력할 수 있으며 학생 주도의 지역사 탐구 프로젝트에 있어서 구술사연구 방법은 매우 효과적일 수 있다. 다양한 교과목에서 자기주도 학습은 물론 학생의 생활기록부 작성, 봉사활동이나 특기 사항에 해당 내용을 기재할 수도 있으며 학생들에게 지역민으로서의 정체성을 형성하게 하며, 민주시민으로서 자신의 삶과 연결되는 지역에 대한 학습을 통하여 역사적 행위의 주체임을 깨닫게 할 수 있다. 그래서 평택시립장당도서관은 2018년 제55회 전국도서관대회에서 '올해의 작가들' 인문독서 사업과 어르신 생애구술사업 등 지역의 역사를 생산하고 세대 간 소통을 통해 미래지향적 도서관 사업을 발굴하고 운영한 점에서 높은 점수를 받아 문화체육부장관상을 받았다.[231]

평택시립배다리도서관은 2018년 10월에 설립되어 2020년에는 아메리칸코너, 2021년에는 독서당을 별관으로 개관했다. 2019년부터 2021년까지는 평택시립배다리도서관이 중심이 되어 구술생애사업을 진행했고, 지역의 범위를 확대하여 『평택을 기억하다, 기록하다: 평택인물백과사전』 1편에서 3편까지를 매년 발간했다. 배다리도서관은 문화체육관광부가 주최하고 한국도서관협회가 주관하는 2020년 길 위의 인문

231 이상미(2018.10.31.). 장당도서관 '2018 전국 도서관 운영평가' 문체부장관상 수상, https://www.pttimes.com/news/articleView.html?idxno=48075

학(함께 쓰기-심화) 공모사업의 지원관으로 선정되어 2020년부터 구술생애사업 '평택을 기억하다, 기록하다'를 운영하고 있다. '평택을 기억, 기록하다'라는 주제로 지역사회에 뿌리내리는 아카이빙 사업을 추진하고 있는데, 평택지역의 어르신들의 이야기를 기록할 기록자를 모집해 기록자로 양성·활동하게 한 후 그 결과를 출판하는 프로그램을 진행하고 있다. 기억수집가가 지역의 어르신을 인터뷰하여 구술, 녹취, 기록하는 1차 프로그램 '평택을 기억하다, 기록하다'와 어르신이 직접 삶의 이야기 쓰기와 그리기를 통해 표현하는 2차 프로그램 '내 인생의 한 장면'으로 실시되고 있다. 1, 2차 프로그램의 결과물은 『평택을 기억하다, 기록하다: 평택인물백과사전』으로 출간되어 지역사의 소중한 자료로 보존되고 매년 어르신, 청년, 시민들이 화합하고 음악과 문학이 함께하는 출판기념회와 '기억을 기록하다 전'을 개최하고 있다.[232]

시민 구술채록가가 어르신을 직접 인터뷰하여 기록한 『평택인물백과사전』은 평택에서 살아온 어르신들이 살아오신 이야기와 옛 추억 사진, 사진 작가가 직접 촬영한 인물사진, 기억수집가의 참여 소감 등이 담겨 있다. 시민들이 자발적으로 참여한 평택 기억수집가 활동을 통해 소정의 교육을 거쳐 직접 어르신들의 증언을 듣고 기록으로 남겨 제작됐다. 2020년의 주제는 평택 배농사로 죽백동, 청룡동, 모산골 등 아름다운 배꽃과 맛있는 배로 우리를 행복하게 한 전·현직 농부들을 만나 그들의 삶과 배농사 이야기를 기록했다. 구술 기록뿐 아니라 어르신 함께 쓰기(내 인생의 한 장면) 프로그램에 참여한 평택 어르신들이 쓴 글과 그림도 확인할 수 있다.[233] 2021년 '평택을 기억하다, 기록하다'는 내가 직접 피면담

232 두영배(2020.6.23). 평택시립배다리도서관, 내달부터 구술생애사업 운영, https://www.kgdm.co.kr/news/articleView.html?idxno=702749

233 안종찬(2020.11.18.). 평택시, 2020년 「평택을 기억하다 기록하다2」 출판기념회 개최, https://www.jbptmedia.com/news/articleView.html?idxno=10611

자를 정하고 구술생애사를 쓰는 인터뷰, 글쓰기, 출판 체험 구술생애사 양성과정으로 2021년 6월부터 10월까지 총 17회에 걸쳐 배다리도서관 1층 강의실에서 온·오프라인로 강의가 진행되었다. 증조할머니부터 손녀까지 딸 사대 이야기, 오성 죽4리 마을 할머니와 나눈 음식 이야기, 고향이 대구인 평택 5년차 거주 할머니의 이야기를 기록했다. 함께 진행한 '마을, 이야기가 되다'는 『오성인물백과사전 1권』을 모티브로 내가 만드는 이야기 창작과정으로 <책읽는 평택> 책프로젝트 온라인 함께쓰기로 운영됐다. 그리고 2021년 10월 29일 『평택을 기억하다, 기록하다 3』 출판기념회가 배다리도서관 1층 시청각실에서 진행되었다.[234]

꾸준히 지역민들과 함께 성장하고 있는 '평택을 기억하다, 기록하다' 구술생애사업은 지역사 아카이브의 밑거름이 되고 있다. 평택을 기억하고 남기는 고단한 작업에 동참하는 이들이 있다는 것은 코로나 시대에 버틸 힘을 주고 서로를 돌아보는 시간이 되었으며 2021년에 발간한 책에서는 구술 기록 및 마을이야기 참여자들의 동화와 수필을 만날 수 있다. 구술생애사업 '평택을 기억하다, 기록하다'를 운영하고 있는 평택시립 배다리도서관은 아카이빙 사업을 통해 마을 공동체가 가지는 의미와 더불어 개인의 기록을 마을의 기록으로 확장하는 지역사료관으로서의 도서관의 역할에 대해 강조하고 있다.

② 활용 및 서비스

이러한 구술사업이 마을 공동체에 가지는 의미와 더불어 개인의 기록을 마을의 기록으로 확장하는 지역사료관으로서의 도서관의 역할이 중요해지고 있다. 자신의 삶을 진솔한 이야기로 풀어주신 어르신들과 전

234 안정순(2021.10.28.). 2021년 '평택을 기억하다 vs 기록하다 3', https://www.kgmunwha.com/news/articleView.html?idxno=1655

과정에 성실하게 참여한 청소년들, 마을활동가들이 있었기에 가능했다. 『평택을 기억하다, 기록하다』는 시민과 관련 기관·단체에 배부되었으며 도서관 자료로 등록하여 일반 장서와 같이 이용할 수 있으며 원본 자료는 도서관에 보관 중이다. 온라인 서비스는 경기도 역사와 문화유산을 기록으로 남기는 경기도메모리 홈페이지(https://memory.library.kr)에 등록되어 누구나 열람할 수 있다. 또한 참여한 어르신들의 인물 및 행사 사진은 '기억을 기록하다 展'으로 배다리 도서관 로비에서 전시해오고 있다.[235]

(5) 하남시 미사도서관[236]

① 수집 목적 및 수집 과정

하남시 미사도서관은 2020년 5월 개관 이후 하남시의 체계적이고 지속적인 지역 및 향토 자료 수집을 통해 하남만의 특색 있는 아카이브를 구축하기 위해 앞장서고 있다. 도서관이 개인의 삶을 성장시키고, 지역사회를 변화시키는 사회적 공간으로 공동체 역량을 키우고, 지역과 공동체 기억을 보존·공유·확산하는 공간이 되고자 노력하고 있다. 그래서 시민이 성장하는 도서관, 지역을 담아내는 도서관, 미래를 준비하는 도서관이라는 3가지 방향성을 가지고 더 나은 도서관 문화 정착 및 문화 서비스를 제공하고 있다. 2020년 9월, '하남 아카이브 프로젝트'의 일환으로 하남의 숨겨져 있는 역사와 변화해가는 우리 동네를 기록하는 구술사 프로그램인 '골목골목 우리 동네 기록단 1기'를 진행했다. '골목골목 우리 동네 기록단 1기' 프로그램은 9월부터 12월까지 12주간 시민 30명

235 정서영(2021.10.26.). 2021년 '평택을 기억하다 기록하다 3' 2021년 평택인물백과사전 출판기념회 개최, https://www.vision21.kr/news/article.html?no=158528

236 하남시 미사도서관, https://www.hanamlib.go.kr/mslib/index.do

을 대상으로 줌(Zoom)을 활용해 실시간으로 소통하며 진행되었다. '골목골목 우리 동네 기록단'은 흩어지고 사라져 가는 소중한 지역 문화자원 및 마을공동체 등 기록을 체계적으로 수집·관리·활용하기 위해 구술활동을 펼칠 기록자 양성 프로그램이다. 이 프로그램은 한국학중앙연구원과 협력해 구술사에 대해 쉽게 이해하고 활용할 수 있도록 체계적으로 구성되었으며, 구술자료 생산, 수집, 연구, 활용 등 이론 교육이 진행되었다. 미사도서관은 '골목골목 우리 동네 기록단' 프로그램을 통해 하남시의 빠른 발전과 더불어 뿌리 깊은 역사가 여전히 공존하고 있음을 기억하고 보존하며, 살아 있는 하남의 이야기를 통해 시민들의 공동체 의식을 활성화하고자 했다.[237]

2021년 2월, 하남시 미사도서관은 한국전쟁의 역사적 증인이자 영웅인 참전용사의 삶을 기록으로 남기는 '6·25 참전용사 구술채록' 프로그램을 시민과 함께 시작했다. 이 프로그램은 참전용사 이야기를 통해 전쟁의 참상을 간접 경험하고, 소실될 수 있는 기억을 기록해 후대에 전승 및 보존하고자 마련되었다. 시민 구술채록자 20명을 모집하여 10주간 매주 1회 2시간 30분씩 구술채록을 위한 교육을 운영했다. 교육은 2월부터 4월까지 10회에 걸쳐 진행되었으며, 이후 참가자들은 채록자로 활동했다. 채록자로 양성된 18명의 하남시민은 6·25 전쟁의 산증인이자 주인공인 참전용사를 직접 만나 구술을 기록하는 등 사명감을 가지고 프로그램에 참여했다. 참전용사 구술채록은 아픈 전쟁의 기억을 이야기하는 6·25 참전용사들에게도, 그것을 기록하는 시민들에게도 매우 어려운 작업이었지만 시민채록단은 사명감을 가지고 참여했다. 또한, 유명 사진작가 라미 현은 6·25 참전용사 10명과 시민 채록단의 이야기를 카메라

237 김동욱(202.9.16). "하남의 숨은 역사를 기록한다" … 하남시, '골목골목 우리 동네 기록단' 1기 진행, https://www.joongboo.com/news/articleView.html?idxno=363445220

에 담았는데, 그는 전 세계 6·25 참전용사들의 모습을 사진으로 남기는 '솔져 KWV(Soldier Korean War Veteran) 프로젝트'를 진행하며 참전용사의 희생과 헌신을 널리 알리고 있다.[238]

② 활용 및 서비스

이러한 참전용사 구술 프로젝트의 결과물은 6·25전쟁 71주년을 맞아 2021년 6월 25일부터 7월 30일까지 미사도서관에서는 열린 '기억으로 쓰는 역사 展'에 6·25 참전용사 구술채록 프로그램의 결과물과 함께, 조국을 위해 헌신한 참전용사의 모습과 일생의 이야기가 담긴 사진과 영상, 책자가 전시되었다. 또한, 참전용사에게 엽서 쓰기, 도서관 투어 스탬프 이벤트 등을 진행해 전시회 관람에 가치와 즐거움을 더했다. 이러한 전시회는 참전용사를 다시 한번 '영웅'으로 기억하고 소실될 수 있는 6·25 참전용사의 과거 기억을 기록으로 남겨서 독립과 보훈, 민주화를 함께 기억하고 보존하여 청소년들이 미래로 나아갈 수 있는 계기가 될 수 있다.[239]

(6) 대구 수성구립 용학도서관[240]

① 수집 목적 및 수집 과정

대구 수성구립 용학도서관은 대구광역시 수성구 서부지역을 아우르는 거점도서관으로 파동도서관(파동), 무학숲도서관(황금·지산동) 2개의 분관을 두고 있다. 용학도서관은 향토자료 수집사업을 수행하여, '도서

238 이홍재(2021.5.13.). 하남시립도서관, 사진작가 라미 현과 6·25 참전용사 사진 촬영, https://www.kihoilbo.co.kr/news/articleView.html?idxno=926900

239 박공식(2021.6.24.). 하남시, 6·25 참전용사 구술채록 전시회 '기억으로 쓰는 역사 展' 개최, https://www.gongo1.com/news/articleView.html?idxno=2928

240 수성구립 용학도서관, https://library.daegu.go.kr/yonghak/index.do

관, 우리 마을의 기억을 담다'라는 주제로 2018년 11월부터 2019년 12월까지 사진전을 기획하여 지역의 옛 모습이 담긴 흑백사진과 사진 속 주인공들의 구술 채록 자료를 함께 전시했다. 용학도서관 향토자료 수집 사업의 하나로 범물동, 지산동, 두산동, 상동, 파동의 옛 모습이 담긴 흑백사진과 사진 속 주인공 등의 구술 채록 자료도 함께 전시했다. 1967년 앞산으로 이전하기 전의 충혼탑을 담은 흑백사진에는 그 당시 전쟁 과부가 너무 많아서 해마다 6월이 되면 혼자 사는 부인들의 참배가 줄을 이었다는 김수자 씨 채록자료 안에 생생한 간증이 담겨져 있다. 1960년 총공사비 1억 2천800만 원이라는 거금을 들여 건립한 수성관광호텔의 옛모습, 눈 내린 수성못의 고즈넉한 풍경, 1960년대 중반 꽁꽁 언 수성못에서 빙상대회가 열리고 있는 모습 등을 보며 구술 채록 자료집을 통해 신동균씨는 옛날 광복되고 시내 영선못이 있었는데 거기 얼음이 시원찮으면 수성못으로 와서 스케이트 대회를 했다고 회상했다.[241] 용학도서관의 구술 자료 수집 목적은 대구 수성구의 향토자료 수집으로 대구 수성구 어르신들을 대상으로 도서관장이 직접 동장들을 만나서 지원자들을 섭외했다. 수성구청의 1년간 인력지원 사업, 2명을 계약직(최저임금)을 채용하여 2명의 기간제 담당자가 어르신들을 만나서 구술 채록을 진행했다. 향토사업 안의 수집사업으로 구청의 인력지원사업을 통해 진행되어 구술사업에 대한 사전 지식이나 준비 없이 관련 자료를 참고하여 진행했고, 수집 매뉴얼을 별도로 보유하지 않은 상태로 진행되었다.

② 활용 및 서비스

도서관용 결과물 제출용 단행본, 원고 파일, 사진 자료만 받아서 음성

241 김호순, 옛 추억을 불러낸 도서관 '우리 마을' 사진전, https://www.yeongnam.com/web/view.php?key=20181212.010130759380001

파일은 없고, 구술을 수기로 받아 적은 원고 파일과 사진 스캔 파일만 소장하고 있으며 간단한 구술동의서까지 받아두었다. 구술 과정에서 관련 사진을 받아 스캔하고, 사진을 돌려주는 과정에서 큰 사이즈로 확대하여 구술자에게 돌려주는 것으로 고마움을 표시했다. 구술 자료는 비매품으로 출판한 단행본으로 도서관 검색을 통해 단행본의 소재 파악 후에 대출이 가능하다. 원고 파일이나 사진 파일은 보존용으로 열람이 불가한 상태이다.

4) 문화원

(1) 동작문화원[242]

① 수집 목적 및 수집 과정

1998년 동작구와 (주)유한양행, (주)농심의 출연을 기반으로 설립된 동작문화원은 새로운 지식을 충전시키는 평생교육을 바탕으로 구민의 삶의 질과 행복지수를 높이고 지역 평생교육의 발전에 기여함은 물론 전통문화의 계승과 새로운 문화 창조에도 커다란 밑바탕이 되고자 설립되었다. 동작문화원은 동작구에 오랫동안 살아온 분들의 역사적 발자취를 소개하고 동작구를 이해하고 애향심을 일깨우기 위해 2010년 '구술 생애사' 발간을 시작했다. 동작문화원 구술 생애사 시리즈는 향토문화가 뿌리 내리고 있는 동작구에 오랫동안 살아오신 분들의 역사적 발자취를 소개하기 위해 2010년 첫 권으로 노량진동·본동에서 동장을 역임하며 60여 년을 살아온 김동관 옹의 생애를 구술로 한 『김동관 1932년 6월 4일생』을 발간했으며, 2017년에 1950년대 후반부터 60여 년간 흑석동

242 동작문화원, https://dongjak.kccf.or.kr/

에 거주해온 정순영 여사의 삶이 담긴 『정순영 1930년 10월 22일생』, 2018년에는 상도동에서 출생하여 현재까지 그 자리에서 가업을 이어가는 정지건 선생의 생애를 담은 『정지건 1946년 음력 7월 5일생』을 출간했다. 『강형수(姜亨洙) 1938년 양력 6월 7일생』은 동작문화원의 구술 생애사 시리즈 중 네 번째이다. 400년 동안 사당동 배나무골에서 대대로 살아오고, 이 곳에서 태어나고 80여 년 평생을 이곳에서 생활하고 있는 강형수 선생의 삶을 담았다. 토박이이기에 기록으로 남아 있지 않은 동작구의 집성촌, 지명유래, 토지개혁, 6·25전쟁, 국립현충원 조성, 4·19를 비롯한 역사적 사건의 경험과 1960~1970년대 개발기의 사당동 거주 서민들의 생활사 등이 강형수 선생의 입을 통해 생생하게 전하고 있다. 구술 생애사 시리즈 5번째로 2021년에 발간한 『한창용 1936년 음력 2월 3일생』은 250여 년 동안 신대방1동에서 뿌리를 내리며 살아온 선조들의 뒤를 이어 이 곳에서 태어나 한 평생을 같은 곳에서 살고 있는 평범하지만 그 평범함이 잔잔한 감동을 주는 한창용 선생의 삶을 담았다. 특히 신대방1동에서 매년 개최하고 있는 와우산 산신제에 대한 이야기를 비롯해 한창용 선생과 이웃하며 살아온 조휘종, 이강성 선생이 말하는 신대방1동의 이야기도 담겨 있다.[243] 이러한 구술 생애사 시리즈를 통해 우리 고장을 이해하고 애향심을 일깨우는 데 일조를 하고 있다.

② 활용 및 서비스

동작문화원 구술 생애사 시리즈 발간을 통해 지역의 향토사와 향토문화를 이끌어온 20세기 주역들의 이야기로 동작구 역사를 재조명하고 있다. 동작문화원은 지속적인 구술 생애사 시리즈 발간을 통해 향토사와

243 동작문화원, 한창용 선생 구술 생애사 전달식 개최, https://www.dongjaknews.com/22115

향토문화를 이끌어온 20세기 주역들을 발굴하고, 이들을 통해 주민이 중심이 되는 20세기 동작구의 역사를 재조명한다는 방침이다. 동작구에서 살아온 20세기 인물들의 삶을 재조명하는 작업을 통해 동작구의 주민이 중심이 되는 새로운 역사를 구성할 수 있으며 구술 생애사를 통해 우리 고장을 이해하고 애향심을 일깨울 수 있을 것이다. 자기 인생을 욕심 없이 꾸준히 열심히 살아온 선배 세대의 이야기인 동작문화원 구술 생애사 시리즈를 통해 후배 세대들이 삶의 지혜와 용기를 얻게 될 것이다. 그러나 문화원자료실로 들어가서 구술 자료를 찾아볼 수 있게 되어 있지 않아서 활용 및 서비스에 있어서 전반적인 개선이 필요하다.

(2) 의정부문화원[244]

① 수집 목적 및 수집 과정

의정부문화원은 1989년에 설립되어 30년의 역사를 자랑하는 경기북부 중심 문화원으로써 전통문화 계승 발전과 지역문화 창조 육성, 생활문화 보급 확대를 위해 향토사료 발굴 및 보존 사업과 창의적인 지방문화 축제 및 지역 간 문화콘텐츠 교류 사업, 그리고 문화 교육 사업 및 생활문화예술 활성화 사업을 전개해나가고 있다. '문화는 인류의 삶의 질을 풍요롭게 하는 공유적 자산'이란 모토로 문화생활 속에서 행복을 찾아서 누리자는 신념으로 오늘보다 내일을 더 즐겁게 살아갈 수 있도록 하는 데 문화원의 역할을 부여하고 있다.

의정부문화원의 의정부 마을기억 찾기 프로젝트 '義記to合(의기투합)'은 의정부 사람들이 기억하고 있는 옛날 마을의 모습과 현재를 다양한 시각에서 바라보고 다채로운 이야기로 기록하는 10년 장기 프로젝트로,

---

244 의정부문화원, https://ujbcc.or.kr/

더 이상 잃어버려서는 안 될 우리 삶의 기억을 찾아 마을조사지, 구술조사지 및 다양한 형태의 기록으로 정리해 새로운 시대의 눈높이에 맞는 지역사를 정립하는 것을 목표로 하고 있다. 『헬로 뺏벌』은 미군부대로 인한 변화를 겪은 의정부에 대한 상징적 이야기를 담고 있는 뺏벌 마을에 대한 기록을 담고 있다. 뺏벌 마을은 의정부 고산동에 위치한 이름도 없이 선산을 지키는 사람들만 살던 굉장히 작은 마을이었으나, 한국전쟁 이후 미군부대인 캠프스탠리와 함께 돈을 벌기 위해 많은 사람들이 급격히 마을에 들어오면서 기지촌이 형성되고 자연스럽게 마을 규모가 커지면서 큰 부흥기를 맞았던 의정부의 대표 도시다. 하지만 지금은 미군부대가 철수하고 과거의 화려한 기억만이 남아 있는 마을이 되었다. 최영희 의정부향토문화연구소장을 비롯한 정형호, 서종원, 이영수, 권선경, 이동아, 윤영기, 이상례, 조영미, 박연수 등 다양한 분야의 전문 집필진들이 합동으로 참여했는데, 집필진은 과거에 집중했던 기존의 민속조사의 방식과는 다르게 현재를 살아가고 있는 마을 주민들의 다양한 생각과 이야기를 객관적인 시각으로 조사하고자 의·식·주를 비롯한 생업, 놀이, 의례 등에 대하여 마을에서 생활하고 있는 여러 구술자들을 만나 조사된 구술 자료를 바탕으로 뺏벌에 대한 이야기를 마을지에 담아냈다.[245]

② 활용 및 서비스

의정부문화원은 조사를 진행하기에 앞서 '의정부 시민마을기록자 양성 과정'을 진행했다. "의정부 시민마을기록자 양성 과정"은 의정부의 변화와 역사 문화에 대한 이야기를 의정부에 거주하고 있는 시민들이 직접 수집하고, 조사할 수 있도록 기록자를 양성하는 프로그램이다. 이러한

245 '2019 의정부문화원 학술세미나'-주제발표 및 종합토론, https://ujbcc.or.kr/bbs/board.php?bo_table=0301&wr_id=156

양성 과정을 마친 시민기록자들이 첫 조사로 빽벌 마을 조사에 함께 참여했다. 앞으로도 시민마을기록자들은 의정부문화원에서 진행될 여러 조사 사업에 함께 참여할 예정이며, 점차 그 범위와 참여를 확장해나갈 예정이다. 시민마을기록자들과 함께 참여한다는 점에서 “의정부 마을기억 찾기 프로젝트 義記to合(의기투합)”은 더 큰 의미가 있다. 앞으로도 각 프로젝트 결과를 보고회 형식의 토론회로 지속적으로 개최할 예정이다. 義記to合(의기투합) 프로젝트는 의정부의 미래를 준비하는 단초를 찾을 수 있는 중요한 작업이며 의정부문화원은 의정부(고산동, 산곡동) 마을지, 의정부 시민이 기억하는 지명유래지와 미군부대 주변 마을 조사지, 의정부 인물 구술 생애사 등 보다 세부적으로 주제를 구분하여 발간할 예정이다.[246] 이러한 노력은 의정부 시민아카이브센터를 만드는 토대가 되었고 2021년 8월부터 의정부시 흥선로 7 가능동 향군클럽에서 ‘의정부 아카이브 ㄱ 전: 미래에 전할 오늘의 우리 이야기’를 전시하게 되었다.[247] 이렇게 진행된 마을기록들은 단행본으로 발행이 되어 홈페이지에서 문화원 간행물로 들어가면 다 볼 수 있게 만들어 놓았다.

(3) 광명문화원[248]

① 수집 목적 및 수집 과정

광명문화원은 지방문화원진흥법에 의하여 1992년 개원한 문화단체로 ‘지방 문화 디딤돌의 초석, 광명문화원’이라는 비전 아래 전통문화예

246 의정부문화원 “의정부 마을기억 찾기 프로젝트 義記to合(의기투합) 시즌1” 『헬로 빽벌』 발간, https://ujbcc.or.kr/bbs/board.php?bo_table=0301&wr_id=161

247 의정부아카이브 「ㄱ」展–미래에 전할 오늘의 우리 이야기를 준비하는 모습이 담긴 영상, https://ujbcc.or.kr/bbs/board.php?bo_table=0301&wr_id=177

248 광명문화원, https://www.gmcc.or.kr/main.php

술의 보존 및 보급, 시민의 문화예술 활동지원, 교류와 네트워크 등을 통해 함께 성장하는 문화 생태계 조성의 주요 거점으로서 역할과 소명을 다하고 있다. 문화사업으로 자연마을 향토문화자원조사가 있는데, 광명·시흥테크노밸리조성사업, 구름산지구 주택개발 등으로 많은 변화가 예상되는 자연마을 지역의 전통생활문화에 관한 체계적인 조사 추진으로 보존, 전승 방안 마련의 자료로 활용하고 있다. 매년 4월~12월에 공세동, 뒷골, 노리실, 장터말, 설월리, 가리대와 같이 개발을 앞둔 자연마을의 향토문화 자원을 마을의 자연 및 인문환경, 마을의 역사(내력, 세거성씨), 마을의 생활문화(의식주생활, 신앙 및 의례생활, 세시풍속과 놀이, 생업), 마을의 물질자료(문서 및 기록물류, 사진, 민구 및 생활재) 등으로 나누어 조사하고 조사한 내용을 바탕으로 향토문화자원의 활용방안을 발표하고 있다.

광명문화원의 특징은 광명마을기록가 양성교육을 적극적으로 진행하고 있는 것이다. 빠르게 변화하고 사라져가는 광명의 모습을 남기고자 구술을 주제로 시민들과 함께 기획부터 실습까지의 과정을 거쳐 미래의 과거가 될 현재의 광명을 기록할 마을기록가를 양성하고 있다. 기간은 매년 4월~12월까지 광명문화원에서 광명시민을 대상으로 구술사와 구술 자료, 구술사 프로젝트 기획, 구술면담, 구술 기록관리, 구술실습까지 진행하는 프로그램이다. 구술, 개인이나 집단의 기억을 입으로 말하도록 해 역사적 사실로 정리하는 방식을 주제로 이론과 실습을 진행하고 있다. 수업은 매주 화요일에 총 12회에 걸쳐 광명문화원 강의실에서 진행되는데, 활동이 끝난 후에는 문화원에서 하는 다양한 향토사업에 함께 할 수 있는 자격을 주면서 미래의 과거가 될 현재를 기록으로 남기는 중이다. 광명마을기록가 양성교육 '담다:談多'라는 구술사와 구술자료와 아카이빙, 구술사의 기획의 필요성, 기획단계의 주요 내용, 구술기록관리 단계별 프로세스, 구술면담, 구술 기록관리 등의 내용이 기록된 강의 교재까지 2018년에 광명문화원 문화정책사업 중의 하나로 발

간되었다.[249]

② 활용 및 서비스

2018년에 마을기록가들을 양성하여 광명시의 살아 있는 역사와 문화를 담은 '광명사람들의 삶과 놀이문화'를 발행했다. 목차를 보면, 제1장은 광명사람들의 일생의례로 1. 출생의례, 2. 혼례, 3. 회갑, 4. 상례, 5. 제례, 제2장은 광명사람들의 민간신앙으로 1. 마을신앙, 2. 가신신앙, 3. 무속신앙, 제3장은 광명사람들의 놀이와 세시풍속으로 1. 성인놀이, 2. 아동놀이, 3. 세시풍속, 제4장은 마을의 정치, 경제, 사회로 1. 의생활, 2. 식생활, 3. 주생활, 제5장은 광명사람들의 생활문화에 대한 기록·보존·활용과 제6장은 구술로 본 광명사람들의 삶과 자연마을에 관한 구술을 다루고 있다. 그러나 단행본은 문화원 홈페이지의 자료실 안의 발간물에서 목록과 목차만 확인이 가능하다.

(4) 용인문화원 용인학연구소[250]

① 수집 목적 및 수집 과정

용인문화원 용인학연구소는 향토지 발간 및 연구를 목적으로 1994년에 설립된 용인문화원의 부설기관으로, 용인에 산재되어 있는 많은 사료적 가치가 있는 기록물을 발굴, 조사, 수집하여 정리하고, 용인시 문화정책에 선도적인 역할을 주도하고 있다. 특히 지역의 뿌리를 찾을 수 있는 자료를 수집하기 위해 지명지, 향토지, 마을지, 향교지, 구술사 등을 발간하고 있다. 구술 자료도 구술사 자료 발간을 위해 수집되어왔다. 용

249 광명마을기록가 양성교육 '담다:談多'; 강의교재; 2018 광명문화원 문화정책사업, https://memory.library.kr/items/show/63910

250 용인문화원, https://www.ycc50.org/

인문화원 용인학연구소에서 2010년부터 발간한 구술 자료로는, <용인 근·현대사 증언 구술 생애 자료집>으로 『용인사람 용인이야기』가 시리즈로서 총 10권이 있으며 제10권으로 나온 구술 생애사는 용인에 거주하는 무형문화재를 중심으로 진행되었다. 용인문화원은 이렇게 사람들의 기억을 통해 시대를 기록하는 사업을 매년 핵심주제를 정해서 이를 증언할 인물들을 선정하고 있다.

② 활용 및 서비스

『용인사람 용인이야기』는 용인문화원 홈페이지 '문화원 발간자료'의 구술사에서 원문 전문에 대한 PDF 파일을 별도의 로그인 절차 없이 누구나 자유롭게 다운로드할 수 있다. 이외에 자료에 대한 기본정보 또는 상세목록은 제공하지 않으며, 구술 원자료나 동영상·음성자료 역시 홈페이지 내에서 확인할 수 없다.

(5) 화성문화원[251]

① 수집 목적 및 수집 과정

화성문화원은 1964년 화성문화원의 출발부터 50년의 역사를 담은 『화성문화원 50년사: 과거를 상상하고 미래를 기억하다』라는 단행본을 출판하기 위해 문화원에 남아 있는 50년간의 자료를 찾아내고 부족한 부분은 구술을 통하여 보완하는 입체적 구성을 통해 살아 있는 지역역사를 정리했다. 제5장 되돌아본 화성문화원 50년, 회고와 전망의 '기억으로 쓰는 문화원 50년'에서 6명의 구술자와 1명의 대담자의 구술 기록을 실었다. 6명의 화성문화원 역대 원장들의 구술을 통해 화성문화원이 어

251 화성문화원, https://hscc.or.kr/

떻게 발전해왔고 그 과정에서 있었던 일들을 기록했다.

또한 화성시 향토문화연구소에서는 발행하는 『문화의 뜰』이라는 잡지 안의 '우리동네 사람들'이라는 코너는 화성시 사람들 중 의미 있는 역할을 한 사람들을 대상으로 구술 작업을 해서 구술 내용을 올리고 있다. 예를 들면, 발안지역의 중등교육의 시작인 화남학원의 준비와 설립 과정에 대한 이야기를 듣기위해 선친이 화남학원 설립위원회 임원으로 활약했던 오익선 선생과의 인터뷰나 화성시청 영어원어민 코디네이터인 디니 터너(Dini Turner)와 같이 한국에서 외국인으로서 살아가면서 영어원어민 교사와 관련된 그의 경험을 구술로 남기고 있다.

과거에 지역의 유일한 문화기관이었다가 그 역할을 점점 다른 문화기관에 내어주고 있는 지방문화원은 지역의 대표 이야기꾼과 소리꾼의 정보를 가장 많이 갖고 있다. 지역 노인정에서도 훌륭한 자료제보자를 찾기도 하지만 대부분 문화원에서 추천하는 이야기꾼이 지역에서 제일가는 인물일 때가 많다. 현재 화성문화원에서는 크게 <문화학교>라는 이름으로 운영되는 문화강좌 프로그램, 주로 인문학 명사들을 초청하는 각종 특강들, 크고 작은 축제무대와 행사를 진행, 향토문화를 진흥하기 위한 연구 자료집 발간, 전국의 문화재를 답사하는 <문화유산을 찾아서> 답사프로그램 등을 진행하고 있으며 각종 동아리에 활용공간을 제공한다. 그렇게 지원하는 단체 중에는 지역향토문화를 자율적으로 연구하는 향토문화연구소도 포함되어 있다.

화성문화원에서는 화성지역의 산업화 상황에 대한 구술 자료 확보 및 연구 사업을 기획하고 있다. 문화원 부설 향토사연구소의 회원들에게 구술 채록 관련 교육을 하여 기초 자료를 수집하는 부분에 참여시키고 관련된 공동연구를 바탕으로 보고서를 작성하는 것으로 협업의 경험을 주고자 하려는 의도로 기획된 사업이다. 우수한 향토문화 연구가를 양성하고 그 성과를 바탕으로 형성된 지역정체성의 모범답안 위에서 문화콘텐츠 개발이나 축제 개발도 이루어지는 것이 맥락과 원형이 살아 있는 좋은 콘텐츠 제작의 지름길일 수 있다. 문화원 주변에는 오랫동안 지역문화에 애정을 가지고 지켜왔던 많은 인적자원과 네트워크들이 존재하고 있는데 이것이 무엇과도 바꿀 수 없는 큰 자산이며 구술 자료의 수집 및 활용은 문화원 자생력 확보의 시작점이 될 수 있다.

(6) 논산문화원[252]

① 수집 목적 및 수집 과정

1957년에 설립된 논산문화원은 지역문화의 정체성 확립을 위한 근·현대 구술채록사업을 추진하고 있다. 충청남도와 논산시가 지원하고, 충청남도문화원연합회가 총괄 운영한 '2019 근·현대 구술채록사업'은 문헌으로 기록되지 않고 구술로 전해지는 근·현대 역사와 문화를 어르신들의 이야기를 통해 체계적으로 기록하고자 마련됐다. 근현대 구술 채록은 문헌 자료의 한계와 공백을 보완하고, 현대사 연구와 지역 정체성 확립을 위해 지역의 고령자들을 인터뷰해 기록으로 남기는 사업이었다.

먼저 강경 지역 어르신들의 근·현대 생활상에 얽힌 이야기를 통해 잊혀가는 강경의 번영했던 시기는 물론 관련된 문화와 역사에 관한 기록을 모았다. 구술자는 70세 이상 된 어르신들로 강경에서 태어나거나 오래 사신 분 중 15명을 선정했으며, 영상과 사진 촬영 및 녹취를 통해 채록한 후 스토리텔링 기법을 통해 생생한 논산의 역사를 전달하고 있으며, 스토리텔링 원고는 향후 자료집으로 만들어질 계획이다. 이 사업을 통해 논산 지역의 근·현대 역사문화의 발전상과 변천 과정을 오롯이 파악하는 것은 물론, 후세에 전할 수 있어 지역문화의 정체성 확립과 시민의 자긍심을

252 논산문화원, https://www.cnkccf.or.kr/nonsan.do

고취하는 큰 역할을 할 것이다. 지역의 어르신들이야말로 지역문화의 뿌리를 찾고 공유할 수 있는 살아 있는 역사라고 할 수 있으므로 지역민이 구술자로 참여할 수 있어서 많은 관심과 참여가 이루어지고 있다.

2019년부터는 논산지역에서 고향을 지키며 오랫동안 문화 예술 활동을 펼쳐온 사람들의 구술을 채록하는 사업이 활발하게 진행되고 있다. 총 분야별 11명의 문화 예술인을 선정해 영상과 사진 촬영 및 녹취를 통해 채록한 후 스토리텔링 기법을 통해 생생한 논산의 역사를 전달해주고 있다. 완성된 스토리텔링 원고는 충남문화원연합회와 도내 15개 문화원이 함께 제작하는 채록집으로 만들어져 논산의 문화예술 근현대 역사를 통해 지역문화의 뿌리를 찾고 함께 나누는 계기가 되고 있다.[253] 충남문화원연합회 2019~2020 근현대 구술채록사업은 『충남, 잊혀진 시간을 말하다』 1~2권으로 완결되었는데 2019년은 "논산시-논산 지역의 근현대사"라는 제목으로 15명 대부분 강경사람들 이야기다. 2020년도에 채록된 논산 11인은 논산 지역의 문화 예술인들로 논산 전통 예술 발전의 길라잡이 김남수, 경서를 연구하며 이룩한 서예의 대가 윤두식, 그림으로 빛나는 인생 박춘화, 논산 문학 발전의 견인차 권선옥, 논산 미술 발전의 선구자 김회직, 종이로 꽃 피운 인생 김현숙, 서예에 인생을 걸다 윤여익, 삶의 소리를 품다 박점자, 논산 문화 발전의 산증인 박응진, 논산에 연극의 뿌리를 내리다 김종욱, 사진은 인내와 열정의 예술 정은수이다.[254] 이렇게 구술 내용을 기록으로 남겨 후세에 연구 자료로 사용할 수 있도록 함으로써 지역의 문화와 역사를 찾고 정체성을 확립하는 데도 큰 역할을 하고 있다.

---

253 이영민(2020.8.5.). 논산문화원, '논산문화예술인 구술채록' 사업 진행, 대전일보, https://www.daejonilbo.com/news/newsitem.asp?pk_no=1434085

254 이진영(2021.4.7). "충남, 잊혀진 시간을 말하다_2" 논산편, https://m.ngnews.kr/a.html?uid=36012

(7) 당진문화원[255]

① 수집 목적 및 수집 과정

1955년 창립된 당진문화원은 당진 향토문화의 창달을 위해 문화 및 사회교육 사업을 지난 60여 년 간 적극적으로 실시하고 있다. '문화의 힘은 행복한 삶의 중심에 있다'는 신념을 갖고 21세기 문화의 시대에 발맞추어 시민들이 피부로 느낄 수 있는 문화예술 프로그램을 개발하여 창의적인 문화 활동의 기회를 제공하고 있다. 당진문화원에서는 충청남도와 당진시의 지원으로 2019년과 2020년 근·현대 구술채록–당진의 마을 이야기사업을 추진했다. 지역의 특색 있는 이야기나 사건, 사라지는 마을의 전통문화 등 마을이야기에 대해 구술할 사람을 모집하고 관련된 내용을 채록하여 기록했다. 구술 채록 분야는 당진 지역의 특색 있는 마을 이야기나 사건 (대표성), 당진의 사라지는 마을의 이야기(전설, 지명, 사건 등), 이외 당진의 근·현대사를 조망할 수 있는 이야기 등 (지역적 다양성) 등을 주제로 설정했다. 구술자는 15인 이내로 심사를 통해 선정했으며 구술자는 소정의 구술자 사례비를 2시간 기준으로 150,000원을 지급했다. 구술자의 조건은 평균 연령 75세 이상의 남녀 어르신으로 지역 토박이 또는 현재 지역에 살지 않는 출향 인사라도 구술 채록의 시급성을 요하는 내용을 자세히 알고 있는 사람으로 했고 구술 채록 분야에 대해 해박한 내용을 구술해주실 수 있는 분으로 했다. 그러나 충남역사문화연구원에서 진행한 과거 구술채록사업 참여자나 구술 채록 분야의 범주를 벗어난 마을의 대표자는 구술자 대상에서 제외했으며 각 읍면 동리별 마을 홍보를 위한 단순 구술채록은 지양하게 했다.

당진문화원에서는 계속해서 『2020년 근·현대 구술채록–당진 포구에

255 당진문화원, https://www.cnkccf.or.kr/dangjin.do#popup

서의 생활상(갯벌, 염전 포함)』 사업을 추진했다. 포구 지역의 특색 있는 이야기나 사건, 사라지는 포구의 전통문화 등에 대해 구술해주실 분을 모시고 채록과 영상 기록을 남겨 보전하고자 한 것이다. 구술자 대상은 당진 포구에서 대대손손 살았거나 살고 있는 분(60세 이상)으로 포구에서 대를 이어 살아온 사람, 포구에서 어업에 운영 또는 종사한 분, 배를 경영한 분(선주), 연락선과 선박화물 운영 또는 종사한 분, 포구에서 오래전에 장사를 했던 분, 기타 포구에 관한 구술이 가능한 분으로 했으며 사례비를 2시간 기준 1인 200,000원으로 책정했다. 충남역사문화연구원에서 진행한 과거 구술채록사업 참여자나 구술 채록 분야의 범주를 벗어난 마을의 대표자는 참여할 수가 없으며 각 읍면 동리별 마을 홍보를 위한 단순 구술 채록은 지양하는 것으로 했다.[256] 이렇게 문헌으로 기록되지 않고 구전으로만 전해지는 지역의 근·현대 이야기를 기록으로 남기는 근현대 구술 채록은 문헌 자료의 한계와 공백을 보완하고, 현대사 연구와 지역 정체성 확립을 위해 당진 지역의 고령자들을 인터뷰해 기록으로 남기고 있다. 그러나 문화원 홈페이지에서 이러한 구술 자료의 결과물에 대한 목록조차도 파악하기가 어려운 상황이다.

2. 국외 사례

1) 미의회도서관[257]

미의회도서관(Library of Congress, LC)은 의회, 정부, 학술 단체, 일반

256 당진문화원. 공지사항. 2020년 근·현대 구술채록사업 구술자 모집 안내, https://www.cnkccf.or.kr/cop/bbs/BBSMSTR_000000000047/selectBoardArticle.do?bbsId=BBSMSTR_000000000047&nttId=18851

대중에게 서비스하기 위해 범국가적 장서를 구축하고 있다. 다양한 분야의 컬렉션을 수집하기 위해 각 주제 영역의 분야별 전문가로부터 수집 정책을 수립하여 컬렉션 운영에 반영하고 있다. 의회 도서관은 1억 7,100만 개 이상의 컬렉션에는 4,000만 권 이상의 카탈로그 책과 470개 언어로 된 기타 인쇄 자료가 포함되어 있으며 420만 개의 오디오 자료(디스크, 테이프, 말하는 책 및 기타 녹음된 형식), 7,450만 개의 원고, 560만 지도, 1,740만 개의 마이크로폼, 무빙 이미지 190만 개, 820만 개의 악보, 북미에서 가장 큰 희귀 도서 컬렉션, 법적 자료 등 세계 최대의 컬렉션을 갖고 있다. 전체 컬렉션 중 많은 부분이 스페셜 컬렉션(special collection)이며 비도서 자료의 형태인 매뉴스크립트, 마이크로폼, 사진, 녹음자료 등 각각의 유형에 따른 수집 정책을 갖고 있다. 특히 구술 자료는 다양한 형태의 관련 자료가 생성될 수 있는데, '미국 민속생활센터 아카이브(American Folklife Center[이하 AFC] Archive)'에서 미발행 민속학적인 녹음에 대한 AFC 컬렉션의 마스터 리코딩 책임은 센터가 갖고, 접근용 카피 녹음은 각각의 주제 부서와 공동 소장하여 이용자들이 열람실에서 이용하도록 하고 있다. 예를 들면, 멕시코 출신 미국인들의 구술 자료는 히스패닉 부서(Hispanic Division)와 AFC에서 소장하게 되며 미의회도서관의 구술 자료는 AFC가 중심이 되어 수집, 처리 및 관리되고 있다.

(1) 역사

AFC는 1976년 미 의회가 "미국의 민속생활사를 보여주고 보존해야 한다는 당위성을 인정하여 연구, 기록화, 영구기록 보존, 정보 봉사, 공연, 전시, 출판과 훈련을 담당하는 수행기관을 만드는 미국 민속보호법

257 미의회도서관 홈페이지, https://loc.gov/; 정연경 외(2019). 국립중앙도서관의 구술 자료 수집 타당성 및 제도개선 방안 연구, pp. 68-88.

94-201(American Folklife Preservation Act, Public Law 94-201)을 제정함으로써 설립되었다.[258] 미국 의회가 민간 생활 문서 및 연구 센터로 지정한 AFC는 살아 있는 전통 문화를 수집하고 문서화하는 동시에 의회도서관의 최첨단 보존 시설에서 비교할 수 없는 컬렉션을 보존하고 있다. 1928년 의회 음악사 도서관에 설립된 미국 민속생활센터 아카이브는 현재 미국과 전 세계에서 가장 큰 민족지학 자료 아카이브 중 하나로, 19세기부터 현재까지 기록된 수백만 개의 민족지학 및 역사적 문서들을 포함하고 있다. 전통 예술, 문화적 표현 및 구술 역사에 대한 광범위한 시청각 문서가 포함된 이 컬렉션은 연구원들에게 다양한 지역 사회의 사람들의 노래, 이야기 및 기타 창의적인 표현에 대한 액세스를 제공하고 있다.

AFC는 계속해서 미국의 각 지역의 문화유산 서베이 프로젝트를 진행하면서 1890년대부터 1930년대까지 1만여 개의 왁스 실린더에 녹음된 민속학 자료를 보존 테이프로 변환하는 작업을 1979년에 수행했다. 그리고 2000년에는 스미스소니언 연구소와 함께 'Save Our Sounds Audio Preservation Project'를 시작하여 역사적으로 중요한 음성 기록의 보존을 위한 기준과 지침을 작성했다. 2000년대 초반에 들어서면서 중요한 컬렉션들이 추가되는데, 25만 건(8,000여 시간의 녹음)이 넘는 테네시 주 존스버러(Jonesborough)의 국제스토리텔링센터(International Storytelling Center)의 기증, '지역 유산 프로젝트(Local Legacies Project)'의 일부로 수행된 미국 전역의 도큐멘테이션 프로젝트 800개 컬렉션, 국립전통예술협의회(National Council for Traditional Arts)로부터 국립민속축제(National Folk Festival)의 4,700시간이 넘는 공연 녹음 자료 컬렉션, 비영리기관인 '스토리코프 프로젝트(StoryCorps project)'에서 수집한 10만여 민초들의 구술사 인터뷰 자료, 1만 시간이 넘는 녹

258 American Folklore Center, https://loc.gov/folklife/

음, 5천여 개의 동영상 자료, 5,500개의 사진과 네거티브, 150여 개의 매뉴스크립트를 포함하는 '알란 로멕스 컬렉션(Alan Lomax Collection)'을 기증받게 된다. 2012년에 부임한 엘리자베스 피터슨(Elizabeth Peterson) 센터장과 니콜 세일러(Nichole Saylor) 아카이브 부서장은 '시민권 역사 프로젝트(Civil Rights History Project)', '직업민속프로젝트(Occupational Folklife Project)', 그리고 아키 그린 장학금(Archie Green Fellowship)과 기타 연구기금을 통해 컬렉션을 지속해서 키워나가고 있다. 민속생활사 연구와 기록화를 위해 국가센터로서 미 의회가 제안한 AFC는 모든 국가의 민속 음악, 춤, 구술, 예술과 전통문화를 광범위하게 수집하고 기록화하는 것을 수행하는 동시에 미 의회의 보존 시설 내 다른 것과 비교할 수 없는 컬렉션의 미래를 위한 보존까지 담당하고 있다.

(2) 관련 법령

AFC를 만들기 위해 1976년 1월 2일에 제94차 의회회의에서 Public Law 94-201이 제정되었으며, 이를 "미국 민속보호법(American Folklife Preservation Act)"이라고 한다. 이 법령은 의회에서 공표하는 내용과 법령의 정의, 센터 설립과 위원회 운영, 센터의 기능을 담고 있으며, 미의회도서관장이 이 법령에 근거하여 센터의 기능을 완수해야만 한다고 밝히고 있다. 법령은 국가 아카이브로서의 설립과 유지에 대한 내용도 명시하고 있다. 또한 1999년에 AFC는 법적으로 영구승인을 의회로부터 위임받게 되었다. 한편 2000년에는 재향군인 역사 프로젝트를 위한 법령 106-380(Public Law 106-380, Veterans History Project)이 의회를 통과했다. 이는 전쟁 영웅, 참담함, 공포, 승리를 배울 수 있는 정보원을 미래 세대가 확보할 수 있도록 지원하고, 국가의 참전 용사들을 명예롭게 하기 위해 미의회도서관에 관련 기록 자료를 컬렉션으로 만든다는 법령이다. 2016년 11월 28일에는 골드 스타 패밀리 보이스 법령(Gold

Star Family Voice Act[Public Law 114-246])이 제정됨으로써 재향군인 역사 프로젝트를 넘어 참전하여 사망한 모든 군인들의 직계가족(부모, 배우자, 자녀)의 구술사까지 포함하게 되었다. 또한 2009년 5월 12일에 미 의회에서 시민권 역사 프로젝트 법령 111-19(The Civil Rights History Project Act[Public Law 111-19])가 통과되면서 국가의 주도로 시작된 시민권 역사 프로젝트가 미의회도서관과 스미스소니언 연구소의 국립 아프리카계 미국사문화박물관(National Museum of African American History and Culture)과 협업으로 시민권과 관련된 기록을 수집하여 서비스를 하게 되었다. 미국 역사에서 가장 중요한 사회적이고 문화적인 운동 중의 하나인 시민권 쟁취 운동에 대한 기록은 미국의 후손 세대들이 모든 미국인들을 위한 자유와 평등의 꿈을 향한 투쟁을 이해하는 데 도움을 주고 있다.

(3) 조직

AFC의 조직도를 보면, 총 28명의 인원으로 구성되어 있으며 소장 1명, 연구 프로그램 부서장, 아카이브 부서장 아래 연구 프로그램 담당에 9명, 처리 담당에 11명, 참고 담당에 4명, 디지털 자산관리자 1명, 경영 전문가 1명으로 구성된다. 연구 프로그램에는 6명의 민속학 전문가가 있고, 나머지는 프로그램 전문가, 참고 전문가, 편집자이다. 처리 담당으로 5명의 아키비스트가 있으며, 나머지는 도서보조원, 목록사서, 디지털 변환전문가, 민속학 전문가로 구성된다. 참고 담당으로 2명의 민속학 전문가와 2명의 참고 사서가 전담하고 있다.

(4) 아카이브

사람, 관습, 언어를 연구하는 사람들은 그들 자신의 현장연구의 토대나 그들 연구의 원자료로 아카이브 컬렉션을 이용한다. AFC 아카이브는

1930년대 후반부터 1960년대까지 민속 음악에 대한 관심을 부활시키는 데 중요한 역할을 했다. 공연자나 예술가들은 전통적인 스타일과 초기 예술가들의 심미적인 유대를 제공하고 그들의 작업에 영감을 주는 자료를 계속해서 찾는데, AFC 아카이브는 미의회도서관의 보고 중의 하나로 미국과 전 세계 다른 국가들의 민속과 전통적인 문화를 기록한 민속학적인 도큐멘테이션 자료를 소장하고 있다. 현재 AFC 아카이브는 백만 건이 넘는 2천여 개의 컬렉션을 포함하고 있다. 소장 건수의 최소 25%는 외국으로부터 이관된 것이고, 약 20%는 미국 내 비영어권 전통에 대한 기록들이다. 즉, AFC 아카이브는 미국과 전 세계의 민속 관련한 최대의 아카이브 중의 하나로, 민속학, 민속생활, 사회언어학, 인류학, 민족학적인 분야 등 다양한 형태의 35만 시간 이상의 녹음, 80만 장 이상의 사진, 필드 노트, 매뉴스크립트 자료, 비디오테이프와 동영상 이미지를 소장하고 있다. 대부분의 자료는 민속학자, 민속음악가, 인류학자, 문화 관련 전문가들이 현장연구를 하면서 생성된 것들이다. 개인 및 미의회도서관에서 수행한 작업물, 다른 연방정부나 주, 지역 기관에서 생산한 자료 등 자료의 출처는 다양하게 구성되어 있다. 최근에는 외부 현장연구자, 학자들, 그리고 공적 민속생활사 프로그램으로부터 핵심 컬렉션을 수집하면서 컬렉션의 규모와 범위가 확장되고 있다. 종합하면, AFC 아카이브는 미국의 첫 번째 전통생활사에 관한 국가 아카이브이며 세계에서 가장 오래되고 가장 큰 규모의 리포지터리 중 하나이다. 이러한 컬렉션은 전통예술, 문화적인 표상, 구술사의 방대한 시청각 도큐멘테이션을 포함하고 있으며, 연구자들이 다양한 커뮤니티로부터 노래, 이야기, 다른 창조적인 표현으로의 접근을 가능하게 한다. 단, 센터 방문 최소한 일주일 전에 정보서비스 담당 직원과 연락을 해야만 필요로 하는 자료를 제공받을 수 있다. 또한 디지털이나 아날로그로 처리되지 않은 자료들과 다른 곳에 소장된 자료로의 접근은 사전 승인이 반드시 필요하다.

(5) 수집

AFC는 민속학 컬렉션을 각각 생산된 작품으로 간주한다. 그래서 개인 컬렉션의 경우, 생산자가 컬렉션의 범주, 콘텐츠, 정리에 대해 직접 결정할 권리가 있으며, AFC는 이를 존중한다. 센터는 자료 중 필드 노트, 녹음, 사진은 반드시 보존되어야 한다는 원칙을 고수하고, 이외에도 컬렉션의 조직화와 보존에 있어서는 수집자의 원래 의도를 유지해야 함을 강조하고 있다. 한편 민속 생활, 민속 음악, 인류학, 문화사, 사회언어학과 관련된 자료를 수집·관리하고 있는 개인이나 기관에서 소장하고 있는 자료를 AFC의 장서로 남길 경우, 이는 국가 리포지터리에 기여하는 동시에 자신이 수집한 컬렉션이 학생, 연구자, 교육자, 연구하는 문화집단에게 제공될 수 있다. 또한 해당 컬렉션은 국가유산의 일부로 남게 되고 문화적 유산의 재건을 지원하는 동시에 장기 보존됨으로써 더 높은 수준의 연구를 가능하게 할 것이다.

컬렉션은 훼손되거나 망실될 가능성을 고려하여 적절하게 관리되고 안전하게 보존되어야 한다. 이러한 경우를 위해 AFC는 「민속문화 아카이브의 민족지 컬렉션: 기부자 안내서(*Ethnographic Collections in the Archive of Folk Culture: A Contributor's Guide*)」라는 실용지침서를 제공하여 컬렉션 조직화, 레이블 생성, 기록화 방법 등 개인 컬렉션에 대한 기증 방법을 안내하고 있다. 또한 미의회도서관으로 해당 컬렉션을 기부하기 전까지의 컬렉션 보관방법에 대한 안내도 함께 제공하고 있다. 기부자는 자신의 컬렉션에 적합한 리포지터리를 선택하게 되는데, 민속문화 아카이브(Archive of Folk Culture)에 컬렉션을 두고 싶은 경우, AFC의 수집 부서의 담당 직원을 통해 해당 아카이브가 적합한 리포지터리인지를 논의하는 과정이 필요하다. 컬렉션의 기부는 수기로 작성하고, 컬렉션에 대한 중요한 정보를 제공하는 "잠재적 수서 데이터 양식(Potential Acquisitions Data Sheet)"을 작성해야 한다.

기부에는 기증(Gift)과 교환(Exchange), 복본을 위한 대여(Loan for duplication), 구입(Purchase), 이관(Transfer), 저작권 납본(Copyright deposit)으로 구분된다. 기증은 자료의 무상 기증을 말한다. 기부자의 원자료 생산이 아닌 도서관 자료의 기증은 일반적으로 세제 감면에 해당한다. 그러나 미의회도서관은 기증 자료의 평가를 제공하지 않고 세제 관련해서도 조언을 하지 않으므로 기증자가 스스로 확인해야 한다.

(6) 서비스

인터넷이 발명되면서 AFC는 온라인 포맷으로 자료를 제공하는 데 집중하고 있으며, 연구자나 청취자들에게 보다 편리한 서비스를 마련해주고자 노력하고 있다. AFC 웹사이트는 수천 건의 컬렉션을 보여주고 있으며, 강연과 심포지엄의 비디오도 수백 개의 웹캐스트로 연결되어 있다. 또한 컬렉션의 디지털화, 온라인 교육자원 개발, 인터넷 소셜 미디어를 사용한 홍보 등 센터의 온라인 존재를 다양한 방식으로 알리고 있다. 실례로, AFC는 '오늘날의 민속생활(Folklife Today)'이라는 미의회도서관의 블로그를 2013년 10월에 시작하여 AFC 직원이 운영하고 있으며, 센터의 홍보를 위해 미국 민속생활센터 페이스북(American Folklife Center Facebook), 미국 민속생활센터 소식 및 행사(American Folklife Center News and Events), 재향군인 역사 프로젝트로부터 발송(Dispatches from the Veterans History Project) 등을 수행하고 있다. 이렇게 AFC는 민속생활사 주제와 관련된 강연과 음악회, 심포지엄을 적극적으로 진행하고, 이를 기록화하여 미의회도서관의 장서로 추가하고 있으며 온라인으로도 이용 가능하게 하고 있다. 또한 AFC는 녹음 참고용 복사본, 동영상 자료, 매뉴스크립트를 열람실에서 제공하여 장서로서 접근할 수 있도록 지원하고 있다. 방문자는 원본이나 보존용 복본으로 된 기록 사본을 미리 요청함으로써 해당 자료를 미의회도서관의 공연예술

열람실에서 이용할 수 있다.

한편 연구자들이 자료에 대한 요청을 하는 경우가 있다. AFC의 모든 자료는 궁극적으로 일반 대중의 접근을 허용하지만, 수집한 사람들과 공연한 사람들의 이익을 보호하기 위한 모든 조처를 취한다. 공연자는 저작권에 관한 소유 여부와 상관없이 그들의 공연에 대한 권리를 소유하고, 컬렉션은 전체 저작으로서 그것을 모은 수집가의 작품으로 간주된다. 센터의 정책은 컬렉션의 복본에 대하여 기증자가 제한을 하지 않는 한 적당한 형태로 완성된 후에 개인적인 이용을 위해서 연구자가 구입할 수 있음을 정하고 있다. 발행을 위해서 복본을 요구하는 연구자는 반드시 공연자(또는 그 상속자나 다른 권리를 갖는 집단)나 수집가로부터 이용 허락서를 받아야 한다. 그리고 필드 컬렉션은 방송이나 박물관의 이용을 위해 복본을 제작할 수 있으며, 이러한 경우 미의회도서관 AFC의 민속문화 아카이브(Archive of Folk Culture)와 해당 수집가, 공연자, 기관에 관해 사사를 밝혀야 하고 이용 허락서도 준비해야 한다. 그리고 필요한 경우, 수집가는 그들의 컬렉션에 추가적인 조건을 제시할 수도 있다. 그러나 민속문화 아카이브는 연구자들을 위한 공적인 리포지터리이므로, 매우 제한된 접근을 필요로 하는 컬렉션에 관해서는 다른 리포지터리를 제안할 수도 있다. 즉, 센터는 컬렉션을 만드는 데 종사한 사람들의 권리를 보호하고 그와 동시에 그 자료를 연구하거나 열람의 승인이 필요한 사람들에게 합리적인 접근을 제공하는 합의점을 도출하기 위해서 노력할 필요가 있다.

(7) 컬렉션

미의회도서관 디지털 컬렉션의 주제(Subject) 범주에 구술사(Oral Histories)가 있으며 대표적인 컬렉션은 다음과 같다. 미국어 방언 녹음(American English Dialect Recordings)은 응용 언어학센터 컬렉션(The

Center for Applied Linguistics Collection)으로 북미 영어 방언에 관해 기록한 118시간의 녹음이다. 녹음은 말하기 샘플, 언어학적 인터뷰, 구술사, 대화 등 505건을 포함하고 있다. 시카고 민속예술 프로젝트 컬렉션(Chicago Ethnic Arts Project Collection)은 1977년, 일리노이 예술위원회(Illinois Arts Council)가 AFC에 민속 예술에 대한 기록화를 요청하면서 진행된 것으로 1,136건을 포함하고 있다. 시민권 역사 프로젝트(Civil Rights History Project)는 2009년 5월 12일에 미 의회에서 2009년 시민권 역사 프로젝트 법령(The Civil Rights History Project Act of 2009)이 통과되면서 국가 주도로 시작된 시민권역사 프로젝트이다. 이 법으로 인해 미의회도서관은 시민권과 관련된 기록화 144건을 수행했다. 로웰 민속학 프로젝트 컬렉션(Lowell Folklore Project Collection)은 1987년-1988년까지 AFC와 로웰 역사보존위원회(Lowell Historic Preservation Commission)가 메사추세츠 예술위원회(Massachusetts Council on the Arts)와의 협업으로 수집한 1,140건을 포함하고 있다. 몬타나 민속학조사(Montana Folklife Survey)는 1979년 여름, 미의회도서관의 AFC에서 몬타나 예술위원회(Montana Arts Council)와의 협업으로 수행한 설문조사 607건을 포함하고 있다. 로드 아일랜드 민속학프로젝트 컬렉션(Rhode Island Folklife Project Collection)은 미의회도서관의 AFC에서 로드 아일랜드유산위원회(Rhode Island Heritage Commission)와의 협업으로 수행한 79건의 기록을 포함하고 있다. 남부조지아민속프로젝트 컬렉션(South Center Georgia Folklore Project Collection)은 미의회도서관의 AFC에서 1977년 여름에 수행한 민속학적인 필드 프로젝트의 결과물 1,123건을 포함하고 있다. 노예를 기억하는 목소리(Voices Remembering Slavery)는 1932년부터 1975년 사이에 9개 주, 흑인 노예들의 이야기를 담고 있는데, 23명의 구술자들이 경험한 노예제도와 노예 주인에 대한 목소리를 담은 69건의 녹음으로 구성되어 있다. 패더슨에서 노동(Working in Paterson)은 미의회도서관의 AFC가 패더슨(Paterson)에서 일하는 470명과 인터뷰를 하고, 3,882장의 사진을 담은 총 4,388건의 기록이다.

AFC의 대표적인 컬렉션인 직업민속프로젝트(Occupational Folklife Project[OFP])는 다년간 수행되는 장기 프로젝트로 미국의 경제적, 사회적 전환 시대의 현대 직업 문화를 2010년부터 기록화하고 있다. OFP는 지금도 진행되고 있으며, 미 전역의 현장 근로자들이 무역, 산업, 선박, 공예, 전문직 분야에 있는 일꾼들을 대상으로 인터뷰한 900개 이상의 기록들로 구성되어 완성된 인터뷰는 의회 도서관의 AFC 아카이브에 통합되었다. 평균 50분~60분 길이의 인터뷰는 피면담자들이 현재의 직업과 업무 경험에 대해 토론하며, 교육, 직무 과제 및 보상, 포부, 훈련 과정 및 직업 공동체를 반영하고 있다. 많은 경우에, 면담자는 현재 직업으로 이끈 직업 선택 및 교육 경로를 추적하고 직업의 미래에 대한 생각을 공유하도록 질문했다. 이 프로젝트는 미국 전역의 수십 명의 연구원이나 연구팀이 선택된 주제에 대한 현장 문서가 포함되어 있다.

한편 민속학자인 아키 그린(Archie Green, 1917-2009)을 기억하고 기념하기 위해 아키 그린 장학금 프로그램(Archie Green Fellowship program)이 AFC에 2010년 만들어졌는데, 이 장학금은 OFP 컬렉션 대부분의 기초 작업과 필드워크를 지원해왔다. 장학금의 수혜조건으로는 필드워크의 결과물인 기록물을 AFC 아카이브에 납본하여 대중에게 이용 가능하도록 공개해야 한다는 것을 전제하고 있다. 아키 그린 장학금 수상자의 우선순위는 소수를 차지하는 직업을 기록화하는 필드워커들에게 주어져 왔다.

현재 OFP 기록물 중에서 온라인으로 제공되는 컬렉션은 컬렉션에 대한 소개와 함께 실제 컬렉션에 대한 접근이 가능하며, 관련 기사와 에세이 등 컬렉션과 관련된 정보를 제공한다. 다음은 OFP의 대표적인 컬렉션을 기술한 것이다.[259] 중서부 철강노동자의 문화적 전통(Cultural Traditions of Ironworkers in the Midwest)은 일리노이 주와 위스콘신 주 철강업 종사자들의 문화와 전통을 기록화한 구술 컬렉션으로, 구술 채록물, 인터뷰 로그, 사진, 녹음으로 구성되어 있다. 2011년 위스콘신대학교의 중서부 문화 센터의 제임스 래리(James P. Leary) 교수와 일리노이 주 시카고의 음악사가인 클라크(Clark "Bucky" Halker) 박사가 아키 그린 장학금을 통해 서부 지역 26명의 철강업 종사자들을 인터뷰한 것이다.

서부 민속센터: 네바다의 금광(Western Folklife Center: Gold Mining in Nevada)은 네바다 주 북부의 금 채굴자와 그 지역의 다른 직업, 특히 목축업을 하는 사람들에 대한 구술사 인터뷰의 녹음 컬렉션이다. 2011년 서부 민속센터(Western Folklife Center)의 민속학자인 찰스 시먼(Charles Seemann)과 네바다 주 엘코에서 온 마가렛 메그 글래이서(Margaret Meg Glaser)는 네바다 금광협회(Nevada Gold Mining Association)와 협업으로 북부 네바다에서 현재 금을 채굴하는 사람들의 이야기로 5명의 구술자에 집중하여 인터뷰했다. 인터뷰에는 용어 리스트('Terms & Lingo' list), 기타 자료, 금 채굴 시 안전을 기원하는 노래가 포함되어 있다.

"서커스" 쇼는 계속된다(The "Big Top" Show Goes on)는 다세대에 걸쳐 서커스 종사자들의 복잡한 직업 문화, 훈련과 경험을 구술사 인터뷰로 기록화한 구술 채록물, 인터뷰 로그, 사진과 녹음 컬렉션이 있다. 2011년에 오클라호마 주의 스틸워터에 소재한 오클라호마 주립대학교의 에드몬 로우 도서관(Edmon Low Library)에 있는 오클라호마 구술사 연구 프로그램의 사서 타냐 핀춤(Tanya D. Finchum)과 줄리아나 니코레

259 Occupational Folklife Project, https://www.loc.gov/collections/occupational-folklife-project/about-this-collection/

이스진(Juliana Nykolaivyn)이 아키 그린 장학금을 받아 오클라호마의 휴고라는 작은 동네에서 세대에 걸쳐 서커스를 하는 서커스 종사자들과 가족들에 대한 연구를 진행했다.

휴스턴 항만의 노동(Working the Port of Houston)은 텍사스 주의 휴스톤 항만에서 일하는 사람들의 다양한 문화를 구술사 인터뷰로 기록화한 컬렉션이다. 2011년 휴스턴 예술연맹(Houston Arts Alliance)에 있는 휴스턴 민속과 전통예술 프로그램(Houston Folklife and Traditional Arts Program) 소장인 민속학자 패트 예스퍼(Pat Jasper)와 휴스턴대학교의 영문학과 휴스턴 연구 교수인 마타 가노(Martha Gano)가 아키 그린 장학금을 지원받아 휴스턴 항만에 종사하는 사람들과 다양한 문화를 기록화했다.

안정적 관점: 순종 경마장의 이야기와 목소리(Stable Views: Voices and Stories from the Thoroughbred Racetrack)는 경마장의 다양한 위치에 종사하는 다양한 사람들, 경마자, 훈련생, 조련사, 핫 워커(hot-walker), 기수를 포함해서 경주마를 관리하고 훈련하는 데 고용된 사람들의 구술사 인터뷰 컬렉션이다. 2012년 민속학자 엘렌 멕헤일(Ellen McHale) 박사가 아키 그린 장학금을 통해 미국 동부해안을 따라서 경마장이 있는 곳의 경마 관리 및 유지에 직접적으로 관련이 있지만, 경마장의 보이지 않는 곳에서 일하는 사람들(훈련사, 마부, 연습생, 말과 걷는 사람들, 기수, 대장장이 등)을 기록화했다. 필드워커는 17명에 대한 구술을 수행했고 벨몬트, 사라토가 스프링스, 뉴욕 등 경마장이 있는 다양한 지역에서 기록 사진을 남겼다.

미국의 미용사와 미용실(Hairdressers and Beauty Shop Culture in America)은 미국의 미용실 문화의 전통과 문화를 기록화한 구술사 인터뷰 채록문, 인터뷰 로그, 사진, 녹음 컬렉션이다. 2012년에 문서학자인 캔더시 테일러(Candacy Taylor)가 아키 그린 장학금을 통해 미국 전역의 미용실 문화와 미용사를 기록화했다. 16명의 심층 인터뷰가 다양한 유형의 미용 관련업에 종사하는 사람들을 대상으로 진행되었다. 뉴욕시의 살롱에서 필라델피아, 웨스트버지니아의 동네 미용실, 워싱톤 D.C, 보스턴, 캘리포니아의 변두리 지역과 작은 동네 미용실까지 매우 다양하게 구술을 진행했다.

요양보호: 재택 요양보호사의 직업문화기록화(Taking Care: Documenting the Occupational Culture of Home Health Care Workers)는 오리건 주의 가정 사회복지사의 경험, 훈련된 직업 문화를 기록화한 구술사 인터뷰 채록문과 인터뷰 로그, 사진, 녹음, 비디오 컬렉션이다. 2014년에 오리건 주의 유진에 있는 오레곤대학의 노동교육과 연구센터(University of Oregon, Labor Education and Research Center)의 밥 버셀(Bob Bussel)과 그의 동료들이 아키 그린 장학금을 통해 오리건 주의 고령자와 장애인들을 집에서 돌보는 종사자의 구술사 인터뷰를 수행했다.

AFC에서 독특하게 강력한 법령을 기반으로 진행되고 있는 구술 컬렉션으로는 재향군인 역사 프로젝트(Veterans History Project[VHP])가 있다.[260] 2000년에 관련 법령이 의회를 통과하게 되는데, 이는 세계 제1차 대전부터 최근 전쟁에 이르기까지 미국의 전쟁 영웅, 피폐, 공포, 승리에 관해 배울 수 있는 정보원을 미래 세대가 가질 수 있도록 지원하고, 국가의 참전 용사들을 명예롭게 하기 위해 미의회도서관에 관련 기록 자료를 컬렉션으로 만든다는 법령이다. 세부적으로는, 미국의 전쟁 참전 용사의 증언과 개인사 녹화와 녹음기록 컬렉션을 국가 수준에서 전체적으로 조정하여 새롭게 연방정부가 지원하고, 예산을 제공하여 국가의 전쟁 참전 용사의 기억을 보존하는 지역적인 노력을 제공하며 촉진시키는 것을 목적으로 한다. 또한 현재와 미래 세대의 모든 미국인들이 참전 용사로부

260 Veterans History Project, https://www.loc.gov/vets/

터 직접적으로 그들의 이야기를 들을 수 있고, 전쟁기간 동안에 종사한 사람들의 희생과 전쟁의 실체를 드러냄으로써 이들에게 더 나은 감사를 하게 만드는 것이 이 법령의 목적이기도 하다. 특히 제1차 세계대전부터 21세기, 최근까지 진행 중인 전쟁사에서 미국을 위해 봉사한 남자와 여자 군인들이 우선적으로 고려된다.

이에 따라서 2000년 11월부터 AFC는 재향군인 역사 프로젝트를 시작하게 되는데, 현재까지 이를 위해 참여한 사람들이 거의 10만 명 이상이 된다. VHP는 참전용사의 이야기를 수집하는 국가 전역에 있는 자원봉사자들에게 의존하고 있다. 누구든지 15세 이상이면 자원봉사로 참여할 수 있다. 누구나 쉽게 참여할 수 있도록 필드 킷(Field Kit)을 미의회도서관 홈페이지에서 다운로드할 수 있으며 인터넷이 불가한 경우, 무료전화로 요청하면 우편으로 발송해준다. 참여하고자 하면 마이크와 스마트폰이나 캠코더를 사용하여 30분 이상 참전용사와 함께 음성이나 비디오 녹화를 하고, 최소 20페이지의 오리지널 미간행 기억, 잡지 기사나 일기, 10장 이상의 사진 원본, 편지, 예술 작품, 영화, 스크랩북, 개개인의 참전 용사 이야기 서비스를 설명해줄 공식적인 군대 기록과 교육적인 정보를 제공하는 팸플릿 등으로 컬렉션을 만들어서 함께 송부하면 된다. VHP는 최소한의 기준을 충족시키지 않은 자료는 반환하며, 제출되는 모든 자료는 전기적인 데이터 양식(Biographical Data Form)과 참전용사 관련 양식(Veteran's Release Form)을 함께 제출해야만 한다. 우편보다는 FedEx, UPS와 같은 상업적인 배달 서비스를 이용하여 편집하지 않은 원본을 일정 형식에 맞춰 보내고, 보내는 사람과 참전용사용 복사본은 별도로 보관해야 한다. 또한 택배 대신 직접 컬렉션을 가지고 AFC 근무시간에 방문해도 된다.

VHP 컬렉션 웹사이트는 참전 용사들의 생물학적 정보와 군 복무이력에 대한 정보를 제공하고 있다. 참전 용사의 이름, 상세한 군복무 기록,

기증자나 인터뷰한 사람의 직업 등을 포함하고 있으며, 일부 컬렉션은 쉽게 볼 수 있도록 디지털화된 내용을 담고 있다. VHP는 이렇게 컬렉션을 아카이빙하여 연구자들과 일반인들에게 구술 자료를 정보원으로 제공하고 있다. 수집에 있어서의 우선순위는 다음과 같다. 첫째, 세계 제1차 대전과 한국전쟁에 참전한 최고령 참전 용사의 생각을 수집한다. 둘째, 소수 민족을 대표하는 참전 용사와 여성 참전 용사의 생각을 수집한다. 셋째, 인터뷰의 지적이고 기술적인 질적 수준을 향상시킨다. 넷째, 모든 미국 전쟁 참전 용사의 기억을 기록화한 것을 기부하도록 요청한다. 수집의 기본적인 목적은 법령에 근거하여 참전 용사의 경험을 수집하고 보존하여 접근을 제공하고, 그중에서도 노령 참전용사의 기억을 우선적으로 수집하며, 전반적으로 군대 집단의 다양성을 반영하는 아카이브를 생성하는 것이다. 이러한 자료들은 참전 용사들의 관점으로부터 나온 그들의 이야기를 알릴 수 있는 수단을 제공한다.

2001년에 자료를 기증받기 시작한 이래로 VHP는 10만 건 이상의 아카이브 컬렉션으로 확장되었고, 각 컬렉션은 미국에 독특한 이야기를 서비스하고 있다. 현재 미군의 경험에 관한 아카이브 중에는 VHP의 수준만한 것이 없다. 개인의 이야기를 기록화하는 데 있어서 그들의 대다수가 고위급 장성이나 매체, 영화, 문학에서 자주 언급되는 전쟁 영웅이 아니다. 오히려 그들은 다양한 군대의 의무 안에서 명예롭게 임무를 수행하고 다양한 배경, 민족으로부터 구성된 일반인으로서 자신을 희생하고 군대 경험을 기억하는 사람들이다. VHP는 참전 용사 자신들로부터 각각의 이야기가 전쟁의 실체를 이해하는 데 중요하다는 점을 강조한다. 프로젝트는 참전 용사 기관, 기록관과 박물관, 대학, 참전 용사의 역사를 기록하는 데 관심을 갖는 개개인의 네트워크를 바탕으로 만들어졌다. 그로 인해 한 주에 100여 개 정도를 상회하는 꾸준한 기부가 이루어지고 있으며, 현재에도 이 작업에 계속되는 관심을 확인할 수 있다.

VHP 컬렉션은 디지털화되어 허가를 받은 자원은 온라인으로 열람할 수 있어 결과적으로 온라인 환경과 디지털 기기가 마련된 곳이라면 집, 도서관, 교실 어디에서든지 해당 컬렉션을 열람할 수 있다. 온라인 검색 데이터베이스는 연구자가 수십 개의 조합으로 검색을 조직화할 수 있게 해준다. 컬렉션의 디지털화는 계속 진행되고 있으며, 현재 60% 정도가 완료된 상태이다. 컬렉션을 직접 보기 위해서는 최소한 방문 10일 전에 예약해야 하며, 사전예약 없이 방문할 경우 즉각적인 서비스 제공을 받는 것은 불가능하다.

한편 VHP에 참여한 면담자와 구술자는 그들의 자료에 대한 저작권을 갖고 있기 때문에, 저작권법에 의해 다른 목적, 개인적인 이용, 연구를 위해서는 제한적으로 사용이 허가된 경우를 제외하고는 반드시 이용 허락을 받아야 한다. 이는 구술자와 인터뷰한 사람의 권리를 보호하며, 특별히 출판이나 방송을 위해 기록한 것을 사용할 계획에 있는 경우라면 각별히 주의해야 한다. 그러므로 참전 용사의 허락이 필요한 경우, 일반적으로 VHP 직원은 연구자에게 참전 용사의 연락처를 알려준다. 미의회도서관은 공적으로 지원받은 기관으로서 이 컬렉션에 대한 고유의 권리를 갖지 않으므로, 컬렉션 자료를 사용하는 데 이용요금을 부가하지 않으며, 컬렉션의 발간이나 배포를 거절하거나 수용할 권한이 없다. 그리고 미국의 저작권법 Title 17 of the U,S. Code의 공정한 이용(Fair Use Doctrine)에 근거하여 인용이나 주해, 비평, 뉴스 보도, 학문적 보고를 위해 저작의 제한된 부분을 사용할 수 있다. 구체적으로 사용할 수 있는 단어의 수나 메모, 저작의 일정 비율을 허용하는 법규는 없다. 공정한 이용으로 해당되는 특별한 사용인지 아닌지는 상황에 따라 다를 수 있다. 그러므로 허가 없이도 사용될 수 있는 인용이 있고 사례가 공정한 사용으로 간주되어 해당 자료에 대한 활용이 가능한 경우도 있으나 그 기준이 모호하다면 저작권에 관한 허가를 사전에 받는 것이 중요하다. 도서관의 컬렉션에서 자료의 활용에 관한 모든 책임은 자료를 사용하는 이용자에게 있다. 또한 이용자의 사적·공적 권리는 저작권 이해와는 분리되고 명백히 다른 것으로서 자료의 특성에 따라 영향을 받을 수 있고, 그들이 그 자료를 어떻게 사용하고자 하느냐에 따라서 개별적인 책임을 지게 된다. 이러한 VHP 컬렉션은 2016년 11월, 골드 스타 패밀리 보이스 법령(Gold Star Families Voices Act)이 통과되면서 전쟁 기간 동안 군복무를 한 결과로 사망한 군인들의 직계가족(부모, 배우자, 자손)에 대한 구술사까지 VHP 컬렉션의 규모와 범위가 더욱 확장되었다. 이러한 경우, 구술의 민감한 특성으로 인해서 VHP는 인터뷰하는 사람과 구술자의 연령을 최소한 18세 이상으로 정하고 있다.

센터에서 중요하게 수행하는 프로젝트로는 VHP 외에도 시민권 역사 프로젝트(Civil Rights History Project[CRHP])를 들 수 있다.[261] 이는 2009년 5월 12일에 미 의회가 시민권 역사 프로젝트 법령을 통과시키면서 국가 주도로 시작된 시민권 역사 프로젝트인데, 미의회도서관은 시민권과 관련된 144건의 기록화를 수행했다. 공화당 의원인 조 맥카시(Joe McCarthy)는 이 법령을 제안할 때 "시민 권리를 쟁취하기 위한 싸움은 국가의 역사에서 가장 중요한 사회적이고 문화적인 운동 중의 하나이고, 이 프로젝트는 미래 세대가 모든 미국인들을 위한 자유와 평등의 꿈을 향한 투쟁을 이해하는 데 도움을 줄 것"이라고 밝혔다. 이 법령으로 스미스소니언 연구소의 국립 아프리카계 미국사문화박물관(National Museum of African American History and Culture[NMAAHC])과 미의회도서관은 시민권 운동(Civil Rights Movement[CRM])에 적합한 현존하는 구술사 컬렉션을 협업으로 진행했다. 2010년에 설문 조사와 2011

261 Civil Rights History Project, https://www.loc.gov/collections/civil-rights-history-project/about-this-collection/

년부터 인터뷰를 통해 시작하여 5년 이상에 걸쳐, 아프리카에서 끌려온 흑인들의 시민권 운동에 대한 설문을 실시하고 투쟁에 참여한 사람들의 새로운 인터뷰를 기록했다. 그리고 서베이 정보와 인터뷰의 결과물은 미의회도서관과 박물관의 영구보존기록물로 남겨졌다.

2010년부터 2013년까지 참여자 139명의 100여 개가 넘는 구술 인터뷰가 고화질 비디오로 수집되었다. 미의회도서관에서 이 비디오의 전체를 열람할 수 있다. 컬렉션의 내용으로는 자유를 향한 투쟁, 조직적인 노동 운동, 비폭력과 자기 방어, 신앙, 음악, 가족과 우정의 중요성과 같은 주제에 대한 구술자들의 회상을 폭넓게 다루고 있다. 이 프로젝트에 참여한 구술자들은 변호사, 판사, 의사, 농부, 기자, 교수, 음악가 등 다양한 직업군으로 구성되어 있다. 구술 안에서 논의된 1960년대의 활동과 사건은 직업과 자유를 위한 워싱턴 행진(March on Washington for Jobs and Freedom), 알바니 운동(Albany Movement), 자유 달리기(Freedom Rides), 셀마에서 몽고메리 권리행진(Selma to Montgomery Rights March), 오렌지버그 대학살(Orangeburg Massacre), 남부의 선거권 등록 운동, 지역 운동과 1955년의 14살 소녀 엠메트 틸(Emmett Till)의 죽음 등을 포함한다.

많은 구술자가 유색인종 선진화 전국협회(National Association for the Advancement of Colored People[NAACP]), 인종 평등 모임(Congress of Racial Equality[CORE]), 비폭력 조정 학생위원회(Student Nonviolent Coordinating Committee[SNCC])와 같은 전국 조직 협회나 단체에서 활동하는 사람들이었으며, 인권을 위한 의료위원회(Medical Committee for Human Rights), 국방과 정의를 위한 집사들(Deacons for Defense and Justice), 매릴랜드주 캠브리지 비폭력행동위원회(Cambridge[Maryland] Nonviolent Action Committee), 뉴어크 지역 연합프로젝트(Newark Community Union Project)와 같은 특수단체에 소

속된 핵심 회원들도 있었다. 이외 구술자들은 오클라호마주의 오클라호마시티, 플로리다주의 세인트 어거스틴, 루이지애나주의 보갈루사와 같은 시민권 운동 활동이 잘 알려지지 않은 지역에서 투쟁의 최전선에 있었던 남성과 여성들이다. 일부 구술은 클라라 루퍼(Clara Luper), 로버트 힉스(Robert Hicks), 게일 젠킨스(Gayle Jenkins)를 포함하는 지역 시민권 지도자의 아이들과 진행했다. 이 프로젝트 컬렉션(AFC 2010/039)에는 모든 인터뷰를 위한 디지털 비디오 파일, 디지털화된 비디오카세트, 디지털 사진 및 전체 텍스트로 구성된 1,200개 이상의 항목이 포함되어 있다. 인터뷰는 도서관의 유튜브 사이트와 NMAAHC 웹 사이트를 통해도 확인할 수 있다.

2) 영국국립도서관

대영도서관이라고도 불리는 영국국립도서관(The British Library, 이하 BL)[262]은 영국의 국가대표도서관이다. 살아 있는 지식 보고로 영국 국립도서관으로 50주년을 맞이하는 2023년을 앞두고 영국국립도서관의 미래 발전에 대한 비전을 제시했다. BL은 영국뿐만 아니라 전 세계 누구나 지적 유산에 접근하여 이용할 수 있도록 인쇄자료 및 디지털 자료로 발행된 국가 장서를 구축하고 있으며, 소장자료를 관리·보존함으로써 연구를 수행하고 싶어 하는 개인, 단체, 정부 등을 대상으로 도서관 서비스를 제공하고 있다. 이를 위해 다양한 분야의 컬렉션을 구축하기 위한 「법정납본도서관법(Legal Deposit Libraries Act[2003])」을 제정하여 인쇄 및 디지털 자료를 납본 받고, 각 컬렉션별 장서 정책을 수립하고 있다. 또한

---

262 영국국립도서관 홈페이지, https://www.bl.uk/; 정연경 외(2019). 『국립중앙도서관의 구술 자료 수집 타당성 및 제도 개선 방안 연구』, pp. 88-102.

납본 이외 수집, 기증, 자체 프로젝트를 통해 장서를 보유하고 있으며, 그 결과 매년 3백만 권의 인쇄자료가 수집되고 1억 7천만 건의 자료를 소장하여 보존하고 있다.

BL의 다양한 컬렉션 중 하나인 구술 컬렉션(Oral Collection)은 전 세계에서 가장 큰 구술 컬렉션으로, 가장 많은 구술 자료를 소장하고 있다. 특히 영국과 관련된 광범위한 주제를 다루고 있으며, 영국구술사학회(Oral History Society, 이하 OHS), 지역도서관, 타 기관 구술 아카이브 간의 협력을 통해 구술 아카이브의 허브로서 기능하는 동시에 구술사를 장려하고 지원하는 것을 목표로 하고 있다. 한편 독립재단으로 내셔널 라이프 스토리즈(National Life Stories[이하 NLS])를 1987년에 설립하여 자체적인 구술사 프로그램을 운영하고, 구술 자료를 수집하여 다양한 컬렉션을 보유하고 있다. 구술 컬렉션은 소리와 영상 목록(Sound and Moving Image Catalog)을 통해 검색 가능하며, 원하는 정보를 검색한 후 열람실인 영국 국립도서관 사운드 아카이브(British Library Sound Archive)를 통해 이용할 수 있다.

(1) 역사

NLS는 1985년 구술사가 폴 톰슨(Paul Thompson)과 아사 브릭스(Asa Briggs)가 진행한 내셔널 라이프 스토리즈 컬렉션(National Life Story Collection)으로 시작되었다. 내셔널 라이프 스토리즈 컬렉션은 정치, 산업, 행정, 문화, 종교 등 영국 내의 모든 분야에서 남성, 여성의 구술 인터뷰를 담고 있으며, 현대 사회의 단면을 기록화하는 프로젝트이다. 즉, 내셔널 라이프 스토리즈 컬렉션은 남성과 여성, 노동자와 자본가 등 역사에 기록된 사람과 기록되지 못한 사람들의 기록이 함께 수집된 종합 컬렉션이라고 할 수 있다.

1986년에는 톰슨과 브릭스가 정치인인 에와트 비그스 남작부인

(Baroness Ewart-Biggs), 럿셀 존슨(Russell Johnson MP)과 아동문학자 페넬로프 라이블리(Penelope Lively), 환경공학자 오스틴 미첼(Austin Mitchell), 역사가 로버트 블레이크(Robert Blake)와 함께 NLS를 창립했으며, 이듬해인 1987년 10월에는 자선 단체로 인정을 받아 지금까지 그 명맥을 유지하고 있다. 초기에는 기금 마련을 위해 부동산 개발자 잭 로즈(Jack Rose)와 재무책임자인 피터 핸드(Peter Hand)가 윙게이트 재단(The Wingate Foundation)과 누필드 재단(Nuffield Foundation)의 기부를 받았으며, 톰슨이 기증한 '헨리 무어(Henry Moore)'의 조각상을 판매하여 초기 자금을 마련했다. 이후 첫 프로젝트인 유태인 공동체의 살아있는 기억(The Living Memory of The Jewish Community), 도시 생활(City Life)을 시작으로 현재까지 28개의 프로젝트가 진행되었으며, 1990년에 시작한 예술가의 삶(Artists' Lives)은 350개 이상의 구술 자료를 생산하여 현재까지도 수행하고 있는 최장수 프로젝트이다.

(2) 관련 법령

「영국도서관법(British Library Act[1972])」이 제정됨에 따라 1973년에 건립된 BL은 현재 영국 정부의 위임을 받아 국가 장서를 구축하고 이를 보존할 의무가 있으며, 특히 법적으로 규정된 납본제도는 국가 장서를 구축하는 데 큰 영향을 주고 있다. 영국은 1709년 저작권법에 납본규정을 마련하여 1801년, 1814년, 1836년, 1842년, 1911년 총 다섯 차례의 개정을 진행하고, 이후 저작권법이 아닌 「법정납본도서관법(Legal Deposit Libraries Act[2003])」을 제정하여 현재까지 납본제도를 유지하고 있다. 또한 법정납본도서관법은 인쇄출판물의 법적 기준만을 규정하고 있어 비인쇄 출판물, 온라인출판물에 대한 규제를 추가하는 개정이 현재 지속적으로 이뤄지고 있다. 이를 통하여 첫째, 비인쇄 자료에 대한 수집범위를 확대했으며, 둘째, 녹음자료, 영화 필름을 제외한 온라인 출판물에 대한 수집 정책 및 절차에 대한 규정을 확립했다. 2013년에 제정된 「법정납본도서관(비인쇄자료) 규정(The Legal Deposit Libraries [Non-Print Works] Regulations[2013])」은 납본의 범위를 디지털 출판, 웹사이트까지 확장시키는 근거를 마련했으나 구술 자료에서 중요한 음성자료에 대한 납본은 법적인 제재가 없는 상황이다.

구술 자료에 대한 데이터보호법은 점차 확대되고 있다. 2018년 8월 25일, EU 전체에서 발효된 「데이터보호법(General Data Protection Regulation, GDPR)」은 개인 정보를 수집하는 모든 개인 및 조직에게 적용됨에 따라 구술 자료 수집 프로젝트 수행 시 개인정보 수집에 대한 법적 절차가 까다로워졌다. 경우에 따라 개인정보를 공적인 목적으로 수집 및 이용하는 것에 대해서는 일부 허용하고 있지만, 그 범위가 매우 제한적이다. 그에 따라 영국 구술 컬렉션과 영국구술사학회(OHS)는 구술 자료에 적용되는 데이터보호법에 대한 세미나와 교육을 진행하고 있다. 한편 구술 자료는 「저작권법(Copyright Law)」도 적용되며, Oral Collection 장서 정책에 따라 개인 및 단체가 구술 자료를 납본(deposit)할 경우 지적 재산권을 양도 혹은 법적 권리와 자료에 대한 접근 권한을 기술해야 한다. 특히 『영국 국립도서관의 구술사 녹음에 관한 납본(*The deposit of your oral history recording at the British library*)』 가이드는 구술 자료에 대한 저작권 및 개인정보 보호법 등 구술 자료와 관련된 법적 근거를 제시하고 구술 자료 수집 및 이용에 관한 동의서 양식을 제공하고 있다. 개인정보 제공에 대한 동의는 구술 자료 아카이빙에 대한 동의, 공적인 사용에 대한 동의 사항과 사운드와 동영상 목록(Sound & Moving Image Catalogue)에서 기록을 검색할 때, 구술자의 서명이나 신상을 검색할 수 있는 동의도 포함한다.

구술 자료에 대한 저작권은 생산자가 가지게 되며, 사후 70년까지 유지될 수 있다. BL에 납본한 경우, 저작권은 영국 국립도서관의 사운드 아카이브(BL Sound Archive)가 가지게 되며 영국인에게 공개된다. 생산자는 이용자에 대한 접근 범위, 이용, 공개 여부에 대해 조건을 제시할 수 있고, 이에 대한 사항은 Sound Archive와 논의 후 결정된다. 이와 관련된 동의서는 모두 BL과 OHS 홈페이지를 통해 확인할 수 있다.

(3) National Life Stories

영국국립도서관의 독립적인 자선 신탁재단인 내셔널 라이프 스토리즈(National Life Stories[NLS])는 1987년 내셔널 라이프 스토리즈 컬렉션(National Life Stories Collection)으로 설립되어 2005년에 내셔널 라이프 스토리즈로 명칭이 변경되었으며, 현재까지 영국인의 삶에 대한 구술 자료를 주제별로 생산·수집하고 있다. NLS는 후원, 자선 개인 기부금으로 자금을 충당하고 있으며, 매년 연차보고서를 통하여 연도별로 진행된 구술 프로젝트의 경과, 파트너십, 이용방법, 예산집행, 면담자 및 구술자 등 관련자들에 대한 기고 및 인터뷰 등이 수록되고 있다.

현재까지 수행된 프로젝트는 다음과 같다. 도시 생활: 1988-현재, 영국의 지도자: 1988-현재, 유대인 공동체의 살아 있는 기억: 1988-1999 [187명 인터뷰], 예술가의 삶: 1990-현재, 내셔널 라이프 스토리즈 일반: 1990년-현재, 화우셋(Fawcett) 컬렉션: 1992-1994 [14명 인터뷰], 철강 산업의 삶: 1991-1992 [88명 인터뷰], 내셔널 라이프 스토리 어워드: 1993-1994. 홀로코스트 생존자 센터 증언 녹음: 1993-2014 [154명 인터뷰], 영국 언론의 구술사: 1994-2006 [19명 인터뷰], 법률 생활: 1995-2014 [11명 인터뷰], 음식: 소스에서 판매 장소까지: 1995-2007 [202명 인터뷰], 출판업의 삶: 1997-2006 [119명 인터뷰], 공예의 삶: 1999-현재, 석유 산업의 삶: 2000-2004 [177명 인터뷰], 우체국의 구술사: 2001-2003 [116명 인터뷰], 울프 올린(Wolff Olins)의 구술사: 2001-2003 [40명 인터뷰], 영국 패션의 구술사: 2002-2011 [17명 인터뷰], 테스코(Tesco) 구술사: 2003-2007 [37명 인터뷰], 와인 무역의 구술사: 2003-2004 [40명 인터뷰], 자선 및 사회 복지 분야의 개척자: 2004-현재, 영국 연극 디자인의 구술사: 2005-2008 [33명 인터뷰], 작가의 삶: 2007년-현재, 요리사: 2009-2012 [13명 인터뷰, 음식: 소스에서 판매 지점까지 프로젝트의 일부], 물 산업의 구술사: 2009-2012 [30명 인터뷰], 베어링의 구술사: 2009-2013 [34명 인터뷰], 영국의 과학 구술사: 2009-현재, 영국 전기 공급 산업의 구술사: 2012년-현재 등이 있다.

모든 NLS 인터뷰와 프로젝트는 영국국립도서관 사운드와 동영상 목록(British Library Sound & Moving Image catalog)에 있다. 이용자는 영국국립도서관에 직접 방문하여 아날로그 자료는 청취 및 시청 서비스(Listening & Viewing Service)를 예약하여 사용하고 인터뷰가 디지털 방식으로 이용 가능한 경우 사운드서버(SoundServer) 서비스를 통해 세인트 판크라(St Pancras) 및 보스톤 스파(Boston Spa)의 영국국립도서관에서 인터뷰를 들을 수 있다. 또한 온라인으로 공개된 '예술가의 삶', '건축가의 삶', '유태인 공동체의 살아 있는 기억', '밀레니엄 메모리 뱅크', '영국 과학의 구술사'는 영국국립도서관의 사운드 웹 사이트를 통해 볼 수 있다. NLS 프로젝트에 대한 업데이트는 내셔널 라이프 스토리즈 연간보고서(National Life Stories Annual Reports)와 영국국립도서관의 사운드와 비젼(Sound and Vision) 블로그, 특히 영국의 과학 구술사(Oral History of British Science), 과학사(History of Science) 블로그를 통해 확인할 수 있다.

(4) 조직

NLS의 재단 이사진은 이사장인 제니 아브람스키(Jenny Abramsky)를 포함하여 12명이며, 고문은 피터 바잘게트(Peter Bazalgette) 경을 포함하여 14명으로 구성되어 있다. NLS의 핵심 직원은 디렉터인 메리 스튜

어드(Mary Stewart), 프로젝트 디렉터로 '예술가의 삶'과 '건축가의 삶'을 담당한 캐시 코트니(Cathy Courtney), 아키비스트로 찰리 모건(Charlie Morgan), 보조 아키비스트 및 관리자로 캐시 존스턴(Camille Johnston), 회계 관리자로 폴린 모리슨(Pauline Morrison), 수석 학술고문으로 '영국 과학의 구술사'와 '전후 영국의 농업, 토지 관리 및 보존에 대한 구술사'를 담당한 샐리 호록스(Sally Horrocks) 박사, 구술사가 및 프로젝트 연구원으로 '전후 영국의 농업, 토지 관리 및 보존에 대한 구술사'를 담당한 폴 멀챤트(Paul Merchant) 박사, 프로젝트 면접관으로 '작가의 삶'을 담당한 사라 오레일리(Sarah O'Reilly), '예술가의 삶'을 담당한 헤스터 웨스틀리(Hester Westley) 박사, '공예의 삶'을 담당한 엘리자베스 라이트 박사, 협업을 하는 박사과정생인 에밀린 리지우드(Emmeline Ledgerwood)로 구성되어 있다. 이외에도 프리랜서 면접관 7명, 녹취전문가 3명, 자원봉사가 2명 등이 운영을 돕고 있다.

(5) 아카이브

영국 국립도서관의 구술컬렉션은 영국에서 최대 규모의 구술 컬렉션을 보유하고 있으며, 영국인의 삶, 일, 문화, 개인적인 경험 등 광범위한 주제를 다루고 있다. 오디오, 비디오 인터뷰만 수집하는 것이 아니라 관련된 문서, 사진 등 문헌 역사자료도 함께 수집하고 있어 그 양이 방대하다. 컬렉션은 26개의 주제로 구성되어 있으며, 음성, 비디오 인터뷰 자료와 관련 문서도 링크를 통해 연계자료도 함께 제공하고 있다. 약 9만 건의 음성, 비디오 자료가 디지털화되어 서비스되고 있으나 모든 자료들을 온라인 서비스로 제공하고 있지 않아 온·오프라인에서 제공하는 구술자료의 양은 차이가 있다. 구술 자료를 수집·관리·보존하는 것은 NLS와 구술 컬렉션에서 담당하고 있지만, 음성, 동영상 인터뷰 자료를 이용자들에게 서비스하고 있는 곳은 영국 국립도서관의 사운드 아카이브에서 진행하고 있다.

구술 컬렉션은 영국 국립도서관의 사운드와 동영상 목록(British Library Sound & Moving Image Catalog)을 통해 음성, 비디오 자료를 검색할 수 있으며 단어, 숫자를 이용한 간단한 검색과 주제, 장소, 언어, 수집, 생산연도 등 상세검색을 지원하고 있다. 또한 색인을 이용한 검색과 다른 컬렉션으로 연계되는 링크를 제공하여 검색의 효율성을 높이고 있으며, 구술 자료에 대한 마크, 제목, 유형, 수집 및 컬렉션 설명, 문서, 녹음 목적, 저작권, 접근, 이용 가능 여부, 인벤토리에 대한 메타데이터를 제공하고 있다. 한편 켄트대학교와의 협업을 통해 제작된 『구술사 컬렉션에서 매우 특별한 자료찾기: 연구도구와 이용자 여행(*Finding Very Particular Material in Oral History Collections: a Research Toolkit and User Journey*)』 가이드는 구술 컬렉션 검색을 위한 유용한 방법을 제시함으로써 구술 자료에 대한 이용자들의 접근성을 높이고 있다.

(6) 수집

각 주제 컬렉션마다 별도의 수집 정책을 가진 BL은 구술 컬렉션의 장서 정책을 통해 구술 자료 수집 목적, 수집 대상, 기탁, 구술 컬렉션의 역할을 명시하고 있다. 구술 컬렉션은 영국 최대의 구술 컬렉션을 구축하고, 영국 내 구술사의 중심기관으로서 표준 및 지침을 마련하는 한편 컨설팅 제공 및 타 기관의 구술 아카이브 구축을 장려하고 지원하는 것에 목적을 두고 있다. 구술 컬렉션에서 수집하는 대상은 영국의 삶, 직장, 문화, 경험 등 광범위한 주제 영역 아래 오디오 및 비디오 인터뷰를 모두 포함하는 구술 자료이며, 국민이 가지고 있는 개인적인 기억, 경험, 정체성을 구술을 통해 기록하고 수집함으로써 국민과 공유한다는 사명을 가지고 있다. 수집 시, 영국과 관련된 주제, 소멸될 수 있는 주제 영역에 우선순위를 두고 수집하고 있으며, 개인 및 기관이 만든 구술 자료는 별도의 선정 과정을 통해 수집되고 있다. 이때, 큐레이터는 기존 자료와의 중복, 불충분한 문서, 법적 권리가 불명확한 구술 자료의 경우, 기증 또는 기탁을 거부할 수 있다. 또한 BL에서 수집할 수 없는 자료는 대체 저장소를 찾을 수 있도록 지원하고 있다.

기탁의 조건은 구술 자료와 함께 메타데이터, 동의서 등 관련 서식을 제공해야 하며, 영국 국립도서관에 지적재산권을 양도해야 한다. 지적재산권에 대한 양도가 불가능할 경우, 접근 및 이용에 대한 법적 권리에 대해 조건을 분명히 기술해야 한다. 기탁되는 구술 자료가 영구적 가치를 지닌 기록물일 경우는 영국국립도서관의 소장물로서 영구적으로 관리·보존될 수 있다. 한편 자료는 형태에 따라 관리·보존 방법이 결정되는데, 아날로그 자료의 경우, 디지털화 작업과 함께 환경적으로 통제된 서고에서 보존되며, 디지털 자료-본 디지털(born digital), 디지털화(digitized) 자료는 영국 전자도서관 시스템에 등록한 후 전용 저장소에 관리·보존된다. 수집은 기증, 기부, 기탁뿐만 아니라 내셔널 라이프 스토리즈 재단의 자체 프로젝트를 운영하여 구술 자료를 별도로 수집하기도 한다. 영국과 관련된 주제 중에서도 소멸 가능성이 있는 주제 영역에 우선순위를 두고 수집하고 있으며, 이때 생산된 모든 구술 자료는 구술 컬렉션에 귀속된다. 또한 지역 기관과의 협력을 통해 정보를 교환하고, 중복되는 수집을 최소화하는 작업을 진행하고 있다.

이 외에도 장서 정책에는 영국 구술 컬렉션이 가지는 역할에 대해 기술하고 있다. 그 내용을 살펴보면 크게 다섯 가지로 구분된다. 첫째, 이용자들이 자료에 쉽게 접근하여 이용하기 위한 색인, 목록 작업을 진행하고, 둘째, 음성, 동영상 인터뷰, 녹취록을 제공하여 이차적 활용을 장려함으로써 구술사 인지도 확산을 독려한다. 셋째, OHS, 박물관 등과 협력하여 표준을 제정하고 구술사에 대한 교육, 컨설팅 확대 및 윤리강령을 정립한다. 넷째, 구술사 관련한 세미나, 컨퍼런스 개최를 통해 구술사 방법론, 구술 자료 수집, 보존에 대한 논의가 지속될 수 있도록 지원하고, 마지막으로 NLS와 외부 프로젝트를 지원하기 위한 기금 조성에 앞장서야 한다.

(7) 서비스

BL은 구술 컬렉션을 온라인과 오프라인을 통해 이용자 서비스를 제공하고 있다. 대부분의 자료는 공개되어 있으며, 영국인이라면 누구나 무료로 자료를 이용할 수 있다. 일부 비공개 자료, 아날로그 자료는 연구자들에 한하여 신청, 승인, 예약 후 사용 가능하며, 약 8주의 시간이 소요된다. 일반인들도 디지털화되지 않은 음성자료를 이용할 수 있으며, 이용방법은 동일하게 신청, 승인, 예약 후 이용 가능하다. 오프라인으로 자료를 이용하기 위해서는 BL의 희귀본 및 음악열람실(Rare Books and Music Reading Room)을 직접 방문해야 한다. 디지털, 아날로그 음성자료를 열람할 수 있으며, 이용시간은 월요일에서 목요일까지는 10시부터 20시까지, 금요일과 토요일은 17시까지 이용할 수 있다.

또한 BL은 홈페이지, 트위터, 블로그, 팟캐스트 등 이용자들이 구술 컬렉션에 쉽게 접근할 수 있도록 다양한 온라인 채널을 운영하고 있다. 첫 번째로 영국 국립도서관 사운드 아카이브(British Library Sound Archive) 홈페이지[263]를 통해 주제별 구술 컬렉션에 대한 설명과 일부 음성파일을 이용할 수 있다. 9만 건이 넘는 녹음이 디지털화되어 서비스되고, 일부 컬렉션의 경우 음성파일의 중요 부분만 공개된 편집본으로 서비스가 제공된다.

또한 서비스되는 음성자료에는 메타데이터를 함께 제공하고 있으며, 메타데이터는 자료유형, 시간, 위치, 주제, 녹음 날짜 및 장소, 대상자, 면

263 British Library Sound Archive, https://sounds.bl.uk/Oral-history

담자, 구술 자료와 관련된 링크로 구성되어 있다. 한편 “British Library–National Life Stories” 팟캐스트를 통해 일부 인터뷰 자료가 공개되고 있으며, Sound and Vision 블로그, 트위터 계정인 @BL_OralHistory를 통해 지속적으로 구술 자료 수집 및 관련된 내용을 매일 업로드하고 있다. 한편 구술 컬렉션 중 26개의 주제에 대한 컬렉션 가이드도 제공하고 있다. 가이드를 통해 컬렉션 주제에 대한 설명과 온·오프라인으로 이용 가능한 구술 자료에 대한 설명이 함께 명시되어 있다. 뿐만 아니라 주제와 관련된 다른 컬렉션에 대한 소개도 포함하고 있다.

(8) 컬렉션

온라인에서 전문을 공개하고 있는 대표적인 디지털 컬렉션은 유태인 경험과 홀로코스트 증언 구술사(Oral Histories of Jewish Experience and Holocaust Testimonies), 예술가의 삶(Artists' Lives), 밀레니엄 메모리 뱅크(Millennium Memory Bank[이하 MMB]), 영국의 과학 구술사(Oral History of British Science)가 있다. 먼저 유태인 경험과 홀로코스트 증언 구술사는 영국 내 유대인 생존자들의 홀로코스트에 대한 개인 구술 기록으로, 유태인 공동체의 살아 있는 기억(The Living Memory of The Jewish Community)과 홀로코스트 생존자 센터 증언 녹음 프로젝트(The Holocaust Survivors' Centre Testimony Recording Project)로 구성된다.

첫 번째, '유태인 공동체의 살아 있는 기억'은 1987년에서 2000년까지 14년간 홀로코스트의 유대인 생존자와 그 자녀들을 대상으로 186개의 구술 음성자료를 수집했으며, NSL에 의해 시작되어 세 개의 기관이 함께 진행한 프로젝트이다. 자원봉사자들이 훈련을 거쳐 면담자로 활동했으며, 영국뿐만 아니라 나치가 점령했던 유럽의 전역을 돌면서 생존자와 그 자녀들의 구술 자료를 수집했다.

두 번째, '홀로코스트 생존자 센터 증언 녹음 프로젝트'는 제2차 세계대전 중 영국으로 망명한 유대인 생존자들을 돕는 홀로코스트 생존자 유태인 돌봄센터(The Jewish Care Holocaust Survivors' Centre)와 내셔널 라이프 스토리즈가 공동으로 진행한 프로젝트로, 1993년부터 1998년까지 6년간 154개의 음성 구술 자료를 수집했다. 웹을 통해 이용 가능한 자료는 총 1,818개이며 구술자를 알파벳순, 제목, 지도를 통해 정리하여 제공하고 있다. 수집된 자료는 BL의 교육 콘텐츠 웹사이트를 통해 2차 세계대전의 참상을 알리는 역사적 자료로 사용되고 있으며, 일부 구술 자료는 교육 웹사이트에서 이용할 수 있다. 오프라인에서 추가적으로 제공하는 자료는 예일대학교 영상 아카이브와 협력하여 수집한 홀로코스트 생존자 170여 개의 영상 구술 자료, 1985년에 진행된 유대인 이외의 수용자, 정치범, 유대인 수용자 59개의 구술 자료 컬렉션인 안톤 길 컬렉션(Anton Gill Collection), 허버트 레비(Herbert Levy) 독일 유대인 난민 인터뷰, 센트럴 브리티시 펀드 킨더트랜스포트 인터뷰(Central British Fund Kindertransport Interviews) 등이 있다.

예술가의 삶(Artists' Lives)은 1990년에 내셔널 라이프 스토리즈와 테이트 아카이브(Tate Archive), 헨리 무어 연구소(Henry Moore Institute)가 협력하여 현재까지 진행되고 있는 장기 구술 프로젝트로 영국 예술가들을 대상으로 그들의 경험을 구술 자료로 수집하고, 인터뷰를 통해 작가와 작품을 이해할 수 있는 연결고리를 제공하고 있다. 1990년 에일린 아거(Eileen Agar)를 시작으로 지금까지 다양한 환경에서 태어난 예술가들을 인터뷰하고 있으며, 개인 인터뷰를 통해 영국 미술의 변화를 포착할 수 있는 중요한 자료로서 사운드 아카이브(Sound Archive)뿐만 아니라 '예술의 목소리(Voice of Art)'를 통하여 구술 자료를 포함한 예술가의 생애, 작품을 함께 제공하고 있다. 예술가의 삶(Artists' Lives)은 12명으로 구성된 자문위원회가 있으며, 4명의 구술사가가 예술가들의 면담을 진행하고, 진행사항은 매년 발행하는 연차보고서와 사운드와 비전

(Sound and Vision) 블로그, @BL_OralHistory 트위터 계정을 통해 지속적으로 업로드하고 있다. 또한 칼루스트 굴벤키안 재단(The Calouste Gulbenkian Foundation)을 비롯한 7개의 기관과 파트너십을 통해 운영 및 기금을 마련하고 있다.

밀레니엄 메모리 뱅크(Millennium Memory Bank[MMB])는 1998년부터 1999년까지 1년 동안 영국 전역의 모든 BBC 지역 라디오 방송국인 라디오 스코틀랜드, 라디오 얼스터, 라디오 웨일즈 및 라디오 심루와 함께 영국 도서관 사운드 아카이브와 힘을 합쳐 라디오를 통하여 수집된 640여 건의 개인의 경험을 모아 구성한 유럽의 최대 단일 구술 컬렉션 중 하나로 영국 라디오 역사상 가장 큰 프로젝트였다. 남성과 여성, 5세에서 107세, 다양한 인종으로 구성된 구술자들은 현대 사회의 단면을 보여주고 있으며, 일상적 개인의 경험에 초점을 두어 진행했다. 또한 MMB는 영국 내 영어 방언조사(SED)에 사용되고 있으며 방언을 목록화하기 위한 프로젝트를 진행했다. 온라인 공개를 통해 사용할 수 있는 컬렉션 항목의 수는 396개로, 인터뷰 일자 및 지역 라디오 방송국별로 접근이 가능하다.

영국 내 100명 이상의 과학자, 엔지니어를 대상으로 진행된 영국의 과학 구술사(An oral history of British Science)는 각각의 과학자 및 엔지니어들의 개인적인 삶과 과학에 대한 철학과 생각을 인터뷰했으며, 1,000시간이 넘는 인터뷰 영상이 웹사이트를 통해 제공되고 있다. 대표적인 과학자로는 생물학자인 맥스 퍼루츠(Max Perutz), 핵물리학자 조셉 롯블라트(Joseph Rotblat), 사업가이자 컴퓨터공학자인 스테파니 셜리(Stephanie Shirley), 지구 물리학자 조셉 파맨(Joseph Farman)이 있다. 이후 주제를 확장하여 2013년 5월에 왕립학회 다양성 프로그램(Royal Society Diversity Programme)과 협력했다. '과학자들의 영감: 영국과학의 다양성(Inspiring Scientists: Diversity in British Science)'이라는 새로운 구술 프로젝트를 시작했으며, 그 분야의 대가뿐만 아니라 박사과정 학생들까지 그 범위를 확대하고 있다. '과학'과 '종교'의 관계에 대한 대중의 인식, 사회적, 문화적 맥락을 확인할 수 있는 '과학과 종교: 스펙트럼의 탐구(Science and Religion: Exploring The Spectrum)'도 템플톤 종교신탁(Templeton Religion Trust)의 기금을 받아 토론토대학교, 요크대학교, 버밍엄대학교와 함께 연구하고 있다.

(9) 교육 및 컨설팅

영국 국립도서관, 영국구술사학회, 내셔널 라이프 스토리즈는 공동으로 '구술사 전문가 양성 과정'을 운영하고 있다. OHS와 BL에서 인증한 구술사가가 강의를 진행하며, 단계별, 분야별 교육 과정이 마련되어 있다. 입문 과정, 비디오 인터뷰를 위한 교육 과정, 실습 과정, 구술프로젝트를 처음 시작하는 개인 및 단체를 위한 교육 과정, 수집한 구술 자료의 보존을 위한 교육 과정, 데이터 보호법률(GDPR) 교육 과정, 수집한 디지털 구술 자료를 편집하는 교육 과정 등 지역별·단체별 맞춤형 교육을 진행하고 있다. 각 교육 과정별로 교육 내용 날짜와 장소, 위치는 웹사이트를 통해 공고되며, 누구나 예약을 통해 교육 과정을 신청하여 수강할 수 있다. 또한 구술사와 관련된 컨퍼런스 세미나를 지속적으로 개최하여 구술사를 장려·지원하고 있다. 이 외에도 구술을 처음 해보는 개인, 단체를 위해 OHS 홈페이지에서는 지침을 별도로 게시하여 주제 선정, 준비, 윤리적 법적 고려사항, 인터뷰를 위한 지침, 인터뷰 후 자료 관리, 아카이빙 등 관련 문서를 함께 제공하고 있다. 뿐만 아니라 기금 마련을 위한 자료도 OHS 홈페이지에서 확인할 수 있다. 또한 자금 마련이 어려운 개인 또는 학술 단체들을 위하여 구술 프로젝트를 지원하는 기금을 소개하고 있으며, 대표적으로 영국의 국립 복권 유산 기금과 주제별로 지원하는 테마 펀드, 예술 기금, 지역 기금에 대한 세부 사항, 자금 규모를 자세히 기술하여 구술 프로젝트를 진행하는 개인과 단체가 지원을 받을 수 있도록 정보를 제공하고 있다.

3) 호주국립도서관

호주국립도서관(National Library of Australia, 이하 NLA)[264]은 수도 캔버라에 있는데 주의회도서관에서 시작하여 1960년 국립도서관으로 승격했으며, 호주에서 가장 규모가 크다. NLA는 호주국가대표도서관으로 호주 및 호주 국민과 관련된 국가 장서를 구축하고 있으며 국내외 다른 도서관 및 단체와 계약 및 협력을 통해 누구나 자료를 이용할 수 있도록 서비스를 제공하고 있다. 이를 위해 컬렉션마다 장서개발정책을 수립하고 납본, 기부 및 구매를 통해 자료를 수집하고 있다. 그 결과, 600만 권 이상의 장서를 보유하고, 신문, 원고, 영화 등 매체별 컬렉션과 아시아, 태평양, 민속, 미술 등 주제별로 컬렉션을 구성하고 온·오프라인을 통해 이용자 서비스를 적극적으로 운영하고 있다. 구술 컬렉션의 경우, NLA의 통합 목록을 통해 검색이 가능하며, 원하는 정보는 검색 후 특수 열람실이나 '트로브(Trove)'를 통하여 이용할 수 있다.

(1) 역사

NLA는 1901년 의회도서관으로 시작하여 처음에는 멜버른에 위치했으나 1927년 의회가 이전되면서 현재의 위치인 캔버라로 이전했다. 1960년 의회법이 개정됨에 따라 NLA는 의회도서관에서 분리되었으며, 1968년 8월 현재의 건물이 완공되면서 국가대표도서관의 면모를 갖

264 호주국립도서관 홈페이지, https://www.nla.gov.au/; 정연경 외(2019). 『국립중앙도서관의 구술 자료 수집 타당성 및 제도 개선 방안 연구』, pp. 102-112.

추게 되었다. 구술사와 토착민 프로그램(Oral History and Indigenous Program)은 1950년대 헤이젤 드 버그(Hazel de Berg)가 인터뷰한 자료를 기증한 것이 그 출발이었다. 이후 존 메레디스(John Meredith)의 민속 자료가 추가되면서 현재의 구술 및 민속 컬렉션의 배경이 되었다. 이후 1970년대에서부터 1990년대 호주 유명인들의 경험, 삶 그리고 활동을 인터뷰했으며, 대규모의 사회사 인터뷰도 진행되어 51,000시간 이상의 구술 자료가 수집되어 서비스되고 있다.

(2) 관련 법령

「국립도서관법(National Library Act)」(1960)이 제정됨에 따라 호주의회도서관에서 분리된 NLA는 현재 호주 정부의 위임을 받아 국가 장서를 구축하고 보존할 의무가 있다. NLA는 관련법에 따라 정책 수립, 도서관 위원회 구성, 장서개발, 조직형성, 예산집행 등 그 기준에 따라 도서관을 운영하고 있다. 특히 동법에 근거한 국립도서관 규정(National Library Regulation)을 수립했으며, 해당 규정은 도서관 자료에 대한 수집, 접근, 사용 등을 기술하고 있다. 한편 NLA는 커뮤니케이션과 예술 부처(Communications and the Arts)에 속하는 정부 기관으로 「공공 거버넌스, 성과 및 책임에 관한 법(Public Governance, Performance and Accountability Act)」(2013)의 영향을 받고 있다. 뿐만 아니라 NLA는 「저작권법(Copyright Law)」(1968)에 따라 국가가 지정한 법정납본도서관으로, 호주 내에서 출판된 모든 인쇄자료는 1부씩 의무적으로 NLA에 납본하도록 정하고 있다. 이때, 납본의 대상은 도서, 신문, 악보, 지도, 포스터, 연속간행물 등의 인쇄자료이다. 하지만 자료의 형태가 변화와 디지털 자료의 증가에 따라 NLA는 디지털 자료까지 수집하기 위하여 2014년에 「디지털 납본(Digital Legal Deposit)」(2014)을 제정했다. 이에 따라 NLA는 인쇄자료 및 전자책을 비롯한 디지털 자료까지 납본의 범위를 확장했다. 그러나 구술 자료는 미간행물로서 납본의 대상이 아니라는 점을 분명히 기술하고 있어 인쇄자료 및 디지털자료와는 다른 특성의 자료로 구분하고 있다.

(3) 조직

NLA은 크게 다섯 개의 부서로 나누어져 있으며 구술 컬렉션은 구술사와 토착민 프로그램(Oral History and Indigenous Program)에 속해 있다. 총 부서의 인원은 12명으로, 기획, 수집, 정리, 보존 등 각 분야의 전문가들로 구성되어 있다. 구성원을 살펴보면, 수석 큐레이터 1명, 보존 전문가 4명과 수집, 정리, 기술, 서비스 등의 전문가들로 운영되고 있다. 이러한 조직 구성원으로 보았을 때 기획부터 보존까지 한 부서에서 진행됨을 알 수 있다. 구술 프로젝트를 진행하기 위한 외부 인력으로는 100여 명으로 구성된 전문 면담자가 있으며, 이들은 면담자 리스트를 통해 관리되고 있다.

(4) 아카이브

구술사와 토착민 프로그램 컬렉션(Oral History and Indigenous Program Collection)은 호주 최대의 컬렉션을 보유하고 있다. 호주 유명인들과의 구술사 인터뷰, 평범한 호주인들의 목소리를 포함하여 특별한 경험이나 주제에 대한 사회사 인터뷰, 호주인들의 전통적인 대중문화, 노래, 춤, 이야기들을 반영하는 민속기록으로 구성되어 있다. 1950년부터 시작하여 총 45,000시간 이상의 녹음자료로 구성되어 있으며, 매년 1,000시간 이상의 자료가 추가되고 있다. 대부분의 자료가 음성으로 수집되며, 일부 자료는 영상자료로 구성되어 있다. 이외 구술사 인터뷰뿐만 아니라 개인 일기, 사진, 강연, 연설 등 관련 문서자료도 함께 수집하고 있다. 호주국립도서관에서는 매년 10만 달러의 예산을 가지고 컬렉션을 확장하여 보존하고 있다.

컬렉션은 크게 네 가지 주제로 나눠질 수 있다. 첫 번째는 민속녹음으로 호주 원주민의 노래, 춤, 음악, 구전 이야기에서부터 현재 호주의 대중문화까지 그 범위가 점차 확대되고 있다. 두 번째는 각 분야에서 국제적 명성을 가지고 있는 호주인의 인터뷰이다. 과학자, 작가, 예술가, 스포츠, 정치인 등 각자의 분야에서 저명한 호주인을 대상으로 인터뷰를 하고 자료를 수집하고 있다. 세 번째는 호주 전체에 큰 영향을 준 사회적 사건과 관련된 인물, 단체를 대상으로 컬렉션을 구성하고 있다. 실례로, 1920년대 대량 실업, 1992년 에이즈 확산으로 인한 호주인의 대응 등과 같은 큰 사건에 영향을 끼친 개인, 단체에 대한 자료를 수집하고, 그 시대에 발행된 뉴스, 신문, 사진도 함께 수집하여 컬렉션을 구축하고 있다. 네 번째로는 소리 컬렉션이 있다. 해변의 파도 소리, 희귀 동물의 울음 소리 등 자연의 소리를 녹음하여 소장하고 있다. 컬렉션은 통합 목록을 통해 검색이 가능하며, 온·오프라인을 통해 이용할 수 있다. 온라인의 경우, '트로브(Trove)'를 통해 서비스하고 있다.

(5) 수집

호주국립도서관은 주제 컬렉션에 따라 수집 정책을 달리하고 있다. 구술사와 토착민 프로그램 컬렉션은 호주국립도서관 장서개발정책 아래 미간행 장서의 수집 정책을 따르고 있으며, 수집 정책에는 구술사와 민속학에 대한 정의, 수집 목적, 대상 범위, 접근 제한, 우선순위 등이 기술되어 있다.

구술사와 토착민 프로그램 컬렉션은 각계 각층의 호주인 인터뷰와 호주인들의 전통문화, 노래, 춤 등 민속기록을 수집하여 후세에 전승하는 것을 목표로, 그 범위를 한정하고 있다. 주요 구성요소를 살펴보면, 첫 번째는 한 분야에서 국가적 명성을 얻은 호주인, 두 번째는 인종, 직업, 특정한 장소 거주인, 소아마비 경험 등 같은 경험을 가진 호주인의 기억과 경험을 공유하는 사회사 인터뷰, 마지막으로는 호주의 사회적, 언어적, 민족적 다양성을 반영하는 민속자료가 포함된다.

호주국립도서관은 지금까지 기록을 남길 수 없었던 소외된 사람과 사건, 문헌 기록이 담아낼 수 없었던 삶과 경험을 찾아서 인터뷰하고 침묵 및 감정을 담는 소리 등을 수집하여 음원, 문서화하는 것을 주요한 수집 대상으로 삼고 있다. 이에 따라 자체 구술사 프로그램을 기획하여 수집하고 있으며, 국가적 컬렉션을 구축하기 위하여 세 가지 원칙을 반영하고 있다. 첫째, 미래에 중요한 자원이 될 만한 것을 수집한다. 둘째, 지역사회를 국가적 컬렉션에 연결시킨다. 셋째, 문화적 컬렉션의 국가적 영향력을 최대화하기 위하여 다른 기관과 협력한다. 이처럼 호주국립도서관은 세 가지 원칙을 따라 주제를 선정하여 기획하고 수집하고 있다. 예를 들어 호주의 세대 프로젝트(Australian Generation Project)는 3년이 걸린 자체 구술사 프로젝트이다. 2년간 기획하여 실제 채록은 1년이 걸렸으며, 면담자와 1대1 계약을 통해 위탁 운영되었다. 면담자에게는 시간당 100달러와 여비, 조사 시간에 대한 추가 비용이 지급되는 반면 구술자들에게는 인터뷰 사례를 지급하지 않는다. 생산된 구술 자료에 대한 접근은 구술자의 요구 사항에 따라 면담자가 접근에 대한 권한을 제한할 수 있다. 면담자는 구술자가 사망할 때까지 일정 기간 동안 열람을 제한할 수 있으며, 일부 자료의 경우 비공개로 설정할 수 있다.

이 외에도 장서 정책에는 협력 및 타 기관 지원에 대한 내용을 기술하고 있다. 첫째, 중복 수집을 피하기 위하여 타 기관과의 네트워크 구축과 지속적인 협력을 필수적으로 진행하는 것이다. 둘째, 구술사 프로그램을 처음 시작하는 기관을 대상으로 교육 및 컨설팅 프로그램을 제공하여 자신들만의 구술사 프로젝트를 진행할 수 있도록 지원하고 장려하는 것이다. 셋째, 구술 자료의 디지털화에 관한 것이다. 디지털 형식의 자료를 권장 및 장려하고 있으며, 검색 및 서비스를 위하여 시간 요약문, 녹취록 등 메타데이터를 함께 제공하는 것을 원칙으로 하고 있다.

(6) 서비스

구술사와 토착민 프로그램 컬렉션(Oral History and Indigenous Program Collection)은 온·오프라인을 통해 이용자 서비스를 제공하고 있다. 모든 구술 자료는 디지털화되어 있으며, 호주인이라면 누구나 무료로 자료를 이용할 수 있다. 구술 자료는 호주국립도서관 종합목록을 통해 검색 가능하며, 호주국립도서관에 방문하여 특수 열람실에서 열람하거나 트로브(Trove)를 통한 온라인 이용이 가능하다. 트로브는 연간 2,452만 명이 이용하고 있다. 구술 자료와 함께 시간별 요약문(time coded summary)과 녹취록(time coded transcript) 서비스를 제공하고 있으며, 주제(키워드)검색도 녹취록 내에서 사용할 수 있다. 다른 기관들과의 통합목록(Union Catalogue)은 없지만, NLA에서 기반을 제공하고 있어 다른 기관들이 구독(Subscription)을 하면 트로브를 통해서 해당 서비스를 받을 수 있다.

구술 자료에 대한 접근은 크게 세 가지로 나눌 수 있다. 첫째, 연구를 위한 접근이다. 연구자들은 도서관의 특수장서 열람실(Special Collections Reading Room)에서 직원의 감독 하에 구술 자료를 듣거나 녹취록을 열람할 수 있다. 연구자들은 도서관 간의 상호대출로 다른 도서관에서도 직원의 승인 하에 복사본을 열람할 수 있다. 둘째, 개인적으로 구술 자료를 복사할 수 있다. 연구자들은 개인적 사용을 위하여 인터뷰나 녹취록의 복사본을 만들 수 있다. 도서관의 복사 서비스를 통하여 인터뷰의 사본을 요청할 수도 있다. 구술자가 NLA에게 온라인 서비스를 하도록 동의했다면, 연구자는 도서관의 웹사이트에서 인터뷰의 사본을 다운로드할 수 있다. 셋째, 공공적 활용이다. 연구자는 책에 기술된 인터뷰의 부분을 인용하거나 라디오 방송이나 공공 프레젠테이션에서 인터뷰의 클립을 사용하는 것과 같이 공공적 세팅에서 인터뷰를 사용할 수 있다. 이 세 가지 접근 방식을 위하여 구술자는 인터뷰를 공개할 것인지 혹은 서류 승인이 필요한 것인지를 결정할 수 있다. 어떤 경우에는 구술자가 자신의 생애 동안, 혹은 특정기간 동안 비공개로 정할 수 있다. 구술자가 사망한 경우에는, 도서관의 구술사 큐레이터가 인터뷰에 대한 접근을 결정하고 있다.

(7) 컬렉션

도서관의 구술 역사와 민속 컬렉션은 1950년대로 거슬러 올라가며 각계 각층의 호주인들과의 풍부하고 다양한 인터뷰 와 녹음 컬렉션을 포함하고 있다. 구술사와 토착민 프로그램 컬렉션(Oral History and Indigenous Program Collection)의 대표적인 컬렉션은 '헤이젤 드 버그와의 인터뷰(Interviews by Hazel de Berg)', '존 메레디스의 민속음악(Folk music by John Meredith)', '그들을 집으로 데려오는 구술사 프로젝트(Bring Them Home Oral History Project)', '잊혀진 호주인과 이전 아동 이주자 프로젝트(Forgotten Australian and Former Child Migrants Project)'이다. 먼저 구술사가이자 사진작가인 헤이젤 드 버그와의 인터뷰를 살펴보면, 그녀는 20세기 호주 문화에 기여한 호주인에 대한 구술 컬렉션을 구축했고, 이를 호주국립도서관에 기부해서 구술사와 토착민 프로그램 컬렉션이 시작되었다. 이 컬렉션은 1950년대 호주의 유명한 시인, 예술가, 작가, 작곡가, 배우, 학자, 출판사, 사서, 과학자, 인류학자, 공무원 및 정치인에 대한 구술 기록과 일부 강연 자료, 독서기록, 성적 증명서, 인터뷰 메모 등의 문서로 구성되어 있다. 총 1,291개의 디지털화된 구술 자료가 서비스되고 있으며 각 구술 기록에 대한 공개 여부와 접근 권한 등은 다양하게 규정되어 있다. '존 메레디스의 민속음악(Folk

Music by John Meredith)'은 부시와커(Bushwhackers)의 창립 멤버이자 호주민속협회의 설립자 중 한 명인 존 메레디스가 1953년부터 1994년까지 호주 전통 민속 음악 연주, 암송, 구전, 춤곡 등을 500회 이상 녹음하여 수집한 자료를 호주국립도서관에 기부하면서 구술사와 토착민 프로그램 컬렉션의 주요 컬렉션이 되었다. 음성자료뿐만 아니라 악보, 메모 등 문서도 함께 포함되어 있다. 연구 및 개인적 복사를 위한 접근을 허락하고 있으나 공공 사용, 이차적 이용에 한해서는 서면으로 허가를 받아야 한다. '그들을 집으로 데려오는 구술사 프로젝트'는 주정부의 160만 달러의 지원을 받아 호주국립도서관에서 자체적으로 수집한 구술 컬렉션으로, 과거 정부에 의해 진행되었던 원주민 강제이주와 아동분리 정책을 주제로 진행되었다. 이때, 정책의 영향을 받은 호주인을 대상으로 구술자가 선정되었으며, 1999년 시범 프로젝트를 시작으로 2002년까지 진행되었다. 이후 '그들을 집으로 데려오는 구술사 프로젝트'의 중요성을 인정받게 되면서 주 정부의 추가적인 지원을 받아서 디지털화하여 온라인으로 이용할 수 있도록 시스템을 구축했으며, 2010년에 추가적인 후속 인터뷰가 진행되었다. 이 컬렉션은 호주국립도서관 종합목록을 통해 검색할 수 있으며, 온·오프라인을 통해 이용 가능하다. 복사서비스인 카피스 다이렉트(Copies Direct)를 통해 개인적 목적으로 사용될 사본을 신청할 수도 있다. 일부 자료의 경우, 자료를 열람하거나 사본을 얻기 위해서는 구술자로부터 서면 허가를 받아야 한다. 2009년 호주 총리의 공식적인 사과로 시작된 '잊혀진 호주인과 이전 아동 이주자 프로젝트'는 역사에 기록되지 않은 호주인들과 아동 이민자들의 삶과 경험을 기록하기 위한 프로젝트로 호주 전역에서 진행되었다. 주정부, 개인, 지역사회 및 단체의 후원을 받았으며, 두 개의 정부 보고서인 '결백의 상실: 기록을 바로잡다(Lost Innocents: Righting the Record)(2011)', '잊혀진 호주인들(Forgotten Australians)(2004)'을 바탕으로 수집 기획을 진행했다. 200여 명의 면담자가 투입되어 진행되었으며, 2012년 11월에 종료되었다. 인터뷰 자료뿐만 아니라 관련된 신문, 개인 일기, 사진 등 관련 자료도 함께 수집되었다. 호주국립도서관은 이를 바탕으로 『당신은 그런 것들을 잊을 수 없다(*You can't forget things like that*)』(2012)를 발간하여 잊혀진 호주인과 이전 아동 이주자(Forgotten Australian and Former Child Migrants)의 역사를 호주인들에게 소개하고 있다. 구술 자료는 호주국립도서관 종합목록을 통해 구술자명으로 검색할 수 있으며, 온·오프라인을 통해 이용 가능하다.

(8) 교육 및 컨설팅

호주국립도서관은 미간행 장서 수집 정책에 관련 기관과의 협력을 기술한 만큼 고강도의 네트워크를 구성하고 있다. 주요 협력기관으로는 호주 방송위원회(Australian Broadcasting Commission), 호주 전쟁기념관(Australian War Memorial), 호주 국립영화와 음향 아카이브(National Film and Sound Archive), 호주국립기록관(National Archives), 호주 원주민과 토레스 해협 섬사람 연구소(Australian Institute of Aboriginal and Torres Strait Islander Studies), 기타 주립도서관 등이 있다. 호주국립도서관은 협력을 통해 구술 자료의 현황을 파악하고, 중복 수집을 방지하고 있으며, 구술 자료의 메타데이터와 같은 기술적인 기준에 대한 가이드라인과 조언을 공유하고 있다. 공식적인 협력을 하고 있지 않은 개인, 단체, 지역사회에도 컨설팅을 진행하여 자체 구술사 프로젝트를 진행할 수 있도록 지원하고 있다.

6장

구술사와 연구윤리

구술사는 소외된 자들의 역사 기록이라는 의의를 갖게 되었지만, 구술사 연구가 연구 윤리라는 거센 비판에 마주칠 수밖에 없다. 가장 큰 문제는 구술사 연구가 취약한 사람들에게 민감한 사건에 대한 기억을 하게 요청한다는 특성에 있다. 즉 구술자에게 자신의 상처나 트라우마를 꺼내게 하는 것이 윤리적인 행동인가에 대한 비판을 받게 되었다. 이와 관련하여 정혜경(2015)은 구술사가 민주적이지도 않고 민중적이지도 않은 방법론으로 '약탈적 구술'이라는 표현을 사용했다. 즉 구술자가 내가 왜 이런 이야기를 하고 있는 것인지를 구술 도중에 생각하게 된다면 그것이 약탈적 구술이 될 수 있다는 것으로 구술자에 대한 연구자의 태도가 매우 중요하다고 했다. 그러므로 면담자는 구술자와 진정으로 소통하고 교감해야 할 뿐만 아니라 구술자를 연구에 필요한 도구로 일회용 소모품으로 대하면 안 되고 공동연구자인 인격체로 대하는 것이 제일 중요하다.

구술 면담을 하다 보면 논란이 될 수 있는 질문이 계속 나오게 된다. 그런 경우, 구술자는 말하지 않을 권리가 있다. 그러나 면담자가 집요하게 유도성 질문을 계속한다면 과연 정당성이 있는 것인지, 그렇다고 면담자가 역사에 기록을 남겨야 할 의무를 저버려도 되는 것인지, 양측의 권리와 의무 사이에서 가장 흔한 타협은 서로간의 신뢰를 바탕으로 협력이 필요하다는 것이지만 간단히 해결되기 어려운 부분이 많다. 구술자와 면담자 사이의 라포를 깨지 않기 위해서는 누가 맞춰주어야 하는 것인지에 대해서도 고민해보아야 하고, 더군다나 엘리트 구술은 엘리트들이 취약한 사람들이 아니기 때문에 면담자가 더 어려울 수도 있다. 즉 면담자와 구술자 간의 권력관계가 역전되는 현상이 발생할 수 있다. 구술자가 고령이고 사회적 지위와 권력이 강력한 경우, 시간을 내어주는 것만도 감사해서 구술자에게 끌려 다니기 쉽다. 엘리트 구술자의 경우, 자신이 하고 싶은 말만 늘어놓거나 준비하지 않은 질문을 하면 화를 내는 경우도 있으므로 구술사에서의 윤리는 구술자와 면담자 모두에게 해당되는 문제이다.

그래서 김귀옥(2010)은 구술자가 자신의 고통을 객관화하도록 돕고 연대와 공감, 지지를 표명하며, 필요하다면 사회적으로 의제화하거나 문제제기를 하고 해결을 위한 제도적 압력을 가하는 것을 시도해야 한다고 했다. 지극히 성찰적인 자세가 필요하며 면담자가 특권적 위치에 서지 않도록 연구 과정 내내 노력해야 한다는 것이다. 그리고 김향수(2019)는 구술자가 자기 검열을 하지 않고 발언하게 하고 구술하더라도 구술자가 안전하다고 느끼는 공간에서 구술하는 것, 연구에 대한 충분한 사전 정보를 안내받고 구술하는 것, 면담자가 세심한 질문자가 되고 공감적인 청자가 되는 것, 그리고 라포 형성을 위해 많은 준비를 해야 한다고 했다.

1. 연구윤리

1) 연구윤리규정

1990년대 이전까지만 해도 학계에서 연구윤리에 대한 의식이 낮은 편이었다. 외국에서는 다른 사람의 글을 인용한 경우, 참고문헌이나 각주를 달지 않으면 표절임을 초등학교 때부터 철저히 가르치는 편인데 한국에서는 양심과 상식으로 연구윤리를 생각하는 편이었다. 2000년대에 들어서면서 연구윤리에 대해 학계에서 논하기 시작했고 구술사 연구에서는 구술자에 대한 연구자의 권리 침해 문제가 일어날 가능성이 점점 더 커지면서 연구윤리에 대한 논의가 언급되었다. 특히 구술 자료는 구술자의 생애를 정리하고 편집한 내용이어서 구술자 본인은 물론 구술자가 언급하는 제3자에 대한 개인적이고 비밀스러운 내용이 담겨있을 수 있어서 연구윤리가 중요하게 논하게 되었다. 그래서 한국구술사학회는 '구술사 연구 윤리 강령'을 다음과 같이 제정했다.

『구술사연구』 연구 윤리 규정[1]

2017. 8. 30 개정

제1조 (목적)

본 연구윤리규정은 한국구술사학회가 발간하는 학술지인 『구술사연구』(이하 학술지라 약함)에 기고하는 논문의 저자(이하 연구자 혹은 저자)가 준수해야 하는 연구윤리의 원칙과 기준을 정하는 것을 목적으로 한다.

1 구술사연구 연구 윤리 규정, http://koha2009.or.kr/html/sub3_05.html

제2조 (연구윤리의 준수서약)

한국구술사학회는 학술지의 원고 모집을 할 때 연구윤리규정을 공지해야 하며, 연구자는 윤리규정 준수 서약서에 동의하고 이를 원고와 함께 제출하여야 한다.

제3조 (연구자의 연구윤리)

학술지에 기고하는 논문은 다음의 윤리규정을 지켜 작성되어야 한다.

1. 게재를 희망하는 논문은 독창적인 연구내용을 담은 것으로, 다른 학술지 또는 간행물에 발표한 사실이 없는 것이어야 한다.
2. 인간을 연구 대상으로 하는 연구를 할 때에는 연구참여자(연구 대상)에게 정신적 육체적 고통을 수반하지 않는 범위 내에서 진행했음을 확인할 수 있어야 한다.
3. 연구자는 구술 자료의 채록, 활용 및 보급에 관한 윤리원칙(제4조와 제5조)에 따라 연구해야 한다.
4. 다음과 같은 연구부정행위가 있는 논문은 게재하지 않는다.
   1) 존재하지 않는 자료 또는 연구결과 등을 허위로 만들어내거나, 연구과정을 조작하거나, 자료를 임의로 변형하는 연구 위조 및 왜곡 행위.
   2) 타인의 아이디어, 연구내용 및 결과 등을 적절한 승인 또는 인용 없이 도용하는 표절 행위.
   3) 기타 학계에서 통상적으로 용인되는 범위를 심각하게 벗어난 행위.

제4조 (구술 채록작업에 관한 윤리원칙)

1. 연구자는 구술채록의 목적과 해당 구술사 프로젝트에 대한 정보를 구술자에게 알려주어야 한다.

2. 연구자는 구술채록 전에 개인정보에 관하여 다음과 같은 사항들을 구술자에게 알려주어야 한다.
   1) 개인정보를 제공받는 자
   2) 개인정보 수집 및 이용 목적
   3) 개인정보 항목 (구술 자료 서식에 포함된 성명, 주소, 연락처, 생년월일, 구술 영상, 음성자료에 포함된 개인정보)
   4) 개인정보 보유 및 이용기간
3. 연구자는 구술자에게 편집, 접근 제한, 저작권을 비롯한 구술된 내용의 모든 형태의 활용과 처분에 관한 관련된 권리에 대한 정보를 알려야 한다.
4. 연구자는 구술자가 법적 효력을 갖는 공개 동의서에 서명하도록 요청될 것에 대해서 알려주어야 한다. 또한 구술된 내용을 비공개로 할 것을 요구하거나, 조건부 혹은 익명으로 공개하도록 요구할 수 있음을 구술자에게 알려주어야 한다.
5. 연구자는 구술자가 자유롭게 이야기하도록 격려해야 하며, 구술자가 특정 주제에 대해 이야기하는 것을 거부할 수 있음을 구술자에게 알려주어야 한다.
6. 구술채록은 구술자와 사전에 동의한 내용에 따라서 수행해야 하며, 그러한 동의는 기록되어야 한다.
7. 연구자는 구술된 내용을 기록하는 데 모든 노력을 기울여야 하며, 구술채록의 상황을 포함해서 구술채록의 준비과정과 방법을 기록해야 한다.

제5조(구술 자료의 활용 및 보급에 관한 윤리원칙)

1. 모든 형태의 구술된 내용은 구술자가 사용을 허락할 때까지 비밀이

유지되어야 한다.

2. 구술된 내용의 녹취문은 가능한 한 구술자와 함께 검토하고 평가해야 한다.
3. 연구자는 구술된 내용을 원본대로 보존하려는 노력을 기울여야 한다.
4. 전시회 및 출판을 비롯한 각종 미디어에 구술 자료를 재현할 때에는 구술사 프로젝트의 지원기관을 밝혀야 한다.
5. 구술 자료의 이용자는 구술 자료의 생산자(구술자와 연구자)를 밝혀야 한다.

제6조 (연구업적의 인정 및 저자 표기)

1. 연구자는 자신이 실제로 행하거나 공헌한 연구에 대해서만 저자로서 책임을 지며, 또한 업적으로 인정받는다.
2. 공동연구의 경우 연구를 직접 행하거나 연구에 실질적인 공헌을 한 연구에 대해서만 논문의 공동저자로 참여해야 하며, 공동저자의 표기는 해당 연구에 기여한 정도에 따라 순서를 정한다.
3. 연구내용 또는 결과에 기여를 한 사람에게는 논문의 공동저자 자격을 부여하거나 혹은 적절한 방식의 감사의 표시가 명기되어야 한다.

제7조(연구윤리위원회의 구성)

1. 연구윤리에 관한 제반사안을 심의·의결하기 위해 연구윤리위원회를 둔다.
2. 연구윤리위원회의 위원은 연구위원 2명, 편집위원 2명, 그리고 회장과 총무이사로 구성하며, 위원장은 학계의 원로 중에 위촉한다. 간사는 편집간사가 겸직한다.

제8조 (연구윤리 심의와 의결)

1. 이 규정에서 정한 내용의 심의·의결은 윤리위원회에서 담당한다.
2. 동 위원회는 연구윤리의 위반과 관련하여 신고되거나 자체적으로 인지한 내용에 대하여 규정에 의거하여 위반내용을 독립적인 지위에서 심의·의결한다.
3. 연구윤리의 위반과 관련된 회의는 편집위원 또는 편집위원장의 요청에 의해 이루어진다.
4. 동 위원회는 위원 과반수의 출석과 출석위원 3분의 2 이상의 찬성으로 의결한다.
5. 동 위원회에서 필요하다고 인정될 때에는 관계자를 출석하게 하여 의견을 청취할 수 있다.

제9조 (연구윤리 위반에 대한 조치 및 징계)

제7조에서 정한 절차에 따라 심의를 거쳐 연구자가 연구윤리를 위반한 것으로 드러난 경우 윤리위원회는 아래와 같은 징계를 결정하며 징계 내용은 중복될 수 있다.

1. 해당 논문의 학술지 게재를 취소한다.
2. 한국구술사학회 홈페이지에 연구윤리위반 사실을 공지한다.
3. 한국연구재단에 연구위반 사실을 통보한다.
4. 해당 연구자에게 향후 5년간 논문투고를 금지한다.
5. 연구윤리위원회는 제7조에서 정한 심의와 의결 및 제8조의 조치와 징계 관련 회의내용을 회의록으로 작성하여 보관하고, 심사 결과를 한국구술사학회의 이사회에 보고한다. 보고서에는 심사의 위촉내용, 심사의 대상이 된 연구부정 행위, 심사위원의 명단과 심사절차, 심사 결정의 근거, 심사 대상자의 소명 및 처리 절차, 연구윤리 위반

에 따른 징계 내용이 포 함되어야 한다.

제10조(기관연구윤리심의위원회 대체 가능)

1. 『구술사연구』에 투고하는 연구자들은 본 연구윤리규정으로 연구자가 소속된 기관이나 연구비를 지원하는 기관의 연구윤리심의위원회 규정을 대신할 수 있다.

[부칙]

1. (시행일) 이 규정은 2017년 8월 30일부터 시행한다.
2. 규정에 명시되지 않은 사항은 윤리위원회의 심의와 결정에 따른다.

2) 연구윤리심의위원회

연구윤리심의위원회(Institutional Review Board, 이하 IRB)는 인간이 참가하는 연구의 전 과정에서 그들의 복지를 보장하고 인권 침해의 가능성이 있는지 승인, 감시, 검토하기 위하여 대학교 내에 설치되는 위원회이다.[2] 그 기능상으로는 해당 연구가 과학적이고 윤리적이며 잘 규제되고 있는지를 살피는 것을 중심으로 하며, 헬싱키 선언에 의거한다. IRB가 많이 쓰이는 분야로는 의학, 간호학, 생물학 및 생명공학, 신경과학 및 기타 심리학, 사회학, 인류학 등이 있다. 연구 대상인 인간을 침해하는 것에 대한 규제는 제2차 세계대전 후 정부 지원의 의료 연구의 폭발적인 증가뿐만 아니라 홀로코스트 희생자들에 대한 나치의 의학적 실험들과 미국 앨라배마 주의 터스키기 매독 연구를 포함하여 드러난 확연한 의료

2 박수현(2019). 『IRB와 법의 이해』. 서울: 유원북스.

적 악용에 뿌리가 있다. 역사학과 다른 인문학은 본래 일반적으로 생의학과 행태 연구에 관한 공동의 규제로 알려진 규제의 범위에 들어가 있지 않았다. 그래서 연구윤리의 전 과정을 점검한다는 점에서는 분명히 좋은 제도이지만, 연구의 자유를 침해하고, 대학교 경쟁력을 해치는 나쁜 규제로 보는 시각도 있다. 그래서 박준규(2016)는 IRB가 구술사 연구의 고유의 특성을 고려하지 않은 획일적인 심의를 진행함으로써 현장의 연구자들에게 도움을 주지 못하고 있다고 지적했다. 인류학계의 경우, 구술자의 익명성을 지켜주어야 하지만, 구술사 연구의 경우, 오히려 구술된 자료를 최대한 공개하고 활용해야 하기 때문에 구술자의 개인정보를 보호하라는 IRB의 요구는 현실에 맞지 않는다는 것이다. 또한 구술사 연구는 많은 경우, 연구에 대한 구두 동의가 이루어지는데, 이것은 그 특성상 정부기관이나 공문서를 믿지 못하는 사람들로 인해서 동의서를 서면으로 받을 경우, 오히려 라포가 깨질 수 있기 때문이라고 했다. 이에 대해서도 의무적으로 연구동의서를 받아야 한다는 IRB의 기준이 구술사 연구의 현실에 맞지 않는다는 지적이 가능하다는 것이다.

2017년 1월 19일 미국의 연방정부는 '연구 대상 인간 보호를 위한 연방정책(Federal Policy for the Protection of Human Subjects)'으로부터 구술사와 저널리즘을 명백하게 제외하는 IRB에 관한 최종 규정안을 내놓았다. 미국의 역사학계는 전국역사연대(National Coalition for History)와의 공조를 통해서 학술적 역사 프로젝트는 표준적인 IRB 절차에 종속되어서는 안 된다고 오랫동안 주장해왔다. 왜냐하면 IRB 규정은 원래 1991년 "공동의 규정(Common Rule)"으로 선포되었던 것으로 그 절차들은 과학적 연구를 위하여 고안된 것이기 때문이다. 구술사 연구에 대한 IRB의 지속되는 감독에 대한 불만이 계속 되어왔는데, 결국 2018년 1월 19일부터 미국은 구술사 연구가 IRB의 감독에서 면제되게 되었다.

이 규정은 구술사와 역사 연구들이 일반적으로 역사 속의 개별 행위자들의 신원(identification)에 의존한다는 것을 인정한다. 그리고 이 부분을 위해서 다음과 같은 활동들은 심의 대상 연구가 아닌 것으로 간주된다. 그 활동들은 첫째, 정보 수집 대상인 특정한 개인들과 직접적으로 관련된 정보의 수집과 활동을 포함하는, 예를 들면 구술사, 저널리즘, 전기연구, 문학비평, 법률 연구, 역사학과 같은 학술적이고 저널리스트적인 활동들이다. 이러한 변화를 내놓으면서 연방정부기관은 미국구술사협회(Oral History Association)의 연구윤리규정(Best Practices of Oral History Association)과 같이 이미 존재하는 개별 학문의 연구윤리규정을 인정했다. 그러나 국내에서는 자체적인 대안적 지침이 마련되지 않은 상태이다. 그래서 국내에서도 구술사 연구의 활성화를 위해서는 구술사가 공동의 규제가 다루는 일반화될 수 있는 연구의 유형인지, 명확하게 연구 대상 인간에 대한 위험 소지가 없거나 최소인 연구는 어떻게 해야 하는지, 이러한 규제의 틀 안에서 구술사가 제대로 평가될 수 있는지, 구술사에 대해 과도한 규제를 하는 경우 어떠한 결과를 가져올 것인지에 대한 논의가 필요하다.

2. 구술사 연구의 윤리적 쟁점

구술사 프로젝트들이 많이 진행되면서 이제는 단순히 수집과 관리만이 아니라 수집된 구술 자료를 다각적으로 활용하기 시작했다. 단순히 구술 자료의 소장을 넘어 연구자들에게 열람 자료를 제공하고 웹 서비스와 출판, 다큐멘터리 제작, 학술논문에서의 재해석, 전시나 공연 등 매우 다양한 양상으로 변화가 이루어지고 있다. 구술은 구술자의 개인적인 삶과 사건에 대한 해석을 자신의 목소리로 풀어낸 것이기에 이를 활용하는 과정에서 윤리적인 문제들이 야기되지 않도록 해야 한다. 무엇보다도 구술을 통해 얻게 되는 자료가 단순히 연구를 위한 면담 데이터가 아니라 인간의 존엄성을 가진 구술자로부터 나온 사라질 수도 있었던 목소리라는 사실을 명심해야 한다.

특히 구술 면담 과정에서 구술자의 비밀스러운 이야기가 나올 수 있고 다른 사람에게 공개되면 곤란한 내용이 나올 수 있다. 때로는 특정인이나 특정 사건에 대한 구술자의 생각이나 감정이 그대로 드러날 수도 있다. 그러므로 구술자의 이러한 생각이나 감정이 나중에 공개되었을 때 생길 수 있는 부분에 대해 항상 대비할 필요가 있다. 좋은 의도로 시작된 구술 면담이 구술자에게 예상하지 못한 피해나 상처를 줄 수 있으므로 매우 신중한 접근이 필요하다. 이러한 신중한 접근은 구술자를 한 사람의 인격체로 최대한 존중하고 배려하는 것이다. 새로운 사실을 발굴하기 위해 면담하는 동안 구술자에게 부담감이나 압박감을 주면 안 되고 오히려 구술자가 면담을 통해서 자신의 삶을 돌아보고 재구성하여 더 나은 삶을 살아갈 수 있게 해주어야 한다. 예를 들면, 자신의 과거를 돌아보고 한 번도 내지 못했던 자신의 목소리를 냄으로써 자신이 미처 깨닫지 못했던 힘든 기억들을 들춰내고 그 의미를 재해석할 수 있게 구술자를 돕는 것이 구술사 면담만이 가질 수 있는 의의이다.

따라서 구술자에 대한 집요한 질문은 철저히 조사하는 과정에서도 하지 말아야 한다. 물론 면담의 목적이 있고 이에 관한 질문을 갖고 구술자를 만나게 되지만, 면담 과정은 면담 전략과 기술을 충분히 염두에 두고 진행되어야 한다. 면담자의 지나친 질문과 꼬리를 무는 질문은 구술자를 빨리 지치게 하고 말수를 잃어버리게 하며 후속 작업이 진행될 수 없게 만들 수 있다. 그래서 구술사 연구를 수행하는 나라마다 구술사 연구 수행을 위한 윤리 지침을 마련하여 연구자들이 준수하도록 하고 있다. 대부분이 구술면담과 관련하여 구술자가 준수해야 할 의무사항에 관한 것을 포함하고 있으며 구술사 연구기관이 준수해야 할 의무 사항도 담고 있다.

한국구술사학회는 2017년에 연구윤리규정을 개정했는데, 구술사와 관련된 학회 활동의 전반적인 윤리강령으로 제시한 것이다. 이 중, 제4조 구술 채록작업에 관한 윤리원칙과 제5조 구술 자료의 활용 및 보급에 관한 윤리원칙이 구술 면담과 연구기관의 윤리적 의무이다. 먼저 구술 면담 과정에서 발생하는 윤리적인 의무로는 첫째, 구술자에게 구술 채록의 목적과 해당 구술사 프로젝트에 대한 정보 제공 의무, 둘째, 구술자에게 구술 채록 전에 개인정보 이용 관련 내용에 관한 설명 의무, 셋째, 구술자에게 편집, 접근 제한, 저작권을 비롯한 구술된 내용의 모든 형태의 활용과 처분에 관한 권리 정보 제공 의무, 넷째, 구술자에게 구술자가 구술된 내용의 공개 여부, 공개 방식 등 법적 효력을 갖는 공개 동의서 서명에 관한 기록 의무, 다섯째, 구술자가 면담 자유권과 거부권 정보 제공 의무, 여섯째, 사전 동의대로 면담 수행 및 동의 내용에 대한 기록 의무, 일곱째, 구술 채록의 준비 과정과 방법, 구술 내용에 대한 기록 의무가 있다. 제5조는 구술 자료의 보급과 활용의 과정에서 생기는 윤리적인 문제들로 구술 자료를 활용하기를 원하는 개인이나 기관 모두에게 해당이 되는 사항이다. 첫째는 구술내용에 대한 비밀 유지의 의무, 둘째는 녹취문 검토에 구술자의 참여보장, 셋째는 연구자의 구술된 내용의 원본 보존 의무, 넷째는 구술 자료 활용시 출처 표시의 의무, 다섯째는 구술 자료 이용자의 출처 표시 의무이다.

이호신(2017)은 각국의 구술사 단체가 제시하는 구술사 연구 수행과 관련되는 윤리적인 문제에서 공통적으로 언급한 사항을 다음과 같이 정리했다. 첫째는 구술 작업에 대한 사전 동의와 동의 내용 준수에 관한 사항이다. 즉 구술 면담을 진행하기에 앞서 면담자는 구술자에게 구술 프로젝트의 목적과 취지, 구술 자료의 공개 여부, 관리 및 보존에 이르는 전 과정을 설명하고 면담이 이루어지기 전에 동의를 구해야 한다는 것이다.

특히 구술 자료의 활용이 가져올 수 있는 잠재적인 위험에 대한 고지까지 하는 것이 바람직하다. 동의 내용에 관해서는 가능한 한 문서로 작성해야 하며 면담 녹음을 할 때도 이에 대한 내용을 녹음하면서 시작하는 것이 나중에 서로 엇갈린 주장이나 대립을 방지할 수 있다. 두 번째는 구술자의 신상 보호와 안전장치에 관한 사항이다. 구술 자료로 인해 구술자가 곤란하거나 위험한 상황에 처하게 되는 경우가 생기게 되면 안 되기 때문에 구술자를 보호할 수 있는 모든 대책을 강구해야 한다. 그래서 구술자가 비공개나 익명처리를 요청하는 부분은 철저히 구술자의 요청대로 진행해야 하고 추후에 공개를 할 수밖에 없는 상황이 생기는 경우, 구술자를 보호하려고 최대한 노력하지만 그 결과가 그렇지 못할 수도 있음을 구술 면담이 이루어지기 전에 구술자에게 설명해주고 기록으로 남길 필요가 있다. 세 번째는 면담자나 연구자, 연구기관은 자료를 있는 그대로 생산하고 활용할 책임이 있다. 녹취문을 만드는 과정에서 구술자의 의도나 그 당시 상황을 왜곡하거나 변형시켜서는 안 된다. 더 나아가 학술 논문을 작성하는 과정에서도 연구자의 연구 목적에 맞추어 구술의 상황이나 맥락을 구술자와는 다르게 해석해서는 안 된다. 특히 구술자의 구술 내용 중 특정 부분만을 인용함으로써 구술자의 진의와는 다르게 연구자의 의도로 재구성하는 것은 반드시 지양해야 하는 행위이다.

3. 구술 자료의 법적 문제

1) 인격권

구술 자료의 수집과 활용에서 생길 수 있는 법률적인 문제는 윤리적인 차원을 넘어서 손해 배상이나 위자료, 더 나아가 형사 처벌로 연결될 수 있는 사항이다. 먼저 구술 자료의 수집과 배포 과정에서 구술자나 타인의 사생활을 침해하고 명예를 훼손하는 부분이 포함되어 있는지를 살펴보아야 한다. 이에 대한 판단이 쉽지 않고 적절하게 대응할 수 있는 국내외 가이드라인이 없다는 점이 어려운 부분이다. 그래서 이호신(2017)은 한국구술사학회, 미국구술사협회, 영국구술사학회가 제시하고 있는 윤리규정을 바탕으로 구술 자료의 인격적인 권리 보호를 위한 검토 사항을 다음과 같이 제시했다. 먼저 기획 단계에서는 '구술자가 구술 면담의 취지와 목적을 명확히 이해하고 참여한 것인지?, 구술 면담이 구술자의 가치관과 상반된 의도나 목적을 가진 것은 아닌지?'를 점검하는 것이다. 수집단계에서는 '구술자의 동의를 얻은 후에 면담이 이루어졌는지? 사진과 영상촬영은 구술자가 인지한 상태에서 이루어졌는지? 구술자는 구술 작업이 야기할 수 있는 위험들을 인지하고 구술에 참여했는지? 구술자는 심신이 자유로운 상태에서 구술에 참여했는지? 구술자에게 이야기하지 않을 권리를 충분히 보장했는지? 구술자는 면담 결과물의 활용 방식에 대해 충분히 이해를 하고 참여했는지?'를 확인하는 것이다. 구술의 표현과 내용에 있어서는 '타인의 사생활을 포함하고 있는지? 타인의 개인정보를 포함하고 있는지? 타인의 평판을 훼손하는 진술이 있는지? 타인의 평판을 훼손하는 진술이 공익적인 취지에서 가치를 지니는지? 언급된 사실의 진위 여부를 쉽게 확인할 수 있는지? 이야기의 대상이 된 인물이 생존하고 있는지? 이야기의 대상이 된 인물에 대한 모욕적인 표현이 있는지? 정치적, 사회적으로 민감한 내용인지?'를 따져보는 것이다. 관리 단계에서는 '자료 공개에 앞서 구술사 신변 보호에 대한 조치를 취했는지? 자료 공개에 앞서 구술자 검토가 이루어졌는지? 구술 자료를 공개하지 않을 권리를 구술자에게 보장했는지? 구술자가 익명으로 남아있을 권리를 보장했는지? 구술 자료 중 타인에게 공개하고 싶지 않은 부분에 대한 구술자 권리를 보장했는지? 구술자의 요청사항을 이행하기 위해 적절한 통제조치를 시행하고 있는지? 구술 면담자, 연구자, 채록자 등에게 구술 자료의 인격 보호에 관한 교육을 실시했는지?' 등을 확인하는 것이다. 마지막 활용단계에서는 '구술자의 이름이나 초상을 허락 없이 활용했는지? 구술 자료의 활용은 구술자와 채록자의 동의 후에 이루어졌는지? 구술 자료의 활용이 애초의 목적과 취지에 합당한 것인지?'를 점검하는 것으로 제시했다.

2) 저작권

구술 자료는 구술자와 면담자의 대화를 통해서 다양한 형태로 생산이 된다. 구술자와 면담자의 이러한 대화를 저작물로 볼 수 있는지, 저작물이 된다면 저작권은 구술자에게 있는 것인지, 그렇다면 면담자가 갖는 권리는 무엇인지 살펴볼 필요가 있다. 「저작권법」 제2조 제1호는 저작물을 "인간의 사상 또는 감정을 표현한 창작물"이라고 정의한다. 즉 인간의 생각이나 느낌을 담은 것으로 스스로가 만들어 낸 것을 의미한다. 그래서 이호신(2017)은 구술 채록을 통해 수집된 자료는 그 자체로 창작성을 갖추고 있으며 구술자의 삶의 경험과 소회, 그리고 채록자의 연구의도가 반영된 저작물에 해당된다고 했다. 하지만 구술을 통해 새로운 사실이 발견되어도 그 사실 자체에 대한 저작권이 발생하는 것은 아니라고 했다.

구술 자료가 저작물이라면 저작권은 누구에게 있는 것일까? 구술자의 이야기를 담는 것이지만 면담자가 질문을 구성하고 이야기의 흐름을 끌고 나간다면 둘 중 누가 저자라고 할 수 있을까? 「저작권법」 제2조 제2항에 따르면 저작자는 "저작물을 창작한 자"이다. 즉 인간의 사상이나 감정을 창작물로 표현한 사람이다. 따라서 창작 과정에 직접적인 역할을 한 사람이 저작자가 된다. 그렇다면 면담자의 질문에 구술자가 답변하는 형식인 구술 면담에서 구술자가 저작자임은 분명하다. 하지만 면담자에게 저작자의 지위와 권리를 부여할 것인지에 대해서는 논란이 있다. 그래서 이호신(2017)은 면담자에게 저작자로서의 지위와 권리를 인정해야 하는가에 관해서는 역할에 따른 검토가 필요하다고 했다. 이에 관해 유철인(2003)은 면담자에 따라 동일한 구술자에 대해서도 서로 다른 판본의 구술 자료가 생산될 수 있으므로 면담자도 구술 자료의 공동 저자로의 인정을 주장했다. 이러한 견해는 구술사 연구를 선도한 미국이나 유럽의 구술사학자나 법학자들의 주장과도 일치하는 편이라서 구술 면담의 면담자도 공동 저작자로서의 지위를 받는다고 볼 수 있다. 결과적으로 구술 자료는 구술자와 면담자의 공동저작물이고 구술자와 면담자는 구술 자료의 공동 저작자가 되는 것이다. 따라서 구술 자료의 활용을 위해서 구술자와 면담자의 허락이 동시에 필요하고 공동저작물의 저작권은 구술자와 면담자 중 나중에 사망한 사람의 사후 70년까지 보호된다.

그런데 이호신(2017)은 면담자가 연구기관에 소속되어 면담을 진행하고 연구기관의 명의로 구술 자료를 공표하게 되면 구술 자료는 '업무상 저작물'이 되어서 연구기관이 저작자가 되고 저작재산권뿐만 아니라 저작인격권까지 가져가게 되고 저작권 보호기간도 달라진다고 했다. 하지만 연구자인 면담자와 도급계약을 체결해서 진행된 구술 면담은 수급인인 면담자가 도급인인 발주기관과 고용관계가 형성되지 않는 것으로 보고 '업무상 저작물'에 해당되지 않아서 저작물의 저작자는 면담자가 된다고 했다. 그리고 도급 계약의 경우, 공동저작물에 대한 면담자와 구술자의 서면 동의까지 이루어지고 기록물공개허가서 또는 저작권양도계약서를 발주기관에 제출해야 발주기관이 저작재산권자로서 저작물 사용의 적법한 권리를 확보할 수 있다고 했다. 또한 저작재산권의 양도가 이루어져도 저작자로서의 저작인격권은 여전히 구술자와 면담자에게 남아있어서 저작물의 공표, 수정, 보완을 위해서는 여전히 구술자와 면담자의 허락이 필요하다고 했다.

구술 면담을 마치면 현장에서의 면담을 녹취한 녹음자료, 영상자료, 녹취록 등 구술 면담의 직접적인 결과물이 생산되게 된다. 그리고 면담 과정 중에 구술 내용과 관련된 사진이나 물건들이 수집되기도 한다. 그리고 구술 채록이 완료된 후에 구술 채록 내용을 바탕으로 자료집, 학술 논문, 다큐멘터리 제작, 전시 등이 이루어질 수 있다. 여기서 녹음자료와 영상자료, 녹취록까지는 원저작물이고, 이를 바탕으로 만들어진 것들은 2차적 저작물이라고 볼 수 있다. 물론 녹취록은 대화를 텍스트로 옮긴 것이라서 엄밀한 의미에서는 구술 원자료와 구별이 되지만 대화 그 자체를 그대로 문자로 옮긴 것이라는 의미로 구술성을 최대한 보존했다는 전제하에 원저작물로 봐도 큰 무리는 없을 것이다.

녹음 자료의 경우, 면담자가 주로 녹음하고 설령 다른 사람이 돕는다 해도 창작 과정에 기여하는 부분은 거의 없어서 다른 사람의 권리를 살펴볼 필요가 없지만, 영상 자료의 경우는 구술자와 면담자 이외에 영상을 촬영하는 사람, 편집하는 사람이 필요하다. 이 경우도 구술면담을 촬영한 영상자료의 저작권이 누구에게 있는지 판단할 필요가 있다. 「저작권법」 제2조 제13호에서는 영상저작물을 연속적인 영상(음의 수반여부는 가리지 아니한다)이 수록된 창작물로서 그 영상을 기계 또는 전자장치에 의하여 재생하여 볼 수 있거나 보고 들을 수 있는 것을 말한다고 정의하고 있다. 즉, 연속된 영상이면서 영상 자체가 창작물이 되어야 한다는 것이다. 그러므로 구술 면담을 기계적으로 복제한 영상물을 저작권법 상의 영상저작물로 보기는 매우 어렵다. 영상을 제작한 사람은 기계적으로 복제하는 역할을 수행했을 뿐이라서 저작자로서의 권리를 주장할 수 없다고 본다. 물론 구술 면담 내용을 바탕으로 다큐멘터리를 제작한 경우나 고도의 영상 편집 과정을 거쳐서 완전히 새로운 저작물을 만들어낸 경우는 구술 자료와는 별개의 2차적 저작물로 보아야 한다. 구술면담은 어문

저작물인 대화를 영상의 형태로 복제한 것으로 보는 것이 합당하며 어문 저작물은 저작인격권과 더불어 저작재산권으로서 복제권, 배포권, 공중송신권, 공연권, 2차적 저작물 작성권이 보장된다(한국구술사연구회, 2017).

녹취문은 구술자와 면담자의 말을 글이라는 표현 형식과 매체로 바꾼 것이다. 구술자와 면담자의 대화를 그대로 녹취문으로 옮기는 행위는 소리를 글자로 변형하여 복제한 것이 불과하므로 녹취한 사람이 저작권을 가질 수 없다. 그러나 주석과 해석이 추가된 녹취문은 구술 자료와는 구별되는 2차적 저작물을 창작하는 것으로 보고 2차적 저작물의 저작자가 되는 것이다. 이 경우, 구술 자료라는 원저작물을 바탕으로 작성된 것이므로 원저작자로서 구술자와 면담자의 저작권은 여전히 유효하다. 이호신(2017)은 녹취문을 작성하는 과정에서 윤문 처리를 통해 구술 내용을 재구성하는 것은 구술 자료를 재구성하는 것으로서 구술자의 동일성 유지권을 훼손할 수 있으므로 가능한 한 삼가는 것이 필요하다고 했다. 설령 구술자가 윤문을 요청하더라도 구술 자료가 가지는 특징을 그대로 보존하기 위해 구술 언어 그대로를 문자화하도록 허락을 받는 것이 바람직하다고 했다. 구술자가 계속 윤문 처리를 요청하는 경우, 수정 후 공표하고 이에 대한 내용을 기록으로 남기고 윤문 처리하지 않은 녹취문을 보존용으로 두며 저작권이 소멸되는 시점까지 외부에 공개되지 않도록 조처하는 것에 대해 구술자의 동의를 구해야 한다고 했다.

구술 자료를 활용하여 새로운 저작물을 만든 경우, 예를 들어 연구 논문 작성이나 다큐멘터리 제작을 하는 경우, 구술자와 면담자의 대화 외에 새로운 내용과 표현이 추가되면 2차적 저작물이기보다는 새로운 저작물로 봐야 한다. 이렇게 만들어진 독립된 저작물을 활용하기 위해서는 구술자나 면담자에게 저작자의 권한은 없으며 독립된 저작물을 만든 사람이 저작자가 된다.

구술 채록이 완성되면 구술자와 면담자가 저작권의 양도나 기록물공개허가서를 작성하는 것이 필요하다. 이는 구술 자료의 활용에 관한 법적 근거가 되어 공개와 활용의 범위를 결정해주는 지침서로서 구술자를 보호할 뿐 아니라 법적 분쟁에 대한 대비책이 될 수 있다(한국구술사연구회, 2017). 기록물공개허가서에는 면담으로 생산된 기록물의 정체(주제/면담 일시, 날짜, 장소), 공개여부와 범위, 구술자의 제한/제안 사항, 구술자와 면담자의 인적 사항과 인증(친필 서명이나 도장)을 필히 포함하고 있어야 한다. 만약 구술자가 구술 자료의 공표를 원하지 않고 비밀로 유지할 것을 요청할 경우에는 외부로 공개하지 않아야 한다. 「정보공개법」 제9조 제1항 제6호에서는 사생활의 비밀 또는 자유를 침해할 우려가 있는 경우를 정보공개 대상에서 제외하고 있다. 그러므로 기록물공개와 활용에 관한 계약 체결에 앞서 구술 내용에서 구술자나 제3자의 사생활의 비밀이나 자유를 침해하는지를 꼼꼼히 살펴보고 계약에 반영이 되어야 한다.

3) 개인정보보호

개인정보란 살아 있는 개인을 식별하거나 식별 가능성을 제공하는 일체의 정보를 말하며 개인정보보호의 대상은 무형의 정보 그 자체가 권리의 객체이다. 구술 자료는 살아 있는 개인에 관한 자료로서 공유할 수 있는 내용도 있지만 공유하기 어렵고 조심스럽고 비밀스러운 내용이 포함되기도 한다. 구술자의 이름, 고향, 성장 과정, 교육 정도, 육성과 얼굴 같은 신체적인 정보, 정치적 성향 등 개인적인 다양한 정보가 포함되므로 구술 자료는 대부분 특정한 개인을 식별할 수 있는 정보이다.[3] 그렇다면

---

3 정연경 외(2019). 『국립중앙도서관의 구술 자료 수집 타당성 및 제도 개선 방안 연구』, p. 154.

구술 자료의 수집과 활용의 모든 과정에서 구술자에게 어떤 정보를 수집할 것인지를 사전에 허락받아야 하고 민감 정보의 수집을 원칙적으로 금지되며 불가피한 경우에는 민감정보의 각 항목별로 구술자에게 별도 동의를 받아야 한다. 그러나 이러한 과정은 구술 자료의 생산과 활용을 실질적으로 불가능하게 할 수 있어서 개인 정보 수집 항목에 대한 사전 고지와 사전 동의를 요건으로 하는 「개인정보법」을 준수하면서 구술 자료를 수집할 방법은 찾기 어려운 딜레마에 처한 상황이다. 이런 상황에서 구술 면담에서 나오게 되는 제3자에 관한 이야기까지 「개인정보법」을 적용하는 것은 무리이다. 왜냐하면 제3자에 대한 언급은 사생활 명예훼손으로도 보호할 수 있기 때문이다. 그러므로 법적 분쟁을 막기 위해서라도 구술 자료의 공개나 온라인 서비스를 시작하기 전에 반드시 해당 인명을 익명 처리하는 조치를 취할 필요가 있다.

7장

구술사의 지평

구술은 이야기 속에 있는 일상과 삶의 기억을 꺼내어 보여주며 인간의 삶과 역사를 풍부하게 해주는 도구로 구술사는 다른 역사기록 방식보다 접근성과 활용성 측면에서 개인의 삶에 대한 역사를 포착하는 가장 적합한 방법이다. 구술사는 문헌 자료가 잘 드러내지 못하는 인간의 의식과 기억을 다루기 때문에 경험의 역사이며 주관적 경험과 기억이 사회 전체구조에서 어떻게 발현, 억압, 퇴적, 굴절, 왜곡되는지를 밝히는 연구 방법이자 접근 방식이다. 이렇게 구술은 구술자의 기억을 통해 재현된 내용을 기록화하는 작업으로 구술사는 구술기록에 근거한 역사 기술이면서, 구술로 생산된 자료라는 두 가지 의미를 포함한다. 즉, 구술사는 단순한 구술채록뿐만 아니라 채록 과정에서 산출된 구술 기록물을 분석하고, 그 경험을 재해석해서 새롭게 역사화하는 과정이 수반되어야 한다. 여기에서 구술 기록물은 구술자의 기억과 경험 안에서 중요한 시대적 의미를 부여하기 위한 기초자료가 된다(정연경·최윤경, 2017). 그러므로 구술기록의 보존은 그 자체로 국가 유산의 지식 창출과 활용이면서 지역문화의 가치향상을 도모하며 과거와 현재, 미래를 연결하고, 상호 연관된 관계의 집합체로서 지역민들에게 소속감과 정체성을 확장하는 계기가 될 수 있다(이은비·정연경, 2021).

구술사는 역사적 재구성을 목적으로 과거 사건의 목격자나 참가했던 사람을 인터뷰하면서 많은 국가의 현대사에 실제로 변형을 가져왔다. 사회적으로, 정치적으로 엘리트 집단의 인터뷰는 현존하는 기록 정보원을 보충해왔다. 그러므로 구술사의 가장 분명한 기여는 공식적인 문서나 사회적인 관찰자가 쓴 글이나 자서전, 개인적인 글 안에 거의 남겨지지 않은, 역사로부터 숨겨져 있던 집단의 경험과 관점을 역사적 기록 안에 다루고 있다는 것이다. 구술사 인터뷰를 통해서 남성과 여성 노동자, 원주민, 이주민, 또는 문화적 소수자의 구성원 등 그들만의 역사적 해석을 제공하고 역사적 기록 위에 그들의 경험을 새겨왔다. 또한 가족사나 지역사처럼 다른 정보원으로부터 놓친 역사적 경험의 관점을 기록해오고 있고 살아온 경험의 주관적이거나 개인적인 의미를 다시 소환해오고 있다.

구술사 연구는 대학이나 전문적인 역사학자의 특권으로 보존되어온 게 아니고 다양한 집단 구성원들이 면담함으로써 가능했다. 그리고 구술사가는 면담을 생산하고 기록화하는 기술을 배우고 개발해야만 했다. 가장 중요하고 특별하게 구술사가는 그들의 정보원을 말하고 이러한 인간관계는 다양한 방식으로 역사의 실재를 변형시켰다. 그리고 구술자는 과거를 불러올 뿐만 아니라 과거의 해석을 주장하고, 참여형 인터뷰 대상자는 역사가이면서 정보원이 되었다.

구술사 프로젝트에서 실무자들은 역사를 만드는 일만 하는 것이 아니다. 역사적인 산물과 같은 과정의 가치를 강조함으로써 개인 또는 과거를 재해석하고 기억하는 과정을 통한 집단의 역량 강화 또한 그들이 해낸 일이다. 이러한 관점에서 구술사는 역사적인 기억으로 현재까지 사용되면서 영향을 끼쳐왔다. 즉 전쟁 범죄 법정이나 원주민의 토지 청구와 같은 인간의 권리 학대에 대한 법적 대응, 또는 후기 갈등 사회의 '진실과 화해' 프로젝트 안에서 이루어졌다.

아직도 역사학자들은 역사적인 원천으로서 기억의 가치에 주의하면서 정치적인 목적을 위해 기억을 사용하는데 구술사에 대해 치열한 논쟁을 해오고 있다. 예를 들면, 기억에 대한 신뢰성, 면담 관계에 대한 심리학, 또는 인간의 삶에 대한 재현과 해석, 기억과 역사, 과거와 현재, 학문과 정치 사이의 관계에 관한 것이다. 구술사의 복잡성, 구술 증언의 풍부함, 과거를 해석하는 다양한 논란은 구술정보원을 사용해서 역사를 만드는 데 중점을 두고 있다. 따라서 구술사는 역사학, 사회학, 인류학, 기록관리학뿐만 아니라 폭넓은 학문 분야로부터 연구되고 구술사 문헌을 기억, 구술과 면담으로 생각하는 지적이고 전문적인 맥락으로부터 계속 증가하는 학제적인 학문을 가로지르면서 다양성을 가져오고 섞이고 있다.

1. 구술사와 디지털 기술

구술사 안에서 아카이빙과 접근의 의미는 인터넷 상으로 전 세계의 이용자들에게 면담 발췌와 녹취록이 디지털화되고 포장되어 이용 가능하게 되면서 더 복잡해졌다. 이러한 구술사의 발전은 구술사 연구의 축적으로 가능했고 다양한 분야와 이론적 배경을 가진 학자와 실무자들로 구성된 이러한 집단을 지속적으로 통합하는 것은 구술 자료, 즉 녹음된 음성과 면담 녹취록이다. 녹음 기술은 구술성을 포착할 수 있게 해주었고 결과적으로 구술사 연구방법과 실무의 성장과 성숙을 만들어내고 형성시켰다. 이전에는 아날로그 오디오와 비디오 장치는 비용이 많이 들어서 녹취록에 의지했던 비효율적인 시절이 있었다. 그때의 아날로그 전달 체계와 배포, 방송의 한계는 구술사의 공공역사의 적용을 제한했다. 아직도 많은 구술사 컬렉션 중 상당 부분이 접근 불가이고 사용할 수 없게 남겨져 있다. 그래서 마이클 프리슈는 구술사의 핵심인 녹음이나 녹화자료가 제대로 사용되지 않고 있으며 구술사 컬렉션은 홈 비디오 캠코더 카세트가 담긴 신발 박스처럼 일반적으로 듣지도 보지도 않는 귀한 기록이라고 했다(Frisch, 2006).

아직도 아날로그 텍스트 중심의 모델이 여전히 남아 있고 디지털 시대의 구술사 표현의 일차적인 형태의 틀이 계속되고 있다. 하지만 디지털 기술과 도구는 구술사의 접근, 사용, 만남의 전통적인 양상을 바꾸고 있다. 민속학자 헨리 글라시에(Henry Glassie)는 발리메논에서 1972년부터 1982년까지 많은 시간을 보냈고 그 안에서 생활하면서 근본적으로 지역민의 과거에 대한 많은 대화를 녹음했다. 그 녹음을 그들과 함께 앉아서 들으면서 끊임없이 과거의 그 순간으로 이동하는 것을 볼 수 있었고 듣는 것은 분명히 다른 것이었다. 그런데 구술 녹음에서 소음을 지나치게 줄이는 과정에서 다른 소리를 놓치게 된 것을 나중에 알게 되었다. 즉 헨리 글라시에가 아일랜드의 불타는 토탄이 꽉 차 있는 난로를 경험한 적이 없어서 토탄불의 '쉭' 하는 소리, 나무가 탈 때 들리는 '탁 탁' 튀는 소리를 몰랐고, 그래서 소음을 최소화하는 과정에서 난로불의 자연적인 소리를 죽인 것을 나중에 깨닫게 된 것이다. 다행히 소리를 되돌려 넣을 수 있는 일부 필터 덕분에 난로에서 나는 소리를 복원할 수 있었다(Glassie, 2006). 이와 같은 경험은 구술사를 녹음하고 보존하는 데 있어서 기술의 사용과 통제의 관점에서 강력한 교훈이다.

실제 목소리를 듣는 기회는 인쇄되어 있는 단어의 이해를 풍요롭게 한다. 그 목소리를 듣는 것은 이야기의 미묘한 감정을 드러내고 풍부하게 상상하는 것을 도와준다. 지역사회의 목소리와 소리는 구술과 음성의 맥락을 창조하는 것이다. 그럼에도 불구하고 연구자들이 비디오를 보거나 오디오를 듣기보다는 녹취록과 상호작용하는 것을 훨씬 더 선호한다. 오늘날의 디지털 맥락에서조차도 기록학적인 상황에서 구술 자료의 이용자와 연구자들은 접근점으로서 녹취록을 선호하는데, 녹취록에서 색인과 함께 특수한 정보를 효율적으로 발견할 수 있기 때문이다.

디지털화와 인터넷은 구술사의 전통적인 아날로그 접근을 풀어주는 커다란 약속을 제공했다. 메타 데이터의 수집과 면담의 각 단계는 쉽게 온라인으로 검색이 가능하게 되었다. 그 사례로 더글라스 보이드(Douglas Boyd)는 미국 켄터키 주의 40개 이상의 다른 저장소에 소장된 구술사 컬렉션의 안내서인 『캔터키 구술사 전국 가이드(*Statewide Guide to Kentucky Oral History*)』 인쇄본을 온라인으로 검색 가능한 데이터베이스로 전환시킨 것을 들 수 있다. 이 온라인 가이드는 상호작용으로 탄탄한 검색과 훑어보기를 갖고 있었지만 접근하고 싶은 면담 그 자체로 가는 것이 불가했다. 면담에 어떻게 접근할 것인지를 얻기 위해서는 개별 기록관에 연락을 해야 했다. 이러한 온라인 도구의 개발은 이용자들의 접근에 대한 기대치를 올려놓았고 시민권운동에 관한 켄터키 구술사 프로젝트 디지털 미디어 데이터베이스(Civil Rights Movement in Kentucky Oral History Project Digital Media Database)가 시작되었다. 이것은 내용의 주제와 지리적인 훑어보기, 전 세계적인 검색과 조직된 오디오 발췌로 파고드는 이용자 경험은 물론 온라인으로 검색이 가능한 녹취록으로 링크해주는 온라인 디지털 프로젝트였다. 그것은 기록을 저장하는 것이 아니고 강력한 시청각 콘텐츠로 온라인 이용자들을 연결해주고 안내해주면서 이용자 경험을 제공하는 디지털 전시였다. 그러나 오디오 부분의 태깅과 맥락화, 상세한 기술, 링크의 수작업 구축, 오디오 부분의 수작업 생성은 대규모 구술사 기록적인 작업에서 지속 가능할 수 없는 것임이 증명되었다. 디지털 플랫폼은 끊임없이 갱신되면서 그 수준이 한 단계 올라갔고 결국은 교체되어야 했으며 구술사 녹음은 추가적인 기술적인 조직과 설계가 지속적으로 유지되고 보존되어야만 했다. 결국 2006년 시민권운동에 관한 켄터키 구술사 프로젝트 디지털 미디어 데이터베이스는 디지털화를 그만두게 되었고 온라인 해커에게 공격을 받아 닫게 되었다. 시간이 지나 온라인 정보원은 다시 살아났지만 계속 갱신될 필요성과 함께 수많은 인터넷 브라우저와 함께 호환이 되지 못하는 것으로 남아 있다. 시민권운동에 관한 켄터키 구술사 프로젝트 디지털 미디어 데이터베이스는 커다란 구술사 컬렉션 안에서 목소리로 연구자를 연결시키는 온라인 모델로 쓰였지만 기록학적인 작업 흐름, 노화, 지속 가능성에 관련하여 강력한 교훈을 주고 있다.

오늘날의 혁신적인 디지털 분위기에서 재원을 갖고 무엇이든 할 수 있는 것처럼 보인다. 디지털 오디오와 비디오 녹음 기술의 접근성과 감당할 수 있는 능력은 녹음된 면담으로 이용자를 연결하는 데 필요하다. 구술사의 디지털 혁명은 시작되었지만, 동일한 문제는 존재한다. 대규모 도서관과 막대한 디지털화 노력의 기록학적 맥락에서 디지털화되고 검색이 가능한 사진, 필사본, 도서와 신문, 구술사, 특히 오디오와 비디오 면담 자체의 주요 온라인 저장소는 눈에 띄게 부재하는 것으로 남아 있다. 기록으로 남은 구술사 면담은 활용되지 않은 채로 신규 도착, 처리, 발견과 사용하기 위한 어려운 정보 패키지가 되고 있다. 구술사의 목소리는 여전히 많은 부분이 침묵으로 남아 있다.

이호신(2021)은 공공기관의 구술 자료 활용 실태 분석을 통해 구술 자료의 활용이 텍스트 발간을 위한 것에 한정되는 모습을 보인다는 진단을 내리고, 구술 자료의 보존과 서비스가 미흡하다는 점을 지적했다. 이를 위한 개선방안으로 텍스트가 아닌 구술 자료(녹음, 녹화) 중심의 서비스 체계 도입을 제안했다. 구술 자료에 대한 접근을 쉽고 간단하게 해야 이에 대해 접할 기회가 생기고 그것이 지역 구술에 대한 인식과 필요성에 대한 홍보로 이어질 수 있다. 그러므로 구술 음성을 쉽게 들을 수 있도록 기관 홈페이지 메인 화면에서 스트리밍 플레이어를 제공하여 이용자들이 직관적으로 구술 자료를 볼 수 있으며 간단하게 클릭 한 번으로 이용해볼 수 있는 이용자 친화적으로 접근성 높은 서비스를 우선적으로 제공할 필요가 있다.

구술사는 여전히 우리의 면담과 컬렉션으로 대규모의 효율적인 접근을 제공하는 긴 여정에 있다. 우리는 구술사로의 접근과 보존을 좀 더 잘하기 위해서 구술사 공동체와 연구하고 적응하고 혁신하는데 함께 일해야만 한다. 디지털 시대 기록의 역할은 변화하고 있고 그 중요성은 급속도로 증가할 것이다. 구술기록이 좀 더 접근 가능하고 이용하기 쉽도록 오디오와 비디오 녹음과 함께 메타데이터(기술, 색인과 녹취록)를 보다 더 잘 통합하고 측정할 수 있는 해결방안을 연구해서 적용할 필요가 있다. 구술사는 인간의 목소리, 정지된 이미지와 동영상 등 다양한 방식으로 우리들을 감동시키고 빠져들게 하는 힘을 갖고 있다. 구술사가 진정한 역사의 일부분이 되기 위해서는 구술 작업의 새로운 흐름과 구조에 좀 더 다가서야 한다.

2. 구술사 연구의 한계

기억이 다수의 잔혹 행위의 여파로 고도로 정치화된 경우, 구술자와 연구자들은 보호될 필요가 있다. 깊이 있는 경청이 생존자, 전쟁에 참전했던 사람들과 가해자의 경험을 그려낼 수 있을 뿐만 아니라 구술자들이 그들 자신의 개인적인 정치적 관점을 위해 구술사가를 이용할 수 있다. 구술자들에게 피해를 최소화하려는 면담자는 구술사를 계획대로 진행하는 게 상당히 어렵다. 원래 그렇게 하려는 의도는 아니었지만 구술자들이 생존자, 전쟁에 참전했던 사람들, 가해자들로 정치적인 상황에 갑자기 휩싸이게 될 수 있어서 면담자나 연구자는 구술 참여자들에 대한 연구결과의 영향에 대해 걱정을 하게 된다.

정치화된 연구 환경은 예측 불허의 방식으로 부수적인 연구 결과물, 필드워크의 산물과 과정에 영향을 준다. 연구 프로젝트의 과정에 엄청나게 영향을 준 재판에 회부된 전쟁 범죄자, 참전용사, 자선사업가, 학자와 같은 구술자에 대해 그들의 정체성을 보호하는 노력으로 익명을 사용하고 그들 생애사의 특정한 관점은 주지 않아야 한다. 이것은 구술사가와 관련된 실무자들이 허용하는 구술자의 비밀을 유지하기 위한 기본전략이다.

또한 공유하는 권위의 과정은 마이클 프리슈가 소개한 개념으로 고도로 정치화된 연구 배경 안에서 구술사를 진행할 때 긴장 요소이다(Frisch, 1990). 생애사외 주제 면담을 수행할 때 구술사가는 피면담자와 면담자가 모두 의제를 가지고 면담 공간에 접근한다. 최소한 피면담자는 사건의 버전이나 특별한 관점의 정확성을 면담자에게 확신시키려고 한다. 반면에 면담자는 일차적인 연구 질문을 향해 대화하는 것을 추구한다. 그러나 에린 제시(Erin Jesse)는 고도의 정치적인 연구 환경의 중간에서 일할 때는 공유 권위가 가능하거나 바람직하기 힘들다고 했다. 예를 들면, 대량학살 안에서 참여의 정당성을 확신시키려고 시도하는 데 권위의 공유를 사용했다는 것이다. 즉, 대량학살을 이끈 구술자가 그 자신을 그 시대의 희생물로, 지역사회의 강직한 회원으로 그렸고, 진보를 위한 힘이 되기를 원했기 때문에 대량학살에 사과할 생각이 없으며 더 큰 시민전쟁의 작은 부분으로서 대량학살을 해석했다는 것이다. 이렇게 구술자들이 그들이 기술한 범죄에 대한 이해를 조장하려는 의도를 갖고 그들의 구술을 구축할 수 있다는 것은 구술 증언을 사용할 것인지에 대한 위기에 처하게 한다(Jesse, 2011).

구술사가 역사의 민주화를 증진시킬 수 있다는 생각으로 고도의 정치화된 연구 환경 중에 작업을 할 때 오래 남게 되는 질문은 다음과 같다. 끝은 무엇인가? 대량 잔혹행위에 그들의 참여를 정당화하거나 그들의 정부가 물러나게 하는 방법을 찾는 복잡한 정치적 배우들의 구술을 무비판적으로 하는 것으로 인해 구술사가는 지역사회의 더 심한 갈등과 대립을 증진시키는 데 사용될 수 있는 기억과 신화를 증진시킴으로서 선전의 일부가 의도하지 않게 되어버리는 위험에 처할 수 있다. 다른 구술자의 관점을 비판하는 2차 정보원을 그리는 것, 또는 그들이 생산한 좀 더 큰 역사적이거나 정치적인 조망 안에서 그들을 배치시킴으로서 이러한 구술을 맥락화하는 것은 역사로부터 부재인 사람들에게 목소리를 주는 구술사의 능력을 손상시킨다. 이러한 경험은 구술사가 시민들에게 그들의 영향과 지역사회 안에서의 대량 잔혹행위의 토대를 이해하는 데 엄청난 혜택이 될 수 있고 더 큰 이론화는 고도로 정치화된 연구 설계에서 구술사의 한계를 고려하는 것이 필요하다. 그러므로 고도로 정치화된 연구 환경 안에서 작업을 할 때 구술사로 인해 갖게 되는 문제에 대한 추가적인 대화를 증진하고 반영을 격려하는 것이 절대적으로 필요하다.

3. 구술 기록의 국가자원화

노인 한 명이 죽는 것은 하나의 도서관이 불타 없어지는 것이라는 아프리카 속담이 있는데, 이는 문자가 없던 사회에서 구전 문화 전통은 매우 중요했고 기억이 바로 역사였다는 것을 의미한다. 시대에 따라 인간의 삶은 변화되고 남겨진 기록을 통해 우리는 그 당시 모습을 기억한다. 기억은 이야기가 되고 기록이 되어 역사로 남아 새로운 사람을 만나게 된다. 그러므로 개인의 기록도 공감하면 역사가 될 수 있으며 모든 사람의 삶의 경험을 재료로 사용할 수 있게 되면 역사는 새로운 차원에서 쓰일 수 있다. 구술사는 초점의 이동뿐만 아니라 중요한 새로운 탐구 영역의 개방으로 이어질 수 있다. 구술사가 많은 연구자들에게 매력적으로 다가서고 있는 이유는 구술사가 쓰여진 정보원 안에서 알려지지 않은 경험으로의 창문을 제공했고 고도의 정치과 국가 구축의 역사적 서사와는 완전히 다른 이야기를 제시해주기 때문이다.

1) 국내외 상황 비교

기록은 그 시대를 보여주는 수많은 창(窓)이다. 인간의 활동을 담은 기록은 기억의 조각을 모아 지나간 시간을 그려보게 하며 과거를 재현할 수 있게 해준다. 그중에서도 구술 기록은 한 사람의 생애사적 경험이 구술된 것을 기록한 것이다. 즉, 구술자의 생애사적 기억이 구술을 통해 그 시대와 만나는 것이다. 특히 공공 기록만 가지고 우리 시대를 복원하거나 재구성할 수 없다는 인식을 하게 되면서 민간기록이 점점 더 중요해지고 구술 자료에 관심이 급증하고 있는 상황이다. 그러므로 그 시대를 살아온 평범한 사람들의 기억을 기록한 구술 자료들은 우리 시대의 주요한 자료임에 틀림이 없다. 그래서 미국, 영국, 호주 등 대부분의 국가 대표도서관에서 구술 자료를 도서관의 대표적인 컬렉션으로 보여주고 있으며, 구술 자료 수집 및 관리 보존을 위해 독립된 센터나 부서를 갖고 있는 실정이다.

한국 구술사는 초반에 과거사 진상 규명을 위한 사회 운동으로의 정체성이 강했고 일종의 사회 운동으로 시작돼 학계로 유입되는 과정을 거쳤다. 1990년대엔 제주 4·3 사건, 위안부 피해자, 미전향 장기수 등 한국 현대사의 그늘 속에서 드러나지 않았던 지방과 여성으로 연구 범위가 확장됐다. 2000년대 이후엔 정부 기관의 활발한 연구 지원 하에 과거사 규명은 물론 예술사, 지역사 등의 분야에서 다양한 구술 수집 활동이 이어지고 있다.

국내 대표적인 중앙정부 및 산하기관이나 지방정부 및 산하기관은 주로 의정사나 정치사, 근현대사를 중심으로 엘리트 구술 채록이나 사건 중심의 진상 규명을 목적으로 외주 용역을 주어 구술 자료를 수집해왔다. 공공도서관이나 문화원에서도 지역사회나 마을 이야기, 향토자료 수집을 목적으로 지역 내 수십 년 이상 거주한 토박이들을 시청이나 구청의 지원을 받아 자발적인 참여로 진행하고 있다. 공공도서관이나 문화원의 경우, 예산이 부족하여 단행본 발간 및 녹취문 작성, 전시를 하는 정도였고, 정부 산하기관은 상대적으로 많은 예산을 바탕으로 다양한 분야의 구술 자료를 수집하고 있었다. 그러나 구술 자료 활용 서비스의 측면에서 정부 산하 공공기관은 접근 가능한 자료는 다양했지만, 기관에 따라 제한적인 구술 자료 서비스를 제공하고 있는 것으로 확인되었다. 즉, 기관 방문을 통해서만 구술 자료를 열람할 수 있도록 정하고 있거나 구술 자료는 정기적으로 수집하더라도 모두 비공개로 처리하여 서비스 자체를 하지 않는 기관도 있었다. 이에 비해 공공도서관이나 문화원은 단행본 출간과 기획 전시를 통해 지역주민에게 서비스를 하고 있었는데, 일부를 제외하고는 구술 자료로의 접근이 용이하지 않았다. 정부 산하기관은 자체 통합관리시스템을 갖고 수장고에 보관하고 있었으나 장기보존에 대해서는 예산이 부족하여 많이 신경 쓰지 못하고 있었다. 또한 구술 자료에 대한 표준화된 메타데이터나 구술 자료의 통합관리시스템이 부재하여 각 기관마다 자체적으로 분류와 기술을 하고 있는 상황이었다. 이러한 내용은 2018년 한국구술사연구소가 국사편찬위원회의 지원을 받아 수행한 전국 각 기관, 공공단체 등의 구술 자료 수집 및 출간 현황 기초 조사에서 나타난 '기관들의 이해 부족으로 인한 구술 자료의 원자료 보존의 부실', '구술 자료에 대한 관리나 서비스 보존에 대한 인식 부재', '기관들의 중복 수집'과 '상호 간의 교류의 부족'이라는 결과와도 일

맥상통한다[1].

반면에 해외 사례로 미의회도서관과 영국국립도서관, 호주국립도서관에서는 구술 자료 컬렉션이 대표적인 컬렉션 중의 하나로 수집, 관리, 보존, 이용되고 있다. 구술 자료는 국가대표도서관의 비전과 미션을 충족시키기 위해 국가적으로 전승되어야 하는 국가지식유산으로 간주되어, 일찍부터 센터나 부서를 설치하고 모든 역량을 집중시켜 수집해오고 있는 것이다. 미국의회도서관의 특징은 재향군인 역사 프로젝트(Veterans History Project)나 시민권 역사 프로젝트(Civil Rights History Project)와 같이 유명한 구술 컬렉션은 법령을 기반으로 하여 충분한 예산을 확보하고 컬렉션을 지속적으로 키워나가고 있다는 것이다. 영국국립도서관의 경우, 전 세계에서 가장 큰 구술 컬렉션을 보유하여 폭넓은 주제를 다루고 있는데, 이를 가능하게 한 것은 내셔널 라이프 스토리즈(National Life Stories[NLS])의 창립이었다. 독립된 신탁재단인 NLS가 자체 구술사 프로그램을 운영하면서 영국국립도서관에 이를 제공하여 서비스할 수 있게 하고 있기 때문이다. 영국은 주로 다양한 분야의 대표적인 인물을 대상으로 한 구술 컬렉션(건축가의 삶, 예술가의 삶, 작가의 삶, 과학자의 삶 등)이 많고 이러한 구술 컬렉션은 영국 국립도서관 사운드와 동영상 목록(British Library Sound & Moving Image Catalog)에서 상세 검색이 가능하며, 이외 다양한 온라인 채널을 사운드 아카이브(Sound Archive)에서 운영하고 있다. 호주국립도서관의 경우, 1950년대 중반부터 헤이젤 드 버그(Hazel de Berg)가 구술 기록을 수집함으로 구술 컬렉션의 기반이 갖추어졌고, 존 메레디스(John Meredith) 민속 컬렉션을 구입할 정도의 적극적인 의지가 반영되면서 구술 컬렉션을 대표적인 도서

1 국사편찬위원회, 전자사료관. 2018년 전국기관·공공단체 등의 구술 자료 수집 및 출간현황 기초조사 연구 결과보고서, https://archive.history.go.kr/pds/view.do?pds_id=251&display_position=2

관의 컬렉션으로 만들 수 있었다. 호주의 특징은 구술 자료를 인구통계 매트릭스를 사용하여 다양한 연령과 계층의 호주인들로부터 구술 자료를 수집한다는 것이다. 현재 모든 구술 자료의 디지털화가 완료된 상태로 '트로브(Trove)'를 통해서 음성파일, 녹취록, 요약문, 주제에 관한 검색 및 이용이 가능한 상태이다. 호주국립도서관은 호주의 유명인뿐만 아니라 호주의 사회사, 호주 원주민에 대한 민속학적인 컬렉션을 적극적으로 수집하고 있다.

지난 20년 넘게 구술사 연구에 다양한 성과가 등장했지만 여전히 미진한 부분이 남아 있다. 국내의 경우, 무엇보다도 구술 자료의 생산 주체가 각기 상이하고 생산기관별로 독자적인 아카이브를 운영하고 있어 자료가 기관별로 산재되어 있는 실정이다. 그로 인해 현재 각 기관 및 단체가 소장하고 있는 구술 자료에 대한 소장 파악이나 관리 상태를 알 수 없으며, 그에 따른 소실 위험과 자료로서의 활용도 저하, 구술 원자료에 대한 소홀한 관리 등 국내 구술 자료의 관리 및 보존 현황의 문제점이 발생하고 있다. 구술 자료를 사료가 아닌 출판의 수단으로서만 여겨 구술 면담의 원자료에 대한 적절한 아카이빙이 총체적으로 이루어지지 않고 있다.

더불어 구술사를 학계에서 교육하고 훈련하는 공적인 교육시스템이 부족하다는 것이다. 그래서 구술 자료의 양적인 팽창은 이루어졌지만 질적인 내실화는 취약한 점이 많다. 무엇보다도 국내 구술사의 취약점은 제도적으로 학과도 없고 교수도 없어서 연구 방법으로는 어느 정도 자리 잡았으나, 교육에 있어서는 여전히 제도권에 진입하지 못한 학문이고 제도적인 지원을 받기 어려운 상태라는 것이다. 또한 수집된 구술 자료의 양에 비해, 문화 콘텐츠로 활용되는 경우도 무척 적은 편이다. 그러므로 아카이브 콘텐츠를 활용한 드라마나 창작 활동 같은 후속 작업이 보다 적극적으로 진행돼서 구술 자료가 대중에게 공유되는 이야기로서 기획,

정리, 서비스하는 작업이 강조될 필요가 있다.

따라서 구술 자료의 귀중한 국가지식 자원으로서의 가치를 재평가하고 기본 계획을 수립하여 국가 차원의 통합 관리를 고민해야 할 시점이다. 각 기관이 소장하고 있는 구술 자료에 대한 공동 목록이 가장 우선적으로 작성되어야 하며, 기관 고유의 주제와 영역을 갖고 구술수집이 이루어져야 할 필요가 있다. 그리고 구술 자료의 수집, 관리, 보존 서비스 절차를 마련하고 구술 자료 메타데이터의 개발 및 표준화, 구술 자료의 지속적인 디지털화를 통해 다양한 지역 공동체의 생생한 기억을 담고 있는 구술 자료를 수집하고 활용 및 보존하여 이야기를 공유하고 미래 세대에 전해주는 새로운 방향에 적극 동참해야 할 필요가 있다.

2) 민간 구술 자료 수집의 중요성

1980년대 말부터 과거사 진상규명의 차원에서 사회적, 정치적 운동으로 구술사가 시작되었고, 1990년대 이후 학계에서 문헌 기록의 부재로 규명될 수 없었던 한국근현대사의 주요 사건들에 대한 구술사 연구가 시작되었다. 2000년대에 들어서는 기관 구술 채록이 시작되며 다양한 기관들이 특정 주제나 사건 중심으로 구술 채록을 해왔다. 그런데 이 과정에서 주요 사건들의 피해자, 희생자 중심의 구술 채록이 되다 보니 평범한 사람들의 삶의 기록이 소외되는 결과를 가져왔다. 지방기록관은 서울과 경남만 있으며 국가기록원도 주로 공공기록물을 중심으로 기록관리를 해오고 있어서 국가 주도적으로 민간기록, 그중에서도 평범한 한국인들의 구술 중심으로 구술사 컬렉션을 구축할 필요성이 제기된다.

도서관정보정책위원회(2019)는 제2차 도서관 종합계획의 부족한 점 중 하나로 지역 도서관의 자율적 서비스 기반 마련의 미흡을 들었다. 13개 지역에 지역대표도서관이 지정 및 설립되었지만, 지역을 대표할 수 있는 자원 및 역량을 갖추어 제대로 역할을 할 수 있는 수준에 도달하지 못했으며, 지역의 향토자료와 공동체 자료에 관한 관심 부족으로 인해 지역의 생활사 자료들이 열악하게 보관되고 지역의 쇠퇴 등 소멸 위기에 처한 지역들이 증가함에 따라 미래세대에 전해줄 지역의 다양한 삶의 기억들이 축적되지 못하고 유실될 우려가 크다는 점을 한계로 보았다.

이에 도서관정보정책위원회(2019)는 제3차 도서관발전종합계획(2019-2023)에서 소멸의 위기에 처한 지역이 증가하고 지역 내 다양한 삶의 기억들이 유실되는 환경의 변화에 대응하기 위해 공동체 역량을 축적하고 공동체 삶의 기억을 수집, 보존, 관리하는 '공동체 기억의 보존·공유·확산'을 13개 핵심정책과제 중 하나로 선정하고, 공동체의 삶의 기억을 수집·보존·관리하는 체계로서의 공공도서관의 중요성을 강조했다. 공동체의 역량을 키우는 도서관으로 발돋움하기 위한 전략으로 지역 자료의 납본·보존체계 구축과 공공도서관의 지역공동체에서의 역할 강화를 포함했다. 특히 정책적으로 공동체 자료의 아카이빙 및 활용 강화를 추진하며 이에 대한 세부과제로 국가적으로는 국가 차원의 지역 아카이브 자료 디지털화 및 클라우드 기반 서비스 플랫폼을 구축하고, 지역적으로는 역사·향토자료 콘텐츠 수집·축적, 창조 활동 지원 체계를 구축하겠다는 계획을 발표했다. 이렇게 소실 우려가 있는 다양한 공동체의 자료를 잘 보존하여 미래 세대에게 전해주기 위한 공동체 자료 아카이브 체계를 구축함으로써 공동체 속에서 교류 협력 플랫폼 기능을 강화할 것을 강조했다. 그러므로 지역사회 기반시설인 공공도서관의 역할은 지역자료에 대해 지역 단위 역사 및 향토자료뿐만 아니라 더 작은 단위인 마을에 대한 생활문화, 변화된 모습을 기록하고 공유하는 것까지 확장될 것으로 보인다(김보일, 2019). 또한, 흩어져 있던 지역 공동체 의식을 고취하고 지역 정체성을 재확립하는 데 지역과 가장 밀접한 지역 공공도서관이 주축이 될 가능성이 크다.

구술 자료가 지역사에 있어 중대한 역할을 하는 만큼, 공공도서관이 지역의 구술 자료를 수집하여 지역의 역사성을 보존하는 것 역시 도서관의 진화된 사명에 부합하는 것이다. 하지만 이처럼 지역의 역사와 정체성을 만드는 작업에 구술사가 활용되고 풍부한 사료로 주목받고 있음에도 불구하고, 지역민의 일상적인 삶 속에 있는 많은 공공도서관이 여전히 지역 공동체의 역량을 키우고 지역의 기억을 보존하고 공유하는 기능에 크게 관심을 기울이지 못해왔다(정연경·이재영, 2020).

그러나 2021년에 개최된 제58회 전국도서관대회에서는 '사람+마을+지역을 잇는 아카이브'라는 주제로 느티나무도서관, 파주중앙도서관, 경기도사이버도서관 사례를 다루었다. 그 내용은 도서관을 거점으로 하는 지역 아카이빙에 대한 것이었으며, 도서관이 자료를 수집·보존·제공만 하는 곳이 아니라 생산도 할 수 있는 곳이라는 점을 강조했다. 자료의 수집과정이 곧 자료의 이용을 불러일으키고 그 과정에서 지역사회와 지역민의 소통 및 네트워크가 확장되는 모습을 소개했다(한국도서관협회, 2021). 이렇게 지역 아카이빙의 수단으로써 도서관 중심의 지역 구술이 활용될 수 있다는 것을 전국적인 도서관 행사를 통하여 소개함으로써 도서관의 구술 활동이 널리 알려지고 지역 구술에 관심이 있는 사서들을 끌어모을 수 있다. 그러므로 이제부터라도 공공도서관은 지역 구술에 관심을 갖고 구술 자료를 수집·보존·활용하여 공공도서관의 지역사 자료를 보강할 필요가 있다. 그래서 공공도서관은 지역의 총체적 삶을 담는 거점으로 자리 잡아 존재감을 확고히 하고, 장기적으로 역할의 확대를 통해 지역문화 발전에 기여해야 할 것이다.

다른 한편으로 지방자치단체가 지역에 관심을 두기 시작한 2000년대 이전부터 지방문화원도 지역 고유의 향토사와 향토 문화에 집중해왔다. 지방문화원은 지역학 총서를 발간하고, 지역학 강좌를 진행하는 등 지역 내에서 지역 문화 자원을 발굴·수집·보전·계승하는 역할과 지역민의 생활 문화 활동의 구심점으로 지역 문화 네트워크를 구축해오고 있다.

그래서 최근 들어서는 지역공동체 구축을 위한 역사와 정체성을 만드는 작업에 구술사가 활용되고, 구술 자료는 사람의 기억과 경험을 기록화하여 역사적인 사료로 더욱 더 주목받고 있다. 다양한 지역에서 개인과 집단들이 자신들의 역사와 문화전통을 기록하고 싶은 욕구가 분출되고 있으며 지역의 복합문화공간인 공공도서관, 문화원, 지자체에서 이러한 욕구에 부응하여 구술사 인터뷰를 통하여 지역 이야기들을 출판하고 있다.

그런데 어렵게 수집된 구술 자료들이 제대로 관리 및 보존되지 못하고 출판물만 주로 남겨지고 있는 것이 현실이다. 이에 역사적으로 중요한 경험이나 지역사회에 대한 구술을 통해 관련 자료를 수집하고 관리하여 제대로 보존하는 것이 시급한 상황이다. 특히 지역에 기반을 두고 있는 공공도서관과 문화원은 지역민의 일상에서 중요한 역할을 해왔으므로 앞으로는 지역민의 역사와 문화를 전승하는 역할을 잘 할 필요가 있다. 기존의 구술 채록 기관들이 과거 중심적인 진상규명의 구술 채록을 해왔다면, 도서관이나 문화원은 한국 지역 사회의 미래를 비추고 비전을 제시할 수 있는 구술 채록을 하는 것이 바람직하다. 지역민의 일상적 삶 속에 위치한 도서관이나 문화원은 지역 공동체의 역량을 키우고, 공동체 기억을 보존하고 공유하는 기능을 강화할 필요가 있다. 지역민들은 자신들의 삶을 기록하고 보존, 전승하는 것을 도와주는 역할을 공적 기관에 기대하고 있으므로 도서관과 문화원은 지역의 다양한 공동체들의 역사와 문화를 아카이빙하고 소통과 공유의 플랫폼 기능을 제공해야 한다.

한국근현대사는 급격한 산업화와 도시화로 인해 기존의 공동체들이 해체되고 새로운 공동체들이 출현하는 과정의 연속이다. 또한 인구 감소로 인해 전국 시군구 및 읍면동 10곳 중 4곳이 사라질 위기로 지역의 쇠퇴 등 소멸 위기에 처한 지역들이 갈수록 증가하고 있어, 후대에 전해줄 지역의 다양한 삶의 기억들이 유실될 가능성은 더욱 높아지고 있다. 더

불어 지방자치에 대한 정체성이 중요하게 대두되고 있어서 지역의 향토 자료와 마을 공동체 아카이브에 대한 가치가 중요하게 인식되고 있는 실정이다. 신스 넬슨(Cyns Nelson)은 이전의 구술사가 연구자, 역사가, 민속학자들을 위한 학문적인 실천이었다면, 이제는 공동체의 실천이라고 했다. 또한 구술 면담은 기록을 그 자체의 목적으로 하는 의식적인 창조의 행위로서 지역사회 단체, 조직, 도서관으로부터 만들어진다고 했다(Nelson, 2018). 그렇다면 역사가들이 중요하다고 하는 사건에 대한 구술 자료뿐만 아니라 공동체 안에서 자신들의 기록과 관련하여 구술 자료가 생산될 필요가 있다.

공동체 기억의 보존, 공유 확산은 국가 기억 및 지식을 망라하여 수집하고 보존하는 것과 공동체 생활사 자료의 아카이빙 및 활용을 강화하는 것으로, 바로 이 부분이 도서관이나 문화원의 구술 자료 수집의 근거와 타당성을 제공한다. 이렇게 지역에 기반을 둔 문화유산 기관들이 새로운 관점의 특화된 구술사 컬렉션을 구축한다면, 그것은 국가 지식문화유산이면서 국가발전에 중요한 자원으로 후대에 전승되어 늘 살아 있는 지식으로 활용될 수 있을 것이다. 지역 구술은 공공도서관이나 문화원에서 하는 것이 합리적이며 이러한 기관이 갖는 이점이 있는데, 대중성, 개방성, 접근성, 프로그램 연계성(컬렉션, 전시, 출판, 공연 등)과 같은 것이다. 다른 기관이 연구자 중심이라면 도서관이나 문화원은 일반 주민, 보통사람들의 자원 이용·촉진을 목적으로 하는 기관이라는 점에서 더 더욱 이점이 있다. 그중에서도 수집과 활용 측면에서 큰 장점을 가진 도서관은 공간의 이점을 살려, 보다 효과적으로 시민의 삶과 공동체의 기록을 주체적으로 기록할 수 있는 체계가 가능하다.

더불어 지역주민들이 참여할 수 있는 활동으로 구술 채록 활동을 적극 지원해줄 필요가 있다. 구술을 통해 지역 구성원과의 친밀감을 높이고, 지역이 안고 있는 다양한 문제를 함께 해결함으로써 공동체 복원을 가져올 수 있다. 또한 구술 채록을 통해 단절된 관계를 회복하고, 이웃에 대한 관심을 환기시켜 공동체가 공존할 수 있는 새로운 가능성을 제고할 수도 있다. 이를 위해 도서관과 문화원은 지역 주민의 소통 공간이 되어야 하며, 지역공동체 활성화 프로그램 중 하나로 구술을 개발하여 지역 주민들의 자긍심을 고취시키는 등 삶의 질을 높이는 동시에 사회적 통합과 연대를 강화하여 지역사회의 공동체 형성에 기여해야 할 것이다.

3) 구술 자료 수집 및 활용의 기반

2019년 전국 공공도서관의 구술 자료에 대한 인식을 설문 조사한 결과에 따르면, 구술 자료 수집 경험이 있는 기관은 구술 자료 수집 과정의 어려움으로 구술채록사업에 대한 정보 부족과 정리 기술의 한계, 관련 교육 프로그램의 부족, 구술 서비스 과정에서의 법적 문제 등을 제시했다. 구술 자료 수집 경험이 없는 기관은 전문 인력의 부재나 시급성 부족, 예산 부족으로 구술 자료의 수집이 불가하다고 보았고, 향후 지원 사업이 확대되고 수집에 대한 법제화, 예산 확보, 실무자 교육 및 지침서 개발이 이루어진다면 구술 자료 수집이 가능할 것으로 보았다. 특히 구술 자료를 국가자원화하는 데 있어서 구술 자료 관리 지침서 제공, 구술 자료 국가종합목록 작성, 구술 아카이브 시스템 제공, 구술 자료 온라인 서비스 플랫폼 제공, 구술 자료 장기보존 및 보존소 제공, 구술 관련 교육 프로그램 제공, 새로운 구술 컬렉션 구축 등이 필요하다고 보았다.[2] 또한 공공도서관의 사서들은 구술 기록물 수집·활용·보존·관리 개선을 위해서 구술 기록물 관리를 위한 정책과 매뉴얼 수립, 전문 인력의 배치, 구술 기

2 정연경 외(2019). 『국립중앙도서관의 구술 자료 수집 타당성 및 제도개선 방안 연구』. pp. 44-52.

록물 수집·보존·기록·관리에 대한 전문 능력을 고양할 수 있는 교육 프로그램 제공, 지역의 구술사를 활용한 홍보 전략 개발, 구술 기록물을 관리·보존할 시설 및 장비의 확충을 공공도서관의 구술 자료 관리 개선방안으로 제시했다.[3]

그러므로 공동체 삶의 기억을 구술 자료로 수집하고 관리하여 보존하는 체계를 갖추고 구술 자료를 적극적으로 수집하고 축적할 수 있도록 국가가 적극적으로 지원해 줘야 한다. 현재 구술 자료를 수집하더라도 전문 인력이 있는 곳이 드물어서 아카이빙을 하지 못하고, 개인적으로 수행한 구술사 연구의 구술 자료들도 자료 관리가 취약하여 유일무이한 구술 자료들이 소실될 위기에 처할 가능성이 많다. 이러한 개인 연구자의 구술 기록과 규모가 작은 기관에서 구술 원자료를 안전하게 보존할 수 있는 방안이 마련되어야 한다. 국내 모든 기관이나 개인이 소장하고 있는 구술 자료에 대한 범국가적인 관리 및 지원을 강화할 필요가 있다.

또한 아직까지도 대학에서 구술사를 정규 교과목으로 개설하고 있는 경우가 많지 않고 전공별로 대학이나 대학원에서 관련 과목을 개설하고 있는 상황이다. 다양한 연구방법의 융합과 활용을 통해 구술사를 발전시키려면 대학에서 정규 과목으로 개설이 되고 연구될 필요가 있다. 한국학중앙연구원이나 구술사 관련 민간 연구소에서 구술사 교육을 진행하고 있지만, 구술사에 대한 소통이 원활하게 이루어지기 위해서는 대학 교육의 정규 프로그램으로 정착되는 일이 시급하다. 지역 구술자료를 수집, 채록, 편집하는 문제만이 아니라, 어떤 목적으로 어떤 구술 기록을 어떻게 수집해야 하는가, 구술 기록을 어떻게 해석 및 분석하고, 글을 쓸 것인가 등은 한, 두 번의 강의로는 키워지지 않는다. 대학 교육 프로그램이

3 이은비·정연경(2021). 공공도서관의 구술 기록물 관리 개선방안에 관한 연구. 『한국기록관리학회지』, 21(2): 49-68.

변화된 연구 환경을 좀 더 개방적으로 수용해야 도서관의 지역자료를 보강하고 도서관의 역할을 확장할 수 있으며, 지역과 지역사회에 이바지할 수 있다(김귀옥, 2016). 당장의 효과적인 방안이라 볼 수는 없어도 장기적으로 보았을 때 대학 교육으로 지역 구술에 관한 인식을 가질 수 있게 교과목이 개설된다면 구술 전문인력 양성에 큰 도움이 될 것이다.

기록화 사업에 대한 시민의 참여를 유도하고, 지속 가능한 기록화 사업의 추진을 위해 활동가를 양성하는 프로그램 운영 사례가 많이 늘고 있는 것은 바람직한 상황이다. 많은 기관과 단체에서 '시민아키비스트', '마을기록활동가' 등을 양성하기 위해 아카이브와 기록 활동에 대한 이해를 높이고, 기록 수집 및 생산, 정리, 보존 등 기록을 관리하는 방법론을 교육하는 프로그램을 운영하고 있다. 안동시와 경북기록문화연구원에서는 2017년부터 매년 2회 '경북시민아키비스트 아카데미'를 통해 보통시민의 생애사를 기록하기 위한 시민기록가 양성 교육을 운영하고 있고, 충남 아산도시재생문화센터에서는 아산시의 도시재생뉴딜사업의 일환으로 지역사회와 공동체 기록을 수집하기 위한 로컬 아키비스트 입문 과정으로 '아산 로컬 아키비스트 양성 과정'을 운영하고 있다. 당진시의 '시민기록활동가 양성 과정'과 청주시의 '청주 시민기록가 양성 아카데미', 증평군의 '증평기록가 양성 프로그램' 등도 교육을 매개로 시민들의 적극적인 참여를 유도하면서 기록 활동을 이어가고 있다.[4] 이러한 교육 프로그램이 좀 더 정기적인 체계화된 교육 과정으로 개발될 필요성이 있다. 비정기적인 단기 과정을 지양하고 차별화된 심화 과정도 마련하여 구술 자료의 수집부터 채록, 출판이나 전시, 공연 등을 통한 활용과 보존까지 실제로 구술 작업에 참여하고 전 과정을 습득하여 실제로 시민기록

4 임신영·이혜원(2021). 민간분야 기록관리 관련 현황 및 시사점. 『기록관리 이슈페이퍼』, 30: 17-41.

가로 활동할 수 있어야 할 것이다. 그렇게 해야지만 지역민의 참여와 관심을 확대하고 지역민 중심의, 지역민이 주도적으로 구술 활동을 설계하고 운영할 수 있게 되기 때문이다.

그리고 구술 사업이 단기적 목표 달성을 위한 기록수집 및 편찬 등의 활동에 집중되기보다는 지속적으로 장기간 안정적으로 진행될 수 있도록 하는 재원의 확보나 조직 등 반드시 법률로써 규율할 필요가 있는 사안에 대해서는 법적 근거를 마련할 필요가 있다. 끝으로 국내에서 생산되는 구술 자료의 파악과 활용을 제공하기 위해서 국가적인 구술 자료 플랫폼이 필요하다. 앞으로 구술 자료의 양이 급속하게 증가할 가능성이 높기 때문에 구술 자료의 생산, 관리, 활용, 보존에 관한 종합적인 관리체계 구축 마련이 시급하며 이와 관련하여 한국구술사네트워크, 한국구술사학회, 유관 기관들의 논의가 시작되어야 할 시점이다. 이제는 구술 자료 관리를 내실화하기 위한 범국가적 체계와 방법론을 개발하고 공유·확산하기 위한 노력도 함께 기울일 필요가 있다.

4) 기억하기, 기록하기, 역사 쓰기

인간과 역사가 있는 곳에는 항상 구술이 있어왔다. 한국의 근현대사는 일제강점 아래의 식민통치와 한국전쟁, 민주화운동, 급격한 경제성장 등 갑작스럽고 험난한 사건으로 점철되었다. 이러한 역사는 각 지역의 역사와 주민들의 삶에 고스란히 남겨졌지만 제대로 기록되지 못했다. 그래서 그동안 알려지지 않은 역사적 사실을 발굴하는 데 있어 구술이 활용되었고, 이는 개인의 삶과 지역사의 굴곡을 드러내는 성과를 내기도 했다. 이후 펼쳐진 현대 사회는 산업화가 진행됨에 따라 지역문화가 깃든 공동체가 보존되기 어려워졌으며 지역 공동체의 합일보다는 개개인의 존엄함이 우선시되고 자본주의가 만연해진 문화 현상 속에서 소외되는 지역과 집단이 늘어났다. 2020년대 한국 사회는 인구 절벽과 초고령화의 가속화로 지역 소멸 위기에 직면해 있다. 지역 소멸은 지역 주민의 생활양식을 기반으로 한 지역 문화의 사라짐을 의미한다. 지역이 소멸되면 지역 주민 고유의 삶의 방식으로써 전해져오던 문화 정체성과 유무형의 지역 문화 자산이 동시에 소실되고 만다.

그래서 최근 지역 문화 자원의 체계적 관리·활용 필요성이 점점 더 늘어나고 도시화 과정 속에 소외 지역의 발생은 지역을 기억하는 지역 구술의 동인이 되고 있다. 즉, 역사와 정체성을 잃어버리기 쉬운 상황에 놓인 지역민들이 삶의 터전이었던 지역을 기록하게 할 필요성을 느끼게 하고 점점 사라져가는 지역자료의 보존에 관심을 가져오고 있다. 지역의 사료 확보 차원에서 지역주민을 대상으로 한 구술 사업이 전국적으로 전개되고 있고, 지금까지 제도권에서 주로 다루어지지 못했던 주민의 일상, 기억, 경험이 기록으로 생산되고 있다. 많은 지방자치단체에서 해당 지역과 관련된 향토자료 등의 기록을 수집하고 이를 콘텐츠화하여 지역의 문화와 역사를 보존하고 후대에 전승하기 위한 사업을 추진하고 있다. 특히 마을과 도시기록화 사업은 급격한 도시화와 택지 개발 등으로 소멸 위기에 처한 마을과 도시의 역사, 문화를 보존하기 위해 마을과 도시 관련 변천과 현재를 보여주는 사진과 물품 등의 기록을 수집하고 구술채록, 전시 등을 실시하고 있다. 지금까지 쓰여지지 않았던 역사, 스스로 소소한 역사라고 말하는 그 시대를 살았던 사람들의 삶과 기억을 통해 마을과 시대의 역사를 담으려는 것으로 이는 새로운 역사 쓰기의 지평을 열고 있을 뿐만 아니라 기존 연구들과의 차별성을 가지고 풍부한 사료를 생산해내는 결과를 가져오고 있다.

지역의 이야기를 담은 구술 자료는 지역민들이 지나온 삶을 보여줌과 동시에 지역사의 한 부분을 생생하게 설명해주고 있다는 점에서 매우 의미가 있다. 그러므로 지역 공동체의 역량을 키우고 지역의 정체성을 확립하기 위하여 지역 자료를 수집과 보존, 활용에 관심을 기울여야 하며 지역 구술 활동을 통하여 정기적으로 자료를 수집하고 지역의 역사성을 보존할 필요가 있다. 흩어져 있던 지역 공동체 의식을 고취하고 지역 정체성을 확립하기 위해서 지역 구술은 지역자료를 보강할 기회이자 공동체 정신의 활성화를 위한 탁월한 수단이 될 수 있다. 지역사 연구에서 구술 자료가 지역의 과거와 현재를 담은 주요 정보원으로 나타나기 시작한 것을 보면 지역민들이 지나온 삶의 경험을 복원하고 재구성하는 데 구술 자료와 구술사가 가진 힘에 다시 한번 주목하게 된다.

지역의 정체성을 확립하고 지역사회의 기억을 유지하기 위해서 지역의 역사, 문화, 산업, 경제, 행정, 지리 등 전 분야에 관련된 자료를 수집, 보존, 제공하는 것은 공공도서관의 중요한 책무 중 하나이다(장덕현, 2020). 이러한 책무를 다하기 위해 공공도서관은 지역 구술을 통한 지역민과의 만남을 통해 지역민을 도서관으로 끌어들일 수 있을 뿐만 아니라 나아가 지역 활동을 함께할 기회를 제공하여 도서관의 기능 또한 확장할 수 있다. 해외에서는 도서관을 중심으로 지역의 다양한 산업과 역사 주제를 다룬 구술 프로젝트가 이미 1960년대부터 활발하게 이루어지고 있으며, 도서관은 이러한 구술 자료를 보존하고 관리함으로써 개인과 지역사회의 역사를 공유하는 본거지로서의 역할을 담당하고 있다. 국내에서도 지역의 정체성이 중요한 화두로 대두되고 있음에 따라 지역 구술의 가치가 증가하고 있으며 이러한 지역의 환경 변화에 도서관이 적극적으로 대응해나가야만 할 것이다(곽우정·노영희, 2020).

구술사에 대한 관심이 커지고, 사회적 입지 역시 확대되면서 2010년을 전후해서 그동안 수집된 수많은 구술 자료를 어떻게 관리하고 더 넓게 활용할 것인가에 신경을 쓰게 되었다. 특히 쌓여가는 구술 자료를 온라인과 오프라인 차원에서 체계적으로 관리하기 위한 아카이빙의 필요성이 커졌다. 구술 아카이브란 구술 자료를 정리하고 활용 및 보존이 가능하도록 집합적으로 축적하는 기관의 시스템이다. 이러한 아카이빙 작업은 개인이 진행하기는 거의 불가능하며 기관 차원에서 장기적으로 지속가능한 관심과 투자를 필요로 한다. 그래서 한국학중앙연구원은 2009년부터 '현대한국구술사연구사업'을 진행했고 '현대한국구술자료관 아카이브 시스템'의 기본 체계가 완성됐지만 국내에서 생산된 모든 구술자료를 대상으로 하지는 못하고 있다.

구술사 연구는 대개 많은 공적 비용이 연구를 촉진시키고 예산으로 활용되므로 구술자료나 연구 결과물은 한 사람이 독점할 수 없는 공공재 성격을 갖는다. 이러한 구술사의 공공재적 특징으로 인해, 사료로서 진실 찾기라는 본래 목적 외에 문화 콘텐츠 창작, 트라우마 치료 등에도 활용 가능하다. 세월호 참사나 위안부 문제에 관한 당사자들의 생생한 구술을 받으며, 당시의 사건에 대한 이해를 심화하는 활동은 망각과 침묵, 재현으로서 구술이 자신의 지난 삶을 되돌아보고 기억을 재구성하는 계기로 작동한다. 모든 인간은 기억하고 그들의 이야기를 기록함으로써 좋은 이야기는 추억이 되어 삶의 에너지가 되지만 고통스러운 이야기는 트라우마가 되어 사람을 힘들게 만든다. 하지만 구술은 그저 말을 함으로써 새로운 진실을 만나게 되고 때로는 고통을 치유하는데 힘이 되기도 한다.

그래서 구술사는 사람을 중심으로 만들어지고 엘리트뿐만 아니라 다수의 알려지지 않은 사람들을 세상에 드러나게 해줄 수 있다. 구술은 인간에 대한 존엄성과 자기 확신을 가지고 사회계급 및 세대간에 소통을 가져와 상호 이해를 확대시켜 지역과 시대에 소속감을 줄 수 있다. 그러므로 지역 기반의 문화를 이끄는 기관들이 지역 중심의 특화된 구술자료의 수집을 시작함으로써 구술자료의 국가자원화에 기여하고 구술자료의 이용을 촉진하면서 지속적인 관리·보존을 통해 공동체 역량을 키워나가야 할 것이다. 이를 통해 이 시대의 구술기록이 가진 역사적 의미와 증거적 가치를 국가지식유산으로 후대에 전승하는 역할을 수행해야 할 것이다.

국가문화유산으로서 구술기록의 전승은 매우 중요하다. 특히 한국의 미래에 큰 영향을 줄 수 있는, 미래를 위해 보존할 가치가 있는 기록들을 수집하여 전승해야 한다. 그러한 기록들 중에는 과거와 현재의 중요한 주제나 사건, 경험, 인물들에 대한 구술사 인터뷰를 통한 구술자료도 포함된다. 기존의 구술채록기관들이 과거 중심적인 진상규명의 구술채록을 해왔다면, 이제는 한국 사회의 평범한 사람들의 목소리를 통해 그 시대의 사회·문화적인 환경을 이해할 수 있는 구술채록에도 관심을 기울이는 것이 바람직하다. 이러한 새로운 관점의 구술사 컬렉션이 추가된다면 그것은 우리들의 삶, 우리들의 시대, 우리들의 문화에 대한 이해가 되고 과거와 현재를 잇는 국가 지식문화유산이면서 국가발전에 중요한 자원으로 후대에 전승되어 늘 살아 있는 지식으로 활용될 수 있을 것이다. 많은 국가의 수많은 기관들이 국가지식정보자원 보고의 역할을 충실히 수행하기 위해서 구술자료를 수집하고 있다. 이제는 수집만이 아니라 관리와 활용 및 보존까지 통합적으로 관리되어 세대를 넘어 누구나 언제나 어디서나 활용할 수 있어야 할 것이다.

참고문헌

강숙희(2013). 국내 학위논문을 통해서 본 생애사 연구의 최근 동향. 『교육연구』, 28(1): 1-22.

강순애(2013). 기록관리의 역사에 관한 국내의 연구 동향: 회고와 전망. 『한국기록관리학회지』, 13(3): 41-65.

강연진(2020). 여성 노인의 구술을 통해 본 1930년대 전통적 초기 문식성 교육의 한 국면. 『한국어문교육』, 3: 77-110.

고문수(2016). 스포츠 행정가, '장충식'의 삶에 관한 구술 생애사. 『한국체육학회지』, 55(6): 217-228.

곽낙현·윤대중(2017). 한국야구를 통해서 본 김응용 구술사 연구. 『한국체육학회지』, 56(3): 13-27.

곽우정·노영희(2020). 공동체 기억 보존센터로서의 도서관운영 및 큐레이션 제공 방안 연구. 『한국비블리아학회지』, 31(2): 53-70.

국립중앙도서관 편(2016). 『도서관 현장사례 및 논문: 현장발전 우수사례 및 논문 수상집』. 서울: 국립중앙도서관.

권두현(2010). 구술과 기술 변증법으로서의 한국 극예술: 극예술을 통한 언어 체험의 현상학적 접근. 『한국어문학연구』, 57: 115-151.

권미현(2004). 구술사료의 기록학적 관리방법 연구. 『기록학연구』, 10: 112-144.

권형택(2016). 한국 민주화운동을 도운 사람들-일본지역 민주인사 구술사업 수행기. 『구술사연구』, 7(1): 189-225.

기계형(2011). 젠더의 시각에서 본 중앙아시아 고려인 이주: 우즈베키스탄 고려인 여성의 행위자로서의 경험과 역사적 기억을 중심으로. 『역사학보』, 212: 61-91.

김경학(2001). 인도 구술사 연구의 동향과 그 전망: 인도 서브얼턴 연구를 중심으로.

『인도연구』, 6(2): 155-186.
김귀옥(1998). 정착촌 월남인의 생활경험과 정체성: 속초 '아비마을'과 김제 '용지농원'을 중심으로. 서울대학교 박사학위논문.
______(2005). 구술사 연구현황과 구술사 아카이브즈의 구축. 『2005 한국기록학회 학술심포지엄 자료집』, 143-164.
______(2006). 지역의 한국전쟁 경험과 지역사회의 변화: 강화도 교동 섬 주민의 한국전쟁 기억을 중심으로. 『경제와 사회』, 71: 40-71.
______(2006). 한국 구술사 연구 현황, 쟁점과 과제. 『사회와 역사』, 71: 313-348.
______(2008). 건국과 전쟁에 의한 지역 공간의 지정학적 변화: 해방 전후~1950년대 인천시 강화군 교동의 사례. 『정신문화연구』, 31(3): 71-102.
______(2012). 한국사 발전을 위한 구술사 연구의 쟁점과 과제. 『기록인(IN)』, 20호, 24-29.
______(2013). 구술사와 치유: 트라우마 치유의 가능성을 모색하며. 『통일인문학논총』, 55: 131- 165.
______(2014). 『구술사 연구: 방법과 실천』. 서울: 한울 아카데미.
______(2016). 한국 현대사 연구에서 구술사 연구의 탄생과 역할, 과제. 『구술사연구』, 7(2): 11-44.
김기석(1998). 구술사: 무엇을, 왜, 어떻게 할 것인가?, 제12회 현대사연구소 집담회 발표문, 1998. 7. 22.
김대범(2020). 구술로 본 강원도 원주의 도시기억: 군사문화를 중심으로. 『어문론집』, 82: 117-155.
김덕묵(2016). 마을기록물의 수집과 활용. 『기록학연구』, 49: 299-325.
김동엽(2019) 필리핀 한인 재외동포의 구술 생애사를 통해 본 민족정체성. 『동남아시아연구』, 29(4): 185-222.
김명훈(2010). 기록학적 관점에서의 구술의 의미와 역할에 관한 연구. 『기록학연구』, 24: 73-112.
김명훈·한지혜(2013). 구술 기록의 온라인 서비스 수립방안 연구. 『기록학연구』, 36: 153-193.
김미선(2009). 식민지시대 조선여성의 제국 내 이주경험에 관한 연구: 양충자(중국 천진)와 이종수(만주국 안동)의 구술을 중심으로. 『여성과 역사』, 11: 1-41.
김보일(2019). 마을기록물 관리를 위한 KORMARC 통합 서지용 형식 적용에 관한 연구. 『한국도서관정보학회지』, 50(2): 285-310.
김봉중(2001). 미국 구술사의 동향과 쟁점: 미국 역사학의 변천 과정 속에서. 『역사학연구』, 16: 186-216.
김성례(1989). Chronicle of violence, ritual of mourning: Cheju shamanism in Korea. Doctoral dissertation of Anthropology. University of Michigan.
______(1989). 원혼의 통곡: 역사적 담론으로서의 제주무속. 『제주도연구』, 6(1): 71-75.
김슬기(2020). 장애연극인 구술 생애사로 본 1세대 장애예술인의 정체성: 장애예술 연구를 위한 비판적 시론. 『문화와 사회』, 28(3): 255-313.
김영선(2015). 한국 베이비붐 세대 여성의 운동문화 연구: 구술 생애사 인터뷰를 중심으로. 『한국체육학회지』, 54(4): 439-452.
______(2021). '건강한 어머니' 넘어서기: 한국 여성운동문화의 모성담론과 구술분석. 『한국여성체육학회지』, 35(2): 1-23.
김영희(2018). '5.18'의 기억 서사와 '여성'의 목소리. 『페미니즘 연구』, 18(2): 146-206.
김옥주(2013). 한국 현대 의학사 연구에서 구술사의 적용: 의학자들의 구술을 중심으로. 『의사학』, 22(2): 449-482.
김용의(2002). 일본 구술사 연구의 동향과 쟁점. 『일본어문학』, 12: 201-220.
김은영·강규형(2012). 구술 기록의 보존과 활용을 위한 정리방안 연구: 논리적 정리를 중심으로. 『아시아문화연구』, 25: 229-257.
김일림(2018). 한국 애니메이션업계 종사자의 구술사 연구. 『교양학연구』, 7: 7-56.
김일수·이승훈·최경훈(2018). 대한민국 스포츠 발전 공헌자의 구술 생애사(3) 휠체어 탁구 및 론볼의 선구자 송신남. 『한국특수체육학회지』, 26(2): 59-70.
김정웅·유동환(2017). 지역주민 구술의 콘텐츠화를 위한 구술수집기획 방안 연구. 『문화콘텐츠연구』, 10: 141-170.
김종군(2011). 구술을 통해 본 분단 트라우마의 실체. 『통일인문학논총』, 51: 537-565.
김종군·박재인·이미화(2020). 구술생애담을 통해 본 남·북·중 코리언 여성들의 아들 낳기 문제와 젠더의식. 『다문화콘텐츠연구』, 33: 331-368.
김주관(2012). 공동체의 기억을 담는 아카이브를 지향하며: 20세기민중생활사연구단 아카이브의 성과와 과제. 『기록학연구』, 33: 85-112.
김중규(2007). 화교의 생활사와 정체성의 변화과정:군산 여씨가를 중심으로. 『지방사와 지방문화』, 10(2): 111-150.
김지영(2020). 유도인 정삼현의 구술 생애사. 『한국스포츠학회지』, 18(2): 93-101.
김지훈·최승아(2020). 국가대표 사격감독 배병기가 경험한 서울아시안게임과 서울올림픽의 기억. 『구술사연구』, 11(2): 49-81.
김태우(2015). 한국전쟁 연구 동향의 변화와 과제, 1950~2015. 『한국사학사학보』, 32: 325-364.
김향수(2019). 4.16 구술증언 채록과정 속의 윤리적 난제들. 『구술사연구』, 10(1): 39-76.
김현숙(2015). 영남지역 무용구술 기록의 현황 고찰. 『영남춤학회誌』, 3(1): 39-58.
나도은(2012). 기억의 구술을 통해 본 신도시 주민들의 공간과 일상에 대한 관계맺기와 실천 연구. 성균관대학교 일반대학원 비교문화협동과정 비교문화전공 석사학위논문.
남신동·류방란(2017). 대학졸업정원제도(1981~1987)의 구상과 폐지에 대한 구술사 연구. 『교육사학연구』, 27(2): 37-71.
도서관정보정책위원회(2019.1.23.). 『제3차 도서관발전종합계획: 2019~2023』. 서울: 대통령 소속 도서관정보정책위원회.
류기현(2020). 주월한국군의 대민관계: 참전 군인들의 구술 증언을 중심으로. 『구술사연구』, 11(1): 47-88.
박경숙·김영혜(2005). 생애를 통해서 본 여성의 경제활동과 가족역할의 의미: 부산지역 여성의 구술 분석을 중심으로. 『경제와 사회』, 68: 133-160.
박경용(2014). 조선족 디아스포라 구술 생애사 연구 현황과 방법. 『아태연구』, 21(1): 71-108.
박기동·강종학(2011). 중국구술사의 연구동향: 체육구술사를 중심으로. 『한국체육사학회지』, 16(2): 83-92.
박상희(2019). 한국 거주 난민의 구술사: 타자화 경험과 인종문제. 『대구사학』, 137: 163-208.
박선영(2020). 이주노동자와 선주민의 조우와 내적 갈등: 한국 이주노동자의 구술생애사를 통하여. 『Homo Migrans』, 22: 229-256.
박수현(2019). 『IRB와 법의 이해』. 서울: 유원북스.

박신규(2020). 귀환 재외한인청소년의 유형별 이주특성과 정체성 형성 분석: 중국 조선족과 고려인 출신을 중심으로. 『다문화와 평화』, 14(1): 93-115.

박신규·신형진(2016). 브라질 한인사회에서 '한인여성'으로 살아나기: 생애사 및 인구센서스 분석을 중심으로. 『중남미연구』, 35(2): 143-176.

박언주(2017). 여성노인의 구술 생애사를 통해 본 1980년대 중산층 국제이주가족의 계층 재생산 전략과 젠더역할의 변화. 『한국여성학』, 33(2): 1-37.

박정경(2010). 남아프리카공화국 흑인의 이주노동에 대한 기억: 음싱가 주민의 구술 생애사 증언을 중심으로. 『한국아프리카학회지』, 31: 253-272.

박준규(2016). IRB와 구술사 연구윤리: 한민족다문화 협력적 구술 생애사 연구 사례를 중심으로. 『구술사연구』, 7(2): 133-161.

박현정(2020). 1950-1960년대 강화 여성의 삶고 노동경험: 강화지역 직물생산노동자의 구술 생애사를 중심으로. 『구술사연구』, 11(1): 89-130.

박혜준·김익한(2019). 구술 기록관리시스템 제안사항에 관한 연구. 『기록학연구』, 59: 79-127.

배은희(2018). 지역 구술 기록의 생산과 관리 현황 및 개선방안. 『한국기록관리학회지』, 18(2): 85-108.

백미숙(2009). 한국방송사 연구에서 구술사 방법론의 사용과 사료 활용에 관하여. 『한국언론학보』, 53(5): 102-128.

백승욱(2007). 현 시기 평가에 작용하는 중국 노동자의 문화대혁명의 기억: 다롄 시 노동자를 중심으로. 『경제와 사회』, 76: 39-69.

사공주(2020). 지역대표도서관의 로컬리티 관련 기록의 관리실태에 관한 연구. 동의대학교 대학원 기록관리학과 석사학위논문.

서문석(2014). 구술 자료로 본 1950년대 면방직공장의 기능자 연구. 『경영사연구』, 29(1): 121-139.

선봉규·전형권(2012). 러시아 연해주 고려인의 디아스포라적 삶에 관한 연구: 구술사 연구방법론의 관점에서. 『한국동북아논총』, 65: 71-293.

선영란(2019). 정부기관과 공공단체가 수집한 구술 자료의 현주소. 『2019 한국구술사학회 창립 10주년 국제학술대회 자료집』, 125-135.

선영란 외(2006). 『구술 기록의 기록학적 관리 방안』. 서울: 한국국가기록연구원.

설문원(2015). 구술 생애사 기록을 통해 본 사회운동참여의 맥락: 밀양 765kV송전탑건설반대운동에 참여한 여성주민들의 구술 생애사 분석을 중심으로. 『기록학

연구』, 44: 101-151.
손동유(2018). 지역의 정체(停滯)와 변화(變化)에 대한 주민의 기억. 『한국구술사학회 학술대회집』, 39-51.
손동유·권용찬(2013). 체계적인 구술 기록 생산을 위한 제언. 『한국기록관리학회지』, 13(1): 135-158.
손미경(2016). 재일코리안 연구에 있어서 1차 자료수집 의의와 향후 방향성: '재일코리안 가정에 잠들어 있는 역사자료 발굴 캠페인'을 중심으로. 『글로벌문화콘텐츠』, 24: 129-155.
송연옥(2015). 재일조선인 여성의 삶에서 본 일본 구술사 연구 현황. 『구술사연구』, 6(2): 197-220.
송충기(2013). 경험의 역사로서 독일 구술사. 『역사비평』, 266-284.
신경아(2013). 여성노동자의 생애이야기에 나타난 '개인'의 인식. 『젠더와 문화』, 6(2): 215- 252.
신규환(2013). 최근 한국의학사 연구에서 구술사 연구의 성과와 한계. 『의사학』, 22(2): 421-447.
신유리·김정석(2020). 장애여성들의 성과 사랑, 그리고 결혼: 생애구술사자료를 통한 현상학적 이해. 『한국인구학』, 43(3): 55-76.
신정아(2018). 지역 디지털 아카이브 '경기도메모리' 구축과 운영. 『한국기록관리학회 학술발표논문집』, 23-37.
______(2020). 지역 디지털 아카이브 구축: '경기도메모리' 사례. 『한국기록관리학회지』, 20(3): 161-166.
안미정(2021). 한국 선원과 해외 한인 사회 형성: 스페인 라스팔마스 한인들의 구술사적 접근. 『역사와 경계』, 119: 91-120.
양아람·이행선(2017). 1980년대 말 일본의 결혼이민과 뉴커머 재일코리안의 적응, 우울, 트라우마 (2): 고부갈등, 동일본대지진. 『동아시아문화연구』, 71: 295-321.
양현아(2006). 증언을 통해 본 한국인 '군위안부'들의 포스트식민의 상흔(Trauma). 『한국여성학』, 22(3): 133-167.
엄소영·김혜영·명현·김용(2017). 민간 공동체아카이브 구축을 위한 수집정책 개발에 관한 연구: 대구 약전골목을 중심으로. 『한국문헌정보학회지』, 51(2): 179-205.

염미경(2005). 여성의 전쟁경험과 기억: 좌익관련 여성유족의 구술 생애사. 『정신문화연구』, 28(4): 137-164.

_____(2006). 지방사연구에서 구술사의 활용현황과 과제. 『역사교육』, 98: 237-262.

_____(2001). 전쟁연구와 구술사: 아래로부터의 한국전쟁연구를 위한 새로운 방법론. 『동향과 전망』, 51: 219-237.

오명진(2019). 대통령 구술 기록을 위한 분류체계 설계. 『대통령기록관 구술 아카이브 구축방안 수립 워크숍 자료집』.

왕루이·장주영(2017). 중국 동창부(東昌府) 연화(年畵)의 현황조사: 동창연화박물관 현장조사 및 지역연화 전문가의 구술을 통한 고찰. 『한국디자인포럼』, 241-252.

원다솔·이민(2020). 아카이빙 개념을 융합한 지역문화 콘텐츠 특성 연구: 일상의 장소로서 지역을 기록한 사례를 중심으로. 『한국과학예술융합학회』, 38(3): 167-180.

위경혜(2018). 한국전쟁 이후 극장 문화의 지역사(성) 연구와 구술사 방법론. 『한국극예술연구』, 59: 85-114.

유철인(1993). Life histories of two Korean Women who marry American GIs. Doctoral dissertation of Anthropology, University of Illinois at Urbana-Champaign.

_____(2003). 구술 자료의 채록과 해석. 『한국예술종합학교 논문집』 제6집, 106.

_____(2017). 구술된 경험과 서사적 주체성: 여성 사업가의 구술 생애사 읽기. 『한국여성학』, 33(3): 427-454.

윤택림(1992). Koreans' stories about themselves: an ethnographic history of Hermit Pond Village in South Korea. Doctoral dissertation of Anthropology, University of Minnesota.

_____(1994). 기억에서 역사로: 구술사의 이론적 방법론적 쟁점에 대한 고찰. 『한국문화인류학』, 25: 273-279.

_____(2010). 여성은 스스로 말할 수 있는가: 여성 구술 생애사 연구의 쟁점과 방법론적 논의. 『여성학논집』, 27(2): 77-111.

_____(2012a). 왜 구술사인가. 『기록인(IN)』, 20호, 18-23.

_____(2012b). 지방지(地方誌)와 구술사: 경기남부 지방지를 중심으로. 『구술사연

구』, 3(2): 203-237.
______(2015). 기관구술채록의 진단과 과제: 국사편찬위원회 구술채록사업을 중심으로. 『구술사연구』, 6(1): 11-43.
______(2016). 구술사와 역사학의 어색한 관계: 그 성과와 전망. 『구술사연구』, 7(2): 45-84.
______(2017). 신도시의 지역성을 찾아서: 동탄 신도시 사례 연구. 『구술사연구』, 8(1): 11-57.
______(2019). 『역사와 기록 연구를 위한 구술사 연구방법론』. 서울: 아르케.
윤택림·함한희(2006). 『새로운 역사쓰기를 위한 구술사연구방법론』. 서울: 아르케.
이나영(2012). '과정'으로서의 구술사, 긴장과 도전의 여정. 『한국여성학』, 28(3): 181-217.
______(2016). 페미니스트 인식론과 구술사의 정치학: 일본군 '위안부' 문제를 중심으로. 『한국사회학』, 50(5): 1-40.
이병조(2012). 구술 생애사와 문화콘텐츠를 통해 본 고려인. 『재외한인연구』, 27: 213-221.
이보나·허현미(2016). 일제 강점기의 여성체육: 성정순의 구술 생애사를 중심으로. 『한국여성체육학회지』, 30(3): 1-17.
이상록(2020). 냉전시기 한국 사회의 화교 차별과 경계인으로서의 화교의 삶. 『구술사연구』, 11(2): 83-136.
이상의(2021). 한국전쟁 구술사 연구와 인천. 『인천학연구』, 34: 137-185.
이성숙(2006). 서구 여성구술사 현황과 쟁점. 『여성과 역사』, 5: 1-24.
이예영·류웅현(2020). 일본의 남성 맞춤복 테일러링 문화에 관한 구술사 연구. 『복식문화연구』, 28(2): 166-180.
이용기(2002). 구술사의 올바른 자리매김을 위한 제언. 『역사비평』, 364-384.
______(2009). 역사학, 구술사를 만나다. 『역사와 현실』, 71: 291-319.
이윤미(2018). 1974년 고교평준화정책에 대한 구술사적 연구. 『한국교육문제연구』, 36(3): 1-29.
이은비·정연경(2021). 공공도서관의 구술 기록물 관리 개선방안에 관한 연구. 『한국기록관리학회지』, 21(2): 49-68.
이인경(2016). 여성 패럴림피언들의 삶과 스포츠: 홀로서기와 유리벽. 『구술사연구』, 7(2): 87-132.

이재경·윤택림·이나영 외(2012). 『여성주의 역사 쓰기: 구술사 연구방법』. 홍천: 아르케.

이재영·정연경(2018). 국내 구술사 연구 동향 분석: 학술지 논문을 중심으로. 『한국기록관리학회지』, 18(3): 25-47.

이정연(2009). 구술사 기록물 아카이브 구축을 위한 메타데이터 모델링 및 표준 요소 개발에 관한 연구. 『정보관리학회지』, 26(1): 163-184.

이지원·김상규(2016). 디자인 연구를 위한 구술 연구 방향 제안. 『한국과학예술포럼』, 25: 321-332.

이채문(2015). Life Histories of the Soviet Korean Re-Migrants in the Lower Volga River. 『한국동북아논총』, 74: 269-294.

이혜경·정기선·유명기·김민정(2006). 이주의 여성화와 초국가적 가족: 조선족 사례를 중심으로. 『한국사회학』, 40(5): 258-298.

이호신(2007). 한국문화예술위원회 아르코예술정보관의 <예술사 구술채록사업> 운영 현황. 『무용역사기록학』, 13: 105-130.

______(2017). 『구술 자료 수집과 활용의 윤리적, 법적 문제, 구술사: 아카이브 구축 길라잡이 II: 관리와 활용』. 구술사연구회 편. 서울: 선인, 157-214.

임순철(2017). 『구술과 채록』. 서울: 한국기록연구소.

임신영·이혜원(2021). 민간분야 기록관리 관련 현황 및 시사점. 『기록관리 이슈페이퍼』, 30: 17-41.

임영호·홍찬이·김은진(2009). 문화산업 주변부 종사자의 삶과 커리어: 한국 에로물 감독의 구술 생애사. 『언론과 사회』, 17(3): 2-50.

임진희(2011). 일상 아카이브즈 구축방안. 『국제한국학연구』, 5: 111-128.

장덕현(2020). 공공도서관 지역 특성화장서 구축방안 연구. 『한국도서관정보학회지』, 51(4): 333-349.

전말숙(2012). 재개발지역 도시 아카이브의 모형 개발 연구. 중앙대학교 대학원 기록관리학과 박사학위논문.

전혜리(2021). 지역재생 거점시설로서 공공도서관의 공간 프로그램 특성을 적용한 공간디자인. 건국대학교 대학원 실내건축설계학과 석사학위논문.

정경숙(2005). 1980년대 중반 이후 대구지역 여성빈민운동 연구. 『지방사와 지방문화』, 8(1): 159-216.

정계향(2016). 경계인(境界人)의 뿌리 찾기: 다카라즈카(宝塚) 재일조선인 2세의 정체성 문제를 중심으로. 『구술사연구』, 7(1): 97-136.

정근식(2013). 한국에서의 사회적 기억 연구의 궤적: 다중적 이행과 지구사적 맥락에서. 『민주주의와 인권』, 13(2): 347-394.

정연경 외(2019). 『국립중앙도서관의 구술 자료 수집 타당성 및 제도 개선 방안 연구』. 서울: 국립중앙도서관.

정연경·이재영(2020). 국가대표도서관의 구술 컬렉션 핵심 요소 개발에 관한 연구. 『한국문헌정보학회지』, 54(2): 53-77.

정연경·최윤경(2017). 『구술 아카이브 시스템의 구축과 활용』. 홍천: 아르케.

정용철(2017). 스포츠를 기억하는 방식에 대하여: 최윤칠과 함기용의 구술을 중심으로. 『한국체육학회지』, 56(3): 729-736.

정재욱·박성신(2019). 구술사를 통해 본 지역의 역사와 지역재생의 방향성: 서천군 장항읍 '황금정' 마을을 중심으로. 『구술사연구』, 10(2): 145-174.

정혜경(2015). 구술사: 기록에서 역사로. 『한일민족문제연구』, 28: 229-262.

조용성(2010). 구술 기록의 수집과 아카이브 정책에 관한 연구. 『기록학연구』, (25): 233-278.

조은새(2019). 지속가능한 마을 아카이브 활성화 방안: 대천마을 아카이브를 중심으로. 부산대학교 대학원 기록관리학과 석사학위논문.

조일동(2015). 영구귀국과 사회문화적 정체성의 균열: 경기도 안산시 고향마을 사할린 동포의 사례를 중심으로. 『재외한인연구』, 37: 31-59

주혁(2012). 근현대 지역자료(문헌과 구술 자료)를 보는 시각과 현장조사 방법론: 무슨 자료를 왜, 누구로부터, 어떻게 수집할 것인가. 『구술사연구』, 3(1): 47-70.

주혜진(2014). 수퍼우먼의 비애: 소수자들의 인지부조화 경험과 상징적 자기-완성. 『한국사회학』, 48(5): 243-284.

증숙민(2015). 대만 구술역사의 성과 및 현황. 『구술사연구』, 6(2): 179-196.

채백·강승화·허윤철(2019). 전화의 보급 확대와 대인 교류의 변화: 구술사를 중심으로. 『커뮤니케이션이론』, 15(3): 105-151.

천혜숙(2012). 동신당(洞神堂) 수난의 마을사와 민중적 기억의 재현. 『역사민속학』, 38: 185-222.

천호준(2014). 메가 스포츠이벤트의 기록화를 위한 사례연구. 『기록학연구』, 42: 37-71.

천호준·조선미(2018). 스포츠 구술사 기록물의 메타데이터를 활용한 DB 구축 기초

연구. 『예술인문사회 융합 멀티미디어 논문지』, 8(9): 241-250.

최경숙(1995). 직장암환자의 질병경험: 구술사적 접근을 통한 사례연구. 서울대학교 대학원 간호학과 박사학위논문.

최윤경·정연경(2014). 한국 근대 여성 구술 기록물을 통한 시소러스 개발에 관한 연구. 『한국기록관리학회지』, 14(1): 7-24.

최은영(2020). 협력적 구술 생애사를 통한 이해와 연대: 초국가적 한인의 젠더와 가족을 중심으로. 『현대사회와 다문화』, 10(1): 191-224.

최은주·이정연(2009). 웹 구술사료(口述史料) 아카이브 정보시스템의설계 및 평가용 가이드라인 개발에 관한 연구. 『정보관리학회지』, 26(4): 277-298.

최재희(2011). 국내의 기록물 평가론 연구 동향: 회고와 전망. 『한국기록관리학회지』, 11(1): 7-22.

최정은(2011). 사회적 기억과 구술 기록화 그리고 아키비스트. 『기록학연구』, 30: 3-55.

______(2012). 기록학계의 구술사 연구에 관한 몇 가지 단상. 『구술사연구』, 3(1): 143-160.

______(2017). 공동체에게 다가가기: 공동체아카이브, 복수의 주체의 가능성: 동탄 신도시 원주민 구술 기록 수집을 사례로. 『구술사연구』, 8(1): 59-91.

최해리(2018). 무용구술사의 창의적인 활용 방안 모색: 20세기 한국춤문화사 관련 도식 제작을 중심으로. 『무용역사기록학』, 51: 171-198.

톰슨, 폴(2010). 구술사 과거의 목소리, 윤택림 편역, 『구술사, 기억으로 쓰는 역사』. 홍천: 아르케, 37-43.

표인주(2018). 구술기억자료의 체험주의적 해석과 학술적 가치. 『호남문화연구』, 64: 181-215.

한국구술사연구회(2017). 『구술사: 아카이브 구축 길라잡이 I 기획과 수집』. 서울: 선인.

______(2017). 『구술사: 아카이브 구축 길라잡이 II 관리와 활용』. 서울: 선인.

한국기록학회 편(2008). 『기록학 용어사전』. 서울: 역사비평사.

한국도서관협회 편(2021). 사람+마을+지역을 잇는 아카이브. 제58회 전국도서관대회.

한봉석(2011). Korean American 1.5세의 독도수호운동과 한인민족주의의 변화: 워싱턴 디씨 지역을 중심으로. 『구술사연구』, 2(2): 55-96.

한신갑·이상직(2017). 생애사 연구의 자료기반 확장: 생애사 시간표를 활용한 구술 생애사 자료의 조직 및 분석. 『조사연구』, 18(2): 99-136.

한재섭(2019). 지역미술사 서술을 위한 구술사방법론 활용 가능성: 구술연구사례를 중심으로. 『감성연구』, 19: 179-204.

함한희(2000). 구술사와 문화연구. 『한국문화인류학』, 33(1): 3-25.

_____(2010). 증언, 생활사, 구술사: 기억의 구술과 역사 4·3의 경험과 재일제주인, 그리고 한국현대사. 『4·3과 역사』, 9-10, 7-36.

허민숙(2015). 한국의 산업화 과정과 젠더 관계 변화의 복합성: 여성 구술 생애사에 나타난 가부장적 협상의 일 사례. 『여성학논집』, 32(1): 57-87.

허영란(2004). 구술과 문헌의 경계를 넘어서. 『현황과 방법, 구술, 구술 자료, 구술사』. 과천: 국사편찬위원회.

_____(2013). 한국 구술사의 현황과 대안적 역사쓰기. 『역사비평』, 312-331.

허윤철·채백·강승화·최창식(2019). 구술사로 본 TV의 보급과 공동체의 변화. 『언론정보연구』, 56(1): 83-125.

현재열·김호연·양상현(2007). 지역 노동사 및 노동운동사 연구를 위한 구술사의 가능성: 울산지역의 사례. 『역사와 경계』, 191-235.

홍지아(2011). 1인칭 다큐멘터리에 드러난 결혼이주여성들의 자기재현과 정체성의 자리매김. 『미디어, 젠더 & 문화』, 18: 147-181.

황임경·김호연(2013). 구술사와 서사의학의 만남, 그 시론적 탐색. 『의사학』, 22(2): 357-388.

황현정(2020). '구술사 탐구 프로젝트 활동' 사례 분석. 『구술사연구』, 11(2): 9-47.

Baum, Willa K.(1996). The Expanding Role of the Librarian in Oral History, in Dunaway, David K., Willa K. Baum, eds., *Oral History: An Interdisciplinary Anthology*. AltaMira Press.

Boulanger, Ghislaine(2013). Fearful Symmetry: Shared Trauma in New Orleans after Hurricane Katrina, *Psychoanalytic Dialogue*, 23: 31-44.

Boyd, Douglas A.(2014). I Just Want to Click on it to Listen: Oral history archives, orality and usability, in Douglas A. Boyd and Mary A. Larson eds., *Oral History and Digital Humanities: Voice, Access and Engagement*. New York: Palgrave Macmillan, 77-96.

Bozzoli, Belinda(1991). *Women of Phokeng: Consciousness, Life Strategy and Migrancy.* Johnannesburg: Ravan Press.

Broussard, Albert(2011). Race and oral history, in Don Richie ed., *The Oxford Handbook of Oral History*. Oxford and New York: Oxford University Press, 186-201.

Burton, Susan K.(2003). Issues in Cross-cultural Interviewing: Japanese Women in England. *Oral History*, 31(1): 38-46.

Butler, Robert N.(1963). The Life Review: An Interpretation of the Reminiscence in the Aged. *Psychiatry*, 26: 65-76.

Campen, Cretien van(2014). *The Proust Effect: The Senses as Doorways to Lost Memories.* Oxford: Oxford Univeristy Press.

Cave, Mark(2014). What Remains: Reflections on Crisis Oral History, in Mark Cave and Stephen Sloan eds., *Listening on the Edge: Oral History in the Aftermath of Crisis.* Oxford & New York: Oxford University Press, 1-14.

Couch, W. T.(1939). *These are Our Lives: Federal Writers' Project.* Chapel Hill: The University of North Carolina Press.

Danziger, Kurt(2008). *Making the Mind. A History of Memory.* Cambridge: Cambridge University Press.

Field, Sean(2012). *Oral History, Community and Displacement.* New York: Palgrave Macmillan.

Fogerty, James E.(2006). Oral History and Archives: Documentating Context, in Thomas L. Charlton, Lois E. Myers, and Rebecca Sharpless eds., *Handbook of Oral History.* Altamira, 235-250.

Foucault, Michel(1988). *Technologies of the self: a seminar with Michel Foucault*, in Luther H. Martin, Huck Gutman, Patrick H. Hutton eds., Amherst: University of Massachusetts Press, 16-49.

Frisch, Michael(1979). Oral History and the Hard Times. *Oral History Review*, 7: 70-79.

_____(1990). *A Shared Authority: Essays on the Craft and Meaning of Oral and Public History.* Albany, NY: State University of New York.

Gabriel, Yiannis(2000). *Storytelling in Organizations: Facts, Fictions and Fantasies*. Oxford: Oxford University Press.

Glassie, Henry(2006). *The Stars of Ballymenone.* Bloomington, IN: Indiana University Press.

Gorden, Nathan J., William L. Fleisher(2019). *Effective Interviewing and Interrogation Techniques.* 4th ed. London: Academic Press.

Gottfried, J. A. and Dolan R. J.(2003). The nose smells what the eye sees: crossmodal visual facilitation of human olfactory perception. *Neuron*, 39(2): 375-86.

Haley, Alex(1965). *Autobiography of Malcom X.* New York: Grove Press.

Hamilton, Paula(2011). The Proust effect: oral history and the senses, in Donald Ritchie ed., *The Oxford Handbook of Oral History.* Oxford and New York: Oxford University Press, 219-232.

Hatzfeld, Jean(2007). *Life Laid Bare: The Survivors in Rwanda Speak.* New York: Other Press.

Hoffman, Alice M. and Howard Hoffman(1990). *Archives of Memory: A Soldier Recalls World War II.* Lexington: University Press of Kentucky.

Hoopes, James(1979). *Oral History.* Chapel Hill: University of North Carolina Press.

Impey, Angela(2018). *Song Walking: Women, Music, and Environmental Justice in an African Borderland.* Chicago: University of Chicago Press.

Jesse, Erin(2011). The Limits of Oral History: Ethics and methodology amid highly politicized research settings. *Oral History Review,* 38(2): 287-307.

Kim, Seong Nae(1989). Chronicle of violence, ritual of mourning: Cheju shamanism in Korea. Unpublished doctoral dissertation, University of Michigan, Ann Arbor, Michigan, USA.

Layman, Lenore(2009). Reticence in Oral History Interviews. *Oral History Review*, 36(2): 207-30.

Lewis, Bryon A. and Frank Pucelik(1982). *Magic demystified: a pragmatic guide to communication and change.* Lake Oswego: Metamorphous

Press.

Leydesdorff, Selma(2015). *Surviving the Bosnian Genocide: The Women of Srebrenica Speak*. Bloomington: Indiana University Press.

Lindeman, Yehudi(2007). *Shards of Memory: Narratives of Holocaust Survival*. Westport. CT: Praeger.

Myerhoff, Barbara(1978). *Number Our Days*. New York: Simon & Schuster.

National Health and Medical Research Council(2007). *The National Statement on Ethical Conduct in Human Research*. Canberra: National Health and Medical Research Council.

Nelson, Cyns(2018). *Oral History in Your Library: Create Shelf Space for Community Voice*. Littleton: Libraries Unlimited.

O'Farrell, P.(1982). Oral History: Facts and Fiction, *Oral History Association of Australia Journal*, 5: 3-9.

Ong, Walter(1982). *Orality and Literacy: the Technologizing of the Word*. London: Methuen.

Passerini, Luisa(2003). Memories between silence and oblivion, in Katherine Hodgkin and Susannah Radstone eds., *Memory, History, Nation*. London: Routlege, 252-269.

Payne, Carol(2011). 'You hear it in their voice': Photographs and cultural consolidation among Inuit youths and elders, in Alexander Freund and Alistair Thomson eds., *Oral History and Photography*. New York: Palgrave Macmillan, 97-114.

Penner, D'Ann, Saddest Days Oral History collection, 2005-2007, http://amistadresearchcenter.tulane.edu/archon/?p=accessions/accession&id=1319

Perks, Robert(2010). Corporations are people too! Business and corporate oral history in Britain. *Oral History*, 38(1): 36-54.

Perks, Robert and Alistair Thomson(2016). Critical developments: Introduction, in Robert Perks and Alistair Thomson eds., *The Oral History Reader*. 3rd ed., London and New York: Routledge, 1-21.

Popular Memory Group(1982). Popular memory: Theory, Politics and

Method, in Richard Johnson ed., *Making Histories: Studies in History Writing and Politics*. London: Routledge, 205-252.

Portelli, Alessandro(1991). *Death of Luigi Trastulli and Other Stories: Form and Meaning in Oral History*. Albany, NY: State of New York University Press.

_____(1997). *The Battle of Valle Giulia: Oral History and the Art of Dialogue*. The University of Wisconsin Press.

_____(2004). *The Order Has Been Carried Out: History, Memory and Meaning of a Nazi Massacre in Rome*. New York: Palgrave Macmillan.

Richie, Donald(2003). *Doing Oral History: A practical guide*. 2nd ed., New York: Oxford Press.

Shopes, Linda(2011). Editing Oral History for Publication. *Oral History Forum d'histoire orale*. 31: 1-24.

Smith, Graham(2007). Beyond individual/ collective memory: Women's transactive memories of food, family and conflict. *Oral History*, 35(2): 77-90.

Spradley, James P.(1979). *The Ethnographic Interview*. New York :Holt, Rinehart and Winston.

Starr, Louis(1996). Oral History, in David Dunaway and Willa K. Baum, eds., *Oral history An Interdisciplinary Anthology*. Walnut Creek: Altamira Press, 32-48.

Terkel, Stud(1970). *Hard Times: An oral History of the Great Depression*. New York: Pantheon.

Thompson, Paul(2000). *The Voice of the Past: Oral History*. 3rd ed., Oxford: Oxford University Press.

_____(2017). *The Voice of the Past: Oral History*. 4th ed., Oxford: Oxford University Press.

Thomson, Alistair(1994). *Anzac Memories: Living with the Legend*. Oxford: Oxford University.

Tisdale, John R.(2000). Observational Reporting as Oral History: How Journalists Interpreted the Death and Destruction of Hurricane

Audrey. *Oral History Review,* 27(2): 41-65.
Vansina, Jan(1980). Memory and Oral Tradition, in Joseph C. Millers eds., *The African Past Speaks: Essays on Oral Tradition and History.* Hamden, CO: Archon, 252-265.
Webster, Megan, Noelia Gravotta(2014). Co-creating Our Story: Making a documentary film. in Steven High, Edward Little and Thi Ry Duong eds. *Remembering Mass Violence: Oral History, New Media and Performance*, Toronto: University of Toronto Press, 152-170.
Yoo, Chul In(1993). Life histories of two Korean women who marry American GIs. Unpublished doctoral dissertation, University of Illinois, Urbana-Champaign, Illinois, USA.
Yoon, Taek-Lim(1992). Koreans' stories about themselves: an ethnographic history of Hermit Pond Village in South Korea. Unpublished doctoral dissertation, University of Minnesota, Twin Cities, Minnesota, USA.
Yow, Valerie(2015). *Recording Oral History: A Guide for the Humanities and Social Sciences.* 3rd ed., Lanham, MD: Rowman & Littlefield.
Zardini, Mirko (2005). Towards a sensorial urbanism, in Mirko Zandini eds., *Senses of the City: An Alternative Approach to Urbanism.* Montreal: Canadian Centre for Architecture, 22.

[웹사이트 및 온라인 신문기사]

김동욱(202.9.16). "하남의 숨은 역사를 기록한다" … 하남시, '골목골목 우리 동네 기록단' 1기 진행 https://www.joongboo.com/news/articleView.html?idxno=363445220
김영진(2021.5.31.). 평택시립 배다리도서관 길위의 인문학 '평택을 기억하다 기록하다' 운영 https://www.kmnews.co.kr/mobile/article.html?no=82622
김요섭(2019.8.4.). 서민들의 삶, 파주의 역사가 되다. 경기일보, https://www.kyeonggi.com/news/articleView.html?idxno=2142507
_____(2021.6.3.) 파주시 중앙도서관, 금촌 재개발지역 기록화사업 추진, https://www.kyeonggi.com/news/articleView.html?idxno=236561
김호순(2018.12.12.). 옛 추억 불러낸 도서관 '우리 마을' 사진전. 영남일보, https://

www.yeongnam.com/mnews/newsview.do?mode=newsView&newskey=20181212.010130759380001
두영배(2020.6.23). 평택시립배다리도서관, 내달부터 구술생애사업 운영 https://www.kgdm.co.kr/news/articleView.html?idxno=702749
류계수(2018.5.18.) 평택시, 길 위의 인문학 '오성마을인물백과사전 만들기' 4년차 공모사업선정 https://www.cnn21.co.kr/news/articleView.html?idxno=34286
박공식(2021.6.24.). 하남시, 6.25 참전용사 구술채록 전시회 '기억으로 쓰는 역사展' 개최 https://www.gongo1.com/news/articleView.html?idxno=2928
배유미(2018.10.19.). "평택 장당도서관의 공간을 만나다". 희망평택(평택시청 공식블로그), https://blog.naver.com/pt_story/221380980481
위키피디아 https://en.wikipedia.org/wiki/American_Folklife_Center BioEd Online, "Biology teacher resources from Baylor College of Medicine. May 31, 2004, www.bioedonline.org/news
안정순(2021.10.28.). 2021년 '평택을 기억하다 vs 기록하다 3' https://www.kgmunwha.com/news/articleView.html?idxno=1655
안종찬(2020.11.18.). 평택시, 2020년「평택을 기억하다 기록하다 2」출판기념회 개최 https://www.jbptmedia.com/news/articleView.html?idxno=10611
이기환(2017.7.30.). 매일일보 오성마을인물백과사전 만들기' 1차 인터뷰 진행 https://www.m-i.kr/news/articleView.html?idxno=330444
이상미(2018.10.31.) 장당도서관 '2018 전국 도서관 운영평가' 문체부장관상 수상 https://www.pttimes.com/news/articleView.html?idxno=48075
이상열(2019.11. 15) '파주 DMZ를 바라보는 여섯 개의 시선' 특별展, https://www.wikitree.co.kr/articles/480963
이홍재(2021.5.13.). 하남시립도서관, 사진작가 라미현과 6·25 참전용사 사진 촬영 https://www.kihoilbo.co.kr/news/articleView.html?idxno=926900
정서영(2021.10.26.). 2021년 '평택을 기억하다 기록하다 3' 2021년 평택인물백과사전 출판기념회 개최 https://www.vision21.kr/news/article.html?no=158528
최순자(2021.6.2.). "교하·운정은 당신을 기억합니다.", https://paju.go.kr/news/user/BD_newsView.do?q_ctgCd=1002&newsSeq=582

파주시 중앙도서관. [휴먼인파주] 한국 근현대사의 산 증인, 윤석산, https://m.blog.naver.com/pajulibrary/221768957962

[홈페이지]

- 5·18 기념재단 www.518.org [인용 2021. 10. 5.]
- 5·18 기념재단 > 알림공고 > (전시)5·18과 여성 아카이브 전시 <사라지고, 살아지고>(~2022.2.28.) https://www.518.org/nsub.php?PID=0201&page=&category=&searchText=&searchType=&action=Read&idx=2664 [인용 2021. 12. 10.]
- 경기도사이버도서관 www.library.kr [인용 2021. 9. 23.]
- 경기도 파주중앙도서관 https://lib.paju.go.kr/ [인용 2021. 10. 5.]
- 경기도 평택장당도서관 https://www.ptlib.go.kr/jdlib/index.do [인용 2021. 9. 23.]
- 광명문화원 https://www.gmcc.or.kr [인용 2021. 9. 23.]
- 국가기록원 https://www.archives.go.kr/next/viewMain.do [인용 2021. 10. 5.]
- 국가보훈처 https://www.mpva.go.kr/mpva/index.do [인용 2021. 10. 5.]
- 국가보훈처 공훈전자사료관 https://e-gonghun.mpva.go.kr/user/index.do [인용 2021. 10. 5.]
- 국립국악원 https://www.gugak.go.kr/ [인용 2021. 9. 17.]
- 국립국어원 https://www.korean.go.kr/ [인용 2021. 9. 17.]
- 국립국어원 지역어 종합 정보 https://dialect.korean.go.kr/dialect/ [인용 2021. 9. 23.]
- 국립남도국악원 https://jindo.gugak.go.kr/site/main/main.do [인용 2021. 10. 02.]
- 국립무형유산원 https://www.nihc.go.kr/ [인용 2021. 9. 17.]
- 국립부산국악원 https://busan.gugak.go.kr/main.do [인용 2021. 9. 23.]
- 국립여성사전시관 https://eherstory.mogef.go.kr/# [인용 2021. 10. 02.]
- 국립중앙도서관 https://www.nl.go.kr/nl/ [인용 2021. 10. 02.]
- 국립한글박물관 https://www.hangeul.go.kr/main.do [인용 2021. 9. 17.]
- 국민체육진흥공단 국립체육박물관 https://88olympic.kspo.or.kr/Museum_New/index.asp#none [인용 2021. 10. 02.]

• 국방부 군사편찬연구소 https://www.imhc.mil.kr/user/indexMain.action?siteId=imhc [인용 2021. 9. 23.]
• 국사편찬위원회 https://www.history.go.kr/ [인용 2021. 4. 02.]
• 국사편찬위원회 전자사료관 https://archive.history.go.kr/ [인용 2021. 10. 10]
• 국회기록보존소 https://archives.nanet.go.kr/ [인용 2021. 3. 1.]
• 기억의 도서관, 파주시 중앙도서관, https://memory.library.kr/features/libraryandi/library-4.html [인용 2021. 10. 10.]
• 논산문화원 https://cnkccf.or.kr [인용 2021. 10. 5.]
• 당진문화원 https://cnkccf.or.kr [인용 2021. 10. 5.]
• 대구광역시 중구 도시재생문화재단 https://www.djdrcf.or.kr/ [인용 2021. 10. 5.]
• 대구 수성구립 용학도서관 https://library.suseong.kr/yonghak [인용 2021. 10. 05.]
• 대구여성가족재단 https://www.dwff.or.kr/ [인용 2021. 9. 23.]
• 대통령기록관 https://www.pa.go.kr/ [인용 2021. 9. 12.]
• 대한민국역사박물관 https://www.much.go.kr/ [인용 2021. 10. 5.]
• 대한민국역사박물관 현대사 디지털아카이브 http://archive.much.go.kr/index.do [인용 2021. 10. 10.]
• 독립기념관 한국독립운동정보시스템 https://search.i815.or.kr/main.do [인용 2021. 9. 23.]
• 동작문화원 https://dongjak.kccf.or.kr [인용 2021. 4. 5.]
• 동학농민혁명기념재단 https://www.1894.or.kr/main_kor/index.php [인용 2021. 10. 5.]
• 미의회도서관 https://loc.gov/ [인용 2021. 3. 23.]
  - Collection Development and the Internet <https://www.loc.gov/acq/colldev/handbook.html>
  - Digital Collections. <https://www.loc.gov/collections/?fa=subject%3Aoral+histories>
  - Library of Congress Oral History Project. <https://www.youtube.com/watch?v=f1pBKHKgw6A>
  - The American Folklife Center(AFC)>. <https://loc.gov/folklife/>
  - Veterans History Project

·<https://www.loc.gov/vets/>

·<https://memory.loc.gov/diglib/vhp/html/search/search.html>

·<https://evalogue.life/tools-and-resources/oral-history-interview-questions-and-resources/veteran-history-project/>

- 민주주의사회연구소 https://www.minsayeon.org/01/sub01_01.php [인용 2021. 10. 5.]
- 민주주의 아카이브 https://www.demopark.or.kr/main/sub_archive.asp [인용 2021. 10. 5.]
- 민주화운동기념사업회 https://www.kdemo.or.kr [인용 2021. 9. 17.]
- 부마민주항쟁기념재단 https://buma1979.or.kr [인용 2021. 9. 2.]
- 부산광역시사편찬위원회 https://bssisa.com [인용 2021. 9. 5.]
- 부산민주항쟁기념사업회 https://ohminju.or.kr [인용 2021. 9. 2.]
- 삼척시립박물관 https://www.samcheok.go.kr/specialty/00468/00891.web
- 서울역사박물관 https://museum.seoul.go.kr [인용 2021. 9. 12.]
- 서울역사아카이브 https://museum.seoul.go.kr/archive/NR_index.do [인용 2021. 10. 5.]
- 서울역사편찬원 https://history.seoul.go.kr [인용 2021. 4. 3.]
- 수원박물관 https://swmuseum.suwon.go.kr/ [인용 2021. 10. 5.]
- 아르코예술기록원 https://artsarchive.arko.or.kr/[인용 2021. 10. 5.]
- 여성가족부 https://www.mogef.go.kr/[인용 2021. 10. 5.]
- 영국구술사학회 https://www.ohs.org.uk/ [인용 2021. 9. 11.]
- 영국국립도서관 https://www.bl.uk/ [인용 2021. 10. 11]
  - National Life Stories <https://www.bl.uk/projects/national-life-stories> [인용 2021. 10. 11.]
  - Sound and Vision Blog <https://britishlibrary.typepad.co.uk/sound-and-vision>[인용 2021. 10. 11.]
  - Sound Archive <https://sounds.bl.uk/> [인용 2021. 10. 11.]
  - Sound & Moving Image Catalogue <https://sami.bl.uk/> [인용 2021. 9. 12.]
  - Oral History <https://www.bl.uk/subjects/oral-history> [인용 2021. 9. 11.]
- 영종도서관 https://imla.kr [인용 2021. 9. 17.]
- 외교사연구센터 https://www.mofa.go.kr/www/pgm/m_4277/uss/org/

orgcht.do?seq=187 [인용 2021. 9. 17.]
- 용인문화원 https://www.ycc50.org/ [인용 2021. 10. 5.]
- 울산연구원 https://www.uri.re.kr/ [인용 2021. 10. 5.]
- 의정부문화원 https://ujbcc.or.kr [인용 2021. 10. 5.]
- 인천연구원 https://www.ii.re.kr/ [인용 2021. 10. 5.]
- 일본군'위안부'문제연구소 https://www.archive814.or.kr/About/Define [인용 2021. 10. 5.]
- 장당도서관 https://www.ptlib.go.kr/jdlib/index.do
- 전라북도립국악원 https://kukakwon.jb.go.kr/ [인용 2021. 10. 5.]
- 전주문화재단 https://www.jjcf.or.kr/ [인용 2021. 10. 5.]
- 제주4·3연구소 https://jeju43.org [인용 2021. 9. 12.]
- 제주4·3평화재단 https://jeju43peace.or.kr [인용 2021. 9. 5.]
- 청주시문화산업진흥재단 https://www.cjculture.org/ [인용 2021. 10. 5.]
- 충북여성재단 https://www.cbwf.re.kr/ [인용 2021. 10. 5.]
- 파주시 중앙도서관 https://lib.paju.go.kr/jalib/menu/10003/contents/40001/contents.do [인용 2021. 10. 11.]
- 평택시도서관 https://www.ptlib.go.kr/intro/menu/10002/contents/40001/contents.do [인용 2021. 9. 20.]
- 하남시 미사도서관, https://www.hanamlib.go.kr/mslib/index.do [인용 2021. 9. 20.]
- 한국구술사학회 윤리규정 https://www.koha2009.or.kr [인용 2021. 10. 5.]
- 한국문화예술위원회 https://www.arko.or.kr/ [인용 2021. 9. 5.]
- 한국연구재단 기초학문자료센터 https://www.krm.or.kr/ [인용 2021. 10. 5.]
- 한국영상자료원 https://www.koreafilm.or.kr [인용 2021. 9. 2.]
- 한국학중앙연구원 https://www.aks.ac.kr/home/ [인용 2021. 9. 14.]
- 한국학진흥사업 성과포털 https://waks.aks.ac.kr/ [인용 2021. 9. 2]
- 해녀박물관 https://www.jeju.go.kr/haenyeo/index.htm [인용 2021. 10. 5.]
- 행정안전부 과거사관련업무지원단 https://pasthistory.go.kr/ [인용 2021. 10. 5.]
- 호주국립도서관 https://www.nla.gov.au/ [인용 2021.9.06.]
  - 통합 목록 https://catalogue.nla.gov.au/ [인용 2021.9.14.]
  - Trove https://trove.nla.gov.au/ [인용 2021.10.06.]

- 화성문화원 https://hscc.or.kr [인용 2021. 10. 2.]
- British Library. National Life Stories https://www.bl.uk/projects/national-life-stories#, https://sounds.bl.uk/Oral-history/Banking-and-finance/021M-C0409X0118XX-0011V0 [인용 2021. 10. 5.]
- Columbia Center for Oral History Research. https://www.ccohr.incite.columbia.edu/history [인용 2021. 10. 5.]
- International Oral History Association. https://www.ioha2021.gov.sg/ [인용 2021. 10. 5.]
- Oral History Archives. https://library.columbia.edu/libraries/ccoh.html [인용 2021. 10. 5.]
- Oral History Association. Emerging Crisis Oral History Research Fund. https://www.oralhistory.org/award/emerging-crisis-research-fund/ [인용 2021. 10. 2.]
- State Library of New South Wales. COVID-19 Oral History Project. https://www.sl.nsw.gov.au/public-library-services/reference-and-collection-management/oral-history [인용 2021. 11. 15.]
- The Historic New Orleans Collection, New Olreans Life Story Project. https://www.hnoc.org/research/oral-history [인용 2021. 10. 2.]
- Voice of Witness. https://voiceofwitness.org/about/ [인용 2021. 10. 2.]

[법령]

- 미국
  - Public Law 94-201, 94th Congress, H. R. 6673, January 2, 1976, The Creation of the American Folklife
  - Public Law 105-275, AFC permanent authorization
  - Public Law 106-380, Veterans History Project
  - Public Law 114-246, 114th Congress, H. R. 4511, November 28, 2016, Gold Star Family Voice Act
  - Title 17, Copyrights Act
- 영국
  - British Library Act(1972)

- Copyright Law(1988)
- Legal Deposit Libraries Act(2003)
- General Data Protection Regulation(2018)
- The Legal Deposit Libraries (Non-Print Works) Regulations(2013)

• 한국

- 개인정보보호법(2020)
- 공공기관의 정보공개에 관한 법률(2021)
- 공공기록물 관리에 관한 법률(2020)
- 국회도서관법(2021)
- 도서관법 및 시행령(2021)
- 대통령기록물 관리에 관한 법률(2021)
- 작은도서관진흥법(2016)
- 저작권법(2021)
- 출판문화산업진흥법(2020)

• 호주

- Copyright Law(1968)
- Digital Legal Deposit(2014)
- National Library Act(1960)
- Public Governance, Performance and Accountablilty Act(2013)

• EU

- General data protection Regulation(2018)

찾아보기

기억의 기록으로 쓰는 구술사

펴낸날 1판 1쇄 2022년 1월 31일
지은이 정연경
펴낸이 이승아
펴낸곳 이화여자대학교출판문화원
주소 서울특별시 서대문구 이화여대길 52(우 03760)
등록 1954년 7월 6일 제9-61호
전화 02) 3277-2965(편집), 02) 362-6076(마케팅)
팩스 02) 312-4312
전자우편 press@ewha.ac.kr
홈페이지 www.ewhapress.com
책임 편집 민지영
본문 디자인 신성기획
찍은곳 한영문화사

ISBN 979-11-5890-448-7 93300

값 30,000원